KB150854

허진모 삼국지 1

일러두기

1. 진수가 편찬한 사서의 정확한 명칭은 《삼국지》이나 연의, 평화, 희곡 등 '삼국지고사'와 관련된 각종 기록의 통칭과 구별하기 위해 《정사삼국지》라고 표기하였다. 이하 본서에서 간혹 《삼국지》라고 표기하는 것은 《정사삼국지》와 동일한 사서를 말한다.

2. 겹괄호(《 》) 없이 '삼국지'라고 표기한 것은 정사와 연의는 물론 관과 민간에 퍼져 있었던 다양한 형태의 삼국시대 이야기를 망라한 것을 의미한다.

3. 본서의 《삼국지연의》는 나관중의 《삼국지통속연의》를 기본으로 하되 대만 삼민서국(三民書局)판 《삼국연의》로 보완하였다.

4. 본서는 연의가 아닌 정사 사료들에 초점을 맞춘 관계로 연의의 일화나 사건 전개를 판본별로 나누지 않았다.*

   *연의 판본별 비교는 이미 많은 연구가 있으며, 여러 종의 정사 사료에 대한 수많은 연의 판본 비교는 경우의 수가 과대하게 많아 본서가 지향하는 바가 무색해진다.

허진모 삼국지 1

2021년 10월 12일 초판 1쇄 인쇄
2021년 10월 20일 초판 1쇄 발행

펴낸곳   이로츠
지은이   허진모, 정원제
출판등록   2016년 3월 15일(제2016-000023호)
주소   서울특별시 은평구 녹번동 107-2번지 201호
문의   yrots100@gmail.com
ISBN   979-11-957768-8-7
   (세트) 979-11-957768-7-0

허진모 삼국지 1

허진모·정원제 지음

《삼국지》를 "삼국지"로 만든
혜안과 통찰의 솜씨

- 유광수(연세대학교 학부대학 부교수)

《삼국지》를 소설로 읽고 있었는데, 언젠가부터 우리 주변에 《삼국지》 관련 책들이 쌓이기 시작했다. 정사(正史)가 어떻고 야사(野史)가 어떻고, 판본(板本)이 어떻고 연의(演義)가 어떻고, 진수(陳壽)는 제갈공명을 싫어했다느니 유비(劉備)의 촉(蜀)은 3국에 억지로 끼워 넣은 거라느니 등등. 《삼국지》 열풍을 타고 뒤지면 큰일 날세라 하는 마음으로 할 수 있는 온갖 말들이 죄다 쏟아져 나왔다. 이렇게 《삼국지》보다는 《삼국지》 관련 이야기가 더 성행하더니만, 아니나 다를까 《삼국지》 열풍이 사그라들었다. 세상 일이 그렇다. 본질 말고 주변에 집착하면 늘 이런 일이 벌어진다.

　장님이 코끼리 귀나 다리, 코만 만지고서 코끼리가 어떻다고 떠들어대면 재미는 있다. 듣는 사람들도 신이 난다. 하지만 금방, 그리고 당연히 시큰둥해진다. 번잡스럽기 때문이다. 알고 싶은 건 코끼리였는데 부채 같다느니 기둥 같다느니에서 시작한 것이 부채의 크기와 기둥의 두께 논쟁까지 한도 끝도 없이 이어진다. 엉뚱한 소리 한 가득에 머릿속이 뱅글뱅글 돈다. 이쯤 되면 시큰둥한 것이 싫증이 된다. 물론 코끼리는 어디로 가고 부채와 기둥, 뱀처럼 길쭘한 이상한 괴물 하나만 남는다.

사실 그냥 코끼리를 코끼리라고 말하면 되었다. 그 당연하고 자연스러운 걸 못한 이유는 전체를 못 보았기 때문이다. 눈이 어두워 그랬다. 잘 모르면서 참 많은 말을 했기 때문이다. 자기 말도 주변까지 피곤하게 만들었다.

교통사고가 나서 사람이 피를 흘리며 쓰러져 있는 현장을 보면 흥분하게 마련이다. 대부분 놀라 동당거리지만 조금 차분한 분들은 119에 신고한다. 그리고 구조대가 오기를 기다린다. 이것이 최선이다. 우린 의사도 간호사도 아니니까. 그런데 가끔 적극적인 분들이 계신다. 종종 이분들은 환자를 살리겠다는 마음에서 달려가 환자를 업고 달리기 시작한다. 한시라도 빨리 구조해야겠다는 마음이다. 그 뜨거운 마음은 알겠다. 하지만 그러면 안 된다. 그 간절함이 환자를 망친다.

잘 모르기 때문이다. 환자를 보고 제대로 판단할 눈이 없이 마음만 있기 때문이다. 급한 마음을 억누르고 차분히 구조대가 오기를 기다렸어야 했다. 그러면 피를 많이 흘린 환자도 살았을 것이다.

《삼국지》는 "삼국지"다. 그냥 "삼국지"일 뿐이다. 그래서 우리에게 의미가 있었고 가치가 있었고 감동이 있었다. 진수인지 나관중인지 정사인지 야사인지 장비가 사실 핸섬한 선비였는지는 별로 중요치 않다. 우리의 《삼국지》는 그냥 우리의 "삼국지"였다. 그것이 《삼국지》가 우리 곁에 있는 이유였다.

그런데 사고가 났다. 많은 '썰'에 부딪혀 쓰러지고 말았다. 누구도 원치 않았지만 교통사고가 났다. 뭐가 뭔지 갈수록 더 복잡하고 난감해졌다. 이젠 《삼국지》 어쩌고 하는 소리만 들어도 경기가 날 지경이다. 귀찮고 짜증나고 성질이 날 정도까지 사태가 커지고 말았다. 원치 않은 교통사고가 났고, 두 손 놓고 빈사상태로 떨어지는 것을 지켜볼 수밖에 없는 상황이다. 동당거려도 소용없다. 119를 눌러도 《삼국지》를 살리겠다고 달려와 줄 사람은 없다. 장난전화는 하면 안 된다. 바쁘신 소방관분들을 괴롭히면 안 된다. '그러니, 이를 어쩐다…'

어느 날 문득 이 글을 받았다. 몇 장을 넘기다가 눈이 확 뜨였다. 이건 《삼국지》에 대한 '썰'이 아니라 '설'이었다. 어수선하고 번잡한 것을 차분하고 가지런하게 다듬은 전문가의 솜씨가 빛났다. 코끼리를 코끼리로 보는 혜안과 통찰이 곳곳에서 번뜩였다. 119를 눌러도 오지 않을 구급대원이 아니라, 때마침 현장에 솜씨 좋은 의사 선생님이 계셨던 거다. 마지막 장을 덮었을 때는 깊은 회한이 스며들었다. 조금 더 일찍 이 솜씨를 볼 수 있었다면 그 많은 혼란과 헛발질을 줄였을 텐데 하는 마음이었다.

빼어난 수술 솜씨는 굳이 여기서 말하지 않아도 되리라. 직접 보면 아실 테니까. 온갖 뒤숭숭한 '썰'들을 파헤쳐 명쾌하고 산뜻하게 매조져 놓은 것을 한번 보시라. 침침한 눈이 확 뜨이실 게다.

긴 말이 필요치 않으나, 굳이 한 마디를 보태자면, 진수의 《삼국지》가 배송지의 주(註)가 있어 《삼국지》가 되었듯이, 우리 《삼국지》는 허진모의 깊고 넓은 설명이 있어 살아 움직이는 "삼국지"가 될 것이다. 빈사상태의 《삼국지》에 맥박이 돌아올 것이다. 그리고 곧 바뀔 것이다. 파편화되고 박제화되어 박물관이 아니라 이젠 고물상에 버려도 아깝지 않다고 생각하는 사람들이 많이 늘어난 "삼국지"가 다시 살아날 것이다. 다시 우리 가슴속에 용솟음 칠 것이다.

서문

개인적으로 한국에서 《삼국지》를 읽어보지 않았다는 사람은 본 적이 있어도 《삼국지》를 모른다는 사람을 본 적은 없다. 필자도 언제 《삼국지》를 알게 되었는지 정확히 모르겠지만 철이 들었을 때는 이미 《삼국지》에 대한 어설픈 지식과 이미지를 갖고 있었다. 많은 사람들이 유사한 경험을 갖고 있지 않을까 생각하는데 그만큼 한국인에게 《삼국지》는 친근하다. 아마 역사를 다루는 사람에게는 친근하다 못해 너무 흔하게 느껴지기까지 할 텐데 재미있는 것은 이런 상황이 중국과 일본, 나아가 아시아 전체가 비슷하다는 사실이다. 《삼국지》는 중국을 넘어 한국, 일본은 물론 태국, 베트남, 말레이시아, 인도네시아 등 아시아의 많은 나라에서 읽히고 있다. 서양에서도 이미 영어, 프랑스어, 스페인어, 라틴어 등 여러 언

12

어로 번역되어 출판되고 있다.[1]

《삼국지》는 대화의 소재로써 세대를 초월하고 장소를 넘나든다. 이는 출판과 방송, 영화와 공연 등에서 끊임없이 재생산되는 것과도 상통하는데 그 소재만으로도 《삼국지》는 항상 시장이 존재한다는 것이다. 필자 또한 세상의 일부를 《삼국지》를 통해 보기도 했음을 부인하지 못한다. 특히 역사, 그 중에서도 중국사(中國史)를 접근하고 이해하는 데 이보다 더 좋은 수단은 없었다. 이는 필자의 동생도 비슷했다. 전쟁에서 패하고 잿더미가 되었던 전범국 일본에서 수많은 과학자가 나온 데에는 아톰이라는 공상과학 애니메이션이 큰 공헌을 했다고 한다. 필자의 형제에겐 《삼국지》가 그 역할을 한 듯하다. 역사에 대한 형제의 진정한 관심, 이른바 역사의 덕심[2]을 만들어준 것은 교과서도 아니고, 서당에서 배운 경서(經書)나 사서(史書)도 아닌 소설 《삼국지》였던 것이다. 옆집 아저씨보다 더 친근한 유비, 관우, 장비, 동네에서 가장 공부 잘하는 형 같은 제갈량, 그들을 통해 1800여 년 전의 중국사를 쉽게 습득할 수 있었다. 거기서 앞 시대로 나아가면 후한(後漢)과 전한(前漢), 그리고 항우(項羽)와 유방(劉邦)을 접할 수 있고, 옆으로 뻗어나가면 한국과 일본의 고대(古代)를 알 수 있었다. 비슷한 시기 지구 반대편에서도 군인들이 황제가 되는 시대가 열려 《삼국지》와 비슷한 혼란을 겪었다는 사실을 알게 된 것은 나

....

1. 티엔티다 탑즈른깃. 2005, 〈한국과 태국의 '三國志' 受容 比較試論〉, 한국어교육학회, 국어교육 vol. 116.
2. 속어(俗語)로 덕후의 마음, 즉 오타쿠(お宅)의 심정을 뜻한다.

이가 좀 더 들어서였다. 이밖에도 세상을 살면서 사람이 어떻게 살아야하는지, 남자라면 어떤 행동을 해야 하고, 리더(Leader)라면 어떠해야 하는지를 생각하게 되었으며, 일상의 대화에서 간단한 문자마저 쓸 수 있게 해주었다. 한마디로 《삼국지》는 잡기 쉬운 지식의 고구마줄기였던 셈이다.

《삼국지》를 난생 처음 본 것은 집안 형편이 좋은 친구네 집의 동화책 전집에 끼어 있는 한 권짜리였다. 열 살이 채 되기 전이었으니 사십 년은 족히 지난 일이다. 물론 그 친구의 책을 빌려서 읽지 않았다. 그런데 어떻게 된 것인지는 알 수 없지만 나는 그때 《삼국지》를 알게 되었다. 분명 누가 가르쳐주지도 않았는데 말이다. 아마도 드라마나 인형극[3], 만화책을 통해 무의식적으로 내게 스며들지 않았나 생각한다. 돌이켜보면 이 사회에서 《삼국지》를 피해서 살기가 더 어렵지 않았을까. 그렇게 필자는 《삼국지》를 좋아하게 되어 사춘기가 되기 전에 이미 '참' 좋아하게 되었다. 시간이 흘러 역사의 개념에 눈을 좀 떴을 때도 창과 칼로 하는 전투라고 하면 먼저 떠오르는 이미지는 항상 《삼국지》였다. 이런 이미지가 앞으로도 변할 것 같진 않은데 이는 필자만의 경험은 아닌 모양이다. 자라면서 비슷한 경험을 가지고 비슷한 과정으로 《삼국지》에 빠진 사람들을 상당히 많이 만날 수 있었다. 필자의 동생도 마찬가지였다. 비슷한 모양으로 《삼국지》를 알게 되고 친해졌으며 종국에는 이 이야기에 푹 빠져버린 것이다. 필자와 좀 다른 점이라면 게임이란 것이 개입한 것 정도랄까.

돌이켜보면 필자와 동생은 어릴 적부터 《삼국지》라는 제목이 붙은 책들을 참 많이 읽었다. 좀 산다는 친구들의 집에 필독서처럼 꽂혀 있던 '계몽사 세계문학전집'부터 학교 교실 뒤편의 책꽂이와 친척집 책장에 있던 단행본들, 심지어 학교 앞 문방구에서도《삼국지》를 보았던 것 같다. 개 눈에는 뭐밖에 보이지 않아서 그런지 모르겠지만《삼국지》는 원하기만 하면 여러 방법으로 읽을 수 있었다. 거기다 만화책과 만화영화, 드라마와 실사영화에 게임까지, 살아가는 동안《삼국지》는 형제의 곁을 떠나지 않았다. 자연스럽게 둘은《삼국지》를 놓고 많은 대화를 나누게 되었는데 가벼운 대화가 토론과 논쟁으로 번져 밤을 새우기 일쑤였고 그러다 깊이가 더해져 탐구와 연구로 이어지기도 했다.

신기하게도《삼국지》를 소재로 한 대화는 어른이 되어서까지 흥미를 잃지 않았다. 대화의 주제가 특별히 진화하지도 않았다. 누가 가장 싸움을 잘하는지, 누가 더 의리가 있고 누가 더 배신을 잘 하는지, 누가 더 머리가 좋은지, 조조가 주인공인지 유비가 주인공인지…… 다만 같은 주제라도 해가 지날수록 질문은 더 세련되고 대답은 더 논리적이었으며, 그 근거는 심도를 더해갔다. 이런 대화에는 어른들도 곧잘 끼어들어 훈수를 두곤 했는데 형제에게는 그 한마디 한마디가 다시 대화의 좋은 텍스트가 되었다. 이미 오래 전에 형제의 부친은《삼국지》를 '동양의 성서(聖書)'라 하시며, 이 정도는 교양으로라도 읽고 잘 이해해두어야 한다고 말씀하신 적이 있었다. 어려서는 무슨 뜻인지 알 수 없었고 부친께서 만드

‥‥
3. 1980년대에는 TV에서 인형극을 자주 방영하였다.

신 말도 아니지만 의미를 이해하기까지는 그리 긴 시간이 걸리지 않았다. 아부지, 고맙습니다.

　형제는 《삼국지》라는 책을 다른 시각으로 접근하는 하나의 발견을 하게 되었다. 그것은 《삼국지》가 책마다 조금씩 다른 부분이 있다는 것이었다. 이는 《빨강머리 앤》이나 《전쟁과 평화》가 출판사나 번역자에 따라 차이를 보이는 것과는 차원이 달랐다. 같은 제목임에도 내용이 아예 다른 것이 있을 정도였다. 예를 들면 여러 《삼국지》들이 시작 부분부터 완전히 다르기도 하고, 특정한 에피소드가 통째로 있거나 없기도 하며, 심지어 소설의 후반 부분은 차이를 따지기도 어려울 정도로 천차만별(千差萬別)이었다. 어린 시절이라 형제의 상식으로는 도저히 이해가 되지 않는 점이었다. 어떻게 이런 일이. 게다가 분명 나관중이라는 사람이 지었다고 해놓고는 표지에는 '○○○ 삼국지'라고 다른 사람의 이름이 적혀 있기도 하였다. 왜일까. 혼란스러웠다.

　얼마간의 시간이 흘러 다시 이런 상황을 인지했을 때, 그러니까 《삼국지》라는 소설은 특별한 사연이 있구나 하고 눈치를 챘을 때 필자는 중학생이고 동생은 초등학생이었다. 이때부터 형제가 《삼국지》에 대해 내용을 넘어 다각도의 문제에 의문을 갖게 되었다. 물론 그마저도 《삼국지》 정사가 아닌 《삼국지연의》였다는 것을 몰랐다. 역사와 역사소설의 개념을 어찌 알았겠는가. 누구도 가르쳐주지 않았고 질문할 생각도 하지 못했다. 질문이라는 것도 일정한 지식수준에 이르러야 하는 것이다. 자연스럽게 이를 알게 되기까지 다시 시간이 필요했다.

1988년은 서울에서 올림픽이 열린 것 말고도 중요한 일이 있었다. 한국의 '삼국지 세계'를 뒤흔든 기념비적인 《삼국지》가 나온 것이다. 바로 《이문열 삼국지》. 이 삼국지는 이전의 모든 《삼국지연의》 번역본을 합친 것보다 더 많이 팔려나갔다. 금세 이 나라의 모든 삼국지 마니아들의 필독서가 되었고 출판사의 마케팅으로 인해 대입 수험생들의 논술 교재가 되면서 《이문열 삼국지》 흥행의 불꽃은 뜨겁게 타올랐다. 10권으로 되어 있는 이 전집 전체를 열 번이나 읽었다는 사람이 드물지 않았을 정도였으니 말이다. 그래서 이 책을 몇 번 읽고 나서 '나 《삼국지》 완전히 잘 알아'라고 말하는 사람도 부지기수였다. 물론 형제도 읽었다. 열 번까지는 아니었는데 《이문열 삼국지》가 어떠한가를 논하기 위해서도 읽어야 했고, 일단 이를 읽지 않고는 사회적인 《삼국지》 논쟁에 낄 수 없었던 것이다. 이 정도로 이문열의 《삼국지》는 한국의 출판시장은 물론 한국 사회 전반에 영향을 끼쳤다고 해도 과언이 아니다.

《이문열 삼국지》의 흥행 이후 일어났던 《삼국지연의》 시장의 양적 확대로 인해 수많은 자칭 《삼국지》 전문가들이 등장했다. 이문열이 썼던 서문을 통해 판본에 대해 눈을 떴고, 역사에 대한 무지로 황당하기 그지없는 생각들을 평(評)이라며 붙여 놓은 것으로 인해 《삼국지연의》라는 소설은 이렇게 마음대로 주물러버릴 수도 있음을 알게 된 것이다. 필자가 어릴 적 가졌던 여러 의문들, 예를 들어 '나관중이란 이름이 있는데 또 다른 글쓴이의 이름이 왜 필요한지' '왜 《삼국지연의》마다 내용이 같지 않은지' 등에 대해 답을 얻게 된 것도 이때였다. 실로 '한국의 《삼국지연의》의 세계'에 이문열이 미친 영향은 지대했고 또 한편으로는 이를 이문열의 공(功)이라고 해야 할 것이다.

이후 한국의 《삼국지》 시장은 양적으로 크게 성장하였다. 단순히 독자층을 넓힌 것 외에도 수많은 작가들을 《삼국지》에 뛰어들게 만들었고 수많은 출판사들이 끼어들었다. 규모가 크지 않던 이 나라의 출판시장에서 그들은 드물게 떨어진 큰 먹을거리를 놓치고 싶지 않았던 것이다. 이후 출판계에서는 《삼국지연의》가 홍수를 이루었다고 한다. 물론 피부로도 느낄 수 있었는데 그래서 마니아들 사이에서는 이런 말이 돌았다. '개나 소나 삼국지'라고.

형제는 당시 쏟아져 나오는 《삼국지연의》들을 마구 읽었던 것으로 기억한다. 'OOO의 삼국지', '△△△의 삼국지', '완역 삼국지', '평역 삼국지', '신역 삼국지', '××삼국지연의', 'OO삼국연의' 등등 그 수를 세기 곤란할 정도로 많았다. 흥미로운 것은 수많은 《삼국지연의》들은 전문(前文)에서 대부분 한결 같은 말을 했다는 것이다. '기존의 번역에는 오류(誤謬)가 많고 자신의 번역은 그 오류들을 바로 잡은 것'이라고. 그래서 자신의 책이 새롭다고. 게다가 《삼국지》가 한국 출판시장의 큰판을 열어젖히면서 뛰어든 새로운 작가집단이 있었다. 바로 중국어가 모어(母語)라고 할 수 있는 중국동포 작가들이다. 이들 또한 자신의 강점을 내세우면서 내놓은 《삼국지》에서 비슷한 내용을 강조했다. '한국의 엉터리 번역서로 그동안 《삼국지연의》가 왜곡(歪曲)되었었다'고 말이다. 아마도 출판사의 전략으로 자극의 강도가 높아진 것으로 보이는데 소설 본문의 내용은 달라도 전문의 그 비난의 언사(言辭)는 하나같이 비슷했다.

　장강의 물은 뒷물에 밀려 앞으로 흐른다고 하였던가. 한국의 《삼국지》 시장은 뒤에 나온 《삼국지》가 앞에 나온 《삼국지》를 성토하며 흘러왔던 것이다. 가끔은 심심찮게 '국내 최초'라는 말을 표지에 달아서 내놓기도 하였는데 필자는 그 무엇이 최초인지 궁금하지도 않았다. 이 땅에서 이루어진 《삼국지연의》 번역의 유구한 역사를 모르지는 않을 터인데, 어떤 이유로든 '최초'를 입에 올리는 그 용기가 가상할 뿐이었다. 다만 필자와 동생은 본서에 앞서 나왔던 모든 《삼국지연의》에 경의(敬意)를 표한다. 연구와 번역에 어떤 과정을 거쳤든 그것은 어렵고 고통스러운 작업이다. 그리고 그 하나하나가 영원히 발전되어야 할 《삼국지연의》에 초석들로 깔려 있음을 실감한다. 선배님들 고맙습니다.

　《이문열 삼국지》 이후의 모든 《삼국지연의》 읽기 플랜(Plan)은 꽤 오랜 시간이 걸렸다. 이제 플랜이 마무리되나 싶으면 동생이 말했다. '형, 오늘 도서관에서 또 새로운 《삼국지》를 봤어. 그 사람도 《삼국지》를 내놨더라.' 좀 못 본 척해도 괜찮은데 말이다. 물론 그 새로 나온 《삼국지》를 읽는 데는 그리 긴 시간도, 큰 노력도 들지 않았다. 왜냐면 나름의 일관성이 보이기 시작했던 것이다. 바로 복제(複製). 어떤 경우는 누구의 번역본을 베낀 것이 아닌가 하는 생각이 들 정도였다. 《삼국지연의》 번역서의 쓰나미 속에는 중국 인민문학출판사의 가정본(嘉靖本)이나 대만 삼민서국의 모종강본(毛宗崗本) 등이 아닌 남의 번역을 그대로 옮겨 쓴 것으로 보이는 것들도 있다. 저작권이나 작가적 양심을 떠나 그저 쓴웃음이 나는 부분이다. 아마도 이는 비교 독해를 한다면 누구나 그렇게 느낄 것이라 확신하는 점이기도 하다.

형제는 플랜을 완벽하게 끝내지는 못했다. 어느 순간 포기하는 것으로 그것을 마쳤을 뿐이다. 사실 이는 처음부터 가능한 계획이 아니었는데 어영부영 플랜을 마무리했을 때 형제의 심정은 이러했다. '이런 번역이라면 나도 하겠군.' 물론 얼토당토않은 소리다. 그만큼 《삼국지연의》라는 소설에 익숙해져서 패턴을 알았다고 착각한 것이다. 또한 앞서 언급한대로 《삼국지》의 번역이 얼마나 높은 실력을 요하는지, 얼마나 지난한 일인지 알기도 하거니와 《삼국지》를 집필한 모든 선배들을 존경하는 마음을 갖고 있기 때문이다.

이후 필자의 《삼국지》에 대한 관심은 연의를 벗어나게 되었다. 이는 동생도 마찬가지였다. 한때 연의의 판본을 연구하는 것이 《삼국지》의 끝을 보는 것이라고 생각했으나 역사학을 정식으로 공부하면서 시각이 달라졌던 것이다. 한문(漢文)과 정사(正史)에 대한 학문적 연구, 그리고 다시 보는 《삼국지연의》. 이는 중국의 삼국시대에서 느끼는 또 다른 맛이었고, 또 다른 세계였다. 물론 이런 식의 접근이 연의의 재미를 반감시킬 수도 있겠지만 오랜 세월 연의만 보았다면 더 흥미로울 수 있다고 확신한다. 게다가 학계에서도 여전히 《삼국지연의》에 대한 연구는 활발하게 이루어지고 있다. 의지만 있다면 시각을 넓혀 학문적으로 빠져 보는 것도 괜찮을 것이다.

역사를 공부하는 사람으로서 《삼국지연의》는 여러 가지로 고마운 존재였다. 재미있는 이야기 그 자체로도 고마웠고, 역사를 살갑게 만들어줘서 고마우며, 오래되고 구석져 공부로 라면 거들떠보지도 않았을 시대를 환하게 비추어줘서 고마웠다. 물론 역사란 이름으로 세상을 속이고자 하는 도당이 많은 현실이기에 소설로 역사를 학습하고자 하는 마음이 있다면 더욱 사고를 가다듬기 바란다. 게다가 자신이 틀린 지식을 얻게 되었다고 재미를 위해 최선을 다한 이들을 원망하지 말지어다. 그 구별과 구분은 오롯이 독자의 몫임을 알기 바라며 이 자리를 빌려 그야말로 일생동안 신세를 졌지만 신세를 진 줄도 몰랐던 분들께 진심으로 고마움을 전하고 싶다. 필자의 동생과 띠동갑인 조조(曹操) 형님, 필자의 누이와 띠동갑인 제갈량(諸葛亮) 형님도 고맙고요, 유·관·장을 비롯한 모든 출연자 분들 고맙습니다. 오늘도 이야기 속에서 치열하게 살아 주셔서, 《삼국지》 '찐' 마니아 분들의 마음속에 오랜 세월 있어줘서 정말 고맙습니다. 유치한 마음의 표현이지만 1800여 년을 갈무리하는 것 같아 왠지 후련하다.

2년이 훨씬 넘는 긴 작업이었다. 아마 형제가 같이 하지 않았다면 얼마나 더 긴 세월이 걸렸을지 몰라 다 쓰고 난 뒤 서로에게 칭찬하고 감사해했다. 형으로서도 살면서 동생에게 딱히 해준 것 없이 반세기를 보낸 터라 그 마음이 더했다. 비록 세상에 흔하디흔한 《삼국지》의 바다에 또 작은 한바가지를 보탰을 뿐이지만 나름대로 괜찮은 결과물이라고 자부한다. 기대에 부응하지 못해 죄송하기 그지없는 필자의 스승 서운학 선생님과 한문을 가르쳐 주신 창곡(蒼谷) 정석용 선생님, 사조(師祖) 고려대

김현구 교수님, 언제나 필자를 걱정해주시는 지도교수 조명철·송완범 교수님, 또 이형식·정순일 교수님과 학과의 선후배 동료들, 항상 격려해 주시는 연세대 김응빈 학장님과 학부대학 박돈하 교수님, 그리고 흔쾌히 추천의 글을 더해주신 연세대 학부대학 유광수 교수님께도 감사드린다. 여기에 형제의 작업을 기뻐하며 대견히 보아주신 부모님과 매번 필자의 부족한 글을 읽어주시는 고려대 박도순 학장님, 또 매형 가족과 집필 내내 같이 고생한 동생 가족, 그리고 평생 내 편일 전문세 식구들과 심우(心友) 장웅, 밝남이에게도 감사드린다. 마지막으로 언제나 기다리는 아내에게도 감사드리며 조금만 더 기다려달라는…… 퍽.

2021. 8. 27 홍대 근처 어디에서
허진모

서론

1

삼국시대(三國時代)에 대하여

삼국시대(三國時代)라는 이름과 《삼국지연의(三國志演義)》[1]는 모두 진수 (陳壽)의 사서 《정사삼국지(正史三國志)》에서 비롯된 것이다. 사실 세계사 에서 삼국이라는 흥미로운 설정이 탄생한 것이 이때이다. 이전까지 하나 의 천하관(天下觀) 안에서 세 나라가 다툰 것이 없지는 않았으나, 역사에 서 3이라는 숫자에 큰 의미를 두게 된 계기가 바로 중국의 삼국시대라고 볼 수 있다. 이로 인해 전 세계의 역사에서 이 시기 이후는 물론 과거로 거슬러 올라가 나라 셋이 대결을 펼친 상황을 찾아가 굳이 삼국의 구도 로 몰아가기도 하였다. 메소포타미아시대 중 삼국 관계나 헬레니즘시대 이후의 삼국, 그리고 중국 삼국시대와 비슷한 시기 로마 내에서의 삼국 등이 그러하다. 가히 역사학에서의 3의 발견이라고 할 수 있겠다.

사실 중국사의 시대 구분에서 삼국시대는 희미하다. 우선 역사 혹은 역사학에서 시대 구분은 절대적인 것이 없고 어떤 구분이든 학자 개인의 자의적 주장에 불과하다. 다만 그 중 호응이 큰 주장이 통설이라는 이름으로 사용되고 통설은 중등교육에서 채택될 가능성이 높으며, 대중적으로는 지식이 되어 스며든다. 그 통설에 따르면 중국 역사의 시대 구분에 삼국시대(三國時代)는 없다. 소설이나 드라마, 영화 등으로 역사지식을 쌓으려는 사람에게는 제법 실망스러울 수도 있겠다. 굳이 중국의 삼국시대를 골라낸다면 못할 것도 없지만 중국사에서 삼국시대가 차지하는 비중은 한국사에서 삼국시대가 차지하는 그것과는 비교할 수조차 없음을 알게 된다. 이유는 그 사이즈가 너무 작아서이다. 《삼국사기(三國史記)》에 근거를 둔 한국의 삼국시대는 가장 늦은 시기에 건국해 가장 먼저 멸망한 백제 기준으로 약 700년에 달한다. 이에 비해 중국의 삼국시대는 위·오·촉 세 나라가 동시에 존재한 기간이 약 50년에 지나지 않는다.[2] 전설의 하(夏)부터 보아 4천 년의 중국 역사에서 고작 50년. 통설적인 시대 구분으로 보았을 때 삼국시대는 후한(後漢) 뒤에 따라오는 위·진남북조시대의 전반부에 잠시 있었던, 그야말로 '끼어 있는' 시기였다. 그나마 진수의 《정사삼국지》가 24사에 속한 덕에 부각된 역사의 이벤트 시대라

••••

1. 국내 《삼국지연의》의 번역 원본으로 사용되는 대만의 삼민서관, 중국의 강소고적 삼국지의 제목은 《삼국연의》이다.

2. 오(吳)가 229년에 건국되어 삼국 체제가 되었고, 촉(蜀)이 263년 가장 먼저 망해 삼국이 온전하게 같이 존재했던 시기는 공식적으로 34년에 지나지 않는다.

해도 결코 지나치지 않다.

그러나 삼국시대는 시간의 사이즈와는 상관없이 대단한 중요성을 가졌다고 할 수 있다. 중국사에서 대중적으로 가장 사랑받는 역사이자 관심도가 높은 시대이기 때문이다. 이는 중국인뿐만 아니라 동양인 전체에 해당한다. 역사는 역사가의 선택을 받은 '선택적 사실(選擇的事實)'에 기반한다. 삼국시대 또한 그러한 선택을 받은 것이다. 다만 삼국시대가 특이한 것은 그 선택이 특정 시기 특정 사가(史家)에 의해 이루어진 것이 아니라 민중(民衆)에 의해 이루어졌다는 사실이다. 흔히 《삼국지》라고 통칭되는 삼국시대의 일들은 같은 시기 혹은 직후 시기부터 화제(話題)가 되어 사람들의 입에 오르내렸다. 이는 능력 있는 사가나 이야기꾼이 모래밭 같은 역사의 더미 속에서 보석을 발굴해내어 소개한 것과는 질적으로 다르다.[3] 삼국시대의 인물과 사건에 대한 관심은 민간이나 관의 구별이 없었다. 배송지가 삼국지의 주석을 쓰게 된 것부터가 유송(劉宋) 황제의 삼국시대 이야기에 대한 관심에서 비롯된 것이었다.

역사에 대한 대중적인 사랑은 철저히 차별적이다. 어느 나라, 어느 국민이나 그들이 더 사랑하는 시대가 있고 더 싫어하는 시대가 있다. 자랑스러운 시대도 있는 반면에 부끄러워 감추고 싶은 시대나 분노하고 슬퍼하는 시대가 있다. 이는 사람인 이상 어쩔 수 없는 차별이라 할 것이다. 그 중 중국의 삼국시대는 단연 사랑받는 시대이다. 사랑을 받는 이유는 단순하다. 재미가 있기 때문이다. 이는 서양사에서 알렉산드로스나 카이사르의 시대가 더 열렬한 사랑을 받는 것과 같다. 삼국시대가 시공간을 초월해 이런 사랑을 받는 데는 전적으로 소설의 힘이 컸다. 소설이 없었다면 춘추시대(春秋時代)의 용맹한 두회(杜回)⁴보다 후한의 '얼빵한' 하진(何進)이 어찌 더 유명할 수 있을까. 역시 사람은 혼자 출세하고 유명해지는 게 아니다. 때를 잘 타고 나야 한다. 이루지 못했다 하여 애달파 할 필요는 없겠다. 어차피 홀로 되는 것이 아니었기 때문이다. 그런 의미에서 삼국시대를 살았던 인물들은 운이 좋다 하겠다.

삼국시대의 세 나라가 온전히 공존하게 된 것은 오(吳)의 손권이 칭제를 한 AD 229년부터이다. 삼국시대의 시종(始終)에 대해서 이론(異論)이 다양함은 물론이나, 삼국이 모두 칭제하여 제국(帝國)이 된 때는 명확하다. 위(魏)는 후한이 멸망한 AD 220년, 촉(蜀)은 이듬해인 AD 221년에 세워졌기에 공식적인 서류상 위·오·촉 세 나라의 틀이 갖춰진 것은 AD 229년이 되는 셈이다. 그리고 삼국이 정립되고 난 뒤 가장 먼저 망하여 사라진 나라는 촉이다. AD 263년. 그 촉을 멸망시킨 위는 2년 후인 AD 265년에 사라졌다. 명확히는 나라가 없어진 것이 아니라 왕조가 바뀌어 '진(晉)'이라는 간판이 붙은 것이다. 따라서 칭제건원(稱帝建元)을 한 제국(帝

····

3. 특정인에 의해 선택된 시대의 대표적인 예(例)가 일본의 전국시대(戰國時代)이다. 이는 크게 관심을 받지 못했던 일본사의 일부분을 탁월한 소설가 야마오카 소하치(山岡荘八)가 '도쿠가와 이에야스'라는 소설로 펴내 공전의 히트를 거두면서 대중에게 알려졌다. 현재 일본인들 사이에서 상식으로 통하는 전국시대 삼인방 오다 노부나가(織田信長), 도요토미 히데요시(豊臣秀吉), 도쿠가와 이에야스(德川家康)도 이때 알려졌다. 일본인들은 20세기 중반에 써진 이 작품을 일본의 삼국지 정도로 생각하지만 이는 일본인들의 바람일 뿐, 삼국지의 깊은 역사성은 그 정도에 비견될 수준이 아니다.

4. 춘추시대 진(秦)의 장수. 괴력으로 당대에 이름을 떨쳤고, 결초보은(結草報恩) 고사의 희생양으로 후세에도 이름을 남겼다.

國)으로서의 세 나라가 공존했던 시기는 정확히 34년인데, 이는 유구한 역사의 흐름에서 본다면 순간에 지나지 않는다.[5] 학문적인 시대의 구분에서 34년짜리를 끼워 넣기란 쉽지 않았을 것이다. 삼국 중 마지막으로 남은 오는 조(曹)씨의 위가 사라진 후 15년을 더 버티다 AD 280년에 멸망했다. 오가 홀로 버틴 15년은 일종의 남북조 시기라고 할 수 있다. 위를 삼킨 사마(司馬)씨의 진(晉)과 각각 남과 북에서 공존하였으니 말이다.

소설로서 《삼국지》의 주된 배경은 학문적으로 보면 삼국시대가 아니라 삼국이 세워지기 전의 후한(後漢)시대이다. 《삼국지》의 주된 내용은 삼국의 성립과정이며 주인공들이 각각의 나라를 세우는 동안 겪는 갖은 고생담이다. 독자들이 열광하는 장면들 또한 여기에 있다. 《삼국지》라는 이름에서 지(志)는 역사학적 또는 사료(史料)적으로 여러 의미를 담고 있으나 문자상 기본 의미인 마음이나 의지(意志)로 해석을 한다면 소설의 내용과 잘 맞아 떨어진다. 세 나라의 영웅들의 통일을 향한 의지 정도?

《삼국지》의 주인공은 단연 조조와 유비이다. 조조와 유비는 각각 AD 155년생, AD 161년생[6]으로 이들이 동탁을 토벌하기 위해 모였던 때가 AD 190년이다. 삼국지 이야기의 발단이 '황건적의 난'이라면 본격적인 전개가 이루어지는 사건이 바로 동탁의 발호(跋扈)이기에 동탁 토벌을 위해 각지의 호걸(豪傑)들이 한 자리에 모인 일은 매우 중요하다. 이 시기 고구려에서는 고국천왕(故國川王)이 명재상 을파소(乙巴素)를 등용했다. 을파소의 정확한 생년은 알려져 있지는 않으나 조조와 유비와 비슷한 연배로 추정할 수 있다. 그러니 고구려의 진대법(賑貸法) 시행이 삼국지의 스토리 초기에 해당하는 것이다.

같은 시기 서양 로마에서는 전성기라고 할 수 있는 오현제(五賢帝)시대가 마감되었다. 오현제시대는 AD 96년에서 180년까지로, 이후의 로마는 암군(暗君) 콤모두스(Commodus)[7]가 12년 동안 제위에 있으면서 그야말로 나라를 '제대로 말아먹는' 수준에 이르게 된다. 참고로 콤모두스는 유비(劉備)와 동갑내기이다. 근위대의 반란으로 콤모두스가 제거된 후 로마는 내전과 세베루스(Severus) 왕조를 거쳐 군인황제시대라는, 지독한 혼란기로 빠져드는데 AD 180년 이후의 모습은 로마나 후한이나 거기서 거기였다. 더구나 로마 또한 세 나라로 갈라진 적이 있었으니 AD 260년부터 AD 274년까지 갈리아제국(Gallic Empire), 팔미라제국(Palmyrene Empire)[8]이 로마의 영역을 차지하면서 공존했다. 서양의 로마와 중국의 한(漢)은 많은 면에서 유사한 점이 있는데 나라가 세 조각나는 것마저 닮았다. 차이가 있다면 이 분열 뒤에 후한은 망했지만 로마는 살아남았다는 것이다.

《삼국지》를 이해하기 위해서는 위·진남북조시대와 삼국시대의 관계

••••
5. 물론 황건적의 난으로 시작되는 《삼국지연의》의 시대는 100년에 가깝다.
6. 조조는 55년 양띠, 유비는 61년 소띠이다. 삼국지의 등장인물들은 1900년대 생들과 1800년의 차이가 나는 통에 십(10) 단위의 숫자가 같으면 갑자(甲子)가 동일하다.
7. 로마시대를 배경으로 한 할리우드 영화 〈글래디에이터(Gladiator)〉에서 주인공 막시무스를 찌르는 그 비겁한 황제이다. 영화의 내용은 픽션이나 콤모두스가 폭군으로 비상식적인 짓을 일삼은 것은 사실이다.
8. 라틴어 표기는 각각 Imperium Galliarum, Imperium Palmyrenum이다.

또한 짚어볼 필요가 있다. 이는 삼국시대라는 기간의 특수성 때문이다. 앞서도 언급하였듯이 삼국시대는 대중적으로는 엄연히 '시대(時代)'라고 불리지만 학문적으로 중국사의 일반적인 시대 구분에는 포함되지 않는다. 물론 시대를 구분함에 있어서 헌법처럼 절대적인 기준이 있는 것은 아니다. 역사학에서 시대 구분이란 일종의 편의에 따른 것이며 학자에 따라 천차만별(千差萬別)로 다른 경우도 많다. 하지만 중등학교 교과서를 위시한 대부분의 자료에서 삼국시대는 중국사 시대 구분에 별도로 자리를 차지하지 못하고 위·진남북조시대 안에 속해 있다.

가장 큰 원인은 앞서 언급한 바와 같이 너무 짧기 때문이다. 위·진남북조시대는 후한 왕조가 조씨의 위(魏)에 선양(禪讓)을 한 AD 220년부터 북조의 수(隋)가 남조의 진(陳)을 멸망시킨 AD 589년까지 370년간의 시기인데, 대중적으로 중국사 시대 구분에서 가장 복잡하다고 느끼는 부분이다. 이 시대는 춘추시대(春秋時代)나 전국시대(戰國時代)만큼 대중적으로 알려져 있지 않으면서도 수많은 왕조와 인물, 여기에 다수의 유목민족까지 등장하고 장강 이남 개발이라는 천하관(天下觀)의 공간적 확대까지 이루어지기에 복잡한 감이 드는 것은 사실이다.[9]

위·진남북조시대는 명칭부터 위를 정통(正統)으로 한다는 의미가 담겨 있다. 동시대에 위(魏)와 같이 존재했던 오(吳)와 촉(蜀)은 위에 대항하는 지방의 세력일 뿐, 별개의 국가로 보지 않는다는 시각이다. 진(晉)은 정통성을 이은 왕조이고 그 진의 분열로 남북조(南北朝)가 열린 것이다. 삼국시대는 그런 위·진남북조시대에서 위에 속하는 때이다. 정확하게 말하면 후한과 위에 속한다고 해야 할 것이다. 따라서 위·진시대라고 칭하면 이미 삼국시대는 무시당한 것이다. 오와 촉은 왕조가 아닌 위가 진압해야 할 반란세력 정도랄까.

《삼국지연의》의 관점으로 오와 촉을 국가로 보게 되면 위는 오·촉이 세워지기 전 단독으로 존재한 기간이 반년에 지나지 않는다. 사가(史家)라면 시대를 구분하기 위해서는 선택을 해야 했을 것이다. 오·촉을 국가로 인정해서 36년에 불과한 짧은 기간을 삼국시대로, 이어 진과 오만 있던 15년을 또 다른 작은 남북조로 볼 것인가. 아니면 오·촉을 무시하고 위만 국가로 보아 위·진시대라고 할 것인가를 말이다. 물론 결론은 후자임을 다 알 것이다. 사마씨의 진(晉)은 위를 슬그머니 이은 왕조이기에 위와 진은 붙여서 말하는 것은 여러 가지로 편리한 것이 사실이다.

오(吳)의 입장에서는 다소 불만이 있을 수 있다. 촉과 같은 취급을 받는다면 말이다. 역사학에서 오는 촉과 분명 다른 위상을 가지고 있다. 고려대 사학과 신승하 교수의 연구에 의하면 영토를 기준으로 하였을 때 후한 13주 중 위는 9개 주[10], 오는 3개 주[11], 촉은 익주 한 개 주를 다스렸다. 물론 익주는 그 면적이 화북의 주보다 넓으나 화북은 비옥한 토지가 많고 익주는 오지(奧地)의 비율이 높다. 또한 병력의 수도 차이가 컸는데

••••

9. 허진모,《전쟁사문명사세계사2-기원부터 천년까지》, 미래문화사, 경기, 2020.
10. 위(魏)는 정확히 사례 지역, 기주, 병주, 예주, 연주, 청주, 서주, 유주 등 7개 주 전부와 양주(涼州), 형주, 양주(揚州) 등 3개 주의 일부를 다스렸다.
11. 오(吳)는 양주(揚州)의 대부분, 형주의 일부, 교주의 전부를 다스렸다.

위가 약 50만, 오가 약 23만, 촉이 약 10만이었다. 일본의 미야자키 이치사다(宮崎市定) 교수의 연구에 의하면 263년의 통계로 인구는 위가 66만 호에 443만 명, 오가 52만 호에 230만 명, 촉이 28만 호에 94만 명이다.[12] 이치사다 교수는 호(戶)수보다 인구수가 진실에 가깝고, 여러 가지를 고려했을 때 삼국의 실질적인 국력의 비를 6:2:1로 추정한다.[13] 위에 비하면 오도 초라하지만 촉에 비하면 두 배에 가까운 나라였던 것이다.

그리고 육조시대(六朝時代)라는 시대 구분이 있다. 이는 중국사에서 한족을 중심으로 한 전통적 사관의 시대 구분으로, 남쪽으로 쫓겨 간 한족 왕조의 이동을 역사의 중심이동으로 과장하고 장강 이남의 왕조를 전체 역사의 주된 맥으로 보는 용어로 취급한다. 여기서 육조란 오(吳)-동진(東晉)-유송(劉宋)-제(齊)-양(梁)-진(陳)의 여섯 왕조이다. 이들은 분명 중원(中原)이라 불리는 중국사의 전통적 중심지에서 밀려난 세력이고, 동시대에 존재했던 북조(北朝) 왕조에 비해 현저하게 약했음에도 육조시대는 한때 해당 시대 전체를 대표하는 구분으로 주장되기도 하였다. 한족 중심주의자들의 주장이라고 보는 것이 일반적이다. 또한 육조시대는 현재 정치사(政治史)가 아닌 문화사(文化史)에 중점을 둔 시대 구분 명칭으로 사용되기도 한다. 따라서 정치적으로 육조시대가 뜻하는 바를 가장 잘 전달하는 말을 만들자면 장강육조(長江六朝) 정도가 적당할 것이다.

이렇게 여러 각도에서 보아도 촉은 없다. 정사에서의 촉의 존재감은 이러했던 것이다. 촉에 애정을 가지고 있다면 서러울 일이나 삼국(三國)임에도 모든 부문에서 촉은 심하게 열세(劣勢)였던 것이 사실이다. 다만 이런 설움에도 하나 다행한 점은 촉을 인정해주는 진수의 《정사삼국지》가 24사의 사서로서 한자리를 차지하고 있다는 것이다. 그것도 앞에서 네 번째[14]로, 사기(史記), 한서(漢書), 후한서(後漢書)와 더불어 전사사(前四史)로 당당하게 말이다. 여기에 삼국시대가 마감되고 얼마 지나지 않아 촉을 지지하고, 나아가 정통으로 보아주기까지 하는 움직임도 있었다는 것이다. 바로 촉한정통론(蜀漢正統論)이다.

촉한정통론은 사마씨의 진(晉)이 북방민족에 밀려 동남쪽으로 내려가 동진(東晉)이 되면서부터 시작되었다.[15] 촉을 정통으로 보는 시각은 《삼국지연의》가 만들어지기 약 천 년 전인 남북조시대에 이미 광범위하게 퍼져 있었으며 이를 알 수 있는 대표적인 사서가 바로 《한진춘추》이다. 동진시대 관료이자 역사가인 습착치(習鑿齒)가 저술한 이 사서는 제목에서부터 그 성격을 알 수 있다. 위·진이 아닌 한·진, 즉 위의 정통성을 부정하는 것이다.[16] 촉한정통론은 이후 수백 년이 지나도록 수그러들지 않았고[17] 2천여 년이 지난 지금에도 사라지지 않았다. 이 같은 현상에

••••

12. 신승하, 《중국사(中國史)》, 대한교과서(주), 서울, 2008

13. 미야자키 이치사다, 《중국통사(中國通史)》, 서커스출판상회, 서울, 2016

14. 편찬 시기에 있어서 삼국지는 《후한서》에 앞서 24사의 세 번째 사서이다. 저자 진수는 촉 출신으로서 서진에서 녹을 먹었는데 그가 남긴 역사서는 모두 서진시대에 완성하게 된다. 진수는 자신이 살았던 시기를 기록함으로써 삼국시대의 증인 그 자체라고도 할 수 있다. 물론 해당 시기를 살았다고 해서 그 기록이 더 우수하다고 단정할 수는 없다. 《후한서》는 남조 유송(劉宋)의 범엽(范曄)이 펴냈는데 후한이 멸망하고 약 250년 뒤에 쓰인 사서이다.

15. 최용철, 《사대기서와 중국문화》, 고려대학교출판문화원, 서울, 2019.

16. 《한진춘추》는 〈배송지주〉에 많이 인용되는 사서이다.

는 삼국고사의 민간 시각이 크게 작용하였는데 그 결정판이 바로《삼국지연의》였던 것이다. 이렇듯 유비의 촉은 실제보다 훨씬 더 큰 역사(歷史)상의 존재감을 남기게 되었다. 그러나 촉한정통론은 냉정하게 보았을 때 후대 왕조의 정치적 필요성 혹은 왕조의 존립을 위한 편의성 차원에서 유치된 이데올로기임을 부정할 수 없다. 게다가 민중들 사이에 호응을 얻었던 촉에 대한 정통론은 동정론(同情論)에 가깝다. 특히나 오랑캐라고 멸시하던 유목민족에게 밀려 남쪽으로 쫓겨 가거나, 크게 고초를 겪은 왕조에게는 더욱 절실했다. 한마디로 촉한정통론은 촉한동정론(蜀漢同情論)이라고 해도 틀리지 않다.

결국《삼국지》와 삼국시대, 그리고 촉은 역사학(歷史學)에서는 대세가 아닐지라도 민중의 마음속에 있는 감성(感性)의 역사에서는 대세 중의 대세로 자리 잡았다.

••••

17. 촉한정통론은 남송(南宋)시대 주희(朱熹)에 이르러 더 크게 일어나기도 한다.

2

정사 《삼국지》[18]에 대하여

정사 《삼국지》는 서진(西晉)의 관리 진수(陳壽)가 쓴 사서이다. 진수는 후한이 멸망한 후인 233년 촉에서 태어났다. 그는 촉 조정에서 벼슬을 하다 쫓겨났다가 촉 멸망 후 서진의 관료가 된 사람이다.[19] 촉의 관료이자 당시 이름난 학자였던 초주(譙周)를 스승으로 모셨다.[20] 정사 《삼국지》를 편찬할 당시의 직책이 저작랑(著作郞)이었던 진수는 《삼국지》 외에도 《촉

••••

18. 진수가 편찬한 사서의 정확한 명칭은 《삼국지》이나 연의, 평화, 희곡 등 '삼국지 고사'와 관련된 각종 기록의 통칭과 구별하기 위해 편의상 《정사삼국지》라고 표기하였다. 이하 본서에서 가끔 《삼국지》라고 표기하는 것은 《정사삼국지》와 동일한 사서를 가리킨다.

19. 이에 대한 자세한 내용은 《허진모 삼국지》 2권에 기술되어 있다.

20. 《진서(晉書)》 열전 제52권(列傳第五十二) '少好學 師事同郡譙周'

상제갈량집(蜀相諸葛亮集)》[21], 《고국지(古國志)》, 《익부기구전(益部耆舊傳)》 등 많은 저술을 남겼다.[22]

《정사삼국지》는 조(曹)씨의 위(魏)를 정통으로 하고 있다. 이는 서진이 위로부터 선양(禪讓)을 받은 왕조였기에 서진의 녹을 먹는 진수로서는 어쩔 수 없는 선택이었다. 그래서 세 나라 가운데 위(魏)에만 기(紀)를 두어 조조와 그 후손들만을 황제로 인정하였다. 촉의 유씨와 오의 손씨는 제(帝)가 아닌 주(主)로 칭하여 모두 열전으로 분류하였다. 분량 또한 차이가 큰데 〈위서(魏書)〉 30권, 〈오서(吳書)〉 20권, 〈촉서(蜀書)〉 15권으로 이루어져 있다. 물론 삼서(三書)의 분량이 정통론에 따라 정해진 것은 아니다. 세 나라의 국력이나 인구, 인물의 수, 저본의 양 등을 고려했을 때에도 상식적으로 같은 분량이 나올 수는 없었다. 그럼에도 《삼국지(三國志)》라는 명칭은 세 집단을 동등한 위치의 국가로 보았다는 해석이 가능하다. 이런 이유로 학계에는 《정사삼국지》의 서명(書名)과 내용은 진수의 본심과 그가 처한 현실이 묘하게 부딪히고 있음을 보여준다고 해석하는 시각도 있다.

중국사의 정사 24사에서 편찬 시기상 세 번째로 쓰인 《정사삼국지》는 《사기(史記)》나 《한서(漢書)》와는 달리 표(表)나 지(志)가 따로 없다. 상식적으로 《삼국지(三國志)》라는 큰 제목에서 지(志)라는 글자를 써버렸기에 하부 제목에 다시 지(志)가 나오는 것은 앞뒤가 맞지 않는다. 그러나 제목과 상관없이 법률이나 제도, 혹은 경제, 사회, 문화 등에 관한 기록을 따로 분류해 기술하지 않았다. 사마천의 《사기》에서는 이러한 성격의 기록을 서(書)라는 이름으로 묶었는데 《한서》 이후의 정사 사서들은 대부분 《한서》의 전통을 따라 지(志)로 하였다.[23] 그리고 연도에 따라 사건을 분류한 표가 없는 것도 《삼국지》와 두 사서와의 차이라고 할 수 있는데, 이는 24사 전체를 놓고도 다소 특이한 경우라고 할 수 있다.[24] 《삼국지》는 여러 모로 특이한 사서임은 틀림없다.

《정사삼국지》를 이해하기 위해서는 중국사의 대표적인 정사(正史)사료인 24사에 대해서 알 필요가 있다. 24사는 중국 문명의 전설시대부터 전한 무제까지의 역사를 다룬 사마천의 《사기》부터 명(明)대까지의 공인된 24종의 사서를 말한다. 정사(正史)라는 말은 남북조시대 남조 양(梁)의 완효서(阮孝緒)가 저술한 《정사삭번(正史削繁)》에서 처음 등장했다.[25] 또한 같은 시대 경사(經史)[26]를 읽어야 한다는 바람이 불면서 오경(五經)

••••

21. 《촉상제갈량집(蜀相諸葛亮集)》은 진수가 274년 무제 사마염에게 올린 책의 제목이다. 《촉상제갈량집》의 상주문에 의하면 '太始十年二月一日癸巳 平陽侯相臣陳壽上(태시 10년 2월 1일 계사일. 평양후상 진수 올림) 이때 진수의 관직은 평양후상(平陽侯相)이었음을 알 수 있다.

22. 《진서(晉書) 열전 제52권 '壽又撰〈古國志〉五十篇〈益都耆舊傳〉十篇 餘文章傳於世'

23. 《사기》에서는 정치 외의 여러 분야를 예서(禮書), 율서(律書), 역서(曆書), 천관서(天官書), 평준서(平準書) 등으로 명명한 데에 반해 《한서》에서는 율력지(律曆志), 예악지(禮樂志), 형법지(刑法志), 식화지(食貨志), 천문지(天文志), 지리지(地理志), 예문지(藝文志) 등으로 명명했다. 한국인에게 익숙한 〈세종실록〉 지리지(地理志)가 지리서(地理書)가 아닌 것은 《한서》의 전통을 따랐기 때문이다.

24. 24사 전부가 《사기》·《한서》의 구성을 따르는 것은 아니다. 사서에 따라 분류와 제목에서 약간의 차이가 있다. 다만 기전체 사서가 따르는 대체적인 형식에서 진수의 《삼국지》는 거리가 있다.

25. 《정사삭번(正史削繁)》은 현재 전해지지 않아 저자가 정의하는 정사의 의미를 정확히 알 수는 없다. 이보다 앞서 정사(正史)라는 말이 등장하는 사서는 아직 발견되지 않았다.

26. 경서(經書)와 사서(史書)를 한꺼번에 이르는 말.

외에 정사라는 말이 처음으로 통용된 것으로 본다.[27] 이후 《수서》에서 정사라는 이름으로 기전체 사서들을 분류하여 기록한 바 있는데 당시까지의 정사의 개념은 기전체 사서를 의미하는 것으로 간주하고 있다.

흔히 역사를 정사(正史)와 야사(野史)로 구분한다. 대중적으로 정사는 정확한 사실을 뜻하고 야사는 신화와 전설, 기(奇)·괴담(怪談) 등 비현실적인 이야기를 뜻한다고 알고 있는 경우가 많다. 그러나 정사와 야사의 구분은 명확한 기준이 없다고 하는 것이 맞다. 정·야사의 이분법적 구분은 동양, 특히 중국과 중국의 영향을 받은 일부 국가에 한정된 현상이다.

특히 한국에서의 정·야사 구분 의식은 《삼국사기》와 《삼국유사》라는 정사와 야사를 대표하는 쌍두마차(雙頭馬車) 사서의 영향이 지대하다. 고대사(古代史) 사료가 거의 남아 있지 않은 비극적인 한국의 현실로 인해 편찬된 지 천년(千年)도 되지 않는 《삼국사기》가 지금으로서는 최고(最古)의 위치를 차지하고 있다. 이런 《삼국사기》와 내용상 비슷한 시기를 다루는 사서가 《삼국유사》밖에 없는 상황에서 정·야사를 나누는 데 무슨 고민이 있었겠는가. 둘 중 하나는 정사이고 나머지는 야사가 되는 것이다. 관찬(官撰)인 《삼국사기》가 정사가 되는 것은 빤한 일이지만 내용적으로도 분명 좀 더 괴이(怪異)한 것이 야사가 되어야 했던 것이다. 그래서 《삼국사기》는 정(正)이 되고 《삼국유사》는 야(野)가 되었는데, 이것마저도 읽어보지 않은 자들이 《삼국유사》의 특징을 넘겨짚으면서 그것이 곧 야사의 특징으로 굳어진 것이다.

이런 잘못된 상식에서 다른 나라도 그렇겠거니 하면서 남의 역사에 함부로 정·야사의 잣대를 들이대고 규정을 해왔던 것이다. 잔존(殘存) 사서가 많기라도 했다면 우리는 정·야사의 정의와 구분에 있어 조금이라도 더 깊은 고민을 했을 것이나 여러 가지 이유로 그런 고민을 할 생각조차 못한 것은 크게 애석한 일이다. 참고로 한국 역사에서 정사의 대명사인 《삼국사기》에는 용(龍)이 등장하는 장면만도 열 건이 넘고[28], 알에서 태어나신 조상님이 서너 명이며, 도술을 부리고, 하늘과 물속을 제집처럼 오가시는 분도 계신다.

야사(野史)라는 용어는 정확한 의미가 무엇인지, 언제 생겼는지조차 사실 불분명하다. 북송 초 칙명(勅命)에 의해 한(漢)대부터 전해져 오는 소설들을 모은 《태평광기(太平廣記)》에 인용된 저본 중에 《야사(野史)》라는 제목의 사료가 등장한다. 애석하게도 이 사서는 현재 전해지지는 않으나 이를 '야사'라는 용어의 공식적인 최초 등장으로 보고 있다. 이후 청대의 사서에 이 말이 자주 등장하는 것으로 보아 당시에 야사는 대중적으로는 널리 사용되는 용어였음을 짐작할 수 있다.

중국에서는 야사라는 말이 사용되기 오래 전에 정사의 상대 개념으로 잡사(雜史)라는 말을 사용하였다. 당(唐) 왕조의 사관(史官) 유지기(劉知幾)[29]의 《사통(史通)》에서는 사서를 정사와 잡사로 구분하였는데, 정사는 기전체 사서 외에 더 이른 시기에 편찬된 《서경》, 《춘추》 등의 편년체

••••

27. 두유운, 《중국사학사》, 상무인서관, 상해, 2012.

28. 《삼국사기(三國史記)》의 용에 대한 언급은 고구려(高句麗)조 동명왕편(東明王篇)을 시작으로 백제(百濟)조, 신라(新羅)조를 통틀어 13번의 언급이 있다.

를 포함해 정리하고 있다. 이는 《수서》에서 사용한 정사의 기준과 차이가 있다. 잡사는 열전(列傳), 소록(小錄), 잡기(雜記), 지리서(地理書) 등을 포함하였는데, 정사를 중요하게 여기고 잡사는 이에 대한 보충의 개념 정도였다. 어쨌거나 《사통》은 《수서》에 비해 정사의 범위가 훨씬 넓어졌음을 알 수 있다. 참고로 두 사서는 편찬 시기에서 80여 년 정도의 차이가 있다.[30] 세월을 많이 건너 청조(淸朝) 건륭제는 각 왕조에서 황제가 정한 사서, 그것도 기전체 사서만을 정사로 부르게 하였다.

종합하면 중국에서는 고대에서 당 왕조까지의 사서는 사찬(私撰)임에도 높은 평가를 받고 널리 읽히면 해당 왕조의 정본으로 지정되어 정사가 되었고, 당 왕조 이후의 사서는 황제가 인정한 사서가 정사가 되었다. 물론 모두 기전체 사서여야 했고 근대로 가까워질수록 관찬(官撰) 사서의 비중이 크게 높아졌다. 24사는 중국사에서 이러한 정사 개념의 결정판(決定版)이었던 것이다.

한국사에서는 《조선왕조실록》에 야사를 정의하는 장면이 등장하는데 세종(世宗)대에 세종과 황희가 이러한 대화를 한다.

> 임금이 말하기를, "옛날에 야사(野史)가 있었으니, 그 뜻이 어떠한 것인가." 하니, 황희가 아뢰기를, "이른바 야사(野史)란 것은 사관이 기록한 것을 말하는 것이 아니고, 뜻있는 선비가 산야(山野)에 있으면서 들은 바를 측면(側面)에서 기록한 것입니다." 하매, 임금이 말하기를, "그렇도다."[31]

즉 사관이 기록한 역사, 국가가 펴낸 공식 사료인 관찬 사서는 정사가 되고, 개인이 펴낸 사찬 사서는 야사가 되는 것이다. 그러나 정사와 정사가 아닌 역사의 기준은 이렇게 한마디로 정의할 수 없다. 물론 황희 또한 간략하게 답을 했던 것으로 보인다. 그러다 보니 이에 대해 수많은 설과 주장이 난무한다. 황제의 인정만이 정사라는 기준으로 봐서 24사 외의 모든 사서는 야사라는 주장이 있고,《동관한기》나《사통》, 혹은《통사》나《자치통감》과 같은 사서는 관찬이자 높은 정확성을 가졌기에 정사라고 해야 한다는 주장도 있으며, 정확성에서는 타의 추종을 불허하나 기전체가 아니기에《조선왕조실록》은 정사로 규정할 수 없다는 주장도 있다. 이러한 주장들이 있기에 일관된 정사의 기준을 찾기란 매우 어렵다. 이 같은 상황을 뒤로 하고 현재 학계에서 통용되는 정사의 대략적인 범위는 24사 외에 관찬(官撰) 사서[32], 그리고 사찬 사서 중 당대 왕조에서 인정한 정본(定本), 서양 역사학의 도입 이후 현대학계의 검증을 통해 인정된 사서 등이 포함된다. 여기에 기전체 여부는 문제가 되지 않는다. 이

••••

29. 당(唐)대의 사관(史官), 자는 자현(子玄), 661년 팽성(彭城) 태생으로 후세에 위대한 역사가로 평가받는 인물. 그의 대표작 사통(史通)은 역사학적으로, 동양사는 물론 세계사적으로 매우 높은 평가를 받는 사서이다.

30. 오항녕, 2012, 〈'史通'의 구조와 역사비평〉, 한림대학교 태동고전연구소, 태동고전연구 vol.29.

31. 국사편찬위원회《조선왕조실록》〈세종실록〉54권, 세종 13년 11월 5일 병인 1번째 기사. (http://sillok.history. go.kr/id/kda_11311005_001)

32. 관찬(官撰)을 더 중요시하는 것은 이론적으로 정사가 국가 편찬 시 세우는 일정한 기준을 따르고, 체계적이고 풍부한 국가기록을 저본(底本)으로 할 수 있음으로 정확도가 높을 가능성이 크기 때문이다.

같은 정사의 '기준(基準)'이 아닌 정사의 '범주(範疇)'에 따른다면 《춘추》, 《자치통감》, 《고려사절요》, 《조선왕조실록》 등도 정사로 구분할 수 있다. 사실 한국에서 《조선왕조실록》이 정사가 아니라고 한다면 제정신이 아니라는 소리를 들을 것이다.

정사(正史)라는 바르고 옳은 역사는 수많은 상호 검증, 즉 학문적 비판과 해석을 거쳐서 나온 것에 붙어야 할 이름이다. 그전까지는 사서의 이름에 상관없이 모두 비판과 해석의 대상에 지나지 않는다. 정사(正史)는 정(正)이라는 말이 매우 위험하게 사용된 예라고 할 수 있다. 참고로 그리스사, 로마사의 전통을 잇는 서양사에는 동양의 정·야사와 같은 개념의 구분이 없다. 명성 높은 인물이나 국가의 공신력이 더해져 신뢰성 면에서 더 높은 점수를 깔고 시작하는 경우까지 부정할 수는 없겠으나 정사와 야사라는 일종의 편견을 앞세우고 역사비판에 있어 감성적 어드밴티지(Advantage) 혹은 핸디캡(Handicap)을 두지는 않는다. 모든 사료가 해석의 대상이자 비판의 대상이며 합리적인 결론의 한 조각으로 동등한 대접을 받는다. 위대한 역사가로 인정받는 자의 사서라 할지라도 서술의 근거가 희박하거나 주장이 허황(虛荒)되면 가차 없이 사실에서 제외되는 것이다. 현재는 동양 역사학 또한 19세기 서양 역사학의 영향을 받은 이래로 동일한 시각을 견지하고 있다.

24사(二十四史)는 청조 건륭제(乾隆帝) 시대에 지정된 것이다. 물론 건륭제가 없던 전통을 만들어 스물네 개 사료를 일일이 지정한 것은 아니다. 이전부터 중국의 왕조들은 전(前) 왕조의 역사를 편찬하는 전통을 가지고 있었으며, 왕조가 하나씩 늘어날 때마다 정사 사료도 하나씩 늘어 24개까지 된 것이다.[33] [34] 정사의 지정을 특정한 누군가가 이렇게 해야 한 다고 못을 박은 적은 없으나 후한 이후로 중국을 지배했던 왕조들은 그 렇게 해왔다. 즉 청 직전의 왕조인 명(明)에서는 22사가 있고 더 앞인 송 (宋)에서는 17사가 있는 식이었다. 그밖에 왕조에 따라 3사, 4사, 18사, 24 사 등으로 불리기도 했다.[35] 진수의 《정사삼국지》는 바로 이 4사에 포함 되는 사서이다.

앞서 언급한 대로 진수는 스승 초주의 영향을 많이 받았다. 초주는 《고사고(古史考)》,《촉본기(蜀本紀)》 등을 저술한 저명한 역사가이기도 했 는데 진수가 쓴 여러 저작에서 그것을 볼 수 있다.[36] 진수가 진(晉) 왕조에 등용될 때는 아직 오(吳)가 장강 이남에서 버티고 있을 때였다. 그러다 진이 오를 멸하고 전국을 통일하자 한 시대를 매조지하는 역사서, 즉 삼 국의 쟁패시대(爭覇時代)를 아우르는 역사서의 필요성을 느낀 것이다. 그 결과로 쓰인 것이 바로 《정사삼국지》이다.

역사는 저술자가 해당 시대에 살거나 근접한 시대에 살았다고 반드시

••••

33. 전(前) 왕조에서 지정한 사서를 인정하지 않고 교체한 경우도 있다.

34. 중국의 마지막 전제 왕조인 청이 멸망하고 난 후 민국시대를 거쳐 현재에 이르면서 청(淸)의 역사까 지 포함해 25사, 혹은 《신원사》까지 넣어서 26사라고 부르기도 하나 24사 이후는 완전히 정착된 것 은 아니다.

35. 신승하, 《중국사학사》, 고려대학교출판부, 서울, 2000.

36. 진수는 진에 등용된 후 휴가를 얻어 초주를 찾아가기도 하였다. 《삼국지》〈촉서〉두주두허맹내윤이 초극전(杜周杜許孟來尹李譙郤傳) '五年 予誓爲本郡中正 淸定事訖 求休還家 往與周別')

이점이 있는 것도 아니고, 먼 후대에 살았다고 해서 단점만 있는 것도 아니다. 각각의 경우에는 장점과 단점이 있는데 이를 극복하여 장점이 단점을 능가하게 만드는 것은 결국 저술자의 능력에 달렸다.[37] 이 점에 있어서 진수는 높은 평가를 받는다. 진수가 《삼국지》를 쓸 때의 상황은 해당 시기에 대한 편견이 고스란히 남아 있던 시대, 이른바 당대(當代)였다. 이때는 역사적 사건의 당사자들이 생존해 있는 경우도 많고, 이해가 얽힌 도당(徒黨)들도 부지기수였을 것이다. 233년생인 진수 자신만 해도 삼국지 스토리의 엄연한 당사자가 아닌가. 춘추필법(春秋筆法)은커녕 스스로의 시각을 객관화하기도 쉽지 않았을 터였다. 여기에 기초자료 수집 또한 여의치 않았을 것이다. 진이 신생왕조인데다 아직 천하에 전쟁의 여파가 가시지 않았기 때문이다. 고대의 사가(史家)들이 겪은 수많은 난관(難關)들을 상상하면 모든 사서가 단순한 사서로 보이지 않는다. 진수 또한 그 난관을 극복한 것이다.

《정사삼국지》는 서술이 간결하고 함축적(含蓄的)이다. 그 결과로 내용 또한 간략한 경우가 대부분이다. 일각에서는 진수의 이러한 서술방식이 당시 중국 지식층에서 유행하던 풍을 따른 것이라고 주장하기도 하지만 이에 대해 명확한 답은 없다. 오히려 저본(底本)이나 자료수집의 비(非)용이성 측면에서 비롯된 것으로 보는 편이 더 타당하다. 어찌됐건 특징인 간결(簡潔)함과 함축성은 진수를 비판하는 중요한 요소가 되기도 하는데 《정사삼국지》는 전반적인 서술의 간략함으로 인해 사건을 제대로 알 수 없는 부분이 많다는 지적이다. 여기에 전체적으로 시간적 순서가 명료하지 않은 대목도 매우 많으며 그로 인해 원인과 결과를 제대로 알 수 없는 부분도 많다는 것이다. 심지어는 각 편이 완전히 정리되지도 않고 구체적이지도 않으며, 당시의 기록을 기재하지 않았기 때문에 훗날 사람들이 의혹을 품게 되었다고 신랄하게 지적하는 학자도 있다.[38] 즉 간결하다는 것은 곧 내용의 빈약(貧弱)함을 뜻한다는 것인데 반면 같은 사안을 놓고 호의적(好意的)으로 평하는 학자들도 있다.

《정사삼국지》의 장점을 말할 때, 문장이 명쾌하고 서술이 명확하며 인물을 표현함에 있어 담백하고 생동감이 있다는 점이 거론된다. 이는 길이가 짧으면서도 명문장으로 인정받을 때 등장하는 수사(修辭)들이다. 또한 자료의 빈약함 또한 자료 선택에 있어 신중함을 보여주는 것이고, 모순되고 중복되는 것을 피하려고 노력하였다고 말한다. 《사기》나 《한서》에서 하나의 사건이 인물을 다룰 때마다 등장하는[39] 경우가 있는데, 그로 인해 생기는 내용의 모순이라는 부작용을 최대한 피하려고 했다는 것이다. 연구자가 볼 때는 다소 억지인 듯한 표현이나 의견이 있을 수밖에 없다. 《정사삼국지》라는 하나의 본질에 이렇게 상반된 평가가 있음을 이해하는 것이 중요하다 하겠다.

••••

37. 어떤 분야든 당사자의 능력에 달려 있지 않은 게 있겠냐마는 역사는 그것에 절대적으로 좌우되는 분야이다.

38. 대표적인 학자가 중국 서남 사범대학의 심백준(沈伯俊) 교수이다.

39. 이를 가리켜 호견(互見), 즉 서로 상반된 입장에서 보는 것이라고 말한다. 이는 기전체(紀傳體) 서술의 특징 중 하나이다.

진수를 비판할 때 예외 없이 등장하는 것 중 하나가 진수가 제갈량을 폄하(貶下)하였다는 점이다. 제갈량이 진수의 부친을 벌하였기 때문에 제갈량을 기술함에 있어 진수가 객관성을 잃었다는 것인데 이는《진서》〈진수전〉의 내용에서 기인한다.[40] 하지만 진수가 제갈량을 폄하하기는커녕 높이 평가하고 존중하였음은《정사삼국지》〈제갈량전〉에서 확인할 수 있다. 여기서 진수는 제갈량을 크게 칭찬하며 관중(管仲)과 소하(蕭何)에 비할 만하다고 하였다.[41] 현대 학계에서 진수는 사건의 서술방식과 인물평가에 있어 공정성과 객관성을 인정받고 있다. 그 결과로 중국 정사 연구사에서는《정사삼국지》가 기전체라는 기술방식을 사용하여 국별사(國別史)를 썼다는 것에 큰 차별과 의의(意義)를 둔다. 이러한 특징은 24사에서 유일한데 나아가 정사·잡사, 관찬·사찬을 떠나서 국별사 사서만을 따로 추려서 비교해도 가장 수준이 높다는 것이다.

《정사삼국지》가 찬사와 비판이 교차하는 가운데 단점이라고 할 수 있는 간략함을 보완한 것이 바로 〈배송지주(裵松之注)〉이다. 배송지의 주석(注釋)이라는 의미로 〈배주〉 혹은 〈삼국지주(三國志注)〉라고도 부른다.

배송지(裵松之)는 남북조시대 남조 유송(劉宋)의 관료이자 역사가였다. 배송지는 372년생으로 진수보다 140년 정도 후대 사람이다.[42] 〈배송지주〉는 유송 문제(文帝)의 칙(勅)으로《정사삼국지》에 주석을 달았다. 배송지가 단 주석은 '《삼국지》가 《삼국지》가 되는' 데 가장 중요한 요소이자 사선이었다. 주석은 원문을 읽고 이해하기 편하게 도움을 주는 것인데 현재 진수의《삼국지》에 〈배송지주〉가 없다는 것은 상상할 수 없는 일이

다. 감히 '둘은 한 몸이다'라고 말하는 것이 맞으며, 실제로도 이 주석이
붙음으로써《정사삼국지》를 훼손한 것이 아닌, 권위를 높였다는 평가를
받고 있다. 어떤 사서든 원문에 첨삭이 가해졌을 때 좋은 평을 받는 경우
는 흔치 않다.

　배송지는《정사삼국지》65권 468편 가운데 400편이 넘는 곳에 상세
한 주석을 달았다. 그는 당시 존재하던 사서와 개인문집, 민간전설 등을
널리 취하여 사건의 인과관계를 보충하고 인물에 대한 부족한 정보를
채웠다. 우선 〈배송지주〉는 기록이 매우 방대한데 그 글자 수가 32만여
자에 달한다. 이는 36만여 자의《정사삼국지》와 맞먹는 것[43]이고 둘을
합치면《사기》의 자수(字數)를 크게 뛰어넘는 엄청난 양이다.[44] 원문에 비
해 주석이 이렇게 많은 사서는 매우 드물다. 한때 〈배송지주〉의 자수가

••••

40. 《진서(晉書)》열전 제52권(列傳第五十二) '壽父爲馬謖參軍 謖爲諸葛亮所誅 壽父亦被髡 諸葛瞻又
　輕壽. 壽爲亮立傳 謂亮將略非長 無應敵之才 言瞻惟工書 名過其實. 議者以此少之'

41. 《삼국지》〈촉서〉제갈량전 '諸葛亮之爲相國也 撫百姓 示儀軌 約官職 從權制 開誠心 布公道 盡忠益
　時者雖讎必賞 犯法怠慢者雖親必罰 服罪輸情者雖重必釋 游辭巧飾者雖輕必戮 善無微而不賞 惡無
　纖而不貶 庶事精練 物理其本 循名責實 虛僞不齒 終於邦域之內 咸畏而愛之 刑政雖峻而無怨者 以其
　用心平而勸戒明也. 可謂識治之良才 管 蕭之亞匹矣. 然連年動衆 未能成功 蓋應變將略 非其所長歟'

42. 진수(233년~297), 배송지(372~451)

43. 《정사삼국지》와 〈배송지주〉의 자수(字數)는 한때 논란이 있었으나 현재는 많은 학자들의 연구 결과
　로 이견이 없다.

44. 《사기》의 자수(字數)는 52만 6천 5백자이다. 이는 사마천이 〈태사공자서〉에 기록한 숫자이다. 1990
　년에 나왔던《三國志校詁附編》,《《三國志》本文確實多於裴注》에는《정사삼국지》가 각각 368,039
　자와 367,327자이고 〈배송지주〉가 322,171자 그리고 320,805자이다. (중국 위키피디아 2차인
　용/2021.08.10)

원문의 3배에 달한다는 주장이 정설처럼 떠돌기도[45] 했지만 이는 사실이 아닌 것으로 밝혀졌다. 게다가 배송지는 자료들의 단순한 인용을 넘어 자신의 평가도 적지 않게 포함시켰다. 또한 인용을 하면서도 비합리적으로 보이는 것에 대해서는 비판적인 자세를 취했는데 이는 근대 이후 사학자의 모습을 보는 듯하다.

〈배송지주〉가 무엇인지는 배송지 자신이 설명하고 있다. 다음은 배송지가 주석을 완성하고 문제에게 올렸던 글인 〈상삼국지주표(上三國志注表)〉의 내용이다.

> (전략) 진수의 책은 근세의 뛰어난 사서입니다. 그러나 지나치게 간략하고 때로는 빠뜨린 것이 있는 결점이 있습니다. 신은 폐하의 명을 받들어 소상히 찾아 두루 갖추고자 노력하였습니다. (중략) 진수가 기록하지 않은 것 가운데 마땅히 기록하여야 할 것을 취하여 보충하였습니다. 한 사건에 있어 같은 말을 하면서도 문장이 안 되거나 혹은 본질이 다른 사건에서 나와 의심스러워 판단할 수 없는 것도 모두 넣었습니다. (중략) 시대와 사건이 합당하지 않은 것과 더불어 진수의 작은 잘못에 대해서는 자못 부족한 의견으로라도 논변하는 바를 넣었습니다.[46]

〈배송지주〉에 대한 이보다 명확한 설명은 없을 것이다. 다행히 배송지는 이 업적에 대해 살아 있을 때 어느 정도 보상을 받았다. 《정사삼국지》에 수석을 달 것을 명했던 송문제는 〈배송지주〉가 완성되었을 때 크게 칭찬하였던 것이다. 이때 문제가 썼던 칭찬의 표현이 '불후(不朽)'이다.[47]

오늘날 현대인이 접하는《정사삼국지》와《삼국지연의》는 배송지에게 큰 빚을 지고 있는 셈이다.

현대 역사학의 관점에서 〈배송지주〉는 서술방식에 있어 그 어떤 고대(古代) 사서보다 발전된 모습을 보여준다. 그 이유는 바로 정확한 출처의 표기이다. 비단 역사학이 아니더라도 현대 학문에서 레퍼런스(Reference)의 정확한 표기 없이 성립할 수 있는 논문은 없다. 단 한 줄의 문장을 쓰더라도 근거가 없으면 자신의 논지를 펼칠 수 없는 것이 현대 학문의 현실이다. 이는 학문을 닦는 사람의 상식에 해당하는 일이라 동서고금(東西古今)이 크게 다를 바가 없었을 것이다. 실제로 대부분의 사서는 인용된 저본(底本)에 대한 언급이 있기 때문이다. 하지만 그것이 그리 상세하지 않다. 특히 19세기 서양의 학문적 전통, 특히 과학적 연구방법론이 도

....

45. 정사보다 배송지의 주석이 3배에 달한다는 배주삼배설(裴注三倍說)이 한국에 널리 퍼진 원인으로 신승하교수의《중국사학사》를 지목하기도 한다. 중국사 권위자인 고려대 사학과 신승하 교수는 저서《중국사학사》에서 주석의 분량이 본문보다 3배 가까이 된다고 했기 때문이다. 여기에 관해서 신승하 교수는 당시 〈배송지주〉 자수(字數)에 관한 신뢰할 만한 자료이기에 불가피하게 인용은 하였으나 자신의 체감과 차이가 매우 크다고 언급한 바 있다. 이는 인용 자료의 오류에 해당하는데 본인이 직접 세지 않고 인용하는 이상 어쩔 수 없는 부분이라 할 수 있다.

46. 김우란,《삼국지연의 깊이 읽기》, 민속원 ,서울, 2015. p.29~30 '壽書銓敍可觀 事多審正. 誠遊覽之苑囿 近世之嘉史. 然失在於略 時有所脫漏. 臣奉旨尋詳 務在周悉. 上搜舊聞 傍摭遺逸. 按三國雖歷年不遠 而事關漢 晉. 首尾所涉 出入百載. 注記紛錯 每多舛互. 其壽所不載 事宜存錄者 則罔不畢取以補其闕. 或同說一事而辭有乖雜 或出事本異 疑不能判 並皆抄內以備異聞. 若乃紕繆顯然 言不附理 則隨違矯正以懲其妄. 其時事當否及壽之小失 頗以愚意有所論辯' (2차 인용)

47.《송서(宋書)》열전 제 24권 '上使注陳壽『三國志』松之鳩集傳記 增廣異聞 既成奏上. 上善之曰「此為不朽矣」' 물론 불후(不朽)는 그 이전부터 널리 사용되던 용어이다.

입되기 전의 동양의 사서들은 출처(出處)를 명확히 적시하지 않은 것이 대부분인데 당연하게도 고대로 거슬러 올라갈수록 더 심해진다. 이는 서양의 사서 또한 별반 다르지 않다. 그들도 18, 19세기를 거치면서 과학을 포함한 사회 전반의 비약적인 발전이 각 분야의 학문 발전으로 이어지면서 얻은 결과이다.

이런 학문의 방법론적 발전이 서양의 동양 진출과 맞물리면서 동양의 학문, 교육, 교육제도 등에서 서양화가 이루어졌고, 역사학 또한 서양 역사학의 방법론이 대세로 굳어진 것이다.[48] 이런 기준에서 〈배송지주〉는 탁월한 논문이다. 배송지는 자신이 인용한 모든 출처를 적시하였고, 동일한 사건에 대한 다각도의 조명을 위해 가능한 많은 저본의 내용을 제시하였으며 여기에 의견을 달았다. 그가 표기한 자료만 해도 210여 종에 달하는데 이는 고대의 어떤 사료와도 비교할 수 없는 부분이다. 만약 배송지가 출처를 명확하게 밝히지 않고 내용을 그럴듯하게 기술하였다면 후대의 연구자들은 이를 1차 사료로 더욱 신뢰하였을지 모른다. 그의 인용 저본은 많은 부분이 개인문집이기 때문에 내용의 정확성에 경중(輕重)을 두어 판단하였고, 사안별로 신뢰도의 차별을 두었다.

만약 《사기》나 《삼국사기》와 같이 우리가 정사로 신봉하는 사서가 문장마다 정확한 출처를 두었다면 그것을 1차 사료로 여기지 않았을 가능성도 있다. 왜냐면 사건마다 신뢰성의 등급을 매겼을 것이기 때문이다. 같은 맥락으로 〈배송지주〉가 출처를 뭉개면서 그럴싸한 기술을 하고, 기술 형식도 그럴싸하게 하였다면 아마도 별도의 사서가 되었을 수도 있다.

또한《정사삼국지》와 동급으로 비교되는 사료가 되었을 가능성을 배제할 수 없다.〈배송지주〉는 시대를 앞서가는 사서이면서도, 한편으론 그로 인해 독립된 1차 사료가 아닌 주석서에 그치게 된 아이러니한 경우라 할 수 있다. 하나 더, 배송지가 인용한 사서들 중 많은 부분은 현재 전해지지 않아 고대 사료연구에 있어서도 큰 공헌을 하였다.

〈배송지주〉이래로 연의가 나타나기까지 수많은 사서와 문집 등이 있었다. 그중 가장 지대한 영향을 미쳤다고 인정되는 사서들로는《후한서(後漢書)》와《진서(晉書)》,《자치통감(資治通鑑)》등을 들 수 있다. 이중《자치통감》은 배송지 사후 650년이 지나 나타난 사료이다. 이는 북송(北宋) 사마광(司馬光)의 주도로 편찬된 편년체(編年體)의 방대한 사료로서 사건이 시간의 흐름대로 기술되어 있다. 가장 기본적인 정사인 24사에서 사건을 이해하기 어려운 경우가 드물지 않게 있다. 그것은 기전체 사서의 특징인 사건의 복잡함과 호견(互見)[49]에서 자주 발생하는 모순성에서 비롯된 것이다.[50] 그런데《자치통감》은 사건의 처음과 끝을 완정(完整)히 기술하여 이해를 편하게 하였다. 이러한 연유로《자치통감》은《삼국지연의》가 만들어지는 데에 큰 영향을 미치게 되는데 소설은 처음과 전개과정, 그 결말이 모순되지 않게 써져야 하기 때문이다. 한마디로 작가의 입

••••

48. 동양에서는 도쿄대에서 1887년 루드비히 리스(Ludwig Riess)를 초빙하여 사학과를 만들면서 시작되었다고 본다.
49. 동일한 사건을 각자의 시각에서 보는 것. 기전체 사서의 큰 특징이다.
50. 반면 기전체 서술은 개별 인물에 대한 깊이 있는 서술이 가능한 장점이 있다.

장에서는 《자치통감》을 그대로 풀어만 써도 스토리의 큰 줄기를 잡을 수 있는 것이다.

사마광은 《자치통감》의 편찬 목적으로 통치자에게 신뢰할 수 있는 진실을 제공하여 선한 것을 법으로 삼고, 악한 것을 경계하여 통치의 거울로 삼아야 한다고 하였다. 그런 입장에서 삼국지 이야기는 시대적인 혼란, 우매한 황제가 환관과 간신에게 둘러싸여 실정을 행하는 상황, 부패한 외척과 관리들에 의한 매관매직(賣官賣職) 등은 《자치통감》에 있어 무척 훌륭한 재료였다. 연의 이전 민간에서는 삼국지 고사와 관련된 것들이 충의(忠義)와 의리(義理) 등 사회 교화의 목적으로 이용되기도 하였다. 이러한 경향은 북송이 유목민족에 의해 망하고 장강 이남으로 밀려난 남송(南宋)시대에 더욱 짙어졌다. 주희(朱熹)에 의해 촉한정통론(蜀漢正統論)이 강조되는 상황 또한 남송이 처한 이러한 시대상과 이어진다. 《삼국지》는 이렇게 중국사의 모세혈관 구석구석을 다니며 영향을 주고 있었던 것이다.

3

《삼국지연의》에 대하여

후한 말, 삼국시대 이래 민중에 의해 널리 퍼지고 전해진 《삼국지》와 관련된 모든 이야기는 《삼국지연의》가 세상에 나타나기 전과 후로 나눌 수 있다. 《삼국지연의》의 성서(成書) 시기는 원말명초(元末明初), 즉 14세기로 보고 있다. 《삼국지연의》가 등장하기 천여 년 전에 진수의 《정사삼국지》와 〈배송지주〉가 등장한 이래로 '삼국지 이야기'로 통칭할 수 있는 삼국시대 고사는 사서(史書) 외에 민간에서 여러 가지 형태로 확산(擴散)되고 전승(傳承)되었다. 문화사(文化史)적으로 후한 이후의 민간문학 중 소설의 성격을 가진 산문으로는 당대(唐代)의 변문(變文)[51], 송대(宋代)의 화본(話本) 또는 화본소설(話本小說), 희문(戲文)[52], 금대의 원본(院本)[53], 원대의 잡극(雜劇)과 희문 등을 들 수 있다.[54] 이밖에 명확한 자료가 없어 학문적으로 명명하지 않으나 수대(隋代)에도 삼국지 이야기로 연극이 있었다는 기록은 있다.[55] 따라서 그때에도 희문이 있었음은 추정할 수 있다.

어쨌든 이들은 역사적 사건을 소재로 한 경우가 많아 대부분의 작품과 고사(故事)를 떼어놓고 보는 것은 사실상 불가능하다. 그 중에서도 당의 변문은 형태상 산문(散文)과 운문(韻文)이 혼합된 모양을 가졌는데 이를 강창체(講唱体)라 한다. 강창(講唱)이란 말 그대로 강의(講)를 위한 문장과 노래(唱)를 부르는 문장이 합쳐진 산·운문 혼합체를 뜻한다. 아마도 산문 파트는 강설(講說)을, 운문 파트는 가창(歌唱)을 하였을 것으로 추정된다. 한국의 판소리가 연상되는 부분이다.

강창체, 즉 변문(變文)은 당 이전의 문어체(文語體) 문학인 문언(文言)문에서 송대에서 꽃을 피운 구어체(口語體) 문학인 백화(白話)문으로 가는 과도기적 형태이다. 물론 공연(公演)의 형태는 당대(唐代)에도 널리 행해졌기에 여기에 사용된 설화(說話)들은 백화문으로 되어 있는, 송대 화본과 화본소설의 초기 형태로 볼 수 있다. 내용은 역시 고사(故事)가 큰 비중을 차지하였다. 《삼국지연의》 탄생 이전에 삼국시대 이야기를 다룬 여러 형태의 작품을 논할 때 상당히 중요한 것이 송대의 화본소설이다. 즉 변문과 백화문은 화본소설을 이해하기 위한 필연적 요소인 것이다.

화본소설(話本小說)은 화본, 즉 청중을 대상으로 이야기를 말하는 저본(底本)인 화본을 기초로 한 소설이다. 특히 송대의 화본소설은 그 본연의 성격이라고 할 수 있는 '연행(演行)' 방식을 충실히 따르기 때문에 더욱 그러하다.[56] 연행이란 여러 사람 앞에서 연기하듯 하는 행위를 말한다. 따라서 화본은 내용적 분류에 있어서는 고사를 말하는데 공연하는 강사(講史), 《태평광기(太平廣記)》[57]와 같은 소설에서 얻은 모티브에 자신의 경험을 더한 소설(小說)[58], 경전을 풀이하듯 말하는 설경(說經)이 있고, 형태적 분류에는 말에 노래나 춤을 섞는 합생(合生)이 있다. 화본(話本)은 그 자체로 고사(故事)를 담은 책이라는 뜻과 이야기꾼들의 저본이라는 뜻을 다 가지고 있다. 사실 송대의 이야기꾼들이 사용했을 요즘의 공연대본과 같은 '저본으로서의 화본'은 온전하게 남아 있는 것이 거의 없다.[59] 그리고 그 이야기꾼들을 설서인(說書人) 또는 설화인(說話人)이라고 불렸는데 이들의 기원은 상고시대에까지 이른다. 두 용어는 '무엇을 바탕으로 말하는가'에 있어서는 다소 차이가 있으나 '말로써 내용을 전달

••••

51. 시초는 불경에서 소재를 얻어 대중에게 전파하기 위해 통속화한 문장이나 당대(唐代)의 통속 서사 문학을 지칭하는 용어가 되었다. 중국 돈황에서 발견된 사료가 결정적인 계기로 작용하였다.

52. 북송 말 또는 남송 초에 생겨난 연극의 소재나 연극을 위한 산문.

53. 원본(院本)은 송(宋)에서도 존재하였다.

54. 이 분류는 형식을 기준으로 한 것에 가깝다. 내용상으로는 위진남북조시대의 지괴(志怪)소설이나 당대(唐代)의 전기(傳奇)소설이 있었고, 정형화된 산문이라고 할 수는 없으나 수대(隋代) 이래로 계속 성행했던 인형극 공연인 괴뢰극(傀儡劇)의 대본이 있었다.

55. 최용철, 《사대기서와 중국문화》, 고려대학교출판문화원, 서울, 2018.

56. 김명구, 2016, 〈宋元話本小說 '篇尾'에 나타난 수사학적 표현예술의 의미 연구〉, 대한중국학회 中國學 vol.54.

57. 북송 태종대인 978년, 한대부터 북송 초까지 소설, 야사 등의 문집들을 광범위하게 엮은 책.

58. 창의력을 가장 크게 발휘할 여지가 있는 형태이다.

59. 원(元) 왕조로 오면서 그나마 비슷한 형태인 강사화본(講史話本)은 전해졌다. 지원(至元) 연간인 1294년에 간행된 《지원신간전상삼분사략(至元新刊全相三分事略)》은 강사화본으로 가장 먼저 나왔다.

하는 행위'라는 측면에서는 동일하며, 당송 이후로 모두 사용되었으나 필자의 조사로는 설화인이란 용어가 더 많이 발견되었다. 결론적으로 화본소설은 내용적인 측면에서는 고사를 담은 것이며, 형식적인 측면에서는 말하기에 적합하게 만들어진 것이다. 고사를 대중들에게 말로써 풀어낸다는 점에서 고대 그리스의 음유시인(吟遊詩人)들과 유사하다. 과거의 이야기에 흥미를 갖고 소비하는 것은 동·서양이 다르지 않았음을 알 수 있다.

화본은 언급한 대로 백화문을 기본으로 한다. 화본소설 또한 백화문으로 되어 있기에 최하층부터 대다수가 이해할 수 있었다. 다만 송대 화본의 소비계층은 하류층에 국한되지 않고 상류층까지 아울렀으며 심지어 황제가 설화인을 불러 즐기기도 하였는데, 결국 화본은 모든 계층을 대상으로 한 것이었다. 이런 이유로 화본과 화본소설의 창작자는 신분의 높고 낮음 없이 다양했던 것으로 보인다. 작품의 등장인물 역시 아래로는 농부와 상인, 수공업자부터 위로는 귀족, 장군, 고관대작은 물론 황제까지 망라(網羅)되었다. 스토리의 소재 또한 역사적인 사건, 즉 고사에 크게 의존했다 하더라도 그 변형은 작자와 화자의 자유에 맡겨져 마음껏 이루어졌다. 여기서 화자는 설화인을 말하는데, 이들의 소위 '애드립'에 의해 고사는 변화에 변화가 더해졌던 것이다. 사실 글을 아는 사람이 많지 않았던 시대에 하나의 이야기가 대를 이어 구전되면서 정형(定型)이 유지된다면 그것이 더 이상한 일이라 하겠다. 계층을 초월한 사회 전체가 소비시장이며, 작자 또한 능력 면에서 모자람이 없는 사람들도 많았으며, 여기에 자유로운 창작의 분위기가 더해졌다. 이는 우수한 문학작품의 탄생에 있어 최적의 환경이라 하겠다.

종합하면 화본소설은 주로 고사에 바탕을 두고, 계층을 넘나드는 청중의 흥미유발을 목적으로 하는 문학 장르이다. 따라서 그 스토리의 전개가 명쾌하며, 사이사이 극적인 요소를 갖추어야 하고, 전후의 개연성이 완정(完整)한 경향이 있었다. 여기에 청중의 반응이라는 즉각적인 결과가 나오므로 흥행성을 높이기 위해 결말이 슬픔보다는 기쁨, 불행보다는 행복, 배신보다는 의리, 악의 승리보다는 선의 역전승이 두드러지는 경향이 있었다.[60] 이는 오랜 경험에서 얻은 대다수 민중들의 기호(嗜好)이자 기원(祈願)이었던 것이다. 삼국지에 관한 민간의 스토리가 송대를 거치면서 유비(劉備)의 승리를 기원하는 촉한정통론으로 크게 기운 것은 이런 경향에도 원인이 있음을 짐작케 한다.

***

북송대의 수도 변경(汴京)의 12세기 때의 모습을 매우 소상하게 남긴 기록인《동경몽화록(東京夢華錄)》[61]에 따르면 도시 곳곳에 와사(瓦肆)라 불

••••

60. 김명구, 2016, 〈宋元話本小說 篇尾에 나타난 수사학적 표현예술의 의미연구〉, 중국학 vol.54. p.1-22; 胡士瑩,〈話本小說槪論〉, 중화서국, 1980. '화본소설은 작품 전편의 요지를 종결하고, 혹은 청중에게 권계의 교훈을 강화하는 특징을 갖고 있다' (2차인용)

61. 맹원로,《동경몽화록(東京夢華錄)》, 김민호역, 소명출판, 서울, 2012.; 孟元老,《東京夢華錄箋注》, 伊永文箋注, 中華書局出版, 北京. 2006.

리는 번화한 곳들이 있는데 그곳에는 각종 공연을 할 수 있는 장소들이 있었다고 한다. 그것에서 설화인들은 다양한 내용을 구연하였는데 그들의 레퍼토리에는 소설(小說), 원화(諢話)[62], 설삼분(說三分), 설오대사(說五代史) 등이 있었다. 그중 곽사구(霍四究)라는 설화인이 '설삼분'으로 이름을 떨쳤다고 한다. 설삼분은 삼국지 고사들을 말로 풀어 강설(講說)하는 것을 말하고[63] 설오대사는 당과 송 사이에 있었던 다섯 왕조에 대한 고사를 강설한 것이다.

11세기에는 영희(影戲)로 삼국시대 이야기를 공연하기도 하였는데 영희는 그림자극을 말하는 것으로 피영희(皮影戲)라고도 한다. 송대의 문화가 융성했음은 다양한 형태의 공연들이 여기저기서 많이 시도된 것으로도 알 수 있다. 이외에도 송대의 수많은 사서와 실록, 문집 등에서 삼국시대의 사건이나 인물과 관련된 이야기는 드물지 않게 등장한다. 사마광의 주도로 편찬된 사서 《자치통감》, 북송의 정치가이자 문장가인 동파(東坡) 소식(蘇軾)의 《동파지림(東坡志林)》, 학문적으로도 높은 가치를 인정받고 있는 남송시대 나엽(羅燁)[64]의 소설 《취옹담록(醉翁談錄)》[65] 등이 대표적이다. 이 중 《동파지림》에 '시중의 아이들이 삼국지 이야기를 듣다가 유비가 졌다고 하면 눈물을 흘리고, 조조가 졌다고 하면 기뻐했다'는 이야기는 당시 민간에 퍼져 있던 '조조를 폄하(貶下)하고 유비를 옹호(擁護)하는 의식'[66]의 증거로 자주 사용된다.

송과 동시대에 존재했던 금(金)에서도 삼국지 고사와 관련된 연극이 성행하였다. 금은 북송을 멸망시키면서 황제와 황후를 비롯한 황족, 관료, 궁인 등 3천여 명의 포로를 끌고 갔고[67] 황실과 조정 외에 수천 명의 장인과 기술자들 그리고 화가, 배우, 악인(樂人) 등 여러 분야에서 1만 5천에 달하는 예인(藝人)들을 끌고 갔다.[68] 금의 원본(院本)은 이때 끌려간 예인들에 의해 유행한 것이었다. 원본은 잡극과 같은 것으로 보아도 무방하다. 한마디로 연극이라는 뜻이다.

잡극(雜劇)은 송과 금을 멸망시킨 원(元)으로 그 전통이 이어졌다. 수당(隋唐) 이전부터 존재하여 송과 금을 거치며 발전했던 잡극은 원대에 이르러 문학적으로도 성숙기에 도달했다는 평을 듣는다. 원본이라는 극화(劇話)적 요소에 곡조(曲調)가 접목되어 일종의 가극(歌劇) 또는 가무극(歌舞劇)의 형태로 발전한 것이다. 이는 후대의 곤곡(崑曲)[69] 또는 경극(京

••••

62. 원화(諢話)란 골계적이고 해학적인 내용의 이야기를 말한다.

63. 설삼분(說三分)의 다른 뜻으로는 '서푼 정도의 말만 하라'라는 것도 있다. (明心寶鑑 言語篇 '逢人且 說三分話')

64. 나엽(羅燁)의 일생에 대해서는 정확하게 알 수 있는 문헌사료가 전해지지 않고 있으나 남송(南宋)말에서 원(元)초로 추정하고 있다.

65. 이시찬, 2004, 〈'취옹담록(醉翁談錄)'의 중국소설사적 의미〉, 한국한문교육학회 한문교육연구 vol.23,0호.

66. 이를 옹유폄조(擁劉貶曹) 또는 존유폄조(尊劉貶曹)라고 한다.

67. 북송은 금의 침입으로 1126년 수도 변량이 함락되면서 멸망하였다. 그리고 이듬해인 1127년 황제 휘종과 흠종을 비롯하여 황족, 관료 등 3천여 명이 포로로 끌려갔는데 이를 정강의 변(靖康之變)이라고 한다. 정강의 변은 중국사에서 한족왕조가 겪은 최대의 치욕으로 여겨진다.

68. 디터 쿤,《하버드중국사 송_유교원칙의 시대》, 육정임역, 너머북스, 서울, 2015.

69. 명(明) 중기 강소성(江蘇省) 소주(蘇州) 곤산현(崑山縣)에서 발생한 곡조 또는 그것으로 만들어진 희곡을 말한다.

劇), 곡예(曲藝)의 발생과 발전에 크게 영향을 미친다. 잡극은 대중적인 인기가 높아져 소재 또한 다양해지고 내용이 풍성해졌다. 그 가운데서도 인기가 높았던 것이 '삼국희(三國戲)'[70]였는데 바로 삼국시대 이야기였다. '삼국희'는 말 그대로 《삼국지》의 연극공연이기에 화본과 마찬가지로 초(超)장편인 《삼국지》의 내용 전체를 아우를 수는 없었다. 따라서 극적인 장면들을 중심으로 에피소드 별로 공연되었으며 '유비·관우·장비의 도원결의'나 '적벽대전' 등이 단골 소재였다. 현재 알려진 삼국희 작품 중에는 원작자의 이름이 알려진 것만 스무 종에 이른다. 원대의 이름난 잡극 작가로는 왕실보(王實甫), 관한경(關漢卿), 무한신(武漢臣), 백박(白樸), 마치원(馬致遠), 고문수(高文秀), 왕엽(王曄), 왕중문(王仲文) 등이 있다. 이 중 관한경, 왕실보, 백박, 마치원은 원대 4대 극작가로 분류되기도 한다. 이외에 작자 미상의 작품은 더 많이 있으나 지금까지 전해지는 작품은 소수에 지나지 않는다.

원대에 이러한 잡극이 민중의 큰 호응을 얻어 다량 생산된 것은 정치적으로 억압받던 당시 한족의 상황과도 밀접한 관계가 있었다. 알려진 바와 같이 원왕조는 한족(漢族), 그중에서도 최후까지 저항했던 남송인을 최하층민으로 차별하였다. 남송인은 몽골인은 물론이고 서역인[71]보다도 낮은 대우를 받았다. 한족의 수가 압도적으로 많았던 당시 사회는 자연스럽게 원의 지배기간 내내 반란과 소요라는 불안한 정세가 잠재했다. 또한 과거가 거의 실시되지 않아 벼슬에 오를 수 없는 지식인들에게는 눈앞의 현실이 무기력하기만 했다. 이러한 가운데 민중 문학과 잡극을 비롯한 여러 형태의 공연은 대리만족의 수단이 되었으며 사회적 불만을 배출하는 도구이기도 하였다. 고금을 막론하고 문학작품에 시대의식이 투영되는 것은 자연스러운 현상이다. 원대에 활동했던 한족 문인들의 작품에 자유를 갈망하고 차별에 분노하는 정서가 녹아들며, 나아가서는 민족의식을 자극하는 것은 불가피한 일이었다. 이는 원왕조가 익명으로 문장과 책을 쓰는 행위나 마음대로 사곡(詞曲)을 짓는 것을 엄격하게 통제한[72] 것으로도 알 수 있다.

《삼국지평화(三國志平話)》는 《삼국지연의》가 나오기 전, 내용 전개와 구성방식에 있어서 《삼국지연의》에 가장 근접한 작품으로 본다. 《삼국지평화》는 쉽게 말해 화본을 집대성한 것이다. 그래서 화본과 같이 말하기 위한 재료가 더 발전된 형태가 된 것이라고 봐도 무방한데 이는 문학사적으로 장편소설의 출현에 직접적인 영향을 준 것으로 본다.[73] 진수의 《정사삼국지》가 나온 이래 《삼국지연의》에 영향을 미친 여러 형태의 문학과 예술을 짚었다. 이 모든 작품들이 《삼국지연의》의 세포 하나하나에 녹아 있지 않은 것이 있겠냐마는 《삼국지평화》는 삼국고사가 진화하는 과정을 그대로 담고 있다고 해도 과언이 아니다.

••••

70. 그 외에 수호희(水滸戲), 서유희(西遊戲) 등도 있었다.

71. 색목인(色目人)으로 불렸다.

72. 《원사(元史)》〈형법지(刑法志)〉 '諸亂製詞曲為譏議者流' '諸寫匿名文書 所言重者處死 輕者流 沒其妻子 與捕獲人充賞'

73. 최용철, 《사대기서와 중국문화》, 고려대학교출판문화원, 서울, 2018.

《삼국지평화》의 온전한 명칭은《지치신간전상평화삼국지(至治新刊全相平話三國志)》이다. 원왕조 지치(至治)시대는 1321년부터 1323년으로《삼국지평화》보다 30여 년 앞서 나온 강사화본인《지원신간전상삼분사략(至元新刊全相三分事略)》에서 이름을 따온 것이다.[74] 보다시피 '삼분사략'이 '삼국지'로 바뀐 것인데 드디어 진수의《삼국지》이래로 '삼국지'라는 이름이 본격적으로 쓰이게 된 것이다.《삼국지》연구에서 이 명칭은 단순한 문제가 아니다. 현재는 상식처럼 여겨지는《삼국지》라는 명칭이 자리를 잡기까지는 앞서 본 바와 같이 단순하지 않은 과정을 거쳤다. 그래서 명칭의 변화와 의미에 관한 별도의 연구 또한 최근까지 이루어지고 있을 정도이다.

《삼국지평화》는 원 지치 연간에 복건성(福建省) 건안(建安)[75]에서 우씨(虞氏)라고 알려진 출판업자에 의해 간행되었다. 참고로 복건성의 건안 일대는 남송시대부터 출판업이 크게 발달했던 곳이다. 우씨는《삼국지평화》외에도 여러 평화본을 출간하였는데《전상평화무왕벌주서(全相平話武王伐紂書)》,《전상평화악의도제칠국춘추후집(全相平話樂毅圖齊七國春秋後集)》,《전상진병육국평화(全相秦倂六國平話)》,《전상평화전한서속집(全相平話前漢書續集)》가 그것이다. 여기서 전상(全相)이란 모든 글에 상응하는 그림이 있다는 말이다. 전상(全像), 전상(全象), 수상(繡像) 등도 유사한 표현이다. 전상평화(全相平話)라고 되어 있는 모든 작품은 상단에 그림이 있고 하단에 글이 있는 상도하문(上圖下文)의 형식을 취하고 있는데 페이지마다 위쪽 1/3이 그림으로 채워져 있다.

이 작품은 형태적으로도 《삼국지연의》의 직전 단계임을 알 수 있다. 《삼국지평화》는 총 8만여 자에 칙(則)이라 부르는 단락으로 구성되어 있다. 상·중·하 총 3권 70칙(則)으로 이루어져 있는데 각 칙마다 칙목(則目)을 가지고 있으며 그것만으로도 개략적인 내용을 파악할 수 있다. 예를 들면 상권 6칙 도원결의(桃園結義), 9칙 파황건(破黃巾), 15칙 동탁농권(董卓弄權) 등과 같은 식이다. 처음엔 각권 23칙, 총 69칙으로 되어 있었으나 후대에 중권(中卷)의 한 부분을 늘여 70칙이 되었다.[76] 연의로 이어지면서 분량이 대폭 늘어 240칙이 되는데 《삼국지평화》의 칙목식이 《삼국지연의》로 이어진 것이다.

내용 면에서 《삼국지평화》와 《삼국지연의》는 큰 차이를 보인다. 일단 《삼국지평화》는 기본적으로 환생(幻生) 이야기이다. 한(漢)을 건국한 영웅들이 삼국시대의 주인공으로 다시 태어나는 설정인데 도입부에서 한 고조 유방이 공신을 살육한 죄로 명계에서 재판(裁判)을 받는다. 그 결과로 한신(韓信)은 조조로, 팽월(彭越)은 유비, 영포(英布)는 손권, 유방(劉邦)은 헌제(獻帝)로 환생한 것이다. 역사적 사건에서 모티브를 가져와 자유로운 창작을 더할 수 있는 구조이다. 한마디로 둘은 비슷하면서도 다른

••••

74. 《지원신간전상삼분사략(至元新刊全相三分事略)》과 《지치신간전상평화삼국지(至治新刊全相平話三國志)》는 모두 강서화본이며, 한 판본에서 나온 각본으로 기본적인 내용이 같으므로 모두 《삼국지평화》로 부를 수 있다는 의견도 있다.

75. 현재의 건양(建陽)

76. 옥주·민관동, 2020, 〈소설 삼국지의 회목변화에 대한 고찰〉, 중국학보 vol.92.

소설이라 할 수 있고, 《삼국지평화》는 나름 공상소설인 셈이다. 하지만 내용은 다르다고 할지라도 그 구조와 인물 각각의 형상은 《삼국지연의》의 규모를 갖춘 것으로 본다.[77] 여기에 각 권마다 시(詩)를 삽입하였는데 이 또한 연의와의 또 다른 연결지점으로 볼 수 있다.[78]

《삼국지평화》는 새로운 소설적 시도에 비해 문체가 투박하고 조잡하다. 여기에는 잘못된 어휘와 오탈자가 많은데 이는 당시 작가들의 문학 수준이 낮고 출판업자들이 이익창출에 크게 목적을 두었기 때문이다. 《삼국지평화》의 오류들, 예를 들어 인명(人名)이나 관직명(官職名) 등은 이후에 나타난 삼국희에서 수정된 경우도 있었다.

* * *

《삼국지연의》는 유구한 세월 동안 중국 사회에 널리 존재했던 각종 장르의 수많은 작품들이 공헌을 한 결과이다. 저자는 나관중(羅貫中)이라는 인물로 알려져 있다. 원작자에 대해서는 실존 여부를 논쟁할 정도로 이론이설(異論異說)이 많았으나 현재는 나관중설을 정설로 받아들이고 있다. 이에 따라 《삼국지연의》는 자연스럽게 원말명초 때 써진 작품으로 보는데, 이 원작자와 창작시기는 오랫동안 논쟁거리이자 연구과제였다. 이것이 쉽게 정리되지 못한 것은 증명할 수 있는 사료가 부족하기도 한데다 현존하는 최초 판본이 1522년 작으로 나관중의 추정 생존시기와 150여 년의 차이가 있기 때문이었다. 그래서 《삼국지연의》의 성서(成書) 연대와 작자의 생존연대는 한 묶음으로 의문 사항이 된 것이다. 《삼국지연의》의 원말명초 성서설(成書說)을 주장한 대표적인 인물은 루쉰(魯迅)이다.[79] 이 주장은 나관중의 생존시기와도 맞아 떨어지며 설득력을 높였다. 한때 작품이 이 시기에 만들어져서 작자도 그 시대 사람이라고 하는 것인지, 반대로 작자가 그 시대 사람이라서 작품이 그때 만들어졌다고 보는 것인지 설왕설래(說往說來)하였으나 어찌됐건 성서 시기와 원작자 문제는 한꺼번에 종결된 상태이다.

작가 나관중에 대한 자료는 현재 《녹귀부속편(錄鬼簿續編)》가 유일하다.[80] 《녹귀부(錄鬼簿)》는 원곡(元曲), 즉 원대 공연극에 대한 저작물이다. 원말인 1330년 경 종사성(鍾嗣成)이라는 인물이 편찬하였는데 원대의 잡극 작가들에 대해 상세히 언급하고 있어 원대 곡학(曲學) 연구에 있어 매우 귀중한 사료이다. 그 뒤를 이어 명초에 가중명(賈仲明)이란 인물이 동종의 내용으로 이어 쓴 것이 《녹귀부속편》이다. 나관중에 대한 내용을 교차 검증할 사서가 없는 것이 유감이나 그나마 신뢰성이 있는 사료라 할 수 있다. 이에 따르면 나관중의 이름은 본(本)이고 관중은 자(字)이다. 호해산인(湖海散人)이라는 4자 호(號)를 갖고 있다. 본적은 태원(太原)이며 가중명은 1364년에 나관중과 재회하였으나 이후 60여 년간 소식이 없어

••••

77. 김옥란,《삼국지연의 깊이 읽기》, 민속원 ,서울, 2015.

78. 《삼국지평화》에 등장하는 시(詩)는 상권 5수, 중권 14수, 하권 9수로 총 28수이다.

79. 《아큐정전(阿Q正傳)》의 작자로 유명한 그 루쉰(1881~1936)이다.

80. 이외에 장대기(蔣大器)의 〈삼국지통속연의서(三國志通俗演義序)〉에 나관중의 언급이 있으나 상세하지 않으며, 시기 또한 가정본(嘉靖本)에 실린 것으로 《녹귀부속편(錄鬼簿續編)》에 비해 신뢰성이 떨어진다.

언제 어디서 죽었는지 모른다고 하였다.

***

《삼국지연의》에 관한 연구는 1980년대 중반 중국에서 본격화되었다고 본다.[81] 이때 '삼국연의학간(三國演義學刊)'이라는 연구학회 정기간행물이 나오기도 하였다. 원작자에 대한 연구는 앞서 설명한 것 이상으로 별다른 성과를 거두지 못하였고 현재도 그 상태이지만 그나마 판본(板本)이나 성서 시기에 관한 연구는 상당한 진전을 이루었다. 이에 따라 현재까지 전해지는 《삼국지연의》 판본의 변용과정을 굵직하게 짚자면 이러하다.

1522년에 간행된 나관중의 《삼국지통속연의(三國志通俗演義)》를 시작으로 명대 만력(萬曆)시대인 1591년[82]에 나온 주왈교(朱日校)의 《신간교정고본대자음석삼국지전통속연의(新刊校正古本大字音釋三國志傳通俗演義)》[83], 역시 명대 만력시대에 나온 이지(李贄)의 《이탁오선생비평삼국지(李卓吾先生批評三國志)》[84]를 거쳐, 청대 강희(康熙)연간인 1679년에 출간된 모륜(毛綸)·모종강(毛宗崗) 부자의 《사대기서제일종(四大奇書第一種)》에 이르는 150년의 과정이다. 나관중(羅貫中)의 《삼국지통속연의(三國志通俗演義)》는 대개 명대 가정(嘉靖) 연간에 나왔다고 하여 가정본(嘉靖本)이라고 하고 차례로 그 다음은 주왈교본(周日校本), 이탁오본(李卓吾本)이라 한다.[85] 모륜·모종강 부자본은 모종강본(毛宗崗本), 혹은 모본(毛本)이라고 한다. 모종강본을 《사대기서제일종(四大奇書第一種)》라는 원명을 쓰는 경우는 별로 없고 간혹 부자평개본(父子評改本)으로 부르는 경우는 있다. 판본 내에 그들의 평가가 들어가 있기 때문이다. 요즘 출간되어 대중들에게 읽히는《삼국지연의》들은 이들 판본 중 하나를 번역하여 주석을 단 것이라고 볼 수 있으며, 빈도(頻度) 상으로 가장 널리 사용되는 것은 모종강본이다.

이 큰 틀에서 한 발짝 더 들어가《삼국지연의》판본들의 변화과정을 자세히 살펴보자. 가정본 이후 나타나 지금까지 전해지는《삼국지연의》의 판본은 명대 30종, 청대 70종으로 보는 것이 통설이지만 최근에는 명대 판본이 40종이라는 연구도 있다.[86]

현재 학계에서는《삼국지연의》의 판본들을 크게 연의계열(演義系列)과 지전계열(志傳系列)의 두 갈래로 구분한다.[87] 지역적으로 연의계열은

••••

81. 김옥란, 2019,《21세기 중국에서의 삼국연의 연구동향과 전망》, 인하대학교 한국학연구소, 한국학연구 vol.55.

82. 민관동, 2020,《소설 삼국지의 서명 연구》, 중국학연구소, 중국학논총 vol.68.; 김수현, 2005,《명·청소설의 삽도 연구》, 고려대학교대학원 석사학위논문.

83. 주왈교본은 1591년(만권루본) 간행이 통설이나 최근에는 1552년 간행설도 있다. (조희웅,《한국 고전소설사 큰사전20 사우열전-삼도전》, 커뮤니케이션북스, 서울, 2018)

84. 주왈교본과 이탁오본의 간행연도의 선후는 논란이 있으나 현재는 주왈교본이 근소하게 앞서는 것으로 보고 있다.(옥주·민관동, 2020,《소설 삼국지의 회목변화에 대한 고찰》, 중국학보 Vol.92). 일본의《삼국지》연구 권위자인 릿쇼대학(立正大學)의 나카가와 사토시(中川諭) 교수 또한 주왈교본이 앞선 것으로 보았다.

85. 이탁오본은 오관명본(吳觀明本)이라고도 한다.

86. 민관동, 2020,《소설 삼국지의 서명(書名)연구》, 중국학연구소, 중국학논총 vol.68.

87. 옥주·민관동, 2020,《소설 삼국지의 회목변화에 대한 고찰》, 중국학보 Vol.92,p.64; 周文業,《中國古典小說數字化隨筆》, 中國國學出版社, 2018. (2차 인용)

남경(南京), 소주(蘇州), 항주(杭州) 등 강남(江南)에서 출간되었다 하여 강남계열이라 하고 지전계열은 건안(建安)일대의 복건(福建)지역에서 출간되어 복건계열이라 한다.[88] 복건성의 건안 일대는 출판업자 우씨(虞氏)가 《삼국지평화》등 평화본을 간행한 지역이다. 그 전통이 명대까지 이어져 복건지역은 출판업이 활발했는데 이곳에서 출간된 삼국지 소설은 모두 '삼국지전(三國志傳)'이라는 제목을 달았던 탓에 지전계열로 불리게 되었다. 마찬가지로 강남지역의 삼국지 소설은 대부분 '통속연의(通俗演義)' 또는 '연의(演義)'라는 제목으로 출간되어 연의계열이 된 것이다. 두 계열의 차이는 뚜렷했다. 복건계열, 즉 지전계열은 텍스트 위에 그림을 넣었고 내용도 매우 통속적인 반면 강남계열, 즉 연의계열은 텍스트에 주력하여 내용의 충실함을 지향하였다.

중국고전문학 연구가 주문업(周文業)의 판본별 분류는 우선 연의계열이 가정본(嘉靖本), 조선활자본(朝鮮活字本), 조선번각본(朝鮮飜刻本)[89], 주왈교병본(周曰校丙本), 하진우본(夏振宇本), 이백당본(夷白堂本), 이탁오본(李卓吾本), 종백경본(鍾伯敬本), 이어본(李漁本), 모종강본(毛宗崗本), 영웅보본(英雄譜本), 상해잔엽본(上海殘葉本) 등 총 12종이고 지전계열은 번본(繁本) 7종에 간본(簡本) 13종을 더해 총 20종이다.[90] 물론 이외의 다른 방식의 분류가 이루어지기도 했다. 명·청 시대를 기준으로 명대본과 청대본으로 나누기도 하고, 계열을 나누지 않고 12종을 택해 12판본으로 부르는 구분도 있었는데[91] 12판본의 구체적인 선정기준은 알려져 있지 않다.

나관중의 《삼국지통속연의》가 240칙의 구성이 되면서 이전과는 확연히 다른 형식의 작품이 되었다. 이후의 모든 판본은 결코 70칙의《삼국지평화》나 화본소설로 회귀하지 않았다. 평화본에서 완전히 진화한《삼국지통속연의》는 새로운 형식의 표준이 된 것이다. 목차에서도 나관중은《삼국지평화》의 것을 그대로 가져온 것이 없다. 유사한 칙목이 서너 개 있으나 의도적으로 평화본과의 차별화를 시도했음을 알 수 있다.

《삼국지통속연의》의 현존하는 최고본은 1522년에 나온 가정본이다. 하지만 이는 나관중이 쓴 최초의 판본이 아닐 가능성이 크다. 가정본이 나관중의 원본이라는 주장이 오랫동안 있어왔으나[92] 현재는 다른 판본의 존재 가능성을 제기하는 학자들도 있다.[93] 상식적으로는 나관중의 추정 생존시기와 150년의 차이가 있기 때문에 여타 판본의 존재는 충분히

• • • •

88. 옥주, 2021,《삼국지연의와 관색고사의 영향관계 고차》, 대한중국학회, 중국학 vol.75.

89. 조선번각본은 다른 말로 주왈교본(周曰校本)이라 부른다.

90. 지전계열 번본 7종은 엽봉춘본(葉逢春本), 정소원본(鄭少垣本), 여상두본(余象斗本), 여평림본(余評林本), 종덕당본(種德堂本), 양민재본(楊閩齋本), 탕빈윤본(湯賓尹本)이고 간본 13종은 황정보본(黃正甫本), 유룡전본(劉龍田本), 주정신본(朱鼎臣本), 유영오본(劉榮吾本), 이유당본(二酉堂本), 웅불귀본(熊佛貴本), 웅청파본(熊清波本), 북경장본(北京藏本), 위씨간본(魏氏刊本), 천리도본(天理圖本), 양미생본(楊美生本), 비수제본(費守齋本), 구주본(九州本)이다.

91. 나관중·모종강,《본삼국지》, 리동혁역, 금토, 서울, 2019. '명나라의 엽봉춘본, 여상두본, 교산당본, 주정신본, 탕빈윤본, 주왈교본, 이탁오본, 황정보본, 종백경본과 청나라의 이어본을 합쳐 12판본이라고 한다'

92. 강재인,《삼국연의의 심미》, 좋은땅, 서울, 2019. '이 책 이전에는 전초본(傳◯本)만이 있었음을 알 수 있다' 즉 영인된 판본은 가정본이 최초이다. 전초본이란 필사본을 말한다.

93. 민경욱, 2019,《三國志演義 初期 텍스트연구-3種 朝鮮唯一本 포함 諸版本 對校例 에 대한 분석을 중심으로》, 한국중국소설학회, 중국소설논총 vol.57.

설득력이 있다. 다만 어떤 상황이든 내용은 원본과 큰 차이가 없다고 보는 것이 일반적이다.

가정본의 내용을 분석한 연구들 또한 원본 내용과 차이가 없을 것이라고 상정한 것이다. 예를 들면 나관중이 원말명초라는 혼란시대를 살았기에 삼국시대의 사회상황과 민중의 고통, 전쟁 장면 등을 더 생생하게 묘사할 수 있었다는 합리화가 바로 그것이다. 원 왕조가 수많은 한족 반란군에 의해 무너지고, 주원장의 홍건적을 비롯한 여러 세력들의 각축 또한 소설을 쓰는 데 많은 영감을 주었을 것으로 볼 수도 있다. 여기에 동진시대 이래로 널리 퍼졌던 촉한정통론 또한 원 왕조를 적대시하는 한족 지식인으로서 자연스럽게 받아들였다고 할 수 있다. 가정본을 한때 홍치본(弘治本)으로 부르기도 하였으나 이는《삼국지통속연의》의 서문인 용우자(庸愚子)의 글이 홍치 연간인 1494년에 쓰였기 때문이다. 전문이 출간된 해를 기준으로 홍치본보다는 가정본으로 부르는 것이 일반적이고 합리적이다.

내용적 측면에서 나관중의《삼국지통속연의》는 화본소설과《삼국지평화》가 아닌 진수의《정사삼국지》와 〈배송지주〉,《후한서》,《진서》등의 사서(史書)를 기본으로 하여 여러 민담과 소설 중 사전(史傳)에 부합하는 것을 더해 완성하였다. 이에 대해 명대의 유명한 저술가 사조제(謝肇制)는 '사건이 너무 진실하여 거의 쓸모가 없다'는 평가를 내리기도 하였다.[94] 흔히《삼국지연의》를 두고 칠실허삼(七實虛三)이라고 한다.[95] 이는 청대의 사학자 장학성(章學誠)이《병진찰기(丙辰札記)》에서 한 말인데《삼국지연의》의 이 같은 역사적 사실성은 전적으로 작자 나관중의 공(功)이다. 만약 내용적으로도 화본소설이나 평화(平話)를 따르고 민담과 괴기소설류의 흥미를 좇았다면 현재의 《삼국지연의》는 존재하지 못했을 것이기 때문이다.

이렇게 삼국지 고사의 내용과 형식에서 새 이정표를 세운 나관중의 《삼국지통속연의》는 이탁오본을 기점으로 형식면에서 다시 큰 변화를 맞게 된다. 가정본부터 시작된 240칙의 구성이 이탁오본에 와서 120회(回)로 바뀐 것이다. 이는 2개의 칙을 하나의 회로 묶은 것인데 이런 구성을 장회(章回)체, 또는 장회소설(章回小說)이라고 한다. 편찬방식에서는 복건계와 강남계가 다소 차이를 보여 복건계는 20권 또는 10권으로, 강남계는 24권 또는 12권으로 나누었다.[96] 이탁오본은 연의계열인 가정본, 주왈교본, 하진우본을 참고하였고[97], 연의의 발전 단계에서 큰 역할을 한 것으로 평가받는다. 바로 이 판본이 현대에 가장 널리 읽히고 있는《삼국지연의》의 판본인 모종강본으로 이어진 것이다.

원명이 《사대기서제일종(四大奇書第一種)》인 모종강본은 강남 소주(蘇州)의 모륜·모종강 부자가 앞선 판본들의 목차를 정리하고 수정하여 출

••••

94. 민혜란, 1988,《모종강의 평점 '삼국지연의' 고》, 중국인문학회, 중국인문과학 vol.7.

95. 허반청(許盤淸)과 주문업(周文業)은 계량분석 방법으로 연의와 정사를 대조하여《삼국지연의》의 정사부합성을 63%로 도출해낸 바 있다.

96. 김문경,《삼국지의 영광》, 사계절출판사, 서울, 2002.

97. 옥주·민관동, 2020,《소설 삼국지의 회목변화에 대한 고찰》, 중국학보 Vol.92.

간한 판본이다. 모씨 부자가 간본으로 삼았던 것이 이 이탁오본으로 역시 120회, 60권으로 구성되었다. 모종강은 이탁오본의 기초 위에 여러 판본과 사서를 참고하였다. 회목을 정리하는 것부터 사실(史實)적 내용을 더하고 비문(碑文), 시(詩), 논찬(論贊) 등을 첨삭해 새로운 판본을 만들어낸 것이다.[98] 부친 모륜은 당시 상당한 문명(文名)을 가진 것으로 알려진 인물이었다. 모종강은 그 문재(文才)를 이어받은 것인데 그의 정확한 생년은 알려져 있지 않으나 모종강 판본의 출간이 강희 연간에 이루어진 것을 통해 생몰시기를 추정할 수 있다. 모종강본은 권두(卷頭)에 당시 평점(評點)으로 명성이 높았던 비평가 김성탄(金聖嘆)의 서문(序文)이 실려 있고 자신들의 생각을 담은 〈독삼국지법(讀三國志法)〉을 넣었다. 이는 용우자(庸愚子) 장대기(蔣大器)가 쓴 서문과 수염자(修髯子) 장상덕(張尙德)이 쓴 소인(小引)[99]이 있는 나관중의 가정본 구성을 참고한 것으로 보인다. 단 김성탄의 서문은 위작(僞作) 논란이 있어왔다.

모종강본에서 또 하나의 흥밋거리가 이 김성탄 서문 위작논쟁이다. 모종강본의 서문은 당시 출판의 중심지 중 하나였던 소주(蘇州)에서도 명성을 떨치던 김성탄의 이름을 도용한 것이라는데, 결정적으로 김성탄의 다른 저서와 견해를 달리하는 내용이 있기 때문이다. 판매를 높이기 위한 수단으로 일종의 저작권법 위반행위를 한 것이다. 여기에 대한 연구 또한 오래전부터 이루어져 왔으나[100] 이에 대한 뚜렷한 결론은 나와 있지 않다. 모종강본의 〈독삼국지법〉은 글자 그대로 '삼국지를 읽는 법'이다. 여기에는 모씨 부자의 《삼국지연의》에 대한 전반적인 철학이 드러나 있다. 가장 두드러진 것이라고 한다면 촉한정통에 관한 의견이다. 흔히 모종강본은 나관중의 가정본에서부터 볼 수 있는 촉한정통론을 따르고 있다고 한다. 하지만 이는 표현이 약하다. 모종강은 〈독삼국지법〉에서 정통(正統)은 촉한(蜀漢)임을 대놓고 강조하고 있다.[101]

원명이 쉽게 외워지지 않는 모종강본은 사실 오랜 시간 수차례 출간되면서 여러 번 제목이 바뀌었다. 《사대기서제일종(四大奇書第一種)》로 시작해서 《제일재자서(第一才子書)》, 《관화당제일재자서(貫華堂第一才子書)》, 《수상김비제일재자서(綉像金批第一才子書)》, 《삼국지연의(三國志演義)》, 《삼국연의(三國演義)》의 순으로 바뀌었다.[102] 간혹 《삼국지연의》 번역본을 내면서 《삼국지연의》와 《삼국연의》를 놓고 무엇이 맞는가에 대해 심각한 의미를 부여하며 고견을 풀어놓는 경우가 있다. 이는 국내에서 《삼국지》 또는 《삼국지연의》로 출간된 책들의 번역 원본이라고 할 수 있는 대만의 삼민서국(書局), 중국의 인민문학출판사(人民文學出版社)와 강소고적출판사(江蘇古籍出版社)의 책들이 모두 《삼국연의》라는 제목을 채택하고 있기 때문이다. 《삼국지연의》냐 《삼국연의》냐에 대한 문제는 깊이 생각할

••••

98. 김옥란, 《삼국지연의 깊이 읽기》, 민속원 ,서울, 2015, p.81. '비속한 시문은 당·송의 유명 시인의 시로 바꾸어 놓았고, 역사적 사실과 어긋나는 것은 삭제하였다.(중략) 칠언율시는 당나라 때 발생한 시체로서 한나라 때에는 아직 없었으므로 삭제해버렸다'
99. 간단히 소개한 짧은 머리말
100. 민혜란, 1988, 《모종강의 평점 '삼국지연의' 고》, 중국인문학회, 중국인문과학 vol.7.
101. 선쮀쥔·탄리양샤오, 《삼국지사전》, 정원기·박명진·이현서 역, 현암사, 서울, 2010.
102. 옥주·민관동, 2020, 〈소설 삼국지의 회목변화에 대한 고찰〉, 중국학보 vol.92.

것도 논쟁할 것도 없는 사안이다. 왜냐하면 모종강본은 두 제목을 모두 가져봤기 때문이다. 그리고 그 외 여러 판본들의 제목 또한 어느 정도의 명명 룰(Rule)을 가진 후부터는 그리 심층적인 과정을 거쳐 정해진 것이 아니었음을 알 수 있기 때문이다.

참고로 탕빈윤본(湯賓尹本) 같은 경우는 원명이 《신각탕학사교정고본안람연의전상통속삼국지전(新刻湯學士校正古本按鑑演義全像通俗三國志傳)》으로 무려 21자에 달한다.[103] 편의에 따라 아무렇게나 지은 것이다. 또한 이 탕빈윤본을 비롯해 여러 판본들을 보면 어느 정도 제목을 짓는 데 있어서 규칙성이 있음을 알 수 있는데, 소설 《삼국지》의 제목들은 그렇게 만들어진 것이다. 《삼국지연의》든 《삼국연의》든 아무 상관이 없음을 재차 밝힌다. 이러한 모종강본은 당대의 히트작이 되어 동시대에 유통되던 수많은 판본들을 누르고 우뚝 선 것은 물론 현재까지 가장 큰 영향력을 발휘하고 있다.

$$***$$

《삼국지연의》가 한국으로 전해진 시기는 정확하게 알려지지 않았다. 현재는 조선 선조(宣祖)대인 16세기 중반에 유입되었을 것으로 추정하는 것이 일반적이다.[104] 여기에는 《삼국지연의》에 관한 최초의 기록이 《조선

103. 민관동, 2020, 〈소설 삼국지의 서명 연구〉, 중국학연구소, 중국학논총 vol.68.
104. 이은봉, 2010, 〈한국과 일본에서의 '삼국지연의' 전래와 수용〉, 동아시아고대학회, 동아시아고대학 vol.23.

왕조실록》 중에서도 〈선조실록〉이기 때문이다. 선조 2년(1569년)에 성리학자 기대승(奇大升)이 선조에 말한 내용은 이러하다.

지난번 장필무(張弼武)를 인건하실 때 전교하시기를 '장비(張飛)의 고함에 만군(萬軍)이 달아났다고 한 말은 정사(正史)에는 보이지 아니하는데 《삼국지연의(三國志衍義)》에 있다고 들었다.' 하였습니다. 이 책이 나온 지가 오래 되지 아니하여 소신은 아직 보지 못하였으나, 간혹 친구들에게 들으니 허망하고 터무니없는 말이 매우 많았다고 하였습니다. 천문(天文)·지리(地理)에 관한 책은 이전에는 숨겨졌다가 나중에 드러나는 일이 있기도 하지만, 사기(史記)의 경우는 본래 실전되어서 뒤에 억측(臆測)하기 어려운 것인데 부연(敷衍)하고 증익(增益)하여 매우 괴상하고 허탄하였습니다. 신이 뒤에 그 책을 보니 단연코 이는 무뢰(無賴)한 자가 잡된 말을 모아 고담(古談)처럼 만들어 놓은 것입니다. 잡박(雜駁)하여 무익할 뿐 아니라 크게 의리를 해칩니다. 위에서 우연히 한번 보셨으나 매우 미안스럽습니다. 그중의 내용을 들어 말씀드린다면 동승(董承)의 의대(衣帶) 속의 조서(詔書)라든가 적벽(赤壁) 싸움에서 이긴 것 등은 각각 괴상하고 허탄한 일과 근거 없는 말로 부연하여 만든 것입니다. 위에서 혹시 이 책의 근본을 모르시는 것은 아닐까 하여 감히 아룁니다. 이 책은 《초한연의(楚漢衍義)》 등과 같은 책일 뿐 아니라 이와 같은 종류가 하나뿐이 아닌데 모두가 의리를 심히 해치는 것들입니다. 시문(詩文)·사화(詞華)도 중하게 여기지 않는데, 더구나 《전등신화(剪燈新話)》나 《태평광기(太平廣記)》와 같은 사람의 심지(心志)를 오도하는 책들이겠습니까. 위에서 무망(誣罔)함을 아시고 경계하시면 학문의 공부에 절실(切實)할 것입니다.
(중략) 《전등신화》는 놀라우리만큼 저속(低俗)하고 외설적(猥褻的)인 책인데도 교서관이 재료를 사사로이 지급하여 각판(刻板)하기까지 하였으니, 식자(識者)들은 모두 이를 마음 아파합니다. 그 판본(板本)을 제거하려고도 하였으나

그대로 오늘에 이르렀습니다. 일반 여염 사이에서는 다투어 서로 인쇄하여 보고 있으며 그 내용에는 남녀의 음행(淫行)과 상도(常道)에 벗어나는 괴상하고 신기한 말들이 또한 많이 있습니다. 《삼국지연의》는 괴상하고 탄망(誕妄)함이 이와 같은데도 인출(印出)하기까지 하였으니, 당시 사람들이 어찌 무식한 것이 아니겠습니까. 그 문자를 보면 모두가 평범한 이야기이고 괴벽(怪僻)한 것뿐입니다.

(중략) 우리 유자(儒者)의 학문 가운데에는 정(程)·주(朱)의 논의가 매우 옳은데, 근래 중원으로부터 유포되는 책이 한두 가지가 아닙니다. 설문청(薛文清)의 《독서론(讀書論)》도 그중의 하나입니다. 현재 이를 인출(印出)하고 있으나, 그의 의논도 역시 흠이 없지 않으니 배우는 자는 참고해 보는 자료로 삼는 것이 옳습니다. 근래 배우는 자가 정주의 글은 심상히 여기고 새로 나온 책을 보기 좋아하니 이 또한 해가 많습니다. 위에서는 아셔야 할 일입니다.[105]

깐깐하기로 이름난 학자답게 기대승은 《삼국지연의》에 대해 좋은 말은 한마디도 하지 않았다. 자신은 읽어보지도 않았으면서 말이다.[106] 기대승은 《삼국지연의》를 비롯해 당시 관과 민간에서 유행하던 여러 책들에 무지막지한 심의(審議)를 내려버렸다. 그의 판단에 따르면 《삼국지연의》, 《전등신화(剪燈新話)》, 《태평광기(太平廣記)》, 《초한연의(楚漢衍義)》 등은 허망하고 터무니없는 말이 많고, 잡박(雜駁)하여 무익하고, 의리를 해치며 미안스럽기까지 하단다. 《삼국지연의》를 읽었다가는 그야말로 인간 말종(末種)이 될 악마의 책인 셈이고 한마디로 확산을 막아야 한다는 것이다. 독재시절 불온도서(不穩圖書)라 하여 읽다가 걸리면 잡혀가고, 때

때로 한꺼번에 모아놓고 화형(火刑)을 당하던 책들이 생각나는 것은 왜 인지…… 참. 다만 기대승의 악담(惡談) 속에는 여러 학문적인 단서가 들어 있다. '이 책이 나온 지가 오래되지 아니하였다'고 하니 그 유입시기를 16세기 중반으로 비정(比定)할 수 있고, '인출(印出)하기까지 하였다'고 하니 인쇄본으로 출간되었음도 알 수 있다.[107] 이로 미루어 보건대, 전초본으로는 더 이른 시기에 유입되었을 가능성 또한 있다. 학계에서는 '인출'에 대해 조선 내에서 간행되었을 것이라는 설과 중국에서 인출된 것이 전래되었을 것이라는 설이 양립하였다. 그러나 2010년 조선 금속활자 간행본이 발굴되어 기대승이 언급한 인출은 조선 교서관의 공식 간행본으로 인정되었다.[108] 게다가 연의계 판본 중 시기적으로 세 번째인 판본이 조선활자본(朝鮮活字本)이기도 하다.[109] 이로 인해 선조 이전인 명종(明宗) 대에 이미 《삼국지연의》가 인쇄되어 나왔을 가능성이 점쳐졌다. 또한

••••

105. 국사편찬위원회 《조선왕조실록》 〈선조실록〉 3권, 선조 2년 6월 20일 임진 1번째 기사. (http://sillok. history.go.kr /id/kna_10206020_001)

106. 기대승은 읽어보지 않았다면서 내용은 자세히 알고 있다. 친구에게 들었다고 하지만 그가 설파하는 내용과 이해의 정도는 직접 읽지 않았다고 하기 어려운 수준임을 알 수 있다.

107. 《삼국지》 한국어판본 연구에 참여한 인하대 한국학연구소 윤진현 박사는 여러 사료들을 고려하였을 때 《삼국지연의》의 전래시기를 조선 전기로 잡아도 무방하다고 보았다. (주간경향 2009.02.24. 인터뷰)

108. 이은봉, 2010, 〈한국과 일본에서의 '삼국지연의' 전래와 수용〉, 동아시아고대학회, 동아시아고대학 vol.23. p.663 '선문대 박재연 교수가 세계유일의 금속활자 《삼국지연의》 낙권을 발견해 한·중·일 《삼국지연의》 연구자들을 놀라게 했다'

109. 민관동, 2020, 〈소설 삼국지의 서명 연구〉, 중국학연구소, 중국학논총 vol.68.

기대승이 《삼국지연의》를 나쁜 책으로 찍은 이때가 선조가 즉위한 지 2년 밖에 되지 않았던 시기이기도 하여 그 주장에 더 힘이 실렸다. 이후로 《삼국지연의》는 조선 전역으로 퍼져나가 널리 읽혔다. 필사본은 물론 세책본, 방각본, 활판본 등 다양한 형태로 유통되었으며 현재까지 확인된 《삼국지통속연의》의 이본은 200여 종에 달한다.[110] 《홍길동전》의 저자 허균의 문집 《성소부부고(惺所覆瓿藁)》, 이수광의 《지봉유설(芝峰類說)》, 김만중의 《서포만필(西浦漫筆)》 등에서도 《삼국지연의》는 등장하며 난중일기에서도 《삼국지연의》가 인용되었다는 연구가 있다.[111] 기대승의 셋다운 주장이 무색하게도 《삼국지연의》는 널리널리 퍼져나갔다.

《삼국지연의》가 한글로 번역된 것은 17세기 중반으로 추정되는데 이는 김만중의 《서포만필》에 기록된 내용을 근거로 하였다.[112] 따라서 김만중이 살았던 17세기 중후반에는 이미 한글 번역본이 널리 읽히고 있었음을 추정할 수 있다.[113] 여기에 효종(孝宗)이 재위(1649~1659) 중에 《삼국지연의》를 직접 한글로 번역하였음이 밝혀지면서[114]《삼국지연의》의 한글 번역 시기는 더 이전으로도 추정할 수 있다.

근대에 와서는 1911년 고유상(高裕相)[115]이 모종강본을 완역한 《제일기서삼국지(第一奇書三國誌)》가 박문서관(博文書館)[116]에서 간행되었고 1929년에는 소설가이자 중국문학가인 양백화(梁白華)가 〈매일신보〉에 역시 모종강본을 한글로 번역한 《삼국연의》를 연재하였다.[117] 양백화의 이 연재를 현대판 《삼국지》의 시작으로 보는 학자도 있다.[118] 그리고 '님의 침묵'으로 유명한 한용운(韓龍雲)은 1939년 11월부터 〈조선일보〉 석간에 연재를 시작하였으나 1940년 8월에 신문의 폐간으로 인해 281회 만에 중단되었다. 한용운 역시 모종강본을 저본으로 하였는데 당시에는 시대가 시대인 만큼 일본인 요시카와 에이지(吉川英治)본이 유행할 때였다. 이외에도 작자미상의 몇몇 번역본이 있었던 것으로 보이나 주목할 만한 것은 1941년 〈신세계〉에 연재되었던 구보(丘甫) 박태원(朴泰遠)의 《신역삼국지》였다. 1941년 4월부터 1943년 1월까지 연재된 박태원의 삼국지는 연재가 끝나고 3개월 후에 박문서관에서 단행본으로 출간되었다. 박태원의 박

••••

110. 한국학중앙연구원《한국민족문화대백과사전》〈삼국지통속연의(三國志通俗演義)편〉

111. 민경욱, 2015, 〈'亂中日記'와 '欽英'에 인용된 '三國志演義' 초기 판본 텍스트에 대하여〉, 한국중국소설학회, 중국소설논총 vol.56.; 민경욱, 2021, 〈'란중일기(亂中日記)' 속의 '삼국지연의(三國志演義)' 원문과 관련 한시(漢詩)에 대하여-'금전(今典)' 규명을 통한 이순신의 내면 탐색을 중심으로〉, 중국어문연구회, 중국어문논총 vol.104.

112. 김만중, 《서포만필(西浦漫筆)》, 홍인표 역, 일지사, 서울, 2004.

113. 이은봉, 2015, 〈한국에서 요시카와 에이지 '삼국지' 유행의 의미〉, 동아시아고대학회, 동아시아고대학 vol.40.

114. 김수영, 2015, 〈효종(孝宗)의 〈삼국지연의〉(三國志演義) 독서와 번역〉, 국문학회, 국문학연구 vol.32.

115. 1897년 한국 최초의 근대적 서점이라고 할 수 있는 회동서관(匯東書館)을 세우고 서적출판과 판매를 한 인물. 회동서관이 광교에 선 이후 종로 거리에 서점들이 생겨나 근대 이후로 종로가 서점거리가 되었다.

116. 박문서관은 노익형(盧益亨)이 1907년 4월 경성 남부 상동 68번지 12호에서 창설한 서점 겸 출판사이다. 일제강점기 하의 대표적인 출판사 중 하나로 민족정신의 고취와 국민계몽에 기여하였다. (한국민족문화대백과사전/http://ency korea.aks.ac.kr/Contents/Item/E0020691)

117. 홍상훈, 2007, 〈양건식의 '삼국연의' 번역에 대하여〉, 인하대학교 한국학연구소 기초학문연구단, 인하대학교출판부.

118. 이병민, 2020, 〈근대 매체를 통한 역사지식의 생산과 전파:한용운 '삼국지'의 조조를 중심으로〉, 지식인문학연구회, 지식인문학 vol.2.1호.

문서관 간행 《삼국지》는 나중에 김구용 《삼국지》의 저본이 되었다는 것은 널리 알려진 사실이다.[119]

박태원의 《삼국지》가 역사적으로 의미를 갖는 것은 해방 이후 최초의 《삼국지》라는 점이다. 박태원의 《삼국지》 박문서관(博文書館)본 제2권은 1945년 광복을 채 몇 달 남겨두지 않은 시점에 출간되었다. 그리고 1950년에 박태원은 정음사(正音社)로 출판사를 옮겨 《완역삼국지(完譯三國志)》를 간행하였다. 해방을 사이에 두고 나온 두 출판사의 박태원 《삼국지》는 공식적으로 일제강점기 마지막 《삼국지》이고, 해방 이후 첫 《삼국지》가 된 것이다. 정음사본 《완역삼국지》는 역시 모종강본을 토대로 각색이 더해졌다. 박태원의 《삼국지》는 정음사본에 와서 더욱 독자를 끄는 힘을 배가시켰다는 평가를 받는다. 안타깝게도 정음사본 《완역삼국지》는 6.25전쟁으로 완결되지 못했다. 박태원의 장남 박일영의 회고에 의하면 전쟁 중에 100여 매의 원고가 불태워지기도 하였다고 한다.[120]

박태원은 6.25전쟁 중 월북하였고, 《완역삼국지》는 전쟁이 끝난 후에도 완성을 보지 못하였다.[121] 그리고 더 이상 그의 이름으로 책이 출간될 수도 없었다. 그래서 박태원이 못 다한 부분은 정음사 사장이었던 최영해가 보완하여 간행하였다. 박태원 《삼국지》가 최영해 《삼국지》로 바뀐 것인데, 전권 10권 중에 절반 이상을 최영해가 번역하였고 박태원이 못 다한 부분까지 보완하였기에 그의 이름을 달아도 충분하다 할 것이다. 게다가 최영해는 저명한 한글학자 외솔 최현배 선생의 장남으로 그 문재(文才) 또한 모자라지 않은 인물이었다. 이러한 이유로 인해 해방 후 최초의

《삼국지》가 박태원이냐, 최영해냐를 놓고 한동안 논란이 있었던 것이다.

북으로 간 박태원은 거기서도 《삼국지》를 썼다. 북한본 박태원 삼국지는 1959년 1월에 국립문학예술서적출판사에서 《삼국연의》라는 제목으로 처음 출간되었고 출판사를 바꾸어 1964년 마지막 6권이 나왔다.[122] 이 또한 모종강본을 저본으로 하였다.[123]

이후 《삼국지》 번역은 매우 활발해져 1960년 김동성, 1967년 박종화, 1974년 김구용, 1984년 김동리 등이 모종강본을 번역한 《삼국지》를 내놓았고 1952년 서인국을 필두로 1953년 방기환, 1958년 황순원, 1958년 이성학, 1965년 김광주 등이 요시카와 에이지본을 번역한 《삼국지》를 출간하였다. 이외에도 최을림, 우현민, 양주동, 정비석을 거쳐 1988년 이문열[124], 2003년 황석영이 각각의 이름을 걸고 《삼국지연의》를 내면서 한국의 간략한 《삼국지》 판본 추적을 마무리할 수 있겠다. 물론 이외에도 수많은 문인들의 수많은 《삼국지》가 있다. 아마 모두 세는 것은 힘들 것이다.[125] 필자마저도 이름을 걸고 《삼국지》를 내는 판이니 말이다.

••••

119. 송강호, 2010, 〈박태원 '삼국지'의 판본과 번역 연구〉, 구보학회, 구보학보 vol.5.

120. 송강호, 2010, 〈박태원 '삼국지'의 판본과 번역 연구〉, 구보학회, 구보학보 vol.5.

121. 월북사유에 대해서는 정확히 알려진 것이 없다. 영화감독 봉준호가 박태원의 외손자로 알려져 있다.

122. 송강호, 2010, 〈박태원 '삼국지'의 판본과 번역 연구〉, 구보학회, 구보학보 vol.5.

123. 북경의 작가출판사(作家出版社) 발행 모종강본 《삼국연의》로 알려져 있다.

124. 개인적으로 작가로서 분노와 부러움을 동시에 갖게 하는 작가이다.

125. 이영태, 2006, 〈'삼국지(三國志)' 한국어역본 서문 고찰〉, 한국어교육연구회, 어문연구 vol.34. p.156.
    '2004년 말 기준으로 342종 출간'

***

《삼국지연의》는 역사를 기반으로 창작을 더한 소설이다. 연의(演義)는 덧붙여 늘인 것을 말한다. 《삼국지연의》란 《정사삼국지》에 조금 상상을 덧붙인 것이 된다. 연(演)이라는 말 자체가 더 붙여서 늘인다는 뜻을 가지고 있다. 그래서 연극(演劇)이란 말은 실제 삶에서 상상을 조금 더해 늘인 것이 된다. 중국에서는 '연의' 그 자체로 소설이라는 의미를 가진다. 따라서 연의란 사실(史實)을 바탕으로 한 가운데 소설적 창작이 들어간 것이다. 간혹 역사소설을 역사로 오해해 사실을 왜곡한다며 소분(小忿)하는 경우가 있다. 이는 대부분 드라마나 소설로 역사지식을 쌓으려는 사람들이 보이는 행태인데 이제는 지양(止揚)할 일이며 문학의 발전에 있어서도 바람직하지 않은 현상이다. 소설과 역사적 사실의 구별은 전적으로 독자의 몫이고 그 정도 차이에서 오는 미묘함을 느끼는 것도 독자의 몫이다. 역사적 사실의 의도적인 왜곡을 옹호하려는 것은 아니다. 하지만 이에 대한 선을 넘는 것은 작가들의 상상을 억압하는 결과가 된다. 결코 있어서는 안 될 일이다.

역사를 지식으로 접근하는 이에게 역사소설의 소용(所用)을 논한다면 이것은 건조한 사실에 흥미를 더해주는 좋은 보조재라고 말하고 싶다. 앞서 언급한 대로 삼국지를 칠실삼허(七實三虛)라고 한다. 역사를 공부하는 사람으로서 이 평가에 호응하고 싶다. 셋의 허구(虛構)가 너무나 좋은 양념이 되어 나머지 일곱이 아닌 아홉, 열, 전체를 재미있게 만들어주기 때문이다.

나는 연의(演義)라는 문고리를 당겨 역사(歷史)의 문을 열곤 한다. 그리고 모호(模糊)하기 짝이 없는 사실(史實)의 진(眞)과 허(虛)를 가리는 재미에 오늘도 몸을 던진다.

4

《삼국지》의 지명(地名)과
지리(地理)에 대하여

《삼국지》뿐만이 아니라 역사서를 읽을 때 지명을 이해하는 것은 여러모로 도움이 된다. 물론 알지 못하더라도 크게 지장은 없다. 하지만 지명을 알고 보았을 때의 이해의 폭이 결코 비교가 되지 않는데 전황이나 정세에 대해 보다 입체적으로 받아들일 수 있기 때문이다.

'양양'이라는 곳이 있다. 만일 양양이라는 지명을 들어본 적도 있고 대략의 위치를 안다고 하자. 하지만 연의에서는 줄곧 '형주'라는 지명 위주로 진행되는 경우가 대부분이다. 양양(襄陽)은 양양군(襄陽郡) 혹은 양양성(襄陽城)을 가리킨다. 즉 현대 행정구역 분류상 시(市)에 해당한다고 할 수 있다. 이에 반해 형주(荊州)는 현대 중국 행정구역 분류상 성(省)에 가깝다. 후한 시절 전국을 분할했던 13개 혹은 14개 주(州) 중에 하나이다. 양양이 형주에 포함되지만 두 지명은 완전히 다르다. 해당지역을 어떻게 부르게 되었는지는 그들 나름대로의 이유가 있겠지만 우선 두 지명의 위치와 차이에 대해 알고 보는 것과 모르고 보는 것은 그 이해의 깊이가 다를 수밖에 없다.

《삼국지》에 등장하는 세세한 지명을 다 알 수는 없다. 행정구역은 사실 자신이 사는 곳도 잘 모르는 경우가 다반사이다. 하물며 2천 년 전의, 그것도 남의 나라 지명을 어찌 알 수 있을까. 하지만 아래에서 설명할 14개의 큰 지명과 대략적인 위치를 알면 삼국지를 더 재밌게 즐길 수 있다. '후한 13주'라는 말이 있다. 후한의 대표적인 행정구역으로 13개 주가 있다는 것으로 일반적으로 알려진 후한의 지방행정 구역을 지칭하는 말이다. 여기에 후한 14개주라는 말도 있다. 둘 다 틀리지 않다. 후한의 행정구역은 13개 주 혹은 14개 주인 것이다. 이 시절 주(州)의 개수가 오락가락하는 이유는 바로 옹주 때문이다. 옹주(雍州)는 고대 9주 시대부터 존재했던 행정구역이었으나 사례(司隷)에 편입되었다가 서기 194년에 다시 분리되어 이름을 되찾는다.

일단 좌측 상단 1번 자리엔 양주(涼州)다. 보통 서량(西涼)이라고 부르는 지역으로 마등과 마초의 근거지이기도 하다.

4번 자리에 해당하는 지역이 옹주(雍州)이다. 굳이 옹주를 독립시킨 이유가 여기에 있었다. 전체적인 구조를 맞추기 위해서일 뿐 별다른 의미는 없다. 아마 '관중'이라는 지명이 좀 더 익숙할 것이다. 참고로 여기에는 서쪽 도읍인 장안(長安)이 위치한다.

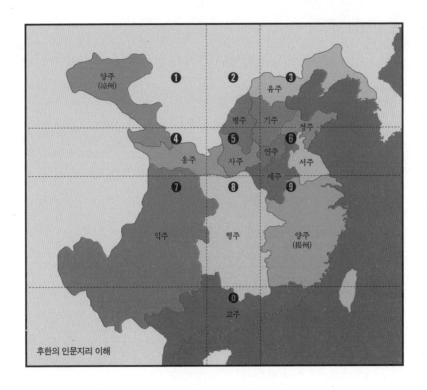

후한의 인문지리 이해

　7번 자리엔 익주(益州)가 위치한다. 서촉(西蜀) 혹은 파촉(巴蜀)이라 불리는 지역이다. 한(漢)고조 유방(劉邦)이 세력을 키웠던 지역이면서 유비가 세운 나라 촉(蜀)이 위치하는 지역으로 우리에게 친숙하다.

　2번 자리엔 병주(幷州)가 위치한다. 다른 지역에 비해 등장하는 빈도는 적은 편이다.

　5번 자리엔 사례(司隷)라는 지역이 위치한다. 194년을 기준으로 옹주와 분리하여 사주(司州)로 보기도 한다. 낙양을 비롯한 중심지역을 가리킨다고 보면 크게 틀리지 않다. 경기도 혹은 수도권으로 기억해두자.

8번 자리엔 형주(荊州)가 위치한다. 삼국시대 내내 치열한 공방전이 펼쳐지는 지역이다. 지도를 보더라도 거의 한 가운데에 위치함을 볼 수 있다.

0번 자리엔 교주(交州)가 위치한다. 중국의 최남단이면서 일부 지역은 현재 베트남 영토이기도 하다.

9번 자리엔 양주(揚州)가 위치한다. 1번 위치 양주(涼州)와 혼동할 수 있으니 유의하기 바란다. 양주(揚州)는 손권의 근거지로 유명하다. 양주(揚州)보다는 동오(東吳)라는 지명이 좀 더 친숙할 것이다.

3번 자리엔 유주(幽州)와 기주(冀州). 이렇게 두 개의 주(州)가 위치한다. 유주(幽州)는 동북부 끝으로 요동반도 및 한반도에 접한 지역이다. 우리나라 역사에 자주 등장하는 요동성이 여기에 있다. 기주(冀州)는 원소의 근거지로 매우 비중 있게 다뤄지는 지역이다.

6번 자리가 가장 비좁다. 연주(兗州), 예주(豫州), 청주(青州), 서주(徐州) 무려 네 개의 주(州)가 여기에 위치한다. 유독 이 일대의 행정구역이 조밀한 것은 고대 중국 문명이 황하 하류에서 기원한 것과 결코 무관하지 않을 것이다. 지도상으로 익주, 형주, 양주(揚州)의 지형을 살펴보면, 상대적으로 장강(長江) 이남에 대한 관심이 적었음을 눈치 챌 수 있다.

청주(青州)는 산둥반도 일대를 가리킨다. 예주(豫州)는 유비가 여포와 불편한 동거를 할 때 배경이 되는 지역이다. 연주(兗州)는 초반부 조조의 근거지이다. 서주(徐州)는 도겸의 근거지로 초반부 유비와도 인연이 있는 지역이며, 조조와는 악연이 매우 깊은 지역이다.

행정구역인 주(州) 못지않게 자연지리를 아는 것도 큰 도움이 된다. 대
표적인 자연지리는 산과 강이라고 할 수 있는데 여기서는 삼국지에 자주
등장하는 주요 하천에 대해 간략히 언급하고자 한다. 잘 알다시피 중국
에는 서쪽에서 동쪽으로 흐르는, 대표적인 두 개의 큰 물줄기가 있다. 바
로 황허(黃河)와 양쯔(揚子)강이다.[126] 그런데 고대에는 河(하)라 하면 황하,
江(강)이라 하면 장강, 수(水)하면 회수(淮水)를 일컬었다.[127] 현재 강이나
하천을 가리키는 江河(강하)라는 어휘가 본래는 각각의 고유명사였던 셈
이다.

중국에서 가장 긴 강은 아니나 중국 역사에서 가장 중요한 강은 황하
(黃河)이다. 황하를 중심으로 중국의 문명이 태동했고 흔히 중원이라고
부르는 중국문명의 심장이 바로 황하유역이기 때문이다. 전한의 수도였
던 장안 인근에는 황하의 지류인 위수(渭水)가 서에서 동으로 흐른다. 지
류라고는 하지만 800km가 넘는 큰 강으로 양주(涼州)와 옹주(雍州)를 흐
른다. 장안이나 기산 일대에서 펼쳐지는 전투에서 배경으로 빠지지 않고
등장하는 위수는 장안과 낙양 사이에서 황하 본류와 합쳐져 동쪽으로
흐른다. 황하의 수많은 지류 가운데 가장 크고 긴 위수는 가장 유명한 지
류이기도 하다. 이유는 장안과 낙양에 가깝기 때문이다. 역시 중심지에
붙어야 된다. 황하는 5,000km가 넘는 거대 하천인데 그 흐름의 방향이
매우 드라마틱하다. 물론 대하천의 흐름이 평탄하기만 한 것이 어디 있
겠냐마는 황하는 그 중에서도 독특함을 한눈에 알 수 있다. 현대 중국
의 행정구역으로 보았을 때 황하는 전체적으로 동서로 진행하는데 청해

에서 발원하여 감숙, 내몽골자치구, 산서를 지나는 과정에서 정북(正北) 향으로 꺾었다가 다시 정동(正東)으로, 그러다가 정남(正南), 또 정동으로 방향을 튼다. 한마디로 거대한 사각형을 품고 있는 듯한 모양을 하고 있다. 그리고 다시 기주(冀州)와 연주(兗州) 쯤에서 북동쪽으로 방향을 틀어 결국에는 산둥반도의 북쪽에서 서해로 유입된다.[128]

남쪽의 양쯔강은 삼국지에서 장강(長江)이라는 이름으로 등장한다. 동양 최장(最長) 하천인 장강은 남서쪽 익주(益州)에서 출발해 구불구불 흐르며 형주(荊州)를 관통한다. 그러다가 형주와 양주(揚州)의 경계 부근에서 북동쪽으로 방향을 틀어 양주를 가로지른다. 삼국지에 등장하는 지명 가운데 장강이 굽이치는 구간에 위치하는 대표적인 고을로 강릉(江陵)과 강하(江夏)를 꼽을 수 있다. 그 중 강하(江夏)는 적벽(赤壁) 부근에 위치하는 고을이다.

한수(漢水)는 장강(長江)의 지류로 서쪽 익주에서 출발해 형주를 지나 장강과 합류한다. 그런데 한수의 특정 구간을 구별하여 하수(夏水)라고 부르기도 한다. 그래서 한수와 장강이 합류하는 지점이 하구(夏口)이고, 그 인근에 위치한 고을이 바로 강하(江夏)이다. 또한 장강과 한수 사이에

----

126. 이하 특별한 이유가 없을 시 황하와 양자강 또는 장강이라고 칭한다.

127. 회수(淮水)는 회하(淮河)라고도 부른다. 수(水)라 부르는 가장 대표적인 하천으로서 중국 대륙의 남과 북을 가르는 지리·기후경계선이다.

128. 지리학 연구에 따르면 황하의 서해 유입 방향 또한 크게 변화했다. 이 변화 또한 장강을 비롯한 다른 하천에 비하면 그 폭이 크다고 할 수 있는데 황하는 파란만장한 역사를 품고 있음을 몸으로 보여주고 있는 것일까.

위치한 대표적인 고을로 양양(襄陽)이 있다. 양양은 형주(荊州)의 중심지이고 삼국지연의를 통틀어 가장 자주 언급되는 지명 중 하나이다. 관우가 형주를 지키던 말년에 우금과 방덕을 물리치고 나중에 여몽에 패퇴하여 퇴주하는 상황 또한 한수 유역에서 일어난다.

회수(淮水)는 황하와 장강 사이에서 동서로 흐르는 큰 강이다. 회수와 장강 하류 사이에 위치한 고을 중 유명한 곳이 수춘(壽春)과 합비(合肥)이다. 회수의 남쪽에 있다고 하여 수춘을 회남(淮南)이라고도 부른다. 물론 회남은 회수 남쪽 일대 전체를 부르는 명칭이다. 참고로 합비는 위(魏)와 오(吳)가 수시로 공방을 펼치는 지역이다. 오의 입장에서 장강은 최대 방어선이다. 장강이 없었다면 오는 성립 자체가 어려웠을지도 모른다. 그래서 오는 장강의 최고의 방어 라인이자 최후의 방어 라인이다. 장강이 돌파되면 그 이후는 어떤 상황이 벌어져도 이상할 것이 없다. 실제 중국 역사에서 강동의 왕조는 장강 방어선이 바로 생명선이었다. 그래서 오의 전법은 수세에서는 장강을 이용해 수전(水戰)을 펼치고, 공세에서는 장강 이북을 노리는 것이 주된 골자였다. 그때 주요 전장이 바로 회수와 장강 사이의 '합비' 일대였던 것이다. 이 정도면 《삼국지》에 대한 기초 지식은 습득하였다고 할 수 있지 않을까.

1장

기울어지는 한(漢)

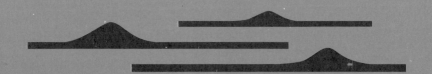

1

황건적의 난과 동탁의 농권
184~189년

때는 후한(後漢) 말인 AD 184년 2월. 황건적(黃巾賊)이 중국 전역에서 봉기하였다. 이 사건이 바로 《삼국지연의》의 실질적인 시작이다. 거록(鉅鹿)군 출신 장각(張角)은 '황천(黃天)의 태평시대가 열린다'며 백성들을 선동하였고 자신을 따르는 무리 36방(方)을 거느리고 있었다. 이들은 모두 머리에 누런 수건을 두르고 한 날에 거병하였다. 이에 조정에서는 3월에 황보숭(皇甫嵩), 주준(朱儁) 그리고 노식(盧植)을 각각 중랑장(中郎將)에 임명하며 황건적을 토벌하게 하였다.[1]

당시 후한은 관리들의 부정부패가 곳곳에 만연하였고 백성들은 가혹한 수탈에 힘들어 하는 말기적 현상에 처해 있었다. 그런 환경 속에서 나타난 인물이 바로 장각이었다. 하지만 단순히 백성들의 불만이 폭발하였다고 하기엔 이들은 너무나 조직적이었다. 과연 어떻게 된 것인지 몇 년의 시간을 거슬러 살펴보겠다.

장각은 낙양(洛陽) 동북방에 위치한 거록군 출신이다. 그는 스스로를 대현양사(大賢良師)라 칭하면서 황로(黃老)의 도(道)[2]를 받들며 제자들을 양성하였다. 꿇어앉아 절을 하고 잘못을 빌게 하며 부적 태운 잿물과 주문 등으로 병든 이들을 치료하였다. 그 중 병이 낫는 자가 제법 있어 백성들이 장각을 믿고 따랐다. 이후 장각은 제자 여덟 명을 각지에 보내 도로써 천하를 교화한다는 명목으로 사람들을 현혹하게 하였다.

그렇게 10여 년이 지나자 이들을 따르는 무리가 어느새 수십만에 이르렀다. 그렇게 각 지역들이 연결되며 점차 전국적인 조직망을 갖추게 된다. 이때 장각은 휘하에 36개의 방(方)을 두었는데, 방(方)은 장군과 비슷한 의미이다. 대방(大方)은 1만여 명, 소방(小方)은 대략 6~7천 명 가량을 거느렸으며 각각 거수(渠帥)를 두어 무리들을 관리하였다.[3] 그러고는 '창

----

1. 《후한서(後漢書)》효영제기(孝靈帝紀) '中平元年春二月 鉅鹿人張角自稱黃天 其部師有三十六方 皆著黃巾 同日反叛.....遣北中郞將盧植討張角. 左中郞將皇甫嵩 右中郞將朱儁討潁川黃巾'

2. '황로(黃老)의 도(道)'란 황제(黃帝)와 노자(老子)를 따르는 학문이나 도를 일컫는 말이다. 고대 의학의 바이블인 '황제내경(黃帝內經)'이란 명칭에서 보듯 중국에서 황제(黃帝)는 의술(醫術)을 상징하는 존재이다. 노자는 익히 알려진 대로 도가(道家)의 시조이다. 하지만 당시에는 황로학을 표방하면서 신선술, 불로장생 등 현실과 괴리되거나 혹세무민하는 수단으로 악용하는 경우가 많았다. 현대에서도 각종 사이비 종교가 불치병을 치료한다고 선전하거나 여러 이론들과 예언 등을 제멋대로 끌어다 붙이는 경우를 종종 볼 수 있듯이 말이다.

3. 현대의 군 편제에 비유한다면 대방(大方)은 사단장, 소방(小方)은 여단장, 거수(渠帥)는 연대장 정도로 볼 수 있다. 판본에 따라 '장각을 따르는 무리가 36만 명이었다(其部師有三十六萬)'는 기록도 있다. 본서에서는 방(方)이라 한 판본을 따랐다.

천(蒼天)은 이미 망했으니 황천(黃天)의 세상이 올 것이요, 갑자(甲子)년에는 천하가 크게 길하리라.'라는 와언(訛言)을 퍼뜨리며 각 성의 관아와 관청의 문에 백토로 갑자(甲子)라고 쓰게 하였다. [4]

이때가 183년이다. 당시 장각은 184년 3월 5일을 D-day로 잡고 조직을 정비하고 있었다. 한편으로 '갑자(甲子)년에는 천하가 크게 길할 것'이란 와언을 퍼뜨린 것이다. 이듬해인 184년이 갑자년이기 때문이다. [5] 아울러 낙양에서 내응할 세력과도 긴밀히 연락을 취하고 있었다. 이즈음 대방 중 한 명인 마원의(馬元義)가 수시로 낙양을 왕래하면서 환관 봉서(封諝), 서봉(徐奉) 등과 접촉하였다. 그런데 장각의 제자인 당주(唐周)가 이를 조

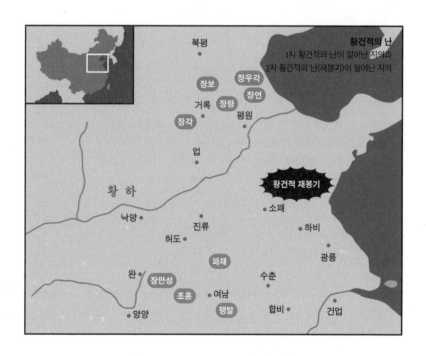

정에 밀고하는 사건이 발생한다. 이에 마원의는 낙양에서 처형되었고 영제(靈帝)는 당주의 상서를 관리들에게 돌려보게 하면서 곳곳에 숨어 있는 장각의 신도들을 색출하라는 명을 내렸다.

이렇게 3월에 거병하기로 했던 계획이 틀어져버린 장각은 밤새 각 방(方)에 연락하여 급히 봉기하도록 한다. 이리하여 당초 계획보다 이른 2월에 거병하게 된다. 이들은 모두 머리에 누런 수건을 둘렀기에 사람들이 황건적(黃巾賊) 혹은 아적(蛾賊)이라 불렀다. 이렇게 부랴부랴 봉기한 장각은 자신을 천공장군(天公將軍)이라 불렀고, 자신의 동생 장보(張寶)와 장량(張梁)을 각각 지공장군(地公將軍), 인공장군(人公將軍)이라 불렀다. 그러고는 각지에서 관청을 불태우고 백성들을 노략질하기 시작했다. 여러 지역에서 관청이 점령당했고 관리들은 도주하기 급급했기에 열흘도 채 되지 않아 나라 전체가 흔들렸다.[6]

••••

4. 《후한서》 황보숭주준열전(皇甫嵩朱儁列傳) '鉅鹿張角自稱 大賢良師 奉事黃老道 畜養弟子 跪拜首過 符水咒說以療病 病者頗愈 百姓信向之. 角因遣弟子八人使於四方 以善道敎化天下 轉相誑惑. 十餘年閒 衆徒數十萬 連結郡國 自靑徐幽冀荊楊兗豫 八州之人 莫不畢應. 遂置三十六方 方猶將軍號也. 大方萬餘人 小方六七千 各立渠帥. 訛言 蒼天已死 黃天當立 歲在甲子 天下大吉. 以白土書京城寺門及州郡官府 皆作 甲子字.

5. 현재와 가장 가까운 갑자(甲子)년은 1984년이었다. 이 해에 태어난 분들은 갑자생 쥐띠이다.

6. 《후한서》 황보숭주준열전(皇甫嵩朱儁列傳) '元義數往來京師 以中常侍封諝 徐奉等爲內應 約以三月五日內外俱起. 未及作亂 而張角弟子濟南唐周上書告之 於是車裂元義於洛陽. 靈帝以周章下三公 司隷 使鉤盾令周斌將三府掾屬 案驗宮省直衛及百姓有事角道者 誅殺千餘人 推考冀州 逐捕角等. 角等知事已露 晨夜馳敕諸方 一時俱起. 皆著黃巾爲摽幟 時人謂之 黃巾 亦名爲 蛾賊....角稱 天公將軍 角弟寶稱 地公將軍 寶弟梁稱 人公將軍. 所在燔燒官府 劫略聚邑 州郡失據 長吏多逃亡. 旬日之閒 天下嚮應 京師震動'

순식간에 사태가 걷잡을 수 없이 커지자 조정에서 급히 파견한 자들이 바로 황보숭, 주준 그리고 노식 등이었다. 이들은 모두 조정의 기대에 부응하며 각지에서 황건적을 진압하였다. 이때 주준은 표문을 올려 좌군사마(佐軍司馬)로 한 인물을 천거하였는데, 그가 바로 하비(下邳)현의 승(丞)이었던 손견(孫堅)이었다.

　손견은 본래 장강(長江) 이남의 오군(吳郡) 출신으로 18세의 나이에 회계(會稽)군의 요적(妖賊) 허창(許昌)을 토벌하는 공을 세운 바 있었다. 이후 여러 자리를 거쳐 하비현 승(丞)에 임명되었으며, 당시 하비의 청년들이 손견을 따라 대거 참전하게 된다. 또한 손견은 상인들과 회수(淮水)와

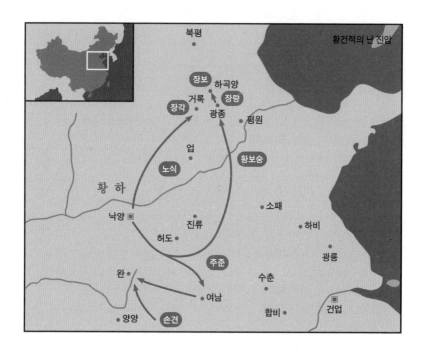

사수(泗水) 일대 정병 1천여 명을 모아 거느리고 주준과 협력하여 황건적 토벌에 나섰는데 이후 주준과 손견은 가는 곳마다 승리하였다.[7] 이렇게 여남(汝南)군과 영천(潁川)군 일대 황건적들이 소탕되자 그 잔당들은 완성(宛城)에 모여 저항하기에 이르렀다. 이에 손견은 앞장서 군사를 이끌고 성벽을 넘어 황건적을 대파하였다. 이후 주준이 그 전공을 보고하여 손견은 별부사마(別部司馬)에 제수되었다.

황보숭 또한 승전을 이어가고 있었다. 황보숭은 10월 광종(廣宗)현에서 장각의 동생 장량과 대규모 교전을 벌였다. 이때 장량의 무리가 상당히 정예병이었기 때문에 황보숭도 쉽게 물리칠 수 없었다. 이에 황보숭은 군영을 닫은 채 군사들을 쉬게 하며 기회를 엿보았다. 그러다 황건적의 경계가 차츰 해이해지자 야간에 급습을 감행했다. 닭이 울 무렵 적진으로 돌진하기 시작해 해가 기울 무렵까지 전투를 벌였는데 그 결과 장량을 참수하였고 생포한 자도 셀 수 없이 많았다. 황보숭은 장량의 머리를 낙양으로 보냈다. 이 공으로 황보숭은 거기장군(車騎將軍)으로 승진하였다.

당시 장각은 이미 병사하여 없었고 11월에는 황보숭이 거록군 하곡

••••

7. 《삼국지》〈오서(吳書)〉 손파로토역전(孫破虜討逆傳) '堅又募諸商旅及淮泗精兵 合千許人 與俊幷力 奮擊 所向無前'

8. 《후한서》효영제기(孝靈帝紀) '冬十月 皇甫嵩與黃巾賊戰於廣宗 獲張角弟梁. 角先死 乃戮其屍. 以皇 甫嵩爲左車騎將軍 十一月 皇甫嵩又破黃巾于下曲陽 斬張角弟寶'
   《후한서》황보숭주준열전(皇甫嵩朱儁列傳) '嵩與角弟梁戰於廣宗. 梁衆精勇 嵩不能剋. 明日 乃閉營 休士 以觀其變. 知賊意稍懈 乃潛夜勒兵 雞鳴馳赴其陳 戰至晡時 大破之 斬梁 獲首三萬級 赴河死者五萬 許人 焚燒車重三萬餘兩 悉虜其婦子 繫獲甚衆. 角先已病死 乃剖棺戮屍 傳首京師'

양(下曲陽)을 공격하여 장보(張寶)마저 참수하였다.[8] 이리하여 장각 삼형제가 모두 세상을 떠나며 황건적의 난이 사실상 진압되었다. 조정에서는 이를 자축하는 의미로 12월에는 천하에 사면령을 내렸고 연호도 광화(光和)에서 중평(中平)으로 바꾸었다.[9] 황보숭의 공이 특히 컸기에 그의 명성은 천하에 널리 퍼지게 되었다. 하지만 근본적인 문제가 해결된 것은 아니었다. 이후로도 조정은 날로 혼란해졌고 민생은 피폐한 상태 그대로였기 때문이었다.[10]

노식은 중랑장에 임명되어 곳곳에서 장각의 무리들을 연이어 격파하였다. 아직 살아 있던 장각은 광종현으로 도주하여 농성하게 되었는데 노식이 이를 포위하여 함락하기 직전이었다. 이때 소황문(小黃門) 좌풍(左豊)이 전황을 확인하러 파견되었다. 이에 누군가 노식에게 '좌풍에게 뇌물을 주어야 한다'고 귀뜸하였다. 하지만 노식은 이를 받아들이지 않았다. 그러자 조정에 돌아간 좌풍이 '중랑장 노식은 장각을 쉽게 격파할 수 있음에도 적극적으로 공격하지 않고 있다.'고 보고하였고 이에 영제는 대노하며 노식을 압송하게 하였다.[11]

이후 거기장군 황보숭이 노식을 변호해준 덕분에 큰 처벌을 면하였고 얼마 지나지 않아 다시 상서(尚書)에 임명되었다.[12] 노식이 압송된 뒤 후임으로 온 인물이 바로 동탁(董卓)이었다. 동탁은 하곡양현에서 장각을 상대로 교전을 벌였으나 패배하여 문책을 당하게 된다.[13]

황보숭 또한 노식과 크게 다르지 않았다. 숱한 전공을 세우고 노식을 변호하기도 했지만 자신도 중상(中傷)에서 벗어날 수는 없었다. 황보숭이 황건적을 토벌하고 회군하며 업현(鄴縣)을 지나갔다. 이때 황보숭은 중상시(中常侍) 조충(趙忠)의 집이 법도를 초과하였음을 상주하여 몰수하게 하였다. 아울러 또 다른 중상시 장양(張讓)이 황보숭에게 50만 전을 요구했다가 거절당한 일도 있었다. 그러자 장양과 조충이 원한을 품고 '황보숭이 거듭된 전투에서 전과를 올리지 못한 채 비용만 낭비한다'고 상주하였다. 이로 인해 황보숭은 거기장군의 인수를 몰수당하고 작위도 격하되었고 식읍 또한 삭감되었다.[14] 황건적 진압에 큰 공로를 세운 공신들이 이러하였으니 다른 곳의 사정은 어떠하였을지, 조정이 얼마나 혼란하였을지 충분히 짐작이 가능하다.

당시 영제의 곁에는 '장양(張讓), 조충(趙忠), 하운(夏惲), 곽승(郭勝), 단규(段珪), 손장(孫璋), 필람(畢嵐), 율숭(栗嵩), 고망(高望), 장공(張恭), 한리(韓悝), 송전(宋典)'이라는 12명의 중상시(中常侍)들이 있었는데,[15] 통상적으

••••

9. 《후한서》효영제기(孝靈帝紀) '十二月己巳 大赦天下 改元中平'

10. 《후한서》황보숭주준열전(皇甫嵩朱儁列傳) '嵩旣破黃巾 威震天下 而朝政日亂 海內虛困'

11. 연의에서는 이 대목에서 함거에 탄 노식과 제자인 유비가 만나 안타까워하는 장면이 그려진다. 허구이다.

12. 《후한서》오연사노조열전(吳延史盧趙列傳) '連戰破賊帥張角 斬獲萬餘人. 角等走保廣宗 植築圍鑿塹 造作雲梯 垂當拔之. 帝遣小黃門左豐詣軍觀賊形執 或勸植以賂送豐. 植不肯. 豐還言於帝曰 廣宗賊易破耳. 盧中郎固壘息軍 以待天誅. 帝怒 遂檻車徵植 減死罪一等. 及車騎將車皇甫嵩討平黃巾 盛稱植行師方略 嵩皆資用規謀 濟成其功. 以其年復為尚書.'

13. 《후한서》동탁열전(董卓列傳) '拜東中郎將 持節 代盧植擊張角於下曲陽 軍敗抵罪'

14. 《후한서》황보숭주준열전(皇甫嵩朱儁列傳) '嵩討張角 路由鄴 見中常侍趙忠舍宅踰制 乃奏沒入之. 又中常侍張讓私求錢五千萬 嵩不與 二人由此為憾 奏嵩連戰無功 所費者多. 其秋徵還 收左車騎將軍印綬 削戶六千 更封都鄉侯 二千戶'

로 이들을 묶어 '십상시(十常侍)'라고 불렀다. 당시 상소문에도 '십상시'라는 말이 등장하는 것을 보면 일상적으로 통용된 용어였다. 참고로 연의에는 '장양, 조충, 하운, 곽승, 단규, 봉서, 조절, 후람, 건석, 정광'을 십상시로 소개하고 있다. 사서에 기록된 바와는 5명만이 일치한다.

십상시의 위세는 대단하여 권력을 농단해 매관매직 등의 온갖 부정을 일삼았고 이들 모두가 제후로 봉해질 정도였다. 가족들까지도 지방관에 임명되어 임지에서 백성들에게 갖가지 해악을 끼쳤는데 이를 단적으로 보여주는 사례가 있다.

장양은 하인들을 총괄하는 집사를 두고 집안일을 도맡아 보게 하면서 한편으로 뇌물을 받으며 위세를 떨치고 있었다. 맹타(孟佗)라는 자는 장양의 집사와 친분을 유지하며 많은 재물을 갖다 바치곤 했다. 맹타는 양주(凉州)의 우부풍(右扶風)군 출신의 부자였다. 이에 집사가 맹타에게 고마워하며 "선생께서 원하시는 게 있으시면 제가 한번 힘써 보겠습니다."라고 말한다. 그러자 맹타가 "그저 날 위해 절 한번만 해주면 되네."라 하였다.

이때 장양의 집 앞에는 청탁하러 온 빈객들의 수레가 줄을 지어 있었고 뒤늦게 온 이들은 들어갈 수조차 없을 지경이었다. 그런데 집사가 하인들을 거느리고 나와 길거리에서 일제히 맹타에게 절을 하고 수레를 밀고 문으로 들어가는 것이 아닌가. 이를 본 빈객들이 모두 놀라며 맹타와 장양이 정말 친하다고 여겼고 이후 경쟁적으로 맹타에게 뇌물을 갖다 바쳤다. 물론 맹타는 이렇게 받은 뇌물을 다시 장양에게 바치며 환심을

샀고 결국 맹타는 양주자사(涼州刺史)에 임명될 수 있었다.[16]

이후 황건적이 봉기하며 각지에서 도적떼가 들끓자 낭중(郎中) 장균(張鈞)이 상서하길 "신의 생각으로 장각이 난을 일으킨 것은 백성들이 부응하였기 때문인데, 그 까닭을 살펴보면 십상시의 친지나 빈객들이 지방에서 백성들을 수탈하는데도 백성들은 이를 호소할 데조차 없어서입니다. 의당 십상시를 처단하여 머리를 거리에 매달고 백성들에게 사과하며 이를 천하에 널리 알린다면 도적들은 저절로 흩어질 것입니다."라 하였다. 이를 본 영제가 상서를 장양 등에게 보여주자 십상시들은 일제히 관과 신발을 벗고 머리를 조아리며 "저희 스스로 옥에 들어가고 가산을 바쳐 군비에 보태겠습니다"라고 고하였다. 이에 영제가 십상시들을 달랜 후 "장균은 정말 미친놈이로구나. 십상시 중에 누구 하나 착하지 않은 자가 어디 있느냐?"라며 화를 내었다.

이후 장균이 거듭 상소를 올렸지만 전달조차 되지 않았다. 영제가 장각의 도를 따르는 자를 조사하게 하자 '장균이 황건도(黃巾道)를 배웠다'고 거짓으로 상주하기까지 하였다. 이에 장균은 하옥되어 옥사하고 말았다.[17] 결국 영제는 '황건적의 난'이라는 커다란 환란을 당하고도 아무런

••••

15. 《후한서》 환자열전(宦者列傳) '是時讓 忠及夏惲 郭勝 孫璋 畢嵐 栗嵩, 段珪 高望 張恭 韓悝 宋典十二人皆為中常侍.

16. 《후한서》 환자열전(宦者列傳) '讓有監奴典任家事 交通貨賂 威形諠赫. 扶風人孟佗 資產饒瞻 與奴朋結 傾竭饋問 無所遺愛. 奴咸德之 問佗曰 君何所欲? 力能辦也. 曰 吾望汝曹為我一拜耳. 時賓客求謁讓者 車恆數百千兩 佗時詣讓 後至 不得進 監奴乃率諸倉頭迎拜於路 遂共轝車入門. 賓客咸驚 謂佗善於讓 皆爭以珍玩賂之. 佗分以遺讓 讓大喜 遂以佗為涼州刺史'

교훈도 얻지 못했던 것이다.

장각을 비롯한 주동자들이 제거된 뒤에도 황건적의 잔당들은 계속해서 활개를 치고 있었다. 흑산(黑山), 황룡(黃龍), 백파(白波) 등 수많은 잔당들이 크게는 2~3만 작게는 6~7천의 무리를 이루고 각지에서 활동하였다. 그 중 상산(常山) 출신 장연(張燕)이 특히 유명하였다. 장연은 용맹하고 날렵하여 비연(飛燕)이라는 별명으로 불렸다. 주로 상산과 중산(中山) 일대에서 활동하였는데 이들을 흑산적(黑山賊)이라 불렀다.[18] 장연의 본래 이름은 저연(褚燕)이다. 본래 흑산적을 이끌던 두목은 장우각(張牛角)이었는데 그가 전사하면서 저연을 후계자로 지명하였던 것이다. 이에 저연이 성을 장(張)씨로 하였다.

188년 10월에는 청주(青州)와 서주(徐州) 일대에 황건적이 다시 일어나 각 군현들을 노략질하였다고 사서는 기록하고 있다.[19] 장각 형제들이 모두 죽은 마당에 황건적이 재봉기한 것과 그 잔당들이 활동하는 것이 뭐가 다른지는 정확히 알 수 없으나 황건적이 1차로 진압된 이후 별도의 이름이 붙은 무리들을 잔당으로 보는 듯하다.

이렇게 수년에 걸쳐 혼란한 시기가 이어지고 있을 무렵 황하 이북의 탁군(涿郡)에서 군사를 모아 일어난 이가 있었으니, 바로 유비(劉備)이다.[20] 유비는 탁군 출신으로 어려서 부친을 여의고 모친과 함께 자리를 짜서 팔며 생계를 유지하고 있었다.[21] 그 집 울타리에 큰 뽕나무가 있었는데 멀리서 보면 마치 수레의 덮개처럼 보였다. 어린 유비는 그 뽕나무를 보며 "나는 언젠가 이런 덮개가 있는 수레를 탈거야."[22]라고 말하곤 했다.

유비가 15살이 되었을 무렵 노식(盧植) 문하에서 배우게 된다. 이 때 노식의 문하에는 공손찬(公孫瓚)이란 자도 있었는데, 유비는 몇 살 위인 공손찬을 형처럼 섬겼다. 그런데 유비는 독서보다 사냥개, 말, 풍악이나 좋은 옷에 관심이 더 많았다. 또한 말수가 적었으며 아랫사람을 잘 대우하고, 희로의 감정을 얼굴에 잘 드러내지 않았으며 호걸들과 잘 사귀어

••••

17. 《후한서》 환자열전(宦者列傳) '黃巾既作 盜賊麋沸 郎中中山張鈞上書曰 竊惟張角所以能興兵作亂 萬人所以樂附之者 其源皆由十常侍多放父兄 子弟 婚親 賓客典據州郡 辜榷財利 侵掠百姓 百姓之冤 無所告訴 故謀議不軌 聚為盜賊. 宜斬十常侍 縣頭南郊 以謝百姓 又遣使者布告天下 可不須師旅 而 大寇自消. 天子以鈞章示讓等 皆免冠徒跣頓首 乞自致洛陽詔獄 並出家財以助軍費. 有詔皆冠履視事 如故. 帝怒鈞曰 此真狂子也. 十常侍固當有一人善者不? 鈞復重上 猶如前章 輒寢不報. 詔使廷尉 侍 御史考為張角道者 御史承讓奉旨 逢誣奏鈞學黃巾道 收掠死獄中'

18. 《후한서》 황보숭주준열전(皇甫嵩朱儁列傳) '自黃巾賊後 復有黑山 黃龍 白波 左校 ......大者二三萬 小者六七千. 賊帥常山人張燕 輕勇趫捷 故軍中號曰飛燕. 善得士卒心 乃與中山 常山 趙郡 上黨 河內諸 山谷寇賊更相交通 眾至伯萬 號曰黑山賊'

19. 《후한서》 효영제기(孝靈帝紀) '冬十月 青徐黃巾復起 寇郡縣'

20. 유비의 거병 시기는 184년으로 볼 수 있다. 《삼국지》 〈선주전〉에 따르면 교위 추정을 따라 황건적 토벌에 공을 세웠다('靈帝末 黃巾起 州郡各舉義兵. 先主率其屬從校尉鄒靖討黃巾賊有功 除安喜尉') 고 되어 있고 《후한서》 〈양이적응곽원서열전(楊李翟應霍爰徐列傳)〉에는 185년 추정이 북군중후(北 軍中候)로서 황보숭을 따르는 장면이 등장한다('中平二年 漢陽賊邊章 韓遂與羌胡為寇 東侵三輔 時 遣車騎將軍皇甫嵩西討之. 嵩請發烏桓三千人 北軍中候鄒靖上言'). 따라서 추정이 교위였을 때는 185 년 이전이었으므로 유비가 추정을 따라 황건적을 토벌한 시기는 184년으로 보는 것이 합리적이다.

21. 《삼국지》 〈촉서〉 선주전(先主傳) '先主少孤 與母販履織蓆為業'

22. 《삼국지》 〈촉서〉 선주전(先主傳) '吾必當乘此羽葆蓋車'. 이 말은 유비의 선조라고 할 수 있는 고조 유방이나 광무제 유수와 비견할 만한 부분이다. 유방은 진시황의 행렬을 보고 '대장부라면 응당 저 정도는 돼야지(大丈夫當如此也)'라고 했고 유수는 황제의 행렬을 보며 "벼슬을 한다면 집금오를 하고 싶고 아내를 얻는다면 음려화를 얻고 싶네(仕官當至執金吾 娶妻當得陰麗華)"라고 했다. 읊조린 내용은 각각이나 모두 한 마디씩 내뱉었었는데 집안내력인가.

젊은이들이 많이 따랐다.[23]

애초부터 자금이 부족했던 유비는 이후 일종의 귀인을 만나게 된다. 중산의 대상(大商)인 장세평(張世平)과 소쌍(蘇雙)이 그들이다. 유비에게 있어 금전적으로 최초의 조력자인 이들은 탁군에서 말을 매매하다가 유비를 특별히 여겨 재물을 내주었다. 일종의 투자 내지 후원이라고 볼 수 있을 텐데, 이를 바탕으로 유비는 군사를 모을 수 있었다. 이때 받은 투자금은 끝까지 돌려주지 않았다. 그리고 이 당시 유비를 형으로 모시며 따르는 두 명의 호걸이 있었으니 바로 관우(關羽)와 장비(張飛)였다. 장비는 유비와 같은 탁군 출신이고, 관우는 우연히 탁군에 숨어 지내다가 유비가 군사를 모을 때 장비와 함께 유비를 섬기게 되었다. 관우가 장비보다 연장이라 장비는 항상 관우를 형으로 대하였다.[24]

황건적과 그 잔당들을 토벌하기 위해 각 주에서 의병이 일어나자, 유비는 모집한 군사들과 함께 교위(校尉) 추정(鄒靖)을 찾아갔다. 추정을 따르게 된 유비는 전투에서 공을 세워 중산국 안희(安喜)현의 현위로 임명된다. 이후 독우(督郵)가 안희현에 방문한 일이 있었다. 독우란 군(郡) 태수의 속관으로, 소속 현의 감찰 감독을 담당하는 직위이다. 그런데 어찌된 일인지 유비가 만나길 청해도 독우는 만나주지 않았다. 이에 분노한 유비가 독우를 결박하고 2백 대를 때리고 말을 매는 말뚝에 묶은 뒤, 인수를 풀어 독우의 목에 걸어놓은 채 관직을 버리고 도망친다. 이는 〈배송지주〉의 내용과도 같다.[25]

연의에서는 탐관오리인 독우가 뇌물을 요구하였고, 유비가 아닌 장비가 때린 것으로 되어 있는데 사실 정사의 내용을 그대로 적용하면 유비는 아무 잘못이 없는 감독관을 단지 만나주지 않는다는 이유로 다짜고짜 폭력을 행사한 것이다. 직입박(直入縛)은 곧바로 들어가서 묶었다는 뜻이다. 연의는 유비의 이러한 행동에 이유가 있을 것으로 가정하고 상상력을 발휘했다. 그것도 폭력의 당사자를 장비로 바꾸면서까지 말이다. 유비에 대한 지극히 우호적인 시각이다. 연의에는 유비를 좋은 사람으로 만들기 위해 선의의 피해자가 다수 등장하는데 독우는 그 첫 번째에 해당한다고 볼 수 있다. 이제 독우의 누명을 벗길 때가 되지 않았을까 생각한다. 사실 독우는 죄가 없다. 과거나 지금이나 상식적으로 감독관은 피감기관의 책임자를 사적으로 만나서는 안 되기 때문이다. 이후 유비는 이 일에 대해 어떤 제재도 받지 않았다. 불쌍한 독우.

당시 후한 조정의 권력을 잡고 있었던 대장군 하진(何進)이 관구의(毌丘毅)를 보내 단양(丹楊)군 일대에서 병사를 모집하였다. 이에 응한 유비는 관구의와 함께 하비(下邳)에서 도적을 토벌해 다시 공을 세웠다. 그 공로로 유비는 하밀(下密) 현승이 되었지만 오래 머물지 않고 사직한다.

이 무렵 패국(沛國) 초현(譙縣)에는 삼국지의 또 다른 주인공 조조(曹

• • • •

23. 《삼국지》〈촉서〉 선주전(先主傳) '少語言 善下人 喜怒不形於色. 好交結豪俠 年少爭附之'

24. 《삼국지》〈촉서〉 관장마황조전(關張馬黃趙傳) '張飛字益德 涿郡人也. 少與關羽俱事先主. 羽年長數歲 飛兄事之'

25. 《삼국지》〈촉서〉 선주전(先主傳) '督郵以公事到縣 先主求謁 不通 直入縛督郵 杖二百 解綬繫其頸著馬柳 棄官亡命'

操)가 무리를 거느리고 영천(潁川)군 일대 황건적을 토벌하였다. 당시 벼슬은 기도위(騎都尉).[26] 조조는 제남국(濟南國) 상(相)이 되어 불법을 저지르는 관리들을 엄단하여 일대 분위기를 쇄신하게 된다. 기도위는 중앙에서 인정받은 명목상의 직위일 뿐이고 실제는 지방에서 일을 하고 있었던 것인데 이는 대부분이 대동소이했다. 어린 시절 조조는 기민하고 권모술수가 많으며, 협객 기질에 방탕한 생활을 하여 행실이나 학업에 힘쓰지 않았다고 한다.[27] 하지만 이후 20세에 효렴(孝廉)으로 천거되고, 나중에는 조정에 불려와 의랑(議郞)에 임명되는데 이는 능력 외에 출신 배경 등이 작용한 것으로 볼 수 있다. 그러다 황건적의 난이 일어나자 기도위로서 공을 세운 것이다.

한편 북서쪽 양주(凉州) 일대에서 변장(邊章)과 한수(韓遂)가 반란을 일으켰다. 이에 중랑장 동탁이 난군을 저지하였지만 별다른 전공을 올리지 못하고 있었다. 186년 사공(司空) 장온(張溫)이 거기장군 대행으로 서쪽으로 파견된다. 이때 장온은 손견을 초빙하여 군사 업무를 담당케 하며 장안에 주둔하였다. 또한 장온은 황제의 명으로 동탁을 소환하였다. 하지만 동탁은 한참 후에야 소환에 응하였고 장온이 질책하자 불손하게 반응하였다. 이를 본 손견이 동탁의 참수를 건의하였지만 장온은 거부한다. 이때 손견은 "동탁이 하는 말을 들으면 명공을 공경하지 않고 경시하며 무례하니, 이것이 첫 번째 죄입니다. 그리고 변장과 한수가 수년째 발호하는데도 동탁은 즉각 토벌하지 않으면서, 토벌이 불가하다며 군사들의 사기를 저하시키니 두 번째 죄입니다. 또한 동탁이 임무를 받고

도 전공이 없고 소환에 바로 응하지도 않으며 고개를 쳐들고 교만하니, 이것이 세 번째 죄입니다. 지금 명공께서 동탁을 생각하시어 즉각 처형하지 않으니 이로 인해 위엄과 권위가 서지 않을 것입니다."[28]라고 간한다.

이후 변장과 한수 무리들이 흩어지거나 투항하여 장온이 이끄는 군사들은 철수하게 된다. 이때 이렇다 할 전투도 없었기 때문에 별다른 논공행상도 하지 않았다. 하지만 손견이 동탁의 죄목을 열거하며 참수를 건의했다는 말을 듣고 탄식하지 않는 사람이 없었다고 한다.[29]

그 무렵 장강(長江) 이남 장사(長沙)군의 도적 무리인 구성(區星)이 장군을 자칭하며 무리 1만여 명을 거느리고 성읍을 포위하는 사건이 벌어졌다. 이에 조정에서는 손견을 장사태수에 임명하였다. 손견은 부임한 지한 달 만에 구성을 격파하고 아울러 인근 영릉(零陵)군, 계양(桂陽)군에서 봉기한 주조(周朝), 곽석(郭石)마저 공격하여 그 일대를 정리하는 능력을 보여주었다. 이때 손견의 휘하에는 정보(程普), 황개(黃蓋), 한당(韓當), 조무(祖茂) 등 일당백의 장수들이 있었다.

189년 영제가 사망하고 소제(少帝)가 즉위한다. 이 무렵 대장군(大將

....

26. 기도위(騎都尉)는 한무제 시대에 설치된 관직이다. 중랑장과 같이 황제를 호위하는 직책으로서 명목상은 기병의 지휘관이다. 기도위는 연의에서 매우 흔하게 등장하는 관직인데 여포, 장료, 서황, 포신 등이 이를 지냈다.

27. 《삼국지》〈위서(魏書)〉 무제기(武帝紀) '太祖少機警 有權數 而任俠放蕩 不治行業'

28. 《삼국지》〈오서〉 손파로토역전(孫破虜討逆傳) '觀卓所言 不假明公 輕上無禮 一罪也. 章邃跋扈經年 當以時進討 而卓云未可 沮軍疑衆 二罪也. 卓受任無功 應召稽留 而軒昂自高 三罪也. 今明公垂意於卓 不卽加誅 虧損威刑 於是在矣'

29. 《삼국지》〈오서〉 손파로토역전(孫破虜討逆傳) '然聞堅數卓三罪 勸溫斬之 無不歎息'

軍) 하진은 사례교위(司隷校尉)[30] 원소(袁紹) 등과 함께 환관들을 처단할 계획을 세운다. 당시 조정에는 십상시를 포함해 수많은 환관들의 농단으로 인한 폐해가 너무나 컸기 때문이다. 원소의 고조부 원안(袁安)은 후한 조정의 최고위직 삼공(三公) 중 하나인 사도(司徒)를 지냈다. 이후 원씨 집안은 4대에 걸쳐 삼공을 배출해 그 가세가 천하에 울리게 되었다. 또한 원소는 외모와 행동에 위엄이 있고 자신을 굽혀 아랫사람을 대해 따르는 이들이 많았다고 기록은 전한다.[31] 또한 원소는 어린 시절 조조와도 교류가 있었다.[32] 원소는 처음 대장군의 연리(掾吏)였다가 점차 승진을 거듭하여 사례교위에 이르렀다.

원소가 대장군 하진에게 환관 처단의 결단을 간언하였을 때, 하진은 실행에 옮기지 못한다. 하진의 누이인 하태후가 환관들을 처단하는 것을 불허하였기 때문이다. 하진이 주저하는 사이 틈을 눈치 챈 환관들이 하진을 찾아가 눈물로 선처를 호소하는데 이후 이 계획은 실행되지 못하였다. 원소의 여러 차례 간언에도 하진이 요지부동 허락하지 않았기 때문이다. 대신 하진은 병주목(幷州牧) 동탁을 불러들이기로 한다. 결과론이지만 이는 최악의 조치였다. 물론 하진의 이런 명청한 결정이 삼국지라는 명작을 낳았으니 작품에는 공헌을 했다고 해야 할 것인가. 삼국지의 결정적인 발단은 바로 하진의 동탁 '상경 지시'였다. 하진은 또한 동탁에게 비밀리에 지시하여 조정에 상서하게 하였다. 지시를 따른 동탁이 상서하기를 "중상시 장양 등은 황상의 총애를 믿고 천하를 혼탁하게 어지럽히고 있습니다. (중략) 신은 군사를 거느리고 낙양으로 들어가 즉시 장양 등을 토벌하겠습니다."라 하였다.

동시에 하진은 무관들에게 환관들을 감시하게 하였는데 원소의 사촌 동생 원술(袁術)을 호분중랑장(虎賁中郎將)에 임명하며 무사 200명으로 궁중에서 병기를 지니는 환관들을 대체하게 하였다. 이러한 조치들로 보건대 하진의 본래 의도는 동탁의 군세를 이용해 하태후를 겁박하여 환관들의 세력을 제거하는 것 정도로 추정할 수 있다. 그러나 이는 하진의 의도와는 전혀 다른 결과를 초래하게 된다. 독자의 입장에서 논하는 것이지만 이렇게 생각할 수도 있다는 하진의 머리가 신기할 따름이다.

하진의 높지 않은 지능은 대가를 치른다. 그것도 매우 크게 말이다. 동탁의 부대가 도착하기 전에 중상시 단규 등의 꾐에 빠져 홀로 궁 안으로 갔다가 살해돼버린 것이다. 189년 8월의 일이었다.[33] 이에 원소와 원술은 환관들의 천거로 임명된 사례교위 허상(許相)을 처형하고 군사를 동원해 궁으로 쳐들어가 환관들을 닥치는 대로 베어버린다. 살해지침이 수염의 여부였기에 수염 숱이 모자라 억울한 죽음을 당한 자도 있었다.

한편 단규 등은 간신히 환란을 피해 소제(少帝)와 진류왕(陳留王)을 협박하여 궁을 빠져나가 황하 유역의 소평진(小平津)에 이르렀다. 동탁은 군사를 거느리고 상경해 북망산(北芒山) 기슭에서 황제 일행을 찾아 환궁하

••••

30. 후한시대 관직으로 중앙 관료와 황족들을 감찰하는 역할이었다. 명칭은 주례(周禮)에서도 발견되며 전한시대에 설치, 폐지되었다가 후한시대에 부활하였다.
31. 《삼국지》〈위서〉동이원유전(董二袁劉傳) '紹有姿貌威容 能折節下士 士多附之'
32. 《삼국지》〈위서〉동이원유전(董二袁劉傳) '太祖少與交焉'
33. 《후한서》효영제기(孝靈帝紀) '八月戊辰 中常侍張讓 段珪等 殺大將軍何進'

게 되는데 〈배송지주〉는 이 만남을 여러 저본에서 발췌해 기록하고 있으며[34] 연의는 이 장면을 우연으로 그리고 있다. 이때 단규 등은 익사(溺死)로 생을 마감하게 된다. 제국을 좌지우지하고 몇 번의 죽을 고비를 넘겼던 거세된 권력자들은 대부분 물(水)로 최후를 맞았다.

하진이 죽자 동생인 거기장군(車騎將軍) 하묘(何苗)도 하진의 군사들에게 피살되었다. 때문에 하진과 하묘가 지휘하던 부대는 지휘관이 사라져 고스란히 동탁 진영으로 편입되었다. 당시 낙양에는 정원(丁原)이란 인물이 있었다. 정원은 병주(幷州)자사를 지낸 후 집금오(執金吾)로 임명된 상태였는데, 하진과 함께 환관들을 주살할 계획을 세우고 있었다. 연의는 판본에 따라 형주자사를 지냈다고 되어 있다. 그런데 뜻하지 않게 이러한 난리가 나버린 것이다.

정원의 휘하에는 여포(呂布), 장료(張遼) 같은 맹장들이 있었다. 여포는 기마와 궁사에 뛰어나고 힘이 매우 세어 비장(飛將)이라 불렸다.[35] 정원은 이런 여포를 아들처럼 대우하였다. 이 무렵 장료는 하진의 명으로 하북(河北)에서 모병을 하고 있었는데 그 사이에 하진이 저 세상으로 가버린 것이다. 정원 또한 목숨을 잃었다. 아들처럼 여기던 여포에 의해서였다. 동탁의 꼬임에 넘어간 여포가 정원을 배신한 것이었다. 장료는 삼국지의 주요 무장 중 하나이나 이때까지는 자율적인 행동을 보이지 않는 상태였다. 장료는 초반 주요 인물들이 사라지는 과정에서 별다른 저항 없이 대세에 따랐던 것으로 보인다. 그래서 존재감을 드러내는 데 한참 시간이 걸렸다.

여포는 정원의 목을 벤 후 동탁을 찾아갔다. 정원이라는 걱정을 덜게 됨과 동시에 여포라는 천하맹장을 얻은 동탁은 기뻤다. 여포를 기도위에 임명하고 크게 신임하면서 부자 관계를 서약하게 된다.[36] 또한 동탁은 여포를 승진[37]시키고 큰 선물을 더해 주었다. 바로 적토마(赤免馬)이다.[38] 물론 이는 정사에 없는 연의의 내용으로 적토마의 등장과 함께 여포의 소유가 되는 경위가 정사에는 제대로 기록되어 있지 않다. 다만 동탁이 여포에게 주었다고 가정으로 한다면 시기적으로 동탁과 여포가 만났을 때가 그나마 합리적이다. 이를 나관중은 동탁의 선물로 그린 것이다.

이렇게 동탁은 집금오 정원의 군사까지 병합하고 또 하북(河北)에서 1

••••

34. 《삼국지》〈위서〉 동이원유전(董二袁劉傳) 배송지주 장번한기(張璠漢紀)와 헌제춘추(獻帝春秋) 참조 (이 부분에서 배송지는 이 외에도 상당히 여러 서적을 인용하고 있음) '張璠漢紀曰 帝以八月庚午 爲諸黃門所劫 步出穀門 走至河上. 諸黃門旣投河死. 時帝年十四 陳留王年九歲 兄弟獨夜步行欲還宮 闇瞑 逐螢火而行 數里 得民家以露車載送. 辛未 公卿以下與卓共迎帝於北芒阪下.' '獻帝春秋曰 先是 童謠曰 侯非侯 王非王 千乘萬騎走北芒. 卓時適至 屯顯陽苑. 聞帝當還 率衆迎帝.'

35. 《삼국지》〈위서〉 여포장홍전(呂布臧洪傳) '布便弓馬 膂力過人 號爲飛將'

36. 《삼국지》〈위서〉 여포장홍전(呂布臧洪傳) '布斬原首詣卓 卓以布爲騎都尉 甚愛信之 誓爲父子'

37. 삼국지와 후한서에서 정원 휘하에서 여포가 받은 직위는 주부(主簿)였다. 주부는 삼공부(三公府) 이하 군(郡)까지 각 관청에서 문서관리와 기록을 담당했던 관리이다. 황실 직속의 광록훈(光祿勳)에 속하는 기도위보다는 하위직이다.

38. 《삼국지》〈위서〉 여포장홍전(呂布臧洪傳) '布有良馬曰赤兔'. 동양 최고의 유명마사(有名馬士)인 적토(赤兔)는 《후한서》에서도 여포가 잠시 원소 휘하에 있던 때에 등장한 것이 전부이다. 《후한서》 유언술원여포열전(劉焉袁術呂布列傳)에 '여포는 언제나 적토라고 하는 좋은 말을 탔는데 능히 성을 질주하고 웅덩이를 뛰어넘었다'라고 기록되어 있다. '사람 중에서는 여포, 말 중에는 적토(人中有呂布 馬中有赤兔)'라는 말은 조만전(曹瞞傳)에서 시인이 말한 내용이라고 배송지주는 기록하고 있다 (時人語曰). 이때 시인은 詩人이 아닌 時人, 즉 '당시의 어떤 사람' 정도로 해석할 수 있다.

천 명을 모병하여 귀환한 장료의 군사들까지 받아들이니 낙양의 병권은 동탁의 손아귀에 들어오게 되었다. 장료의 자연스러운 동탁 진영 합류였다. 같은 시기 기도위 포신이 태산(泰山)군에서 돌아왔다. 그 또한 하진이 살아 있을 때 장료와 같이 군사 모집을 위해 태산군에 파견되었다가 귀환했던 것이다. 포신은 원소에게 "동탁은 강병을 거느렸고 딴 마음을 품고 있기에 일찍 제거하지 않으면 곧 그에게 제압당할 것이니 지금 낙양에 겨우 도착하여 피로할 때 급습하여 사로잡아야 합니다."라고 건의하였다. 그러나 원소는 동탁이 두려워 감히 움직이지 못하였다. 그러자 포신은 향리로 돌아가 버렸다. 화끈하다. 물론 그는 고향에서 다시 군사를 모아 거병한 것으로 〈배송지주〉는 기록하고 있다.[39]

후한의 황실을 장악하고 권력을 한손에 쥔 동탁은 전횡을 부리기 시작한다. 이는 삼국지 스토리의 본격적인 발동이라고 할 수 있다. 하루는 동탁이 원소를 불러 소제를 폐위하고 진류왕을 옹립하고자 하는 뜻을 비치게 된다. 이에 원소는 "이 정도의 대사는 응당 태부와 상의해야 합니다."라고 답하였다. 태부(太傅)란 어린 황제가 즉위할 경우 황제의 학문과 정사를 보좌하는 직책으로 대부분 원로대신 중에서 임용되는 것이 관례였다.

••••

39. 《삼국지》〈위서〉 최모서하형포사마전(崔毛徐何邢鮑司馬傳) 배송지주 위서(魏書) 인용 '信至京師 董卓亦始到. 信知卓必爲亂 勸袁紹襲卓 紹畏卓不敢發. 語在紹傳. 信乃引軍還鄕里 收徒衆二萬 騎七百 輜重五千餘乘'

40. 《삼국지》〈위서〉 동이원유전(董二袁劉傳) '劉氏種不足復遺'

당시 태부(太傅)는 원소의 숙부 원외(袁隗)였다. 동탁은 원소에게 "유씨 종자는 남겨 놓을 수 없다"[40]는 반역의 뜻이 명백한 말을 하였다. 이에 놀란 원소는 칼을 빗겨 잡고 허리를 숙여 인사한 뒤 나가 그대로 기주(冀州)로 가버렸다. 원소의 이러한 행동에 분노한 동탁은 원소를 벌하고자 하였다. 그러나 주비(周毖), 오경(伍瓊), 하옹(何顒) 등의 신료들이 원소를 감싸며 용서할 것을 설득하였다. 이에 마음이 바뀐 동탁은 원소를 회유하기 위해 발해(渤海)태수에 제수하게 된다. 개길 때는 확실하게 개기는 것이 좋음을 역사는 종종 보여주고 있다.

이후 동탁은 오랫동안 비가 내리지 않는다는 이유로 책서(策書)[41]를 이

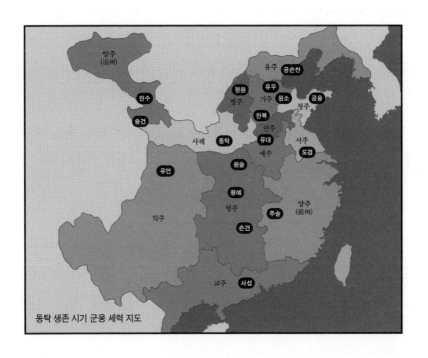

동탁 생존 시기 군웅 세력 지도

용해 사공 유홍(劉弘)을 면직시킨다. 실질적 권력에 비해 관직은 낮았던 동탁은 자신이 그 후임이 되었다가 곧 태위(太尉)로 승진한다. 자신이 자신을 승진시킨 것이다. 그리고 마침내 동탁은 소제 유변(劉辨)을 폐위하는 사변을 일으킨다. 유변을 홍농왕(弘農王)으로 강등하였는데 얼마 지나지 않아 목숨까지 빼앗는다. 이때 홍농왕의 생모인 하태후까지 주살해버리고 새 황제를 옹립한다. 영제의 막내아들 진류왕 유협(劉協), 그가 바로 후한의 마지막 천자 헌제(獻帝)이다.

황제를 갈아치울 정도의 권력을 가진 동탁은 상국(相國)이 되었다. 이는 신하로서 더는 오를 수 없는 존재임을 말하는 것으로, 그는 어전에서 이름을 말하지 않아도 괜찮았으며 칼을 차고 전각에 오를 수 있었다. 그의 가족 또한 황족을 능가하는 실세가 되었는데 동탁의 모친을 지양군(池陽君)으로 봉하고 령(令)과 승(丞)의 지위를 가진 관리들로 하여금 동씨 집안의 일을 돌보게 하였다. 종들의 벼슬이 령과 승일 정도로 고귀해진 것이다. 정사는 동탁의 전횡을 이렇게 기록하고 있다. '마음대로 황제를 폐위하고 옹립하며, 무기고의 각종 병기와 나라의 진기한 보물을 독차지하니 그 위세가 천하에 진동하게 되었다.'고[42]

이후 동탁의 만행은 끝 모를 정도로 포악하고 잔인해졌다. 한번은 동탁이 한 마을의 남자들을 모조리 죽이고 수레에 부녀자들과 약탈한 재물을 싣고 돌아와 '도적떼를 공격해 대승을 거뒀다'며 만세를 부르게 하였다는 기록도 있다. 궁인과 공주를 간음한 것은 만행 수준도 아니었다.[43]

하지만 이런 동탁도 천하가 자신을 좋게 보지 않고 있음은 알고 있었다. 그는 상서(尙書) 주비(周毖)와 성문교위(城門校尉) 오경(伍瓊)을 신임하여 이들이 천거한 한복(韓馥), 유대(劉岱), 공주(孔伷), 장자(張咨), 장막(張邈) 등을 주(州)나 군(郡)의 책임자로 내려 보낸 적이 있었다. 이때 하내(河內)태수 왕광(王匡)이 태산군의 군사를 움직여 하양진(河陽津)에 주둔시켰다. 동탁에 대항하는 움직임이 일어난 것이다. 물론 이때 동탁은 군사를 보내 어렵지 않게 진압하였다. 기록에는 평음(平陰)에서 황하를 도하하려는 듯 위장한 뒤에 정예병을 소평진(小平津)에서 북쪽으로 도하시켜 왕광군의 후미를 공격하여 전멸시킨 것으로 나와 있다. 왕광의 거병이 대단했던 것은 아니었지만 이를 기점으로 동탁은 천하의 제후들이 한꺼번에 일어날까 두려워하게 되었다.[44]

연의에서 조조가 본격적으로 존재를 알리게 된 것은 동탁과의 관계에서라고 할 수 있다. 동탁은 헌제를 옹립한 후 조조를 효기교위(驍騎校尉)에 임명하였으나 조조는 이를 거부하고 도주하였다. 그런데 도주 중 중모(中牟)현에서 체포되고 만다. 하지만 다행히 지인의 도움으로 풀려나게 되는데 연의에서는 조조가 동탁을 칼로 찔러 죽이려다 실패한 후 달아나다 체포된 것으로 되어 있다. 더불어 연의는 조조를 풀어준 인물을

....

41. 임금이 벼슬아치를 임명하던 사령장
42. 《삼국지》〈위서〉동이원유전(董二袁劉傳) '得專廢立 據有武庫甲兵 國家珍寶 威震天下'
43. 《삼국지》〈위서〉동이원유전(董二袁劉傳)에는 이에 더해 '잔인하고 포악한 성격에 엄한 형벌로 백성을 협박하였고, 아주 사소한 감정도 기어코 보복하였기 때문에 백성들은 자신의 목숨을 보전하기도 어려웠다(卓性殘忍不仁 遂以嚴刑脅衆 睚眦之隙必報 人不自保)'는 내용도 있다.
44. 《삼국지》〈위서〉동이원유전(董二袁劉傳) '卓以山東豪傑並起 恐懼不寧'

진궁(陳宮)으로 설정하였다.

　연의에서 매우 유명한 '여백사 가족 몰살사건'이 이때 일어난다. 조조가 진궁과 함께 지인이었던 여백사(呂伯奢)의 집에 머물다 오해로 인해 그의 온 가족을 모조리 살해해버린 사건인데, 이는 진수의 삼국지 원문에는 기록된 바가 없고 〈배송지주〉와 《세설신어(世說新語)》 등에 등장한다. 기록에 따라 내용은 조금씩 다르나 조조가 여백사 집안을 도륙한 것만은 사실이다.

　이 사건으로 진궁은 조조와 결별하게 되어 다른 주군을 찾아 나서는 것으로 연의는 그리고 있다. 하지만 사서에 의하면 조조는 홀로 이 참사를 일으켰다. 이 시기 둘은 만난 적이 없었던 것이다. 다만 〈배송지주〉에 의하면 192년 동군태수로 있던 조조가 연주의 관리들에 의해 연주목에 추대된 일이 있었는데 이때 진궁이 큰 역할을 하였다고 기록되어 있다.[45] 이후 조조는 진류군에서 가산을 털어 의병을 일으켜 동탁 타도의 기치를 든다. 이때가 189년 12월로 조홍(曹洪), 하후돈(夏候惇), 조휴(曹休) 등이 여기에 참여해 끝까지 조조를 보필하게 된다.

••••

45. 《삼국지》〈위서〉무제기(武帝紀) 배송지주 세어(世語) 인용 '岱旣死 陳宮謂太祖曰 州今無主 而王命斷絶. 宮請說州中 明府尋往牧之 資之以收天下 此霸王之業也. 宮說別駕治中曰 今天下分裂而州無主 曹東郡 命世之才也 若迎以牧州 必寧生民. 鮑信等亦謂之然'

46. 《삼국지》〈위서〉 무제기(武帝紀) 배송지주 잡어(雜語)인용 '嘗問許子將 我何如人? 子將不答. 固問之 子將曰 子治世之能臣 亂世之姦雄. 太祖大笑'

47. 《후한서》곽부허열전(郭符許列傳) '曹操微時 常卑辭厚禮 求爲己目. 劭鄙其人而不肯對 操乃伺隙脅劭 劭不得已曰 君淸平之姦賊 亂世之英雄. 操大悅而去'

116

허소의 조조 인물평

〈배송지주〉에는 조조가 젊었을 적 허소(許劭)라는 사람에게 자신에 대해 묻는 장면이 등장한다. 일찍이 조조가 허소에게 묻기를 "나는 어떻소?"하니 허소가 대답하지 않는다. 조조가 계속해서 물으니 허소가 대답하길 "자네는 치세에는 유능한 신하가 되겠지만, 난세에는 간사한 영웅이 될 것이오."라고 한다. 이에 조조가 크게 웃는다.[46] 그리고 이 내용은 연의에도 거의 그대로 등장한다. 참고로 간(姦)과 간(奸)은 '간사하다'라는 다소 부정적의미로 혼용된다.

《후한서(後漢書)》에도 같은 상황이 등장하는데 분위기가 사뭇 다르다. 조조가 미천하던 시절 허소에게 예의를 갖춰 자신에 대해 봐달라고 부탁한다. 그런데 허소는 조조를 비루하게 보고 대답해주지 않는다. 이후 조조가 틈을 봐서 허소를 협박하자 허소가 어쩔 수 없이 "자네는 태평세에는 간사한도적이 될 것이고 난세에는 영웅이 될 것이오."라고 대답한다. 이를 들은조조가 크게 기뻐하며 떠난다.[47]

난세에는 각각 간웅(姦雄)과 영웅(英雄)이니 두 사료가 비슷하다고 하겠으나 태평시대에는 다소의 차이가 있다. 유능한 신하(能臣)와 간사한 도적(姦賊). 이 두 표현은 다소의 차이 정도가 아니라 괴리가 무척 크다. 기록하는사람의 입장이 더해진 결과로 봐야 할 것이다.

현대에도 이런 캐릭터의 인물들은 꽤 있을 것이다. 도덕적인 틀이나 구습에 얽매이지 않고 상황과 이익에 따라 기민하게 움직이는 사람들. 처한 시대나 상황에 따라 평가가 극과 극을 오갈 수 있는 인물들 말이다. 만약 조조가 질서가 잡힌 시절에 태어났더라면 진정 어떤 삶을 살았을까?

2

군웅들의 거병
190~191년

AD 190년 1월 발해태수 원소, 후장군(後將軍) 원술, 기주목(冀州牧) 한복(韓馥), 예주(豫州)자사 공주(孔伷), 연주(兗州)자사 유대(劉岱), 하내(河內)태수 왕광(王匡), 진류(陳留)태수 장막(張邈), 동군(東郡)태수 교모(橋瑁), 산양(山陽)태수 원유(袁遺), 제북상(濟北相) 포신(鮑信) 등이 동탁에 맞서 거병한다. 이들은 원소를 맹주로 추대하고, 조조를 임시 분무장군(奮武將軍)에 임명한다.[48] 이른바 18로 근왕군(勤王軍)이다. 물론 18로니 근왕군이니 하는 것은 모두 연의의 내용이며 그것도 판본마다 차이가 있다. 삼국지나 〈배송지주〉 그리고《후한서》에 등장하는 인물들은 연의와 차이가 많다.

동탁은 군웅들의 거병에 맞서 낙양을 떠나 장안으로 천도하기로 결정한다. 아울러 낙양의 궁실을 소각하고 황제의 능묘를 파헤쳐 보물을

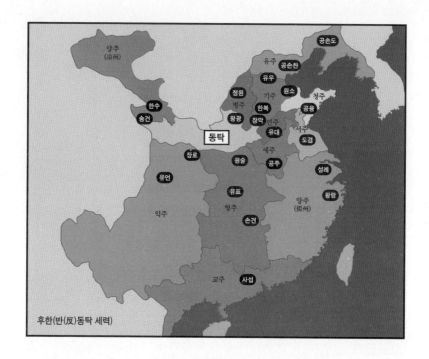

후한(반(反)동탁 세력)

탈취하였다.[49] 그러나 군웅들이 모였음에도 동탁의 군사들이 강하다 보니 원소를 포함해 누구도 앞서 진격하려는 이가 없었다. 이에 조조가 "난폭한 무리를 물리치려 의병을 일으켰고 대군이 모였거늘 무엇을 걱정하오? 우리가 단 한 번의 전투로 천하를 평정할 수 있으니 이를 놓쳐서는 안 될 것이오."라며[50] 홀로 서쪽으로 진격하여 성고(成皐)현에 주둔한다.

••••

48. 《삼국지》〈위서〉 무제기(武帝紀)의 내용이다.

49. 《삼국지》〈위서〉 동이원유전(董二袁劉傳) '焚燒洛陽宮室 悉發掘陵墓 取寶物'

50. 《삼국지》〈위서〉 무제기(武帝紀) '卓兵彊 紹等莫敢先進' '擧義兵以誅暴亂 大衆已合 諸君何疑? 一戰而天下定矣 不可失也'

다만 진류태수 장막(張邈)만이 부장 위자(衛茲)를 보내며 힘을 보탰다. 장막은 젊은 시절 조조나 원소와도 교류를 한 적이 있었고 조조 또한 상당히 신뢰하는 인물이었다.

조조는 서둘러 부대를 이끌고 동탁을 추격하여 변수(汴水)에서 교전을 벌이게 된다. 이때 조조를 막아선 장수는 동탁의 부장 서영(徐榮)이었다. 서영은 연의에서 거의 중요하게 다루어지지 않으나 정사에 의하면 그는 최상급의 활약을 하는 맹장(猛將)이다. 그러한 서영의 능력에 조조군은 참패를 하게 된다. 조조 또한 화살에 맞고 말도 다치는 절체절명(絶體絶命)의 난관에 빠지는데 사촌동생 조홍(曹洪)이 자신의 말을 내주며 조조를 구하여 목숨을 건졌다. 이때 조홍은 "천하에 조홍은 없어도 되지만 형님이 없어서는 안 됩니다."[51]라고 말하였다고 정사에 전하고 연의는 그대로 옮겼다. 다행히 조홍 또한 목숨을 건졌다. 조조에게 말을 내준 조홍은 걸어서 변수(汴水)에 이르러 배를 구해 조조와 함께 빠져나왔던 것이다.

구사일생으로 목숨을 건져 퇴각한 조조는 천신만고 끝에 근왕군이 모여 있던 진류군 산조(酸棗)현에 도착했다. 조조의 눈앞에 펼쳐져 있던 것은 술판이었다. 여러 군영의 병력이 10여만이나 되었건만 그들은 날마다 술이나 마시며 진격할 생각조차 하지 않고 있었다. 분통이 터진 조조가 질책하였으나 받아들여질 리 없었다. 아울러 원소는 맹주가 된 이후 교만해지기까지 하였다. 이에 장막은 원소를 정식으로 질책하였고 분노한 원소는 조조에게 장막을 처형하라고 하였다. 하지만 조조가 변호하여 장막은 목숨을 부지하였다.[52] 의로운 왕따들의 동병상련이었다.

　이후 연합하였던 제후들은 뿔뿔이 흩어지기도 하고 일부는 다투기도 하였다. 조조는 조홍, 하후돈 등과 양주(揚州)로 이동해 모병을 하였는데 양주자사 진온(陳溫)과 단양(丹楊)태수 주흔(周昕)이 조조에게 호응하여 수천여 명의 병력을 내주었다. 반면 연주자사 유대와 동군태수 교모는 서로 반목하게 되었다. 둘의 대립은 한때 뜻이 같았던 군웅들이 서로에게 칼끝을 돌리게 되는 혼란의 신호탄이었다. 둘은 대립 끝에 결국 유대가 교모를 살해하기에 이르렀고 왕굉(王肱)이 교모의 뒤를 이어 동군태수의 직위를 수행하게 되었다.

　동탁이 헌제를 데리고 낙양을 떠나 장안으로 가고 있을 때 유주목(幽州牧) 유우(劉虞)가 탄식하며 말했다. "간악한 신하들이 난리를 일으켜 조정이 뒤집혔고, 천하가 기울어지는데도 굳은 뜻을 지닌 자가 없도다. 이 몸이 종실의 늙은이로 다른 사람들과 같을 수는 없다. 천자께 사람을 보내 신하로서 충절을 보여야 한다."[53] 이에 우북평군 출신 전주(田疇)를 종사(從事)에 임명하여 헌제에게 파견하였다. 당시 반(反) 동탁 연합의 맹주 원소와 기주목 한복은 어린 황제가 간신에게 제압당했기에 천하 민심

••••

51. 《삼국지》〈위서〉 제하후조전(諸夏侯曹傳) '天下可無洪 不可無君'

52. 이는 《삼국지》〈위서〉 여포장홍전(呂布臧洪傳)에 나오는 내용이다. 조조는 장막을 깊이 신뢰하였는데 후에 도겸을 징벌하려 출정할 때 가족에게 "내가 돌아오지 못하면 장막에게 의탁하라"고 할 정도였다. 그러나 종국에는 조조를 배신하여 여포에게 의탁하였고 비참하게 살해된다.

53. 《삼국지》〈위서〉 원장양국전왕병관전(袁張涼國田王邴管傳) '賊臣作亂 朝廷播蕩 四海俄然 莫有固志. 身備宗室遺老 不得自同於衆. 今欲奉使展效臣節'

이 따르려 하지 않는다며 종실(宗室)인 유우를 천자로 옹립하려 하였다. 하지만 조조, 공손찬 등의 반대에 부딪혀 뜻을 이루지 못하였다. 그러나 이듬해인 191년 봄 원소와 한복은 다시 유우를 천자로 옹립하려 하였는데 이번에는 유우 본인이 끝내 거부하여 이루지 못하였다.

유우는 연의에서는 크게 다루어지지 않은 인물이다. 그로 인해 대중적인 인지도는 상당히 낮다. 하지만 실제 유우는 당시 천자로 거론될 만큼 높은 명성을 가진 인물이었다. 그러나 불행히도 부하라고 할 수 있는 공손찬에 의해 비참한 최후를 맞게 된다. 연의에서 유우의 역할은 공손찬이라는 인물의 존재감을 부각시키는 것이라 해도 틀리지 않다.

당시 유우의 아들 유화(劉和)가 시중(侍中)으로 헌제의 곁에 머물고 있었다. 헌제는 유화에게 유우로 하여금 군사를 움직여 자신을 구하라고 명하여 유화는 황제의 명을 받들어 유우에게 가게 되었다. 유화는 무슨 이유에서인지 중간에 원술에게 들러 천자의 뜻을 말하게 되었는데 원술에 의해 유화의 임무는 전혀 다른 사건을 낳게 되었다.[54] 정사든 연의든 삼국지에서 원술은 모든 사건을 정상적으로 흘러가지 않게 하는 재주를 가진 인물이다.

원술은 유우를 자기 편으로 끌어들이려고 유화를 억류하고 서신만 유우에게 보냈고 서신을 받은 유우는 유화에게 수천의 군사를 보냈다. 하지만 이때 유우의 명을 들어야 할 중랑장(中郎將) 공손찬은 원술의 저의를 눈치 채고 군사는 보내지 않은 채 오히려 유우를 억류하였다. 그러고는 사촌동생 공손월(公孫越)에게 기병 1천을 수어 원술을 시원하면서 더불어 유화를 계속 억류하라고 종용하는 한편 유우의 군사들마저 탈취하려 하였다. 이로 인해 공손찬과 유우는 완전히 사이가 나빠지게 되었고 결국에는 유우와 그 가족은 공손찬에 의해 참수되었다.

각지에서 동탁에 맞서 일어날 무렵 장사(長沙)태수 손견이 거병하였다. 장사군은 장강 이남에 위치한 군으로 낙양으로 진군하려면 형주 북부 남양군 일대를 지나야만 했다. 그런데 평소 손견은 형주 자사 왕예(王叡)와 껄끄러운 사이였다. 진수의 기록에는 '평소 왕예가 손견에게 무례하여 죽였다'고만 되어 있다.[55] 이것만 보면 마치 손견이 동탁 타도를 기회삼아 개인적 원한을 갚은 것처럼 보인다. 하지만 배송지의 주석은 이 대목에 대한 설명을 해주고 있다.

당초 왕예는 손견과 함께 영릉과 계양의 도적들을 함께 토벌한 바 있는 인물이었다. 하지만 그 과정에서 전우로서 친해지기보다 좋지 않은 감정이 생겼던 듯하다. 여기에 장사 인근의 무릉(武陵)태수 조인(曹寅)은 왕예와 사이가 더 나빴다. 왕예가 동탁을 친다고 일어났을 때 조인을 먼저 치겠다고 떠들 정도였으니 말이다.[56] 조인은 조정에서 내린 문서를 위조하여 손견에게 보냈다. 여기에는 왕예의 죄가 열거되어 있었고 손견은 이 문서를 구실로 왕예를 주살한 것이다. 혹 왕예가 자결했다고도 하지

••••

54. 《삼국지》〈위서〉 이공손도사장전(二公孫陶四張傳)의 내용이다.

55. 《삼국지》〈오서〉 손파로토역전(孫破虜討逆傳) '堅亦擧兵. 荊州刺史王叡素遇堅無禮 堅過殺之'

56. 《삼국지》〈오서〉 손파로토역전(孫破虜討逆傳) 배송지주 오록(吳錄) 인용 '及叡擧兵欲討卓. 素與武陵太守曹寅不相能 楊言當先殺寅'

만 그 자체는 그리 중요해 보이지 않는다.

그런데 문제는 남양(南陽)태수 장자(張咨)에 관한 부분이다. 형주자사 왕예를 제거하고 군수물자를 보충한 손견은 처음 출진할 당시보다 한층 커진 군세로 남양군에 이르렀다. 이때 손견은 남양태수 장자에게 군량을 청한다는 공문을 보냈다. 하지만 장자 휘하의 강기(綱紀)라는 자가 "손견은 일개 군의 2천석 관리일 뿐입니다. 군량 조달 요청을 받아들이지 마십시오."라 하였다.[57] 이 말을 좇은 장자가 손견의 청을 거절했다.

이 대목에서 진수의 기록에는 "이미 남양군에 공문을 보냈는데, 도로는 수리되어 있지 않고 군수품은 갖추어져 있지 않다.[58]"며 마치 군법을 시행하듯 장자를 처형하는 분위기가 연출된다. 하지만 손견과 장자는 모두 군의 태수로 동급이기에 손견이 상관인 양 형을 집행하는 모습은 어울리지 않는다. 이에 대해 배송지는 여러 기록을 주석으로 실어 놓고 어느 한 기록이 옳다고 단정 짓지 않고 있다. 독자의 판단에 맡기기라도 하듯이 말이다. 단 분명한 것은 손견이 장자의 협조를 얻지 못하자 무력으로 군수물자를 보충한다. 장자를 공격해 제거해버린 것이다. 손견의 동탁을 향한 진군은 결코 순조롭지 않았다.

손견은 이어 남양군 노양(魯陽)현에서 원술과 상견하게 된다. 손견을 만난 원술은 표문을 올려 손견을 파로장군(破虜將軍) 겸 예주(豫州)자사에 임명하였는데 그때부터 한동안 손견은 노양현에서 군사훈련을 하였다. 연의에서는 이를 제후연합군에 합류한 것으로 묘사하고 있다.

그 무렵 동탁이 보병과 기병 수만을 보내 손견을 공격하게 하였다. 하지만 손견의 부대가 잘 정비된 것을 보고는 성을 공격하지 못하고 철수하였다. 동탁이 왜 많은 제후 중에 손견을 공격하였는지에 대한 기록은 없다. 다만 손견의 군세가 위협적이기에 기세를 꺾을 목적 정도로 추정되는데 이는 동탁이 대군을 동원해 다시 손견을 치는 것을 보면 명확해진다. 손견이 단독으로 하남(河南)군 양현(梁縣)의 동쪽으로 이동하는 중 다시 동탁의 대대적인 공격을 받은 것이다. 처음과 달리 두 번째 접전에서는 손견군이 대파되어 손견은 기병 수십 기만을 거느리고 겨우 탈출하여 목숨을 건진다.

평소 손견은 붉은 융단으로 만든 두건을 착용하였는데 이 붉은 두건을 부장인 조무(祖茂)에게 쓰게 하였다.[59] 이에 동탁의 기병들이 붉은 두건만 보고 조무를 추격하여 손견은 무사히 빠져나갈 수 있었다. 연의에서는 조무가 자청하여 두건을 대신 쓴 데 반해 정사에서는 손견이 억지로 조무에게 두건을 씌운 것이다. 난감했을 조무의 표정. 조무의 최후는 어땠을까. 정사에서 조무는 달아나다가 지쳐 말에서 내린 뒤, 두건을 기둥에 씌워놓고 풀숲에 엎드려 숨는다. 이에 동탁의 기병들이 멀리서 보고 포위하며 금방 다가오지 못한다. 한참 후에야 손견이 아닌 나무 기둥인 것을 보고 회군하게 된다. 즉 조무가 죽었다는 기록은 없다. 하지만 연

••••

57. 《삼국지》〈오서〉손파로토역전(孫破虜討逆傳) 배송지주 헌제춘추(獻帝春秋) 인용 '堅鄰郡二千石
　　不應調發'

58. 《삼국지》〈오서〉손파로토역전(孫破虜討逆傳) '前移南陽 而道路不治 軍資不具'

59. 《삼국지》〈오서〉손파로토역전(孫破虜討逆傳) '堅常著赤罽幘 乃脫幘令親近將祖茂著之'

의는 나무에 매어둔 두건을 보고 멈춘 적장에게 덤볐다가 전사하는 것
으로 되어있다. 주군을 대신한 감동적인 최후였다.

정리하면 정사에서의 손견은 뻔뻔하였고 마지못해 희생했던 조무는
살아남았으나 연의에서의 손견은 당당하였고 자발적으로 희생했던 조
무는 장렬히 목숨을 잃었다. 그리고 연의에서 손견을 격파하고 조무를
베었던 장수는 화웅(華雄)이었으나 실제로는 서영이었다. 앞서 변수에서
조조를 죽음 직전까지 내몰았던 그 맹장이다.

손견은 전열을 재정비하여 양인취(陽人聚)에서 교전을 벌여 동탁군을
대파한다. 사소한 감정도 복수했던 손견이 동탁을 상대로 제대로 된 복

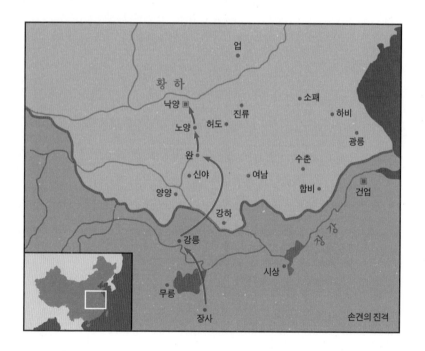

손견의 진격

수에 성공한 것이다. 이때 전사한 동탁군의 도독(都督)이 화웅이었다. 화웅은 연의에서 관우가 원소에게 술이 식기 전에 베고 돌아오겠다는 약속을 하고 나오는 명장면을 완성시켜준 인물이었다. 관우에게 목이 달아나는 적장 역할로.

손견은 동탁을 상대로 가장 열심히 싸운 인물이었다. 그런데 당시 군량 공급을 맡은 원술과 손견을 이간질하는 자가 있었다. 이에 원술은 손견을 의심하여 군량 공급을 중단해버렸다. 양인취는 노양(魯陽)현과 1백 리 남짓한 거리였는데 손견은 밤에 말을 타고 달려가 원술을 만나 땅바닥에 그림을 그려가며 형세를 설명하였다.[60] 이에 원술은 주저하다가 다시 군량을 공급하였다. 조조가 겪은 바와 같이 제후들의 속셈은 제각각이었고 그것을 다시 손견이 겪은 것이다. 이후 동탁은 손견이 두려워 부장 이각(李傕)을 보내 화친을 시도한다. 하지만 손견은 "동탁은 천명을 거역하고 무도하며 왕실을 전복시켰다. 지금 동탁의 삼족을 멸하여 온 천하에 보여주지 못한다면 죽더라도 눈을 감지 못할 것인데, 어찌 동탁과 화친하겠는가?"[61]라며 거부한다. 그러고는 손견은 다시 낙양과 90리 떨어진 대곡(大谷)으로 진격한다. 이때 동탁은 함곡관을 거쳐 장안으로 향하고 있었는데 낙양은 이미 다 불타버리고 재만 남은 상태였다. 손견은 낙양성에 들어가 동탁이 도굴해 황폐해진 황릉을 복원하고[62] 남양군 노

••••

60. 《삼국지》〈오서〉 손파로토역전(孫破虜討逆傳) '陽人去魯陽百餘里 堅夜馳見術 畫地計校'
61. 《삼국지》〈오서〉 손파로토역전(孫破虜討逆傳) '卓逆天無道 蕩覆王室. 今不夷汝三族 縣示四海 則吾 死不瞑目 豈將與乃和親邪'

양(魯陽)현으로 회군하였다.

《자치통감》에 의하면 손견은 이때 낙양성 남쪽에 있는 견궁(甄宮)의 우물에서 전국옥새를 얻었다고 하고[63] 《후한서》에는 이후 원술이 손견의 부인을 구금하여 옥새를 빼앗았다고 한다.[64] 즉 연의의 저자는 이런 여러 자료들을 모아 상상력을 발휘했던 것이다. 즉 손견은 황궁을 정비하는 중에 옥새를 얻고, 제후들에게 시치미를 뗀 후 철군하고, 나중에 아들 손책이 이 옥새를 원술에게 바치며 병력을 얻는다. 개연성 있게 일련의 사건들을 구성했다고 볼 수 있다.

제후군이 흐지부지 와해된 후 원술은 손견을 영천(潁川)군 양성(陽城)에 주둔하게 하였다. 이때 원소는 주앙(周昂)을 보내 양성(陽城)을 공격했다. 이에 원술은 공손찬의 사촌동생 공손월을 보내 손견과 함께 주앙에 맞서게 하였는데 여기서 공손월이 화살에 맞아 전사한다. 공손찬은 "내 동생이 죽은 것은 모두 원소 때문이다."[65]라며 분노하였다. 원소가 원술을 공격한 이유에 대해서는 정확히 알려진 것이 없다.

동생을 잃은 공손찬은 군사를 출동시켜 반하(磐河)에 주둔하며 원소에게 복수하려 하였다. 이에 원소는 두려워하며 발해태수의 인수를 공손찬의 사촌동생인 공손범(公孫範)에게 보내며 공손범을 끌어들이려고 하였다. 하지만 공손범은 원소가 아닌 혈육인 공손찬을 도와 거록(鉅鹿)군 계교(界橋)에 주둔했다. 이에 맞선 원소는 광천(廣川)현[66]에 주둔하며 부장 국의(麴義)를 선발대로 공손찬과 교전하여 엄강을 생포하였다. 이 대결에서 패퇴한 공손찬은 공손범과 함께 계현(薊縣)으로 돌아와 작은 성들을 축조하였는데 갑자기 유우와 거리상으로 가까워지면서 서로에 대한 원한이 더욱 깊어진 것이다.

원술은 후장군(後將軍)의 직위를 갖고 있었다. 이는 동탁이 소제(少帝) 를 폐위할 무렵 얻은 벼슬이었다. 제후들이 거병하여 연합군을 만들기 전 원술은 동탁의 화(禍)가 두려워 남양군으로 도주하였는데, 손견이 남 양태수 장자(張咨)를 처형한 직후였다. 그로 인해 원술은 지휘관이 없는 남양군을 손쉽게 차지할 수 있었다. 당시 남양군은 호구 수가 백만이나 되는 큰 고을이었다. 그런데 원술이 사치와 탐욕으로 부역과 세금을 가 혹하게 징수하여 백성들이 고통에 시달리게 된다.[67]

정사와 연의를 막론하고 원술은 무엇 하나 제대로 하는 것을 보기 어 렵다. 당시 남양군에는 화흠(華歆)이란 자가 머물고 있었다. 화흠은 일찍 이 대장군 하진(何進)이 초빙하여 상서랑(尙書郎)을 지낸 적이 있었다. 그 는 동탁이 낙양을 버리고 장안으로 도주할 때 하규(下邽) 현령에 임명되 었다가 부임하지 못하고 남양군에 머물고 있었다. 그때 남양군으로 온 원술과 만난 것이다. 화흠은 원술에게 동탁을 공격하라고 건의하였는데 원술은 받아들이지 않았다. 이에 화흠은 원술을 떠나기로 마음먹는다.

••••

62. 《삼국지》〈오서〉손파로토역전(孫破虜討逆傳) '堅乃前入至雒 脩諸陵 平塞卓所發掘'

63. 《자치통감》 60권 '得傳國璽於城南甄宮井中'

64. 《후한서》유언원술여포열전(劉焉袁術呂布列傳) '遂有僭逆之謀. 又聞孫堅得傳國璽 遂拘堅妻奪之'

65. 《삼국지》〈위서〉이공손도사장전(二公孫陶四張傳) '餘弟死 禍起於紹'

66. 현재 위치가 불분명한 지명이다.

67. 《삼국지》〈위서〉동이원유전(董二袁劉傳) '南陽戶口數百萬 而術奢淫肆欲 徵斂無度 百姓苦之'

원술은 사촌형인 원소와도 이미 틈이 벌어졌고, 형주자사 유표와도 사이가 좋지 않았다. 대신 북쪽의 공손찬과 연합하게 되는데 이에 반해 원소는 북쪽으로 접한 공손찬과 불화하면서 남쪽으로 유표와 연합한다. 이처럼 형제는 서로 딴마음을 갖고서 이웃을 버리고 먼 곳과 교제하고 있었다.[68] 인재를 보는 눈마저도 없었던 원술은 이웃하고도 사이가 좋지 않았다. 한편 화흠은 때 마침 안정을 위해 각지를 돌며 관작을 하사하는 등의 일을 하던 태부(太傅) 마일제(馬日磾)의 눈에 띄어 그의 속관으로 차출되었다. 훗날 조조의 충복으로 활약하게 될 화흠의 초기 행보이다.

한 발 더 나가볼까

〈오서(吳書)〉 손파로토역전(孫破虜討逆傳)에 대해

기전체 사서인 삼국지의 권명에 대해 잠시만 살펴보고자 한다. 알다시피 기전체는 대략 본기(本紀)와 열전(列傳)으로 구성되어 있다. 연도별로 사건을 나열한 것이 아니라 개개인들의 일대기로 구성된 사서이다. 그래서 조조는 〈위서(魏書)〉 무제기(武帝紀), 유비는 〈촉서(蜀書)〉 선주전(先主傳), 손권은 〈오서(吳書)〉 오주전(吳主傳)에 그의 일생이 고스란히 담겨 있다. 제갈량은 〈촉서〉 제갈량전(諸葛亮傳), 육손은 〈오서〉 육손전(陸遜傳) 같은 식이다.

여러 인물의 일대기가 한데 묶인 합전의 경우에는 그 권명이 길어진다. 주유, 노숙, 여몽의 경우는 〈오서〉 주유노숙여몽전(周瑜魯肅呂蒙傳)이다. 간혹 인용하는 서적에 따라 '주유전'이라고 약칭하기도 하지만 엄밀하게 말하면 '주유노숙여몽전 중 주유편'이라 해야 한다. 사실 세 명 정도는 아무 것도 아니다. 12명이 한꺼번에 묶인 경우도 있다. 〈오서〉 정황한장주진동감능서반정전(程黃韓蔣周陳董甘淩徐潘丁傳)의 경우는 오의 맹장들인 '정보, 황개, 한당, 장흠, 주태, 진무, 동습, 감녕, 능통, 서성, 반장, 정봉'의 활약상을 모은 합전이다.

그런데 〈오서〉에는 손파로토역전(孫破虜討逆傳)이라는 멋있는 권명이 있다. 이는 손권의 아버지와 형인 손견과 손책의 합전이다. 손견은 조정으로부터 파로장군(破虜將軍)에 임명된 바 있고, 손책은 토역장군(討逆將軍)에 임명된 바가 있다.[69] 이후로 손견은 손파로(孫破虜), 손책은 손토역(孫吐逆)으로 불리곤 했는데 이것이 권명에 반영된 것이다. 이런 경우가 그리 흔하지는 않다.

대중적으로 널리 알려져 있지는 않지만 손권에게도 이런 직함이 있다. AD 200년 손권이 형 손책의 뒤를 이어 강동의 리더가 되자 조조가 표문을 올려 손권을 토로장군(討虜將軍)에 임명한다. 누가 봐도 아버지와 형의 직함에서 따왔음을 알 수 있다. 손권은 앞서 말했다시피 오주전(吳主傳)이라는 권명으로 입전되어 있다. 어디까지나 개인적 의견이지만 손권 편의 권명을 손토로전(孫討虜傳)이라 했어도 괜찮았을 것 같다. 만약 삼부자가 합전되었다면 손파로토역토로전! 길긴 하다.

••••

68. 《삼국지》〈위서〉 동이원유전(董二袁劉傳) '旣與紹有隙 又與劉表不平 而北連公孫瓚. 紹與瓚不和而南連劉表. 其兄弟攜貳 舍近交遠如此'

69. 손견의 경우는 원술이 표문을 올렸고 손책의 경우는 조조가 표문을 올렸다.

3

원소와 조조의 팽창
191~192년

반동탁 연합이 와해된 후 기주목 한복은 안평(安平)군에 주둔한다. 그런데 이 무렵 공손찬이 기주 영내로 병력을 이끌고 이동하고 있었다. 이에 한복은 공손찬이 동탁 토벌을 명목으로 기주에 진입한 뒤, 자신을 기습하려는 의도를 가졌을 것이라며 불안해하고 있었다.[70] 이 무렵 연진(延津)에 주둔하고 있던 원소가 한복의 속내를 알게 되었다. 이에 원소는 진류군의 고간(高幹)과 영천군의 순심(荀諶)을 한복에게 보냈는데 그들은 이렇게 말하였다. "공손찬이 승세를 타고 남하하니 여러 군들이 호응하고, 또 원장군이 동쪽으로 진출하였는데 그 뜻을 알 수는 없지만 장군에게 위기인 것 같습니다."[71] 가뜩이나 불안해하던 한복을 한껏 부추긴 것이다. 이에 한복이 어찌해야 할지 물으니, 고간과 순심은 '기주를 원소에게

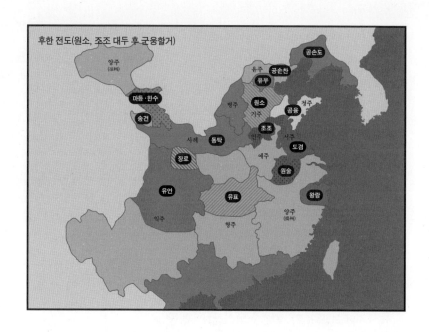

후한 전도(원소, 조조 대두 후 군웅할거)

양보할 것'을 권하였다. 휘하의 부하들이 극구 반대하였지만 결국 한복
은 이들의 권유를 받아들인다.

이렇게 하여 191년 7월 원소는 기주(冀州)라는 거대한 근거지를 차지
하게 된다. 이때 원소의 종사(從事) 저수(沮授)가 원소에게 말했다. "이제
군사를 거느리고 동쪽으로 진격해 황건적을 소탕하고, 돌아오면서 흑산
적 장연(張燕)을 박멸한 후 군사를 북쪽으로 돌려 공손찬을 잡아야 합니
다. 그리고 북쪽의 융적(戎狄)을 위협하면 흉노도 안정될 것입니다. 황하

• • • •

70. 《삼국지》〈위서〉 동이원유전(董二袁劉傳) '贊遂引兵入冀州 以討卓爲名 內欲襲馥 馥懷不自安'

71. 《삼국지》〈위서〉 동이원유전(董二袁劉傳) '公孫贊乘勝來向南 而諸郡應之 袁車騎引軍東向 此其意
不可知 竊爲將軍危之'

이북 4개 주의 땅을 가로질러 영웅을 모으고 백만 군사를 거느린 뒤에 황제를 영입하여 낙양의 종묘를 수복하고 천하를 호령하며, 남은 잔당을 토벌한다면 누가 장군을 막을 수 있겠습니까!" 이에 원소가 기뻐하며 "그것이 바로 내 뜻이오."라고 답하였다.[72] 원소의 비위를 잘 맞춘 저수의 아첨이었다.

동탁은 원소가 기주를 차지했다는 소식을 듣고 집금오인 호모반(胡母班), 장작대장(將作大匠)[73] 오수(吳脩)를 시켜 원소를 회유하려 하였다. 하지만 원소는 하내태수 왕광을 시켜 그들을 죽여버리는 것으로 답했다. 이에 동탁도 원소의 일족과 태부(太傅) 원외(袁隗) 등을 처형하는 것으로 다시 답했다. 말이 아닌 살인으로 나눈 대화였다.

삼국지에서 도무지 이해가 되지 않는 행동을 하는 인물이 종종 등장하는데 그중 하나가 한복이다. 그는 원소에게 기주를 내준 후 원소가 두려워 진류태수 장막(張邈)에 의탁하게 되었다. 기주를 내줄 때 무슨 생각이었는지 알 수 없게 만드는 처신이었다. 얼마 지나지 않아 원소가 어떤 일로 장막에게 사람을 보낸 일이 있었다. 그때 원소의 사자가 장막에게 귓속말로 뭔가 이야기를 하였는데 한복은 그것이 자신에 대한 모의라 생각하였다. 그러고는 곧장 변소로 가서 스스로 목숨을 끊어버렸다.[74]

고대(古代)의 사료(史料)로 모든 사실을 알 수 없다고 하더라도 이 무슨 맥락 없는 전개인가. 앞서 허무하게 기주를 내준 것부터 한 주(州)의 목(牧)까지 올라 한때 동탁에 맞서 거병까지 했던 인물이라고는 도저히 믿기 어려운 모습들이다. 그저 불가피한 이유가 있었지 않았을까 하는 추정으로 최대한의 동정(同情)을 베풀어 본다.

191년 7월 원소가 한복을 협박해 기주를 빼앗을 무렵, 흑산적 우독(于毒), 백요(白繞), 휴고(眭固)[75] 등이 10여만 무리를 거느리고 위군(魏郡)과 동군(東郡) 일대를 노략질하고 있었다. 하지만 동군태수 왕굉(王肱)은 이를 제대로 진압하지 못하였다. 이에 조조가 복양에서 백요의 무리를 격파하게 되는데 이 공로로 원소가 표문을 올려 조조는 동군태수에 임명된다. 이듬해인 192년 봄 조조는 다시 우독의 본거지까지 공격하여 대파하는 전공을 올린다. 조조의 공이 쌓이고 명성을 얻어가는 시기였다.

또한 각지의 군웅들도 자신의 주변을 정리하며 세력을 키워갔다. 황건적은 삼국지 초기 본의 아니게 군웅들의 성장에 가장 크게 기여했다. 봉기 후부터 진압될 때까지 황건적은 삼국지 등장인물 대부분의 자양분 역할을 하였는데 군소 조연들이 전공을 쌓기에는 가장 만만한 대상이었다. 연의에서 새로운 인물을 등장시킬 때 툭하면 사용하던 오브제가 황건적이었다.

연주(兗州)에도 황건적이 등장했다. 청주(靑州)에서 일어난 무리가 주

••••

72. 《삼국지》〈위서〉 동이원유전(董二袁劉傳) '擧軍東向 則靑州可定 還討黑山 則張燕可滅 回衆北首 則公孫必喪 震脅戎狄 則匈奴必從. 橫大河之北 合四州之地 收英雄之才 擁百萬之衆 迎大駕於西京 復宗廟於洛邑 號令天下 以討未復 以此爭鋒 誰能敵之 紹喜曰 此吾心也'

73. 종묘와 궁궐의 건축 등을 주관하는 고급관리.

74. 《삼국지》〈위서〉 동이원유전(董二袁劉傳) '後紹遣使詣邈 有所計議 與邈耳語. 馥在坐上 謂見圖構 無何起至溷自殺'

75. '수고'로 읽는 경우도 있다.

경계를 넘어 침입한 것이다. 이에 연주자사 유대(劉岱)가 황건적을 공격하려 하자 제북상(濟北相) 포신(鮑信)은 유대를 만류했다. 제대로 준비가 되지 않았던 것이다. 하지만 유대는 만류를 뿌리치고 황건적과 교전을 벌이다 피살된다. 이에 포신은 동군태수로 있던 조조에게 구원을 요청했다. 조조가 이에 응해 포신과 함께 황건적과 동평(東平)국 수장(壽張)현 동쪽에서 전투를 벌였다.

조조군은 어렵게 승리를 거두었으나 포신은 전사하고 말았다. 조조는 여세를 몰아 도주하는 적을 제북국(濟北國)까지 추격하였고 이에 많은 수의 황건적들이 투항했다. 조조는 그 가운데서 정예병을 거두어 자신의 주력군으로 편성하게 된다. 이것이 조조의 브랜드 군단 '청주병(靑州兵)'이다. 이번에도 황건적은 조조를 성장시킨 자양분이 된 후 사라졌다.

이 시기 조조가 거둔 가장 큰 소득은 좋은 인재들을 손에 넣은 것이었다. 삼국지에서 조조를 도와 훌륭한 계책을 내놓았던 이름 높은 책사들이 본격적으로 등장한 것이 바로 이때부터였다. 하내군 출신 사마랑(司馬朗)은 12세에 경전 시험을 통과한 수재로 동탁이 장안으로 헌제를 데리고 도망갈 때 낙양에 남았던 인물이다. 이후 그는 가족들을 데리고 갖은 고생을 겪고 있었는데 191년 즈음 조조에 등용되었다.[76]

그리고 정욱(程昱)은 연주 일대에서 이름이 높은 인사였다. 연주자사 유대가 살아 있을 때 원소와 공손찬 중 어느 쪽의 도움을 받아야 할지 정욱에게 물은 적이 있었다. 그때 정욱은 공손찬의 패망을 예견했었다. 하지만 그는 유대의 초빙에는 응하지 않았고 후에 연주자사가 된 조조의 부름에는 응했다. 원소와 공손찬 중에는 공손찬이었고 유대와 조조 중에는 조조였음을 알았던 것이다.

조조의 책사 중 가장 유명한 인물을 꼽으라면 순욱(荀彧)을 들 수 있다. 순욱은 영천(潁川)군 출신으로 본래 기주목 한복이 영입한 인재였다. 이후 원소가 기주를 탈취하였을 때 순욱을 상빈의 예로 대접하며 자신의 사람으로 만들려고 하였다. 그러나 순욱은 원소가 큰일을 성취할 사람이 못 된다고 생각하여 거부하고 조조에게 귀부하게 된다. 순욱을 얻었을 때 조조는 "나의 자방(子房)이로다."[77]라고 기뻐하며 사마(司馬)에 임명하였다. 순욱은 등장부터 정확한 안목을 가졌음을 증명한 것이다.

흥미로운 것은 조조가 허저(許褚)를 처음 만났을 때는 "이 사람이 나의 번쾌(樊噲)로다"라며 등용한다는 점이다. 자방은 한고조 유방의 책사였던 장량(張良)의 자(字)이고, 번쾌는 한고조의 오른팔과 같은 장군이었다. 현대인들이 삼국지의 인물들을 비유해 대화에 곧잘 활용하는 것과 마찬가지로 당시에는 그보다 400년 앞선 시대인 《초한지》를 인용하며 대화를 했던 것이다. 어쨌든 문무인(文武人) 최고의 찬사였다. 아울러 이 무렵 우금(于禁)이라는 장수도 자신의 무리를 거느리고 조조에 귀부해온다. 우금은 황건적이 봉기한 뒤 포신이 의병을 모을 때에 등용되었는데, 포신이 전사하자 조조를 따르게 된 것이다.

••••

76. 사마랑은 사마의(司馬懿)의 친형이다.
77. 《삼국지》〈위서〉 순욱순유가후전(荀彧荀攸賈詡傳) '吾之子房也'

시간을 몇 달 앞으로 돌려 같은 해인 191년 4월은 장안에 입성한 동탁이 태사(太師)가 된 때였다. 동탁은 자신을 상부(尙父)[78]라고 부르게 하고 아우 동민(董旻)은 좌장군(左將軍)에 임명하였으며 조카 동황(董璜)은 시중(侍中) 겸 중군교위(中軍校尉)에 임명했다. 그 외 동탁의 친인척들은 조정과 지방의 요직을 차지하게 되는데 바야흐로 동씨의 천하가 되었다.

동탁은 자신의 거처를 새로 축조하였는데 우부풍(右扶風)군 미현(郿縣)에 방어시설 겸 생활공간인 미오성이다. 미오(郿塢)란 미현에 설치한 오(塢)[79]라는 뜻이다. 미오성은 동탁의 권력과 오만을 보여주듯 그 성벽이 장안성보다 높았고 불안감에 온갖 방어시설을 만들어 대군을 주둔시켰으며 30년 어치의 곡식을 보관하였다. 동탁은 자신의 뜻이 이뤄지면 천하에 웅거하지만 뜻을 이루지 못하면 미오에서 여생을 마칠 것이라고 말하기도 하였다.[80]

최고 권력자가 된 동탁의 전횡은 백성들의 삶을 뒤흔들었다. 장안성의 동인(銅人)과 종거(鍾虡)[81] 등을 부수어 그 쇠를 멋대로 사용하였다. 화폐인 오수전(五銖錢)을 녹여버리고 대신 소전(小錢)을 주조하여 발행하였는데 소전의 가치가 급락하여 1곡(斛)을 사는 데 소전 수십만 냥이 필요했다. 무식한 독재자가 일종의 급진적인 화폐개혁을 한 셈인데 초(超)인플레이션을 부른 것이다. 그 결과로 전화(錢貨)가 제대로 유통되지 못해 시장경제가 무너졌음은 불 보듯 한 일이었다. 여기에 법령은 가혹하였고 재판은 감정에 따라 이루어져 함부로 형벌을 가했으며, 서로 무고하게 하여 억울하게 죽은 자가 수천에 이르렀다.[82]

동서고금의 모든 독재자들이 그러했듯 동탁 또한 누군가 자신을 해칠까 두려워하였다. 그는 어디를 가든 여포로 하여금 자신을 호위하게 하였는데 그렇다고 여포에게 친절하게 행동하지도 않았다. 한번은 사소한 일로 마음에 들지 않는다며 여포에게 창을 던진 일도 있었다. 여포는 이런 동탁의 비위를 겉으로는 그런대로 맞추었던 것으로 보인다. 민첩하게 창을 피한 여포가 사죄하여 동탁의 성이 풀렸다고 하니 말이다. 물론 여포는 진심이 아니었다. 그는 동탁에게 감정을 품게 되었다고 기록은 전한다.[83] 여포가 괜히 여포겠는가.

동탁은 여포로 하여금 자신이 거처하는 곳의 중문을 지키게 하였다. 그런데 여포는 여기서 사고를 쳤다. 동탁의 시녀와 사통하게 된 것이다. 이에 여포는 혹시나 발각될까봐 두려워하며 불안해했다고 정사는 전하고 있다.[84] 여포와 사통한 동탁의 시녀는 이름이 전하지 않는다. 하지만 연의에서는 이 여인을 초선(貂蟬)[85]으로 설정했다.

한편 사도(司徒) 왕윤(王允)은 평소 여포를 후하게 대하고 있었다. 그러

....
78. '큰 아버지' 또는 '존경하는 아버지'라는 의미의 상부(尙父)는 천자와의 관계에서 아버지의 자리에 있음을 내포한다. 즉 황제의 권력을 능가함을 보여주고 있다.
79. 오(塢)는 성채를 말한다.
80. 《삼국지》〈위서〉 동이원유전(董二袁劉傳) '云事成 雄據天下 不成 守此足以畢老'
81. 큰 종과 종을 매다는 장치
82. 《삼국지》〈위서〉 동이원유전(董二袁劉傳) '法令苛酷 愛憎淫刑 更相被誣 冤死者千數'
83. 《삼국지》〈위서〉 여포장홍전(呂布臧洪傳) '然卓性剛而褊 忿不思難 嘗小失意 拔手戟擲布. 布拳捷避之 爲卓顧謝 卓意亦解 由是陰怨卓'
84. 《삼국지》〈위서〉 여포장홍전(呂布臧洪傳) '卓常使布守中閣 布與卓侍婢私通. 恐事發覺 心不自安'

던 어느 날 여포가 왕윤을 찾아와 동탁이 창을 던져 거의 죽을 뻔했다는 이야기를 하였다. 당시 왕윤은 상서복야(尚書僕射) 사손서(士孫瑞) 등과 함께 동탁을 주살할 계획을 세우고 있던 참이었다. 속으로 기회가 왔다고 생각한 왕윤은 여포에게 자신과 함께 할 것을 제의하였는데 여포가 "부자 사이에 어찌 그럴 수 있겠습니까!"라며 정색하였다. 그러자 왕윤은 "자네는 여(呂)씨이니 본래 혈육관계가 아니네. 더구나 지금 언제 죽게 될지 모르면서 어찌 부자 사이라고 하는가?"[86]라고 설득하니 이에 여포가 왕윤과 함께 하게 되었다. 너무 쉬운 포섭. 여포는 참으로 일관성이 있는 사나이였다.

왕윤과 여포는 황제가 병이 나은 것을 축하하기 위해 백관들이 미앙전(未央殿)에 모이는 날을 거사일로 잡았다. 여포는 동향 출신 이숙(李肅)을 보내 10여 명을 위사로 위장해 북액문(北掖門)에서 기다리게 하였다.

• • • •

85. 서시(西施), 왕소군(王昭君), 양귀비(楊貴妃)와 더불어 중국 4대 미인 중 하나로 일컬어진다. 초선은 넷 중 유일한 가공의 인물이다. 간혹 초선 대신 항우의 연인 우희(虞姬)를 넣기도 한다. 미(美)의 기준이 개인적이나 이들이 많은 기록에서 발견되는 것으로 보아 오랜 세월 호사가들의 입에 오르내렸던 것만은 사실이다.

86. 《삼국지》〈위서〉 여포장홍전(呂布臧洪傳) '布曰 奈如父子何! 允曰 君自姓呂 本非骨肉. 今憂死不暇 何謂父子'

87. 조(詔)는 조서(詔書), 즉 황제의 명이 기록된 문서를 말한다. 여포는 왕윤을 통해 받은 이 조로 인해 스스로 정당성을 가졌다고 생각했을 것이다.

88. 여포의 배반에 동탁은 '개 같은 놈이 어찌 감히 이렇게 사악한가(卓大罵曰 庸狗敢如是邪)' 라며 고래고래 욕을 하였는데 이는 진수의 《삼국지》나 배송지주가 아닌 《후한서》 동탁열전에 등장하는 내용이다.

이숙 또한 여포와 뜻을 같이 한 상태였다. 동탁은 여포 등과 함께 입궐하였는데 여포는 조서를 품고 있었다. 이숙은 동탁이 가까이 다가오자 공격을 가하였는데 이에 동탁이 "여포는 어디에 있는가?"라며 소리쳤다. 여포는 "여기 조서가 있다(有詔)"[87]라며 동탁을 베어버렸다.[88] 아울러 동탁의 족속과 동탁에게 아부했던 자들을 하옥하거나 주살하였다.

4

동탁 몰락 이후의 혼란
192~193년

동탁은 삼국지의 이야기를 있게 한 인물이라고 말할 수 있다. 물론 스토리의 시작은 황건적이었다. 하지만 동탁은 혼란했던 시대라면 언제나 일어날 수 있는 반란을 흥미로운 국면으로 몰아넣은 장본인이다. 그런 인물이 사라져버린 시점에서 이 드라마는 새로운 연결고리의 역할을 할 사건을 맞게 된다. 바로 동탁의 부하들이었다. 여기에 촉매제가 되는 인물은 여포. 매 장면마다 정상이 아닌 방향으로 이야기를 이끄는 저지능 캐릭터. 누가 여포를 힘만 세다 하였는가. 그는 캐릭터로서 동탁과 더불어 삼국지를 재미있게 만든 일등공신임에 틀림없다.

여포는 192년 동탁을 처단한 공으로 분무장군(奮武將軍)에 임명되며 부절을 하사받았다. 장료 또한 기도위에 임명되었다. 그러나 여포는 동

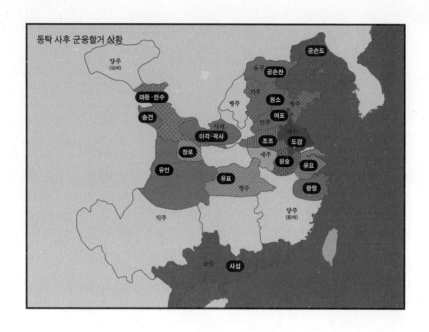

동탁 사후 군웅할거 상황

양주(凉州)
마등·한수
송건
병주
유주
공손찬
공손도
원소
여포
청주
기주
사예
이각·곽사
장로
조조
도겸
연주
유언
서주
익주
원술
유요
유표
왕랑
형주
양주(揚州)
교주
사섭

탁의 근거지였던 양주(凉州) 출신들을 두려워했다. 양주인들이 여포를 원망하고 있었기 때문이다.[89] 포악한 동탁이었지만 동향 출신들에게는 은혜를 베풀었던 것이다. 여포와 왕윤이 당면한 과제는 동탁의 잔당들을 처리하는 것이었다. 동탁의 사위와 부장들은 여전히 큰 전력을 갖고 있었는데 당시 사위 우보(牛輔)는 섬현(陝縣)에 주둔하고 있었고 부장들인 이각(李傕), 곽사(郭汜), 장제(張濟) 등은 각각 진류(陳留)군과 영천(穎川)군에 파견되어 있었다. 여포는 우보를 없애기 위해 섬현(陝縣)으로 이숙(李肅)을 보냈으나 오히려 역습을 받아 홍농군으로 패주하고 말았다. 이에

••••

89. 《삼국지》〈위서〉여포장홍전(呂布臧洪傳) '布自殺卓後 畏惡涼州人 涼州人皆怨'

분노한 여포가 이숙을 주살해버렸다. 동탁 타도를 위해 계책을 내며 제법 굵직하게 활약했던 이숙의 단촐한 최후였다.

그런데 여포와 제대로 맞설 것 같았던 우보 또한 허무하게 사라졌는데 이숙을 물리친 후 한숨을 돌리고 있었던 우보는 군영의 작은 소란을 들었다. 반기를 든 자가 있었던 것이다. 우보는 이것이 군영 전체가 반란을 일으킨 것으로 생각하고 금은보화를 챙겨 달아나버렸다. 능력도 생각도 없던 소인이었음을 행동으로 보여준 우보였다. 그가 달아나 의탁한 곳은 평소 가깝게 지내던 호적아(胡赤兒)라는 인물이었다. 그러나 호적아는 우보의 금은보화를 본 후 주저 없이 그 본색을 발현했다. 우보의 목은 신체와 떨어져 장안 구경을 하게 된다. 호적아와 우보의 끈끈한 우정의 결말이었다.

삼국지를 통틀어 등장하는 소인배들은 잊을 만하면 등장하여 스토리에서 윤활유 역할을 하며 교훈을 준다. 이런 부류들은 주인공들의 비중이 비교적 작은 초반에 등장 빈도가 더 높다. 한 가지 의문이라면 꽤 인상적인 바보짓을 함에도 불구하고 이름이 기억에 잘 남지 않는다는 것이다. 호적아도 그 대표적인 단역 중 하나이다.

한편 이각, 곽사, 장제 등이 파견지로부터 돌아왔을 때는 이미 동탁은 물론이고 우보마저 사망한 뒤였다. 이에 이각 등은 말할 것도 없고 휘하의 군사들도 제각기 살길을 찾아 흩어지려 하였다. 동탁의 부하들을 사면한다는 조서도 없었기에 이들의 행동은 이상할 것이 없다. 사서는 양주 출신들을 모두 주살한다는 소문마저 돌아 두려워 어찌할 바를 몰랐다고 전한다.[90] 이때 등장한 인물이 가후(賈詡)였다. 가후는 삼국지를 통틀어 최고급의 두뇌 중 하나이다. 그는 능력에 비해 평가절하 되는 경우가 종종 있다. 아마도 가후가 처음으로 그 존재를 과시할 때, 그가 모시던 주군이 이각과 곽사 같은 잡배 레벨이었던 영향이 컸다고 할 수 있다. 하지만 가후는 눈여겨 볼 필요가 있는 인물이다.

이각 등 동탁의 잔당들이 흩어지기 직전에 홀연히 나타난 가후는 "들리는 소문으로 조정에서는 양주 사람들을 다 죽일 논의를 한다는데, 여러분들이 해산하여 홀로 간다면 누구든 여러분을 잡을 수 있습니다. 그러니 부대로 서진하며 흩어진 군졸들을 모아 장안을 공격하여 동탁의 원수를 갚되, 실패하면 그때 달아나도 늦지 않을 것입니다."[91]라며 충고한다. 가후는 양주(涼州) 무위(武威)군 출신으로 동탁이 낙양에 입성할 당시 태위(太尉)의 속관으로 있었다. 이후 동탁에게 중용되었고 직전까지 동탁의 사위인 우보(牛輔)를 보좌하고 있다가 이각, 곽사 등의 진영까지 오게 되었다. 싫든 좋든 이들과 한 배를 탄 처지가 된 것이다.

가후의 말을 듣고 정신을 차린 이각 등은 가후의 계책에 따라 서쪽으로 진격하며 군사를 10만이나 모았다. 왕윤의 강경 일변도 처사에 위협을 느낀 사람들이 많았던 것인데 동탁의 또 다른 부하인 번조(樊稠), 이

••••

90. 《삼국지》〈위서〉 동이원유전(重二袁劉傳) '旣無赦書 而聞長安中欲盡誅涼州人 憂恐不知所爲'

91. 《삼국지》〈위서〉 순욱순유가후전(荀彧荀攸賈詡傳) '聞長安中議欲盡誅涼州人 而諸君棄衆單行 卽 一亭長能束君矣. 不如率衆而西 所在收兵 以攻長安 爲董公報仇 幸而事濟 奉國家以征天下 若不濟 走未後也'

몽(李蒙), 왕방(王方) 등도 여기에 합세하였다. 이들은 엄청난 군세로 장안성을 포위하였고 10여 일 만에 장안성은 함락되고 말았다. 여포마저 패주하여 막을 자가 없어지자 이각 등은 장안 일대를 노략질하며 살육을 벌였다. 미처 피신하지 못했던 왕윤(王允)은 이들에게 잔인하게 살해되어 길거리에 시신이 방치되는 처지가 되고 말았다. 현실을 제대로 인식하지 못한 결과였고, 유연하지 못한 관료의 실책이었다.

가후의 충고로 뜻하지 않게 조정을 장악하게 된 이각, 곽사, 번조 등은 하늘을 찌르는 권세를 휘두르게 되었다. 장제는 거기장군이 되어 홍농군에 주둔하였다. AD 192년의 일이었다. 겨우 동탁의 세상이 끝났나 싶더니만 어느새 동탁 부하들의 세상이 되어버린 것이다. 이야기는 한동안 이각, 곽사 등을 중심으로 돌아간다. 중앙의 권력을 농단한다는 의미에서 사실상 동탁의 시즌2였다. 일등공신 가후는 좌풍익(左馮翊)에 임명되었는데 열후(列侯)에 봉하려 하는 것을 극구 사양하고 낮춰 받은 벼슬이었다. 역시 현명함이 보이는 처신이었다. 그는 다시 상서(尙書)가 되어 인재를 등용하는 일을 주관하게 되었고, 얼마 있지 않아 이각과 곽사의 사이가 틀어졌을 때 모친상을 당하여 사임했다가 복귀해 광록대부(光祿大夫)가 되었다.

이 무렵 한수, 마등 등이 군사를 거느리고 장안으로 들어왔다. 이들은 동탁의 부름을 받았으나 동탁이 처단되면서 이각과 곽사에게 투항한 모양새가 되었다. 이각 등이 장악한 조정에서는 한수를 진서장군(鎭西將軍)에 임명하여 양주 금성(金城)군으로 회군하게 하고 마등은 정서장군(征

西將軍)에 임명하여 미현(郿縣)에 주둔하게 하였다. 마등은 자신의 의지와 상관없이 벌어진 상황이 마음에 들지 않았다. 이각 등에게 충성을 하고 싶지는 않았던 것이다. 그래서 마등은 뜻을 같이 하는 몇몇 신하들과 판을 뒤집고자 모의를 하였다. 시중 마우(馬宇), 간의대부 충소(种邵), 좌중랑장 유범(劉範) 등이 그들이었다. '마등이 장안을 공격하면 자신들이 내응하여 이각 등을 처단한다'는 것이 계획의 아웃라인이었고 실행에 옮겼다. 이에 따라 마등이 군사를 이끌고 장안 인근 장평관(長平關)까지 왔다. 하지만 성공하지 못했다. 모의가 누설되는 바람에 마등은 대비하고 있던 번조에 패하고 마우(馬宇) 등은 처형되고 만다.

한편 동탁을 처단한 지 불과 60일 만에 패망한 여포는 무관(武關)을 나서 원술을 찾아간다. 장료도 여포와 함께 하고 있었다. 여포는 동탁을 주살한 것이 원술의 원수를 갚아준 것이라 여겨 원술이 자신에게 보답할 것이라는 기대를 갖고 있었다. 하지만 원술은 여포가 여러 번 배신했던 점을 꺼려 받아들이지 않았다.[92] 연의 전반에 걸쳐 원술과 여포는 비슷한 면을 보이는데, 대체로 심계가 얕고 심지가 약해서 이랬다 저랬다를 반복하는 것이다. 원술은 '싸움 못하는 여포'라고 하여도 크게 틀리지 않는 자인데 그런 원술이 여포를 좋게 볼 리가 없다. 그러나 이 둘은 한동안 붙고 떨어지기를 반복하며 초반 이야기를 구성해준다. 주연급 소인배라고 할 수 있다.

••••
92. 《삼국지》〈위서〉 여포장홍전(呂布臧洪傳) '術惡其反覆 拒而不受'

이 시기 유비는 하밀(下密)현 현승을 사직한 뒤 평원 고당(高唐)현의 현령이 되었다. 하지만 여기서 황건적에 패하고 중랑장(中郞將) 공손찬을 찾아간다. 유비를 받아들인 공손찬은 표문을 올려 그를 별부사마(別部司馬)에 임명하였는데, 곧 청주자사 전해(田楷)와 함께 기주목 원소를 막는 임무를 맡게 하였다. 여기서 유비는 평생을 같이 하게 될 인재 하나를 얻게 된다. 공손찬의 부하였다가 유비의 인품에 반해 귀의한 자로서 상산(常山) 출신의 조(趙)씨 성에, 자(字)는 자룡(子龍), 이름은 운(雲). 바로 조운(趙雲)이다.

유비는 전공을 세워 평원국의 상(相)을 대행하게 되었다. 이때가 192년 무렵인데 세력은 크지 않았으나 유비라는 존재감을 제대로 드러내기 시작한 시기이다. 유비가 평원에 자리를 잡고 얼마 지나지 않아 태사자(太史慈)라는 장수가 유비를 찾아온다. 북해국(北海國)의 공융(孔融)이 황건적 관해(管亥)에게 포위당해 공격받고 있어 구원군을 요청하기 위해 달려온 것이다. 이에 유비는 "유비가 세상에 살아있음을 공융이 알아주는구나!"[93]라고 말하며 공융의 요청에 응한다. 줄곧 무명소졸이었던 자신을 드디어 누군가가 알아준 것에 대한 응답이요, 스스로를 대견해하며 내린 출병이었다.

태사자는 동래(東萊)군 출신으로 무예나 용맹함에 대한 평판이 일대에 퍼지고 있었던 인물이었다. 북해국 상(相)이었던 공융은 그런 태사자

....

93. 《삼국지》〈오서〉 유요태사자사섭전(劉繇太史慈士燮傳) '孔北海 知世間有劉備邪'

에게 관심을 가진 사람 가운데 하나였는데 그는 수시로 사람을 보내 태사자의 모친에 안부를 물으며 양식을 보내기도 하였다. 효성 깊은 태사자의 환심을 사기 위한 행동으로 추정된다. 그런데 황건적의 난의 여파로 폭동이 번지면서 공융은 곤란을 겪게 되었다. 도창(都昌)현에서 황건적 관해(管亥)에게 포위당하고 만 것이다.

공융이 어려움에 빠졌다는 소식을 들은 태사자의 모친은 태사자에게 가서 공융을 도우라고 권유하였다. 양식을 얻어먹은 고마움에 아들을 사지로 밀어 넣은 어머니. 하지만 태사자는 이 정도는 극복할 능력이 있는 인물이었다. 어머니의 명을 받들어 태사자는 걸어서 도창현에 도착하였다. 포위가 그렇게 철저하지 않던 때라 태사자는 밤에 기회를 보아 성으로 들어가 공융을 만날 수 있었다. 태사자는 군사를 얻어 적을 무찌르겠다고 하였지만 공융이 불허하여 외부 구원을 기다리기로 한다. 하지만 구원병은 오지 않고 포위는 점점 공고해져 공융은 평원의 유비에게 구원을 요청하기로 하였다. 태사자는 그 임무를 자원한 것이다.

태사자가 다음 날 말을 타고 성문을 열고 나가니 좌우의 황건적들이 따라붙었다. 하지만 태사자는 표적을 세워놓고 활을 몇 발 쏜 뒤에 성문으로 들어가버렸다. 다음날도 이 같은 행동을 반복하였는데 황건적은 누구는 누워 있기도 하고 누구는 일어나기도 하였다. 그 다음날 또 그렇게 나가니 황건적들은 아예 일어나지도 않았다. 그러자 태사자는 그대로 말을 달려 포위를 뚫고 나가버렸다. 이렇게 태사자가 평원의 유비에게 구원을 요청하자 유비는 즉시 3천의 구원군을 보낸 것이다. 태사자가 구원군과 함께 돌아오자 황건적들은 이내 흩어져 도주하였다. 이후 공융은 태사자를 더욱 귀하게 대하였고 태사자의 이름도 더 널리 퍼지게 되었다.

장안에서 동탁이 피살될 무렵 또 다른 곳에서도 적잖은 분쟁들이 있었다. 이 시기의 천하는 그야말로 지역 예선전을 한창 벌이는 중이었다. 앞서 언급했던 유우와 공손찬의 대결도 이때였다. 한때 천자의 후보로 거론되기도 했던 유우였지만 공손찬에게 패한 후 거용(居庸)현으로 도주하게 된다. 공손찬은 거용현까지 추격해 유우를 생포한 후 계현(薊縣)으로 회군하였다. 이때 헌제는 단훈(段訓)을 사자로 보내 유우에게 동북 6주를 감독하게 하였고, 공손찬을 전장군(前將軍)에 임명하였는데 유우는 실권을 가질 수 없는 처지였다. 공손찬은 유우가 천자를 참칭하였다고 무고하고 단훈을 협박해 유우와 그의 가족을 처형해버렸다.

공손찬이 유우를 살해하기 한 해 전인 192년에 유우의 종사인 선우보(鮮于輔)와 제주(齊周), 기도위 선우은(鮮于銀) 등이 군사를 거느리고 공손찬을 공격했다. 염유(閻柔)라는 자도 오환족과 선비족을 회유하여 수만을 거느리고 공손찬이 임명한 어양(漁陽)태수 추단(鄒丹)을 공격하며 가세하였다. 이에 추단이 대패하여 전사하였는데 이때 원소도 유우의 아들 유화를 부장 국의(麴義)와 함께 보내며 선우보에 합세해 공손찬을 공격케 하여 크게 피해를 입혔다. 역시 192년에 있었던 사건으로 계교전투라고 부르는 싸움이었다. 《후한서》에 따르면 공손찬은 계교전투 이후 원소와의 전투에서 승리를 거두기도 하였으나 점차 수세에 몰리게 되었다.

이 시기 한수(漢水) 유역의 양양(襄陽)에는 형주(荊州)자사 유표(劉表)가 주둔하고 있었다. 유표는 왕예(王睿)라는 인물의 후임으로 형주자사에 임명되었는데, 전 형주자사 왕예는 동탁 토벌을 위해 북쪽으로 진군하고 있던 손견에게 살해당했다. 유표 입장에서는 손견 덕분에 형주자사 자리에 오른 셈이지만 둘의 인연은 끝이 좋지 않았다.

같은 해 원술은 남양(南陽)군에 주둔하면서 손견과 연합하여 형주를 빼앗으려 하였다. 원술은 손견에게 유표를 공격하게 하였는데 이에 유표는 부장 황조(黃祖)를 출진시켜 양군은 번성(樊城)과 등현(鄧縣) 사이에서 교전하였다. 이후 손견은 한수를 건너 양양을 포위하였으나 양양 인근 현산(峴山)을 지나던 중에 매복해 있던 황조의 군사들이 쏜 화살에 맞아 전사하고 말았다. 이때 손견의 나이 38세였다. 주연급 맹장의 허무한 요절이었다. 장안을 점거하고 있던 이각과 곽사는 손견을 누른 유표를 자신의 편으로 끌어들이기 위해 진남장군(鎭南將軍) 겸 형주목에 임명하였다.

193년, 또 다른 굵직한 예선전이 치러지고 있었다. 바로 조조와 원술의 대결이었다. 조조가 제음(濟陰)군 견성(鄄城)에 주둔하고 있을 때 유표는 원술의 군량 수송로를 차단했다. 이에 원술은 군사를 이끌고 진류(陳留)군 봉구(封丘)현에 주둔하였다. 조조는 원술을 상대하면서 흑산적과 흉노와도 전투를 펼치게 되는데, 이것은 원술이 봉구에 주둔할 때 흑산적 잔당들, 그리고 흉노의 어부라(於夫羅) 등과 연결되었기 때문이다.

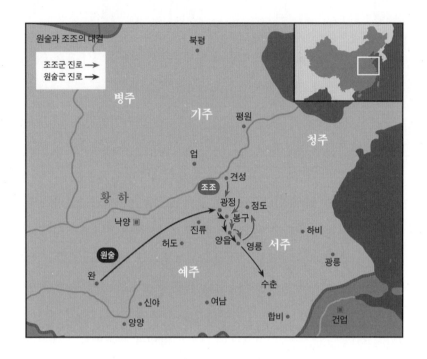

조조가 광정(匡亭)에 주둔하고 있던 원술의 부장 유상(劉詳)을 공격하
자 원술이 직접 구원에 나섰다. 하지만 조조가 원술을 대파하자 원술은
봉구(封丘)로 퇴각하여 농성에 들어갔다. 조조는 성을 포위 공격하였지
만 함락시키지는 못하였다. 이후 원술이 양읍(襄邑)으로 도주하자 조조
는 태수(太壽)의 물을 끌어들여 공격하였고, 원술은 다시 영릉(寧陵)으로
도주하였는데 조조는 포기하지 않고 추격했다. 원술이 다시 구강(九江)
군까지 도주하자 그제야 조조는 추격을 멈추었다. 추격전을 끝낸 조조
는 군사를 돌려 정도(定陶)현에 주둔하였는데, 이후 원술은 패잔병들을
끌고 구강군으로 진격하여 양주(揚州)자사 진온(陳溫)을 죽였다. 원술은

천신만고 끝에 양주를 차지하고 한숨 돌릴 수 있었다.

연의를 통틀어 원술은 승리를 거의 하지 못한 인물임을 알 수 있다. 하지만 실제로는 그렇게 쉽게 볼 정도는 아니었다. 비록 짧은 기간이지만 원술은 상당한 세력을 구축했었던 인물이었다. 원술은 이리저리 터지고, 조조로부터 겨우 목숨을 부지한 뒤에도 장훈(張勳), 교유(喬蕤) 등을 대장군에 임명하며 재기하는 저력을 보여주기도 했다. 이런 능력은 장안에 있는 이각과 곽사의 눈에도 들어 그들은 원술을 자기 편으로 끌어들이기 위해 좌장군(左將軍)에 임명하기도 했다. 마냥 조롱할 수준은 아니었던 것이다.

2장

호걸들의 난립

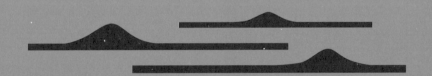

1

서주를 둘러싼 공방

193~195년

193년 여름. 원술을 물리친 조조는 제음(濟陰)군 정도(定陶)현에 주둔하고 있었다. 이때 하비군에서 궐선(闕宣)이라는 인물이 스스로 천자를 참칭하였는데 서주목 도겸이 궐선과 함께 거병하였다. 이 해 가을에 조조는 도겸을 공격하여 10여 개 성을 함락하고 팽성(彭城)에서 다시 도겸이 이끄는 부대를 대파하였다. 도겸은 도주하여 담현(郯縣)으로 물러났다. 하지만 조조는 군량 부족으로 더 쫓지 못하고 이듬해인 194년 봄 철군하고 만다. 이때 원소는 3개 부대를 보내 조조를 지원하였으나 서주 공격이 일단락 된 이후 원소의 부장들도 본대로 복귀하였다. 원소가 보낸 장수 중에는 주령(朱靈)이란 인물이 있었는데 그는 원소에게 돌아가지 않았다. "내가 많은 사람을 보았지만 조공(曹公)만한 분이 없었으니, 이 분

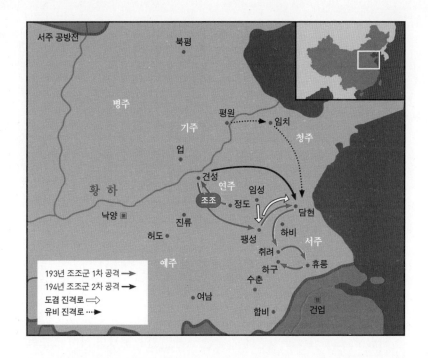

이야말로 진정한 명주(明主)이다. 이제야 밝은 주군을 만났는데 어디를 가겠는가?"라며 조조의 군영에 남았다. '원소보다 조조'라는 인식의 흔적을 여기저기서 볼 수 있는데 주령은 그 시작이라고 할 수 있다.

정사와 연의에서 완전히 다른 성격으로 등장하는 대표적인 인물이 도겸이다. 연의를 통해 대중적으로 알려진 도겸은 인자하고 정의로운 노인이다. 하지만 정사의 도겸은 이와는 제법 온도 차이가 있다. 다음은 《삼국지》〈위서〉 도겸전의 내용이다. 그는 어려서는 학문을 좋아해 유생이 되었고 주와 군에서 벼슬을 하였으며 무재(茂才)로 천거되어 승진을 거듭하였다. 황건적이 난을 일으키자 조정은 그를 서주자사에 임명하였고 동탁이 조정을 장악해 수도가 사방으로 연락이 끊어졌을 때 도겸은 샛길로 사자를 보내 천자에게 공물을 바치고[1] 후(侯)에 봉해졌다.

도겸은 도의(道義)를 거슬러 감정에 따라 행동했다. 아첨하는 소인배를 가까이 하여 형벌과 정치는 형평을 잃었고 선량한 사람이 박해를 받아 형세가 혼란해졌다. 궐선이 난을 일으켰을 때 도겸은 처음에는 그와 동맹을 맺어 약탈을 일삼았으나 후에는 그를 죽이고 무리를 흡수했다[2]고 한다. 이대로라면 차라리 악인에 가깝다고 하겠다. 도겸에 대해서 이와 다른 묘사가 있는 사서가 있긴 하나 진수의 평 또한 그리 좋지 못하다. 진수는 도겸을 공손찬, 공손도, 공손연, 장양과 더불어 모두 주군(州郡)을 다스렸지만 뭇 백성들만도 못하여 평론할 가치가 없는 자로 기록하고 있다.

사실 조조가 궐선의 반란에 가담한 도겸을 치기 전부터 이미 조조와 도겸의 악연은 뿌리가 깊었다. 조조의 아버지 조숭(曹嵩)이 그에게 피살을 당한 것이다. 〈위서〉 무제기에 의하면 조숭의 피살은 봄, 궐선의 반란은 여름으로 되어 있다. 조숭을 죽이고 난 후 궐선의 반란에 가담한 것이다. 조숭은 관직에서 물러나 고향 초현에 있다가 동탁의 난리를 피해 낭야로 이주하던 중 도겸에게 해를 입은 것이다.[3] 이에 대해 좀 더 자세한 기록도 전해지는데 《후한서》에서는 음평현의 사졸이 조숭의 재물을 탐내 죽였다[4]고 되어 있고 《세설신어》는 도겸이 수천 기를 보내 조숭 일가를 죽였다고 기록하고 있다. 그 과정에서 조숭은 벽을 뚫어 탈출하려고 하였으나 먼저 내보내려고 했던 첩이 몸이 비대해 나가지 못해 조숭은

뒷간으로 도망치려다 첩과 함께 해를 입었다고 한다.[5]

194년 여름 조조는 순욱과 정욱에게 견성(鄄城)을 지키게 한 후 다시 서주로 진격하여 낭야(琅邪)군, 동해(東海)군 등 여러 현을 평정하였다. 이 때 담현(郯縣) 동쪽에서 유비도 도겸의 부장 조표(曹豹)와 조조에 맞섰지 만 격파 당하고 말았다. 그런데 전혀 엉뚱한 곳에서 조조의 덜미를 잡는 일이 발생하였다. 바로 견성(鄄城)이 공격을 받은 것이다.

2년 전인 192년, 여포는 이각과 곽사에게 패한 직후 원술을 찾아가 의 탁하려다 실패한 바 있었다. 이에 여포는 북으로 가 원소에게 의탁하게 되었는데 여포는 원소의 휘하에서 공을 세우게 된다. 원소와 함께 상산 (常山)군의 장연(張燕)을 공격하였을 때, 여포는 적토마를 타고 측근인 성

••••

1. 천자에게 바쳤다고 하나 이때는 동탁이 조정을 장악하고 있었으므로 결국 동탁에게 뇌물을 바쳤을 가능성이 크다.

2. 《삼국지》〈위서〉 이공손도사장전(二公孫陶四張傳) '陶謙字恭祖 丹楊人. 少好學 爲諸生 仕州郡 舉茂 才 除盧令 遷幽州刺史 徵拜議郎 參車騎將軍張溫軍事 西討韓遂. 會徐州黃巾起 以謙爲徐州刺史 擊 黃巾 破走之. 董卓之亂 州郡起兵 天子都長安 四方斷絶 謙遣使間行致貢獻 遷安東將軍 徐州牧 封溧 陽侯. 是時 徐州百姓殷盛 穀米封贍 流民多歸之. 而謙背道任情 廣陵太守趙昱 徐方名士也 以忠 直見疏 曹宏等 讒慝小人也 謙親任之. 刑政失和 良善多被其害 由是漸亂. 下邳闕宣自稱天子 謙初與 合從寇鈔 後遂殺宣 幷其衆'

3. 《삼국지》〈위서〉 무제기(武帝紀) '興平元年春 太祖自徐州還 初太祖父嵩 去官後還譙 董卓之亂 避難 瑯邪 爲陶謙所害 故太祖志在復讎東伐'

4. 《후한서(後漢書)》 유우공손도도겸전(劉虞公孫瓚陶謙傳) '初曹操父嵩避難琅邪 時謙別將守陰平 士 卒利嵩財寶 遂襲殺之'

5. 《세설신어(世說新語)》 '嵩在泰山華縣. 太祖令泰山太守應劭送家詣兗州 劭兵未至 陶謙密遣數千騎 掩捕. 嵩家以爲劭迎 不設備. 謙兵至 殺太祖弟德於門中. 嵩懼 穿後垣 先出其妾 妾肥 不時得出 嵩逃 於廁 與妾俱被害 闔門皆死'

렴(成廉), 위월(魏越) 등과 선봉에서 장연을 격파하였다. 하지만 여포가 점점 더 많은 군사를 거느리려 하고, 휘하 군사들을 풀어 일대를 노략질하니 원소도 여포를 멀리하게 되었다. 이에 여포가 원소를 떠나려 하자 원소는 여포가 자신을 해칠까 걱정하며 자객을 보내 암살을 시도하였다. 하지만 암살은 실패하고 여포는 달아났다. 이렇게 원소를 떠난 여포는 하내태수 장양(張楊)에게 가는 도중 진류태수 장막(張邈)에게 잠시 들렀다. 이때가 바로 조조가 도겸을 치기 위해 출병하였을 무렵이다.

당시 조조의 부장 진궁(陳宮)이 장막에게 "지금 각지에서 영웅들이 봉기하여 천하는 분열되었습니다만, 장군께서는 1천리 땅의 백성을 거느리고 사방을 쟁취할 수 있는 요지를 차지하였으니 칼을 잡고 사방을 노려본다면 만인의 호걸이 될 수 있는데, 도리어 다른 사람에 눌려 지내니 어찌 궁색하지 않습니까! 지금 연주(兗州)의 군사가 동쪽으로 도겸을 원정하느라고 비었는데, 여포는 용장으로 잘 싸우지만 갈 데가 없으니 임시로 불러들여 함께 연주를 차지한 뒤에 천하의 형세를 보아가며 사태의 변화를 기다린다면 한 시대를 종횡으로 누빌 수 있을 것입니다"[6]라며 부추겼다. 배반하자는 말이었다. 장막은 이런 진궁의 말을 따랐고 아울러 그의 동생 장초(張超), 종사(從事) 허사(許汜), 왕해(王楷) 등이 함께 조조에 반기를 들었다.

조조는 서주를 치기 위해 자리를 비우면서 진궁을 동군(東郡)에 주둔시켰는데 진궁은 동군의 군사를 거느리고 여포를 맞이하여 복양(濮陽)을 점거하려 하였다. 진궁이 배반을 실행에 옮긴 것이다. 당시 복양(濮陽)

은 하후돈이 지키고 있었고 견성(鄄城)에는 순욱과 정욱이 남아서 지키고 있었다. 그런데 장막이 부하 유익(劉翊)을 파견하여 "여장군이 조사군[7]을 도와 도겸을 격파할 것이니 군량을 공급하라."[8]는 명령을 전한다. 이에 많은 이들이 의심했고 순욱은 장막이 반기를 든 것을 간파하고 급히 하후돈을 불렀다. 이에 하후돈은 경무장으로 견성에 가게 되었는데 도중에 여포의 부대와 조우하고 말았다.

여포는 재빨리 군사를 물렸다가 하후돈의 군사들이 남겨둔 치중 부대를 급습하여 차지하고 다시 물러나면서 자신의 부장들을 거짓으로 투항하게 하였다. 그리고 이들은 하후돈의 부대와 섞여 가던 중 하후돈이 방심한 사이 그를 사로잡고 금은보화를 요구하였다. 대장이 사로잡힌 뜻밖의 상황이었으나 다행히 부장(副將)이 침착했다. 하후돈의 부장 한호(韓浩)는 장졸들을 불러 무장을 갖추고 군영을 안정시킨 후 여포의 부하들을 향해 말했다. "너희는 흉악한 반역으로 감히 대장군을 잡고 협박하는데, 너희가 다시 살 수 있겠느냐! 나는 반적을 토벌하라는 명을 받았으니 장군 한 사람 살리려고 너희들을 풀어주겠는가?" 그러고는 눈물을 흘리면서 하후돈에게 "국법을 따르지 않을 수 없습니다."[9]면서 인질범들

....

6. 《삼국지》〈위서〉 여포장홍전(呂布臧洪傳) '今雄傑並起 天下分崩 君以千里之衆 當四戰之地 撫劍顧眄 亦足以爲人豪 而反制於人 不以鄙乎! 今州軍東征 其處空虛 呂布壯士 善戰無前 若權迎之 共牧兗州 觀天下形勢 俟時事之變通 此亦縱橫之一時也'

7. 조사군(曹使君): 사군(使君)은 한대에 자사(刺史)를 다르게 칭하던 말로 조조를 높여 부르고 있는 것이다.

8. 《삼국지》〈위서〉 순욱순유가후전(荀彧荀攸賈詡傳) '呂將軍來助曹使君擊陶謙 宜亟供其軍食'

을 공격하려 하였다. 한호의 단호한 대처에 인질범들이 머리를 조아리며 "우리들은 재물이나 좀 얻고 떠나려 했습니다요."라며 투항하고 만다. 그러나 한호는 이들을 용서하지 않고 모두 처형하였다.

　이 장면은 삼국지의 이름난 맹장 중 한 명인 하후돈의 흑역사이다. 한호의 판단력이 빛났던 이 상황에서 굴욕적이라고 할 수 있는 인질이었던 하후돈은 입도 뻥긋하지 않았다. 대개 주연급들은 이런 장면에서는 '나는 죽어도 괜찮으니 이놈들을 다 쓸어버리라'는 등의 용감한 말을 하는 것이 보통인데 사서에는 하후돈이 어떤 말도 했다는 기록이 없다.[10] 더불어 한호가 이름을 떨칠 수도 있었던 기회였으나 그렇게 되지 못했다. 역

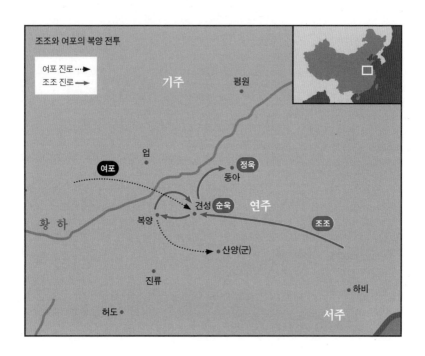

조조와 여포의 복양 전투

여포 진로 ···▶
조조 진로 ─▶

기주　　　평원

업

정욱
동아

여포

견성　순욱　　연주

황하　　　복양

조조

산양(군)

진류

하비

허도　　　　　　서주

시 하후돈이 입을 꾹 다물었기 때문이다. 이 무렵 연주의 거의 모든 군현이 여포에 호응하였고 견성 내에도 내통자가 많았다. 하지만 풀려난 하후돈이 도착하자 순욱은 모반자 수십 명을 색출하여 처형하면서 일단 위기를 넘겼다.

이때 예주(豫州)자사 곽공(郭貢)이 견성 가까이에 와서 주둔하고 있었는데 누군가가 '곽공이 여포와 동모했다'고 말하자 모두가 두려워하였다. 곽공이 순욱에게 만나기를 청하자 순욱은 응하려 하였다. 그러자 하후돈이 순욱을 만류했는데 순욱은 "곽공과 장막은 평소 떨어져 있어 결탁하지 않았고, 이번에 곽공이 서둘러 왔으니 틀림없이 계책도 없이 왔을 것입니다. 그가 어느 쪽을 택하기 전에 설득한다면, 우리에게 도움은 안 되더라도 중립을 취할 것입니다. 만약 우리가 먼저 의심한다면 곽공은 노해 우리를 배반할 것입니다."[11]라며 성을 나섰다. 곽공은 순욱의 두려움 없는 태도를 보고 돌아갔다. 그는 어디에 줄을 설 것인지 가늠하려고 했던 것인데 이를 순욱이 간파해 잘 대처했던 것이다. 또 한번 위기를 넘긴 것이다.

순욱과 같이 견성을 지키던 정욱은 범현(范縣) 현령 근윤(靳允)[12]을 찾

....

9. 《삼국지》〈위서〉 제하후조전(諸夏侯曹傳) '汝等凶逆 乃敢執劫大將軍 復慾望生邪! 且吾受命討賊 寧能以一將軍之故 而縱汝乎? 因涕泣謂惇曰 當奈國法何'

10. 상식적으로 아무 말도 하지 않았을 리는 없어 보인다. 다만 기록이 없으니 하후돈으로서는 억울한 상황인지 모를 일이다.

11. 《삼국지》〈위서〉 순욱순유가후전(荀彧荀攸賈詡傳) '貢與邈等 分非素結也 今來速 計必未定. 及其未定說之 縱不爲用 可使中立 若先疑之 彼將怒而成計'

아가 설득하였다. 곽공과 마찬가지로 많은 지방관들이 조조와 여포를 놓고 저울질하며 고민하고 있었던 것이다. 정욱을 만난 후 근윤은 진궁이 보낸 범의(氾嶷)를 처형하고 성을 지켰다. 또한 정욱은 별도의 기병을 보내 나루를 막아 진궁이 강을 건널 수 없게 한 후 동아(東阿)현으로 이동하였다. 동아(東阿) 현령 조지(棗祗) 또한 관리와 백성을 단속하며 성을 굳게 지켰다. 순욱과 정욱의 노력으로 견성, 범현, 동아 세 현만은 여포에 저항하였고 견성 함락에 실패한 여포는 물러나 복양(濮陽)현에 주둔하게 되었다.

회군하는 중 상황을 전해들은 조조는 "여포가 태산 인근의 험한 지형을 이용하여 나를 요격하지 않고 그냥 복양에 주둔하고 있으니 여포의 무능함을 알 수 있다."[13]며 웃었다. 위기에도 곧잘 웃는 조조였다. 조조가 진격해 오자 여포는 기병을 이끌고 조조의 청주병들을 공격해 들어갔다. 기습을 당한 청주병들이 도주하면서 조조의 군진이 혼란에 빠졌다. 적을 우습게 보다가 곧잘 당하는 조조였다. 조조군은 대장인 조조가 낙마하여 왼손바닥에 화상을 입을 정도로 큰 타격을 입었으나 겨우 퇴각해 목숨을 건졌다.

연의에서는 이 상황을 재미있게 그렸다. 복양성으로 쳐들어갔던 조조가 진궁의 꾀에 빠져 부하들을 모두 잃고 우왕좌왕하던 중 여포를 맞닥뜨린 것이다. 이미 조조는 화려한 투구나 장식을 다 떼고 병사의 투구하나를 쓰고 달아나던 중이라 여포는 조조를 알아보지 못했다. 옆을 지나치던 여포가 난데없이 조조의 투구를 툭 치며 조조 어디 갔냐며 묻고 조조는 엉뚱한 곳을 가르쳐주며 위기를 벗어난다. 독자의 손에 땀을 쥐게 한 연출이라 할 수 있는, 연의의 백미 중 한 장면이다. 자신만만하게 여포를 공격했던 조조였건만 총대장인 자신이 힘겹게 도주할 정도로 대파되며 체면을 구겼다. 여포의 무력이 명성대로임을 증명하는 순간이었다. 이후에도 조조는 뾰족한 답을 찾지 못하였고 양측은 백여 일간이나 대치하는 상황이 벌어지게 된다.

《자치통감(資治通鑑)》에서는 이 장면을 이렇게 말하고 있다. 여포의 기병 하나가 조조를 붙잡았다. 그런데 기병은 그가 조조인 걸 알아보지 못하고 '조조 어디 있어?'라고 묻는다. 이에 조조가 '저기 누런 말을 타고 가는 자입니다'라고 가리킨다. 이에 기병이 누런 말 탄 자를 뒤쫓는다.'[14] 소설과 가장 비슷한 정사의 기록이다. 다만 투구를 탕탕 내려치는 장면은 없다.

여포는 복양현 서쪽 4~50리 부근에 별도의 부대를 거느리고 주둔하고 있었다. 전열을 가다듬은 조조가 이를 야습하여 날이 밝을 무렵 여포의 군영을 격파하였다. 그러나 조조군이 완전히 회군하기 전에 여포의 구원군이 도착해 세 방향에서 공격해 들어갔다. 여포도 직접 나서 새벽

••••

12. 늑윤(勒允)으로 보기도 한다.
13. 《삼국지》〈위서〉 무제기(武帝紀) '不能據東平 斷亢父 泰山之道乘險要我 而乃屯濮陽 吾知其無能 爲也'
14. 《자치통감(資治通鑑)》 61권 '布騎得操而不識 問曰 曹操何在? 操曰 乘黃馬走者是也. 布騎乃釋操而 追黃馬者'

부터 해가 기울 때까지 치열하게 싸웠는데 이때 맞서 싸운 조조의 장수가 전위였다. 전위(典韋)는 10여 자루의 극(戟)을 쥐고 큰 소리를 지르며 맞섰다고 한다.[15] 전위는 진류군 출신으로 진류태수 장막이 의병을 일으킬 때 등용되었고 이후 조조 휘하에 들어갔던 인물이다. 힘이 세기로 일대에서 유명했던 전위는 주로 조조의 친위병을 지휘하며 막사 주변을 지켰다. 전위는 큰 쌍극(大雙戟)과 긴 칼(長刀)을 주로 썼는데, 이 때문에 군중에서는 '막사를 지키는 장사 전위는 80근 쌍극을 휘두른다.[16]'는 말이 돌았다.

한편 난전 중에 하후돈이 왼쪽 눈에 화살을 맞는 부상을 당한다.[17] 하후돈은 한쪽 눈을 잃었고 이후 군중에서는 그를 맹하후(盲夏候)라 불렀다.[18] 하후돈 하면 떠오르는 가장 극적인 장면이 바로 눈을 잃는 순간이다. 한쪽 눈을 가린 독안(獨眼)의 맹장이 하후돈의 이미지인데 연의에서는 화살이 박힌 눈알을 뽑아 먹은 것으로 묘사하고 있다. 강렬하다. 대부분의 독자들은 이 눈알 씹는 상남자 퍼포먼스로 인해 직전에 있었던 포로 하후돈의 어벙한 모습을 기억하지 못한다. 같은 전쟁에서 일어난 일이다.

이 해에는 가뭄이 극심하였다. 백성들이 크게 굶주리게 되자 양측은 군량 부족으로 철군하지 않을 수 없었다. 194년 가을 여포는 산양(山陽) 군에 주둔하고, 조조는 견성으로 돌아왔다. 조조는 인질로 잡혔던 하후돈을 구출한 한호에게 "경의 이번 조치는 만세(萬世)의 법이 될 것이오." 라며 크게 칭찬하였고 이를 법으로 기록하게 조치하였다. 이후 인질범을 공격할 때 인질의 생명을 고려하지 않게 되었다고 한다.[19] 또한 조조는 정욱의 손을 잡고 "그대의 도움이 없었으면 나는 돌아갈 데가 없었을 것이오!"[20]라며 공을 치하했다.

이 무렵 원소는 조조에게 가족을 데리고 자신의 본거지인 업현(鄴縣)에 머물라는 제의를 하였다. 이는 원소가 조조에게 화해를 제안한 것이었다. 조조는 최근에 연주 일대를 잃었고 군량도 다하여 원소의 제의를 받아들이려 하였다. 그러나 정욱의 간곡한 제지로 이 강화는 결렬되었다. 장차 주적이 될 상대임을 어렵지 않게 예측할 수 있는 상황에서 수비가 용이하지 않은 곳으로 가는 것은 위험하다는 이유였다. 이를 모를 리 없는 조조였지만 그만큼 이때 조조의 상황은 여의치 않았다. 원소의 제의를 물리친 조조는 10월 동아현에 주둔하였다. 동아현은 순욱과 정욱이 지킨 세 곳 중 하나였고 정욱의 고향이기도 했다. 한편 서주에서는 도겸이 병사하여 유비가 서주목에 올랐다.

또 한 해가 흘러 195년 봄, 전열을 어느 정도 정비한 조조는 제음(濟陰)

••••

15. 《삼국지》〈위서〉이이장문여허전이방염전(二李臧文呂許典二龐閻傳) '韋手持十餘戟 大呼起'

16. 《삼국지》〈위서〉이이장문여허전이방염전(二李臧文呂許典二龐閻傳) '帳下壯士有典君 提一雙戟八十斤'

17. 《삼국지》〈위서〉제하후조전(諸夏侯曹傳) '惇從征呂布 爲流矢所中 傷左目'

18. 본인은 이 별명을 굉장히 싫어했다고 한다. 《삼국지》〈위서〉제하후조전(諸夏侯曹傳) 배송지주 위략(魏略) 인용 '時夏侯淵與惇俱爲將軍 軍中號惇爲盲夏侯. 惇惡之'

19. 《삼국지》〈위서〉제하후조전(諸夏侯曹傳) '太祖聞之 謂浩曰 卿此可爲萬世法. 乃著令 自今已後 有持質者 皆當幷擊 勿顧質'

20. 《삼국지》〈위서〉정곽동유장유전(程郭董劉蔣劉傳) '微子之力 吾無所歸矣'

군 정도(定陶)현을 공격했다. 그러나 제음태수 오자(吳資)의 격렬한 저항으로 성을 함락하지는 못하였다. 대신 원군으로 온 여포군을 야전에서 격파하는 것으로 만족해야 했다. 여름에는 산양군 거야(鉅野)현에 주둔 중인 여포의 부장 설란(薛蘭)과 이봉(李封)을 공격하였다. 이번에도 여포가 구원하려 하였지만 설란 등이 전사하고 여포는 또 패주하였다. 조조가 전면전에서 각개격파로 전법을 바꾸었던 것이다. 이후 여포는 진궁과 함께 산양군 동민(東緡)현에서 1만여 군사를 거느리고 조조군을 공격하였는데 이에 조조는 매복하였다가 기습하여 다시 여포군을 크게 물리쳤다. 여포는 야금야금 전력을 잃은 끝에 달아나게 되었고 조조는 정도현을 점령한 후 다른 현들도 하나하나 차지하며 힘을 회복해갔다.

조조와의 대결에서 패한 여포는 동쪽으로 유비를 찾아가 의탁하게 되었다. 아울러 장막도 여포를 따라갔는데 이때 장막은 동생 장초를 시켜 가솔들을 거느리고 옹구(雍丘)현을 지키게 하였다. 하지만 8월에 조조가 옹구현을 포위하여 11월에 함락하면서 장초는 자결하고 말았다. 조조는 장막의 가족들까지 모두 처형하며 분풀이를 하였다. 이후 장막은 원술을 찾아가 원군을 청하여 재기하려 하였으나 도중에 부하들에게 피살되었다.

큰 위기에서 기사회생한 전투였지만 이 복양 전투를 기점으로 조조는 탄탄한 전력을 구축하게 된다. 이때까지의 조조는 여러 군웅 중 하나에 불과했고 삼국지 전반적으로 풍기는 '막강' 조조의 이미지와는 거리가 있었던 것이다. 조조가 전력을 회복하자 조정은 조조에게 연주목에 임명하는 조서를 내렸다.

시간을 되돌려 조조가 서주를 공격하기 직전인 193년으로 가보자. 이때 서주목 도겸은 청주(靑州)자사 전해(田楷)에게 원군을 요청하였다. 이에 전해는 유비와 함께 출병하였다. 당시 유비는 1천여 군사와 유주(幽州) 일대 오환족(烏丸族) 등 여러 호인(胡人) 기병들과 굶주린 백성 1천여 명을 거느리고 있었다. 누가 봐도 정예병과는 거리가 멀어 보였는데 유비가 이들을 거느리고 서주에 도착하자 도겸은 단양(丹楊)의 군사 4천을 보태준다.

도겸은 조조에 밀려 점점 상황이 어려워졌음에도 운 좋게도 조조군이 이듬해인 194년 봄에 철수하여 한숨을 돌렸다. 조조군의 군량이 떨어진 것이다. 도겸을 구원하러 왔던 유비는 전해를 떠나 도겸에게 귀부하게 된다. 도겸 또한 표문을 올려 유비를 예주(豫州)자사에 임명되도록 해주었다. 유비를 이르는 또 다른 말인 유예주는 이때 만들어진 것이다. 유예주가 된 유비는 소패(小沛) 즉 패현(沛縣)에 주둔했는데 여름에 조조가 다시 서주로 진격해왔다. 하지만 이번에는 여포, 진궁, 장막 등이 후방을 습격해 조조는 급히 회군하게 된다.

조조가 물러가고 얼마 지나지 않아 도겸이 위독해졌다. 이에 도겸은 별가(別駕)인 미축(糜竺)에게 "유비가 아니면 서주를 안정시킬 사람이 없다."[21]고 말하고 얼마 후 세상을 떠난다. 194년 가을이었다. 이에 미축은 유비를 모시려 하지만 유비가 이를 사양하였다. 그러자 하비(下邳) 출신

••••

21. 《삼국지》〈촉서〉 선주전(先主傳) '非劉備不能安此州也'

진등(陳登)이 "지금 한실이 크게 쇠약하여 나라가 기울어지려 하는데, 지금이야말로 공을 세우고 큰일을 할 때입니다. 서주는 백성도 많고 부유하며 호구가 1백만이나 되는데, 지금 사군(使君)에게 그 서주를 맡기려는 것입니다."[22]라며 권한다. 이에 유비가 "원공로[23]는 가까운 수춘에 있고 명문세가로 민심이 귀부하니 서주를 다스릴 만합니다."라며 원술에게 서주를 넘기자며 다시 사양하였다. 그러자 진등은 "공로는 교만하고 호사하여 난세를 바로잡는 주군이 될 수 없습니다. 지금 사군에게는 10만의 보병과 기병이 있으니 위로는 천자를 받들고 백성을 제도하여 오패(五覇)의 대업을 성취할 수 있고, 아래로는 차지한 땅을 지켜 역사에 이름을 남길 수 있습니다. 만약 사군께서 이를 허락하지 않으시면, 저 역시 사군의 명을 따를 수가 없습니다."라며 재차 권하였다. 아울러 북해상(北海相) 공융도 "원공로가 어찌 나라를 걱정하여 가문을 버릴 수 있는 사람이겠습니까? 그 자는 '무덤 속의 해골'이나 마찬가지이니 어찌 마음에 두겠습니까. 오늘의 일은 백성들이 드리는 것입니다. 하늘이 내려주는데도 받지 않는다면 후회막급일 것입니다"[24]라며 거든다. 이에 결국 유비는 서주목 지위를 받아들였다. 명목뿐인 예주자사에 실질적인 서주목이 더해

....

22. 《삼국지》〈촉서〉 선주전(先主傳) '今漢室陵遲 海內傾覆 立功立事 在於今日. 彼州殷富 戶口百萬 欲屈使君撫臨州事'

23. 공로(公路)는 원술의 자이다.

24. 《삼국지》〈촉서〉 선주전(先主傳) '登曰 公路驕豪 非治亂之主. 今欲爲使君合步騎十萬 上可以匡主濟民 成五霸之業 下可以割地守境 書功於竹帛. 若使君不見聽許 登亦未敢聽使君也. 北海相孔融謂先主曰 袁公路豈憂國忘家者邪? 塚中枯骨 何足介意. 今日之事 百姓與能 天與不取 悔不可追'

졌다. 유비가 처음으로 기반다운 기반을 얻은 때였다.

간옹(簡雍)은 유비와 같은 탁군(涿郡) 출신으로 젊어서부터 유비와 친했다. 그는 유비를 따라 여러 곳을 함께 누비며 유비를 도왔다. 손건(孫乾), 미축(麋竺), 진군(陳群) 등은 서주목이 되면서부터 유비를 따르며 보좌하게 되었다. 특히 동해군 출신으로 조상 때부터 상업에 종사하여 집안이 엄청난 부자였던 미축은 물심양면으로 유비에게 많은 도움을 주었다.

2

손책의 자립
192~196년

오(吳)의 기반은 손견의 장남 손책이 닦았다. 그는 어린 나이임에도 식솔들을 이끌고 그야말로 빈손으로 대업의 기초를 만들었다. 비교적 이른 나이에 세상을 떠나 그 공이 평가절하 된 감이 없지 않아 있지만 영웅적인 풍모가 부족하지 않은 인물이다.

아버지 손견이 전사한 후 손책은 사촌형제인 손분(孫賁)과 함께 시신을 모셔다 곡아(曲阿)현에 장례를 지냈다. 이후 손책은 장강 이북에 위치한 서주의 강도(江都)현에 머물렀다.[25] 서주목 도겸은 손책을 몹시 꺼려하

••••

25. 《삼국지》〈오서〉 손파로토역전(孫破虜討逆傳)에 따르면, 손견의 고향은 오군 부춘현이지만 손책은 손견의 장례를 곡아에서 지냈다. 장지를 곡아로 택한 이유는 알려져 있지 않다. 이후 손책은 모친과 장강 이북에 위치한 강도현에 거주하게 된다.

였다. 이유는 알려지지 않았지만 도겸이 손책에 대해 적대적이었던 것은 분명하다. 이에 손책은 단양태수 오경(吳景)을 찾아갔다. 오경은 손견의 부인 오(吳)씨의 남동생이니 손책의 외삼촌이다. 그는 매형인 손견을 따라 전투에 참여하여 많은 전공을 세웠던 인물이다.

오경은 원술의 천거로 단양태수에 임명되어 기존 태수였던 주흔(周昕)을 쫓아냈다. 이 무렵 손분도 원술에 의해 단양군 도위에 임명되었다. 원술의 세력이 제법 강했던 때였음을 알 수 있다. 당시 손책을 수행하는 이는 여범(呂範)과 손하(孫河) 뿐이었다. 여범은 본래 원술 휘하에 있다가 손책을 만난 후 그 인물됨을 보고 자신의 문객 1백여 명과 함께 귀부했던 인물이다. 손책은 여범을 보내 강도현에 있는 자신의 모친을 모셔오게 하였다. 그런데 도겸이 여범을 원술의 첩자라 생각하고 체포하여 감금한 사건이 일어났다. 손책을 적대하던 도겸의 도발이었는데 여범은 겨우 탈출해 돌아왔고 이후에도 계속 손책을 도왔다. 손하(孫河) 역시 손책이 미약하던 시절부터 여범과 더불어 손책을 보좌했던 인물이다. 그의 본명은 유하(兪河)로 손책으로부터 손씨 성을 하사받았다.

이 무렵 유요(劉繇)라는 인물이 조정의 명을 받아 양주(揚州)자사에 임명되었다. 유요는 연주자사 유대(劉岱)의 동생이다. 본래 양주의 치소(治所)는 구강(九江)군에 있는 수춘으로, 당시에는 원술이 차지하고 있었던 곳이었다. 때문에 유요는 장강 건너 곡아현을 자사부 치소로 정했다. 수춘 일대에서 원술의 세력이 어느 정도였는지 알 수 있는 대목이다. 하지만 유요는 곡아현에 머물면서도 단양태수 오경과 단양군 도위 손분의 압박을 받았다. 중앙에서 임명된 관리가 지방 세력이 멋대로 임명한 관리에게 핍박을 받는 상황으로, 정리하자면 회수(淮水) 이북의 도겸, 장강 이남의 유요 그리고 회수와 장강 사이의 원술이 대립하는 형국이었다. 이 가운데에서 미약한 손책이 발을 뻗기가 쉽지 않았던 것이다. 강동의 호랑이라 불렸던 손견의 아들이 아직은 새끼 호랑이에 불과한 때였다.

　손책은 일단 무리를 이끌고 수춘의 원술에 의탁하게 된다. 이때가 194년으로 손책의 나이 20세였다. 원술은 손책을 특별하게 여기며 옛 손견의 군사들을 돌려주었다.[26] 손책은 많지 않은 나이였음에도 능력과 인간됨을 높이 평가받았다. 그 무렵 태부 마일제(馬日磾)라는 인물이 황제의 명을 받아 일대를 진무(鎭撫)[27] 중이었는데 그는 표문을 올려 손책을 회의교위(懷義校尉)에 제수하였다. 또한 원술의 부하들 중에서도 대장 교유(橋蕤)나 장훈(張勳) 등이 손책을 공경하였다. 원술은 "나에게 손랑과 같은 아들이 있다면 죽어도 무슨 한이 있겠나!"[28] 하며 감탄했다고 한다. 아들이란 것이 아버지를 닮는 것이니 원술에게 손랑과 같은 아들이 나올 리가 있을까. 원술은 참 여러모로 재미있는 캐릭터임에 틀림없다. 어쨌든 손책은 실력과 용모, 그리고 사람됨을 갖춘 '엄친아'였던 것이다. 손책에 대한 원술의 마음은 애정과 경계심이 오락가락하였다. 아들처럼 아껴 수하로 데리고 있고자 한 마음과 한편으론 호랑이 새끼를 풀어주고 싶지 않은 마음이 공존하지 않았을까.

　원술이 구강태수에 손책을 임명하려다가 자신의 부하인 진기(陳紀)를 임명한 일이 있었다. 얼마 후 원술은 북쪽의 서주를 공격하려고 여강(廬

江)태수 육강(陸康)에게 군량미 3만 곡(斛)을 요구한다. 그러나 육강은 이를 거부했다. 대노한 원술은 손책으로 하여금 육강을 공격하게 하면서 "그 전에 본의 아니게 진기를 임명한 걸 후회하고 있네. 이번에 육강을 처리하고 나면 여강은 정말 자네의 소유가 될 것일세"라며 손책을 달랬다. 그 말을 믿은 손책은 출진하여 육강을 격파하고 여강을 점령하였다. 그러나 원술은 이번에도 자신의 옛 부하인 유훈(劉勳)을 여강태수에 임명해버렸다. 크게 실망한 손책은[29] 수춘으로 돌아가지 않고 곡아에 잠시 머물게 된다. 곡아는 유우가 치소를 차린 곳이다.

이 무렵 양주자사 유요와 고향이 같은 한 장수가 곡아현으로 유요를 찾아왔다. 동래(東萊)군 출신 태사자(太史慈)였다. 태사자에 대해 이미 알고 있던 누군가가 유요에게 태사자를 대장군에 추천하였는데 이에 유요는 "내가 만약 자의[30]를 대장군에 임명하면 허자장이 나를 비웃지 않겠는가?"[31]라며 받아들이지 않고 대신 정찰 임무를 맡겼다. 자장(子將)은 허소(許劭)의 자(字)이다. 허소는 앞서 젊은 조조의 앞날을 예측했던 인물인

••••

26. 《삼국지》〈오서〉 손파로토역전(孫破虜討逆傳) '術甚奇之 以堅部曲還策'

27. 진무(鎭撫)란 난리 이후 지역의 민심을 안정시키기 위해 백성을 어루만져 달래는 것을 말한다. 이 과정에서 인재를 천거하여 벼슬을 내리는 경우가 있었다.

28. 《삼국지》〈오서〉 손파로토역전(孫破虜討逆傳) '使術有子如孫郎 死復何恨'. 손랑(孫郎)은 손책을 말한다. 강표전(江表傳)에 따르면 선비와 백성들이 손책을 손랑으로 불렀다고 한다.

29. 《삼국지》〈오서〉 손파로토역전(孫破虜討逆傳) '前錯用陳紀 每恨本意不遂. 今若得康 廬江眞卿有也. 策攻康 拔之 術復用其故吏劉勳爲太守 策益失望'

30. 자의(子義)는 태사자의 자(字)이다.

31. 《삼국지》〈오서〉 유요태사자사섭전(劉繇太史慈士燮傳) '我若用子義 許子將不當笑我邪'

데 태사자에 대해서는 좋은 평을 내리지 않았다. 이 대화에서도 알 수 있듯 당시 허소는 인물평론으로 대단히 유명했던 자였는데 태사자에 대한 평가는 너무 박하지 않았나 생각된다.

유요 밑에서 정찰 임무를 맡고 있던 태사자는 어느 날 우연히 곡아에 와 있던 손책과 마주쳤다. 당시 원술과 유요가 대립하고 있던 상황이었기에 태사자와 손책은 적이라고 볼 수 있다. 양측이 전투를 벌여도 이상하지 않을 상황이었다. 손책을 수행한 장수들은 한당, 송겸, 황개 등 13명에 불과했으나 맹장들이었다. 정확한 이유는 알려지지 않았으나 한바탕 싸움이 벌어졌다. 태사자는 손책에게 달려들어 육탄전을 벌였다. 한참 후 양쪽의 기병들이 몰려와 두 장수는 승부를 가리지 못한 채 흩어졌다.

긴장관계를 유지하던 원술과 유요는 장강을 사이에 두고 대치하다 드디어 대대적인 전투를 벌였다. 원술은 오경과 손분을 보내 역양(歷陽)현에 주둔하다가 유요의 군영을 공격하게 하였다. 여기에 자신의 부하인 혜구(惠衢)를 마음대로 양주자사에 임명한 후 이들과 합세하게 하였다. 이에 맞서 유요는 번능(樊能)과 우미(于麋)를 보내 횡강진(橫江津)에, 장영(張英)을 당리구(當利口)에 주둔하게 하였다. 하지만 승부를 내지 못한 채 해는 195년으로 넘어갔다.

주치(朱治)는 과거 손견의 부장이었던 인물이다. 그는 손책에게 '원술의 정사나 덕행이 성공할 수 없다'며 손책에게 강동으로 가 일대를 차지할 것을 권유하였다. 그렇지 않아도 원술에게 여러 차례 실망한 손책은 드디어 결심을 굳힌다. 먼저 '장기간 대치중인 오경과 손분 등을 돕겠다'

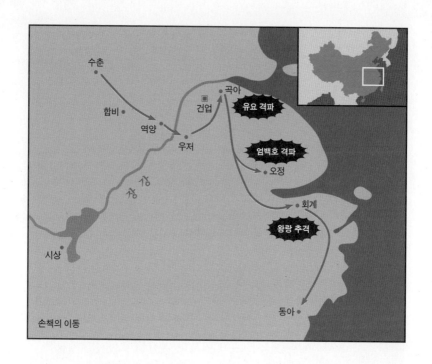

손책의 이동

는 구실로 원술로부터 군사 1천과 기마 수십 필을 받아냈다. 아울러 원술의 허락으로 빈객 중 원하는 자를 데리고 나설 수 있었다. 이렇게 출진한 손책은 역양현에 당도할 무렵 한 통의 서신을 보냈다. 어려서부터 친했던 동갑내기 벗에게 보내는 서신이었다. 수신인은 주유(周瑜). 이 무렵 삼촌인 단양태수 주상(周尙)을 안부 차 찾아가고 있었던 주유는 서신을 받자마자 곧장 군사를 거느리고 손책에게 달려온다. 손책이 "내가 자네를 얻었으니 다 잘 될 것이다."[32]라고 기뻐했다. 이 무렵 손책의 병력은 5,

••••

32. 《삼국지》〈오서〉주유노숙여몽전(周瑜魯肅呂蒙傳) '吾得卿 諧也'

6천으로 늘어나 있었다.

손책이 유요를 공격하기 위해서는 배가 필요했다. 이때 서곤(徐琨)의 모친이 군영에 있었다. 서곤은 관직을 버리고 손견을 따라 전장을 누비며 공을 세워 편장군이 된 인물이다. 서곤의 모친은 손견의 여동생으로 손책에게는 고모가 되는데 "갈대를 베어 뗏목(泭)을 만들어서 배가 끌면 군사를 도강시킬 수 있다."며 계책을 냈다. 서곤이 이를 손책에게 알리니 손책은 즉시 명을 내려 시행하였다. 성공적으로 강을 건널 수 있었던 손책의 군사들이 한꺼번에 번능(樊能)과 우미(于糜), 장영(張英)을 공격해 격파하였다. 여세를 몰아 들이치니 유요마저 패주하고 말았다.

유요는 장강 이남 예장(豫章)군 팽택(彭澤)현에까지 다다랐다. 그때 예장군에는 책융(笮融)이[33] 예장태수 주호(朱皓)를 살해하고 주둔 중이었다. 책융은 한때 서주에서 재물을 크게 착복해 재산을 모았지만 지금은 이곳에 피신하여 있었다. 유요는 진격하여 책융을 공격하여 어렵게 격파하였다. 패주한 책융은 산 속으로 숨어들었지만 백성들에게 살해되었다. 어느 시대에나 악인들이 있지만 난세에는 더 많이 등장하기 마련인데 책융도 그 중 한명이다. 책융은 단양(丹楊)군 출신으로 수년 전 무리를 모아 도겸에게 의지한 인물이었다. 도겸은 그에게 광릉(廣陵)군과 팽성(彭城)군의 조운(漕運) 업무를 담당하게 하였다. 그런데 책융은 방종(放縱)하여 조운 수입을 개인 자산으로 착복하고 유사 불교 행위로 수많은 백성을 모아 이익을 챙기기도 하였다.

조조가 도겸을 공격하였을 때 책융은 수만 명의 백성과 말 3천 필을 거느리고 광릉(廣陵)군으로 이주했다. 광릉태수 조욱(趙昱)은 책융을 손님의 예로 대우하였다. 난세에는 사람 보는 눈이 평시보다 훨씬 더 중요하다. 한순간에 목숨이 왔다갔다 하기 때문이다. 책융은 조욱이 술에 취했을 때 그를 살해하고 물자를 노략질하는 만행을 저지른다. 광릉을 턴 책융은 다시 장강 이남 예장군으로 이주했는데, 여기서도 그는 예장태수 주호를 살해했다. 책융은 연의에서는 제대로 다루어지지 않지만 사실 가는 곳마다 해악을 끼친 인물이었다.

한편 유요 휘하에 있던 태사자도 패주하여 단양군 무호(蕪湖)현 일대에 숨었다가 산 속으로 피신하며 단양태수를 자칭하고 있었다. 손책은 단양군 일대를 거의 다 평정하고 있었지만 경현(涇縣) 서쪽 6개현을 아직 복속하지 않은 상태였다. 태사자는 다시 경현으로 들어가 주둔하며 산월인(山越人)들의 지지를 얻고 있었는데 손책이 여범 등과 함께 공격하였다. 격렬한 전투 끝에 손책은 태사자를 생포하게 된다. 손책은 포박된 태사자를 보자 손수 결박을 풀어주며 물었다. "저번에 싸우던 걸 기억하는가? 그때 나를 잡아 어찌할 생각이었나?" 이에 태사자가 대답하길 "그것까지는 생각해보지 않았습니다."라고 하였다. 그러자 손책이 크게 웃으며 "오늘 이후의 일은 경과 함께할 것이오."[34]라며 등용하였다. 태사자는 절충중랑장에 제수되었다.

••••

33. 착용 또는 작용으로 읽기도 한다.
34. 《삼국지》〈오서〉유요태사자사섭전(劉繇太史慈士燮傳) '策卽解縛 捉其手曰 寧識神亭時邪? 若卿爾時得我云何? 慈曰 未可量也. 策大笑曰 今日之事 當與卿共之'

여담으로 태사자는 활을 아주 잘 쏘았다. 한번은 도적떼를 토벌하는데 한 놈이 누각 위에서 한 손으로 누각의 기둥을 짚고 욕을 하고 있었다. 이에 태사자가 활을 쏘니 화살이 손등을 뚫고 기둥에 그대로 박혀버렸다고 진수는 기록하고 있다.

3

헌제의 장안 탈출

195~196년

천하 곳곳에서 군웅들의 토너먼트가 펼쳐지고 있을 때 중앙에서는 동탁의 뒤를 이은 이각과 곽사가 전횡을 부리고 있었다. 192년 이각 등이 권력을 잡은 이후 조정의 기강은 무너질 대로 무너졌다. 이각과 곽사의 병사들은 백성들을 노략질하였고 정상적인 세제(稅制)도 무너져 백성들의 생활은 극도로 피폐해져 갔다. 백성의 안녕에는 전혀 관심이 없었던 이들 패거리는 시간이 흐르자 점점 반목하게 되었다. 최고 권력자가 여럿일 수 없었기에 자연스럽게 알력이 생긴 것이다. 결국 번조가 먼저 살해되었고 이후 이각과 곽사가 서로를 시기하여 장안 성내에서 전투를 벌였고 이런 상황이 수개월 동안 이어졌다.

이 무렵 이각의 부하 양봉(楊奉)과 송과(宋果) 등이 이각을 주살할 모의를 하였다. 하지만 사전에 누설되면서 어쩔 수 없이 양봉과 송과 등은 군사행동을 실행할 수밖에 없었다. 이로 인해 이각의 군세는 약해졌는데 때마침 섬현(陝縣)에서 장제가 돌아와 이각과 화해하게 된다. 이런 혼란을 틈타 헌제는 장안을 탈출해 신풍(新豐), 패릉(霸陵) 부근까지 갔다. 곽사는 헌제를 쫓아가 겁박하여 장안 서쪽에 위치한 미현(郿縣)에 도읍을 정하려고 하였다. 하지만 헌제는 다시 양봉(楊奉)의 군영으로 피신하였고 양봉이 곽사를 격파하면서 위기에서 벗어났다. 곽사는 남쪽에 위치한 종남산(終南山)으로 패주하였고 양봉과 동승(董承)은 헌제를 모시고 낙양을 향해 출발하였다. 이때가 195년이다.

이각과 곽사는 각자의 처지가 곤궁해지자 어쩔 수 없이 다시 화해하게 되었다. 뒤늦게 힘을 합쳐 홍농(弘農)군 조양(曹陽)까지 헌제 일행을 추격하였다. 양봉은 옛 황건적 일파인 한섬(韓暹), 호재(胡才), 이락(李樂) 등을 불러들여 이각과 곽사에 맞섰다. 하지만 양봉 등은 이들의 공격을 감당할 수 없었고, 양봉군을 제압한 이각과 곽사는 공경과 백관, 궁인들을 죽이고 약탈했다. 양봉 등은 헌제를 모시고 겨우 탈출하여 섬현(陝縣)을 거쳐 황하를 건넜는데 수레까지 버려야 했기에 헌제마저 걸어서 이동할 수밖에 없었다. 이때 헌제를 수행하는 사람들은 황후와 귀인밖에 없었다.

양봉과 한섬은 헌제를 하동(河東)군 안읍(安邑)현에 머물게 하였다. 이에 헌제는 한섬을 정동장군(征東將軍), 호재를 정서장군(征西將軍), 이락을 정북장군(征北將軍)에 임명하였고 그리고 양봉과 동승에게 정사를 보좌하게 하였다. 아울러 태복(太僕) 한융(韓融)을 홍농군에 보내 이각·곽사

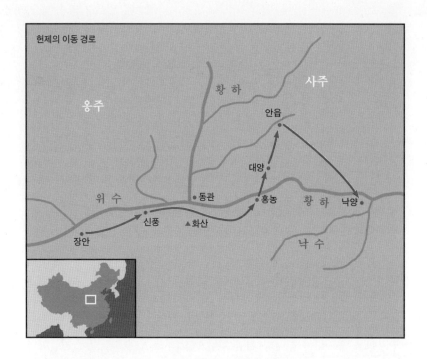

헌제의 이동 경로

와 강화를 맺었다. 이에 이각과 곽사는 잡아놓았던 궁인들과 백관들 그리고 어가(御駕) 등을 돌려보냈다.

조정이 환란을 겪는 동안 천하는 크게 흉년이 들어 관리들도 대추나 나물로 연명하고 있었다.[35] 이때 하내(河內)태수 장양(張楊)이 식량을 준비하여 길에서 헌제 일행을 영접하였다. 장양은 안국장군(安國將軍)에 제수되었다. 장양은 헌제를 영입하여 낙양까지 모시려 하였지만 여러 장수들의 반대로 돌아갔다. 장양이 돌아간 곳은 야왕(野王)현. 지명이 들판의

••••

35. 《삼국지》〈위서〉 동이원유전(董二袁劉傳) '歲旱無穀 從官食棗菜'

왕이다. 이 무렵 동소(董昭)라는 자가 헌제를 찾아왔다. 황제의 처지가 궁하게 되었기에 이때는 세력가들에게 황제를 다소 쉽게 접할 수 있는 기회였다. 조조나 원소 또한 이런 어수선한 와중에 기회를 잡으려고 노력한 인물들이다.

동소는 조조가 중앙으로 다시 진출하는 계기를 만들어준 인물이다. 그는 제음(濟陰)군 출신으로 처음에 원소에게 등용되었지만 여러 사정으로 인해 떠나게 되었다. 이후 헌제에게 가려고 하내군까지 왔다가 장양에게 의탁하였는데 그 무렵 연주자사가 된 조조는 장안으로 사자를 보내는 등 어떻게든 조정과 연결되려고 애쓰고 있었다. 조조의 사자가 하내군을 지날 때 동소는 "원소와 조조는 지금 한편이지만 이 형세가 오래 갈 수는 없습니다. 지금은 조조가 약세이지만 그는 천하를 차지할 영웅이니 연을 맺어둬야 합니다. 지금 이런 연고가 닿았으니 조정에 연결하면서 표문을 올려 조조를 천거하면, 앞으로 오랫동안 친분을 유지할 수 있습니다."[36]라며 장양을 설득하였다. 비록 자신이나 장양이 조조와 오랫동안 친분을 유지하지는 못했지만 판세는 정확히 읽었던 것이다. 동소의 충고를 받아들인 장양은 조정에 조조를 천거하였고 동소는 헌제가 안읍현에 머물고 있을 때 입조하여 의랑(議郎)에 임명되었다.

헌제는 양봉, 한섬, 동승 등의 도움으로 겨우 낙양으로 올 수 있었다. 하지만 궁궐은 모두 불타 없어졌고 거리는 황폐했다. 백관들은 가시덤불을 헤쳐 나물을 뜯고 언덕이나 담장에 기대어 쉬는 등 여전히 고생은 끝나지 않았다.[37]

한편 조조는 헌제가 막 황하를 건너 안읍현에 당도할 무렵 헌제를 모셔야 할지 여부를 신하들에게 물었다. 많은 이들이 회의적이었는데 순욱과 정욱만은 적극적으로 찬성 입장을 표명하였다. 순욱 등의 말을 따른 조조는 조홍을 선발대로 파견하였다. 하지만 위장군(衛將軍) 동승(董承)과 원술의 부장 장노(莨奴)가 험지를 막고 저지하는 바람에 조홍은 더 이상 나아가지 못하였다.

이듬해인 196년 2월 조조는 여남(汝南)군과 영천(潁川)군 일대 황건적 잔당인 하의(何儀), 유벽(劉辟), 황소(黃邵), 하만(何曼) 등을 공격해 유벽과 황소 등이 전사하고 하의 등 잔당들은 조조에 투항하였다. 아직 외지를 떠돌던 헌제는 조조를 건덕장군(建德將軍)에 임명하고, 6월에는 다시 진동장군(鎭東將軍)으로 승진시켰다. 마침내 7월 헌제는 양봉(楊奉)과 한섬(韓暹) 등과 낙양으로 환도하였다. 양봉은 인근의 양국(梁國)에 주둔하게 되었는데 자리를 잡게 되니 이들 무리 또한 사이가 틀어졌다. 양봉, 한섬, 동승 등이 불화하며 다투기를 반복했다. 그러던 중 의랑 동소(董昭)가 양봉과 함께 표문을 올려 조조를 불러들였는데 조조의 천거는 이렇게 이루어진 것이다.

조조가 낙양에 입성하여 도성을 호위하자 한섬은 도주해버렸고 헌제는 조조에게 부절(符節)과 부월(斧鉞)을 하사하며 상서 업무를 총괄하게

••••

36. 《삼국지》〈위서〉 정곽동유장유전(程郭董劉蔣劉傳) '袁曹雖爲一家 勢不久群. 曹今雖弱 然實天下之英雄也 當故結之.況今有緣 宜通其上事 幷表薦之 若事有成 永爲深分'

37. 《삼국지》〈위서〉 동이원유전(董二袁劉傳) '天子入洛陽 宮室燒盡 街陌荒蕪 百官披荊棘 依丘牆間'

하였다.[38] 조조는 헌제를 알현한 후 동소와 마주 앉아 물었다. "나를 여기 오게 하였으니, 이제 내가 어떻게 해야 하오?"[39] 동소 등은 조조에게 '낙양이 황폐하기에 허현(許縣)으로 천도할 것'을 권유하였다. 이 권유를 받아들인 조조가 대장군에 임명된 후 헌제는 허도(許都)로 천도하게 되었다. 허현 천도에 대해서는 누구의 의중이었는가 하는 측면에서 의심스러운 부분이 있는 것이 사실이다. 낙양이 폐허가 되어 천자와 조정이 있을 수 없었던 것은 사실이나 허현은 조조가 장악하고 있는 곳이기에 누가 보아도 조조에게 모조리 갖다 바치는 꼴이었다. 과연 이를 권력을 잡기 위해 혈안이 되어 싸웠던 자들의 권유라고 할 수 있을까. 조조는 어쨌든 이 허현 천도로 단숨에 역사의 주도권을 잡게 된다. 양봉은 이를 막고자 주둔지인 양국(梁國)에서 헌제 일행을 조조로부터 벗어나게 하려 하였지만 실행하지 못했다. 오히려 한 달 후인 10월에 조조의 공격을 받고 무너져 동남쪽에 있는 원술에게로 도주하고 만다.

당시 양봉의 휘하에는 서황(徐晃)이라는 장수가 있었다. 서황은 하동군 출신으로 양봉을 따라 도적 토벌에 공을 세워 기도위(騎都尉)에 임명되었다. 서황은 이각과 곽사가 서로 다툴 때 양봉에게 헌제를 모시고 낙양으로 돌아가야 한다고 건의했다. 아울러 낙양에 도착한 이후에는 조조에 귀부할 것 또한 건의하기도 했다. 양봉이 그 말에 따르려다 결국엔 듣지 않는데 양봉이 패주하자 서황은 조조에 투항하게 된다.

원소 또한 헌제가 풍찬노숙(風餐露宿)하며 떠돌 때 중앙 진출을 도모하였다. 헌제가 하동군을 지날 무렵 원소는 곽도(郭圖)를 사자로 파견했었다. 곽도는 돌아와 헌제를 업현(鄴縣)으로 모시자고 건의하였는데 원소는 망설이며 따르지 않았다. 이후 조조가 헌제를 영입하여 허현에 도읍을 정하니 일대가 조조에게 귀부하였고 원소는 그제야 후회하며 조조에게 '천자를 견성에 도읍케 하자'는 제의를 하는 뒷북을 친다. 조조가 이 바보 같은 수작을 수용할 리 없었다. 대신 천자의 이름으로 원소에게 태위(太尉)의 직을 내렸다. 이는 승자의 여유이자 조롱에 가까웠다. 원소는 이 직위의 서열이 조조보다 아래라 하여 받아들이지 않았다. 이에 조조는 대장군 직위를 원소에 양보하였는데 이 또한 조롱과 다름없었다. 이후에도 조조의 명목뿐인 벼슬놀이는 계속된다. 이는 황제를 손에 넣은 자의 특권이었다. 헌제는 조조를 사공(司空)에 임명하며 거기장군을 겸임하게 하였다. 이제 모든 것은 조조의 뜻대로 행해졌다. 조조를 중심으로 하는 삼국지 스토리의 구조가 이때 만들어진 것이다. 이 해에 둔전제가 시행되었다.[40]

이후 조조는 본격적인 인재등용에 몰두한다. 조조의 인재 욕심은 처음부터 끝까지 변하지 않는다. 순유(荀攸)가 등장한 때도 이때였다. 순유는 순욱의 당질이었는데 서신을 보내 초빙하여 군사로 삼았다. 순유는 일찍이 대장군 하진의 초빙으로 황문시랑(黃門侍郎)에 제수되었고, 동탁이 장안으로 천도할 무렵 거사를 모의했다가 발각되어 투옥된 적도 있

••••

38. 《삼국지》〈위서〉 무제기(武帝紀) '天子假太祖節鉞 錄尙書事'
39. 《삼국지》〈위서〉 정곽동유장유전(程郭董劉蔣劉傳) '今孤來此 當施何計'
40. 《삼국지》〈위서〉 무제기(武帝紀) '始興屯田'

었다. 동탁이 피살된 후 풀려나 촉군 태수에 임명되었지만 난리 통에 길이 막혀 부임하지 못하였는데 이때 형주에 머물고 있었다. 참고로 순유는 당숙인 순욱보다 6살이나 나이가 많았다.

순욱은 자신과 같은 영천 출신의 곽가(郭嘉)라는 젊은 인재도 천거하였다. 곽가는 한때 북쪽의 원소를 찾아갔다가 바로 떠난 바 있었다. 원소의 인물됨을 파악한 것이다. 그는 여러모로 순욱과 공통점이 많았는데 이에 조조는 "나의 대업을 성취케 할 사람은 틀림없이 이 사람이다."라며 반긴다. 곽가 또한 기뻐하며 "나의 참 주인입니다."[41]라고 답하였다. 둘이 잘 논다.

그런데 어느 날 원소가 조조에게로 서신을 보내왔다. 당시 원소는 황하 이북을 다 차지한 상황이었고 천하는 이런 원소의 강성함을 두려워하고 있었다.[42] 원소는 교만하였고 조조에게 보낸 서신도 매우 오만하였다. 원소의 서신을 보고 격노한 조조는 순욱에게 서신을 보여주며 "이제 장차 불의를 토벌해야 하는데, 상대하기가 어려우니 어찌해야 하는가?"라고 물었다. 그러자 순욱은 "예로부터 성패는 그 재능에 달렸으니 비록 약자라도 강대해졌으며 진정한 재능이 아니면 강자라도 쉽게 약자로 바뀌었습니다."[43]라며 원소의 약점과 조조의 강점을 조목조목 비교하여 설명하였다. 이에 조조가 기뻐하자 순욱은 "하지만 여포를 먼저 격파하지 않으면 하북은 쉽게 도모할 수 없습니다."라고 덧붙였다.

이에 조조 또한 "그렇다. 허나 내가 염려하고 두려워하는 것은 원소가 관중을 공격하면서, 강족(羌族)과 흉노가 반기를 들게 하고 아울러 남쪽에서 촉의 세력을 유인한다면, 나는 연주와 예주만으로 천하의 6분의 5와 맞서야 한다. 이를 장차 어찌하겠는가?"라며 우려하였다. 이에 대해 순욱이 이렇게 답하였다. "관중의 장수들이 수십 명이라지만 하나로 통합되기 어렵습니다. 다만 그 중에서 한수(韓遂)와 마초(馬超)만이 강할 뿐입니다. 허나 저들은 동쪽 지역의 싸움을 바라보면서 그저 자신들의 땅을 지킬 뿐입니다. 지금 그들에게 은덕을 베풀면서 사자를 보내 연합한다면 아마 공께서 이 일대를 안정시킬 때까지는 움직이지 않을 것입니다. 그리고 종요에게 서쪽을 맡긴다면 공께서는 아무 걱정이 없을 것입니다."[44]

순욱이 말하는 종요(鍾繇)는 어떤 인물인가. 종요는 헌제가 장안에 있던 시절 황문시랑(黃門侍郎)[45]이었다. 당시 조조가 이각과 곽사에게 사자를 보낸 적이 있는데 이때 이각과 곽사는 조조를 의심하여 그 사자를 억

••••

41. 《삼국지》〈위서〉 정곽동유장유전(程郭董劉蔣劉傳) '太祖曰 使孤成大業者 必此人也. 嘉出 亦喜曰 眞吾主也'
42. 《삼국지》〈위서〉 순욱순유가후전(荀彧荀攸賈詡傳) '紹旣幷河朔 天下畏其彊'
43. 《삼국지》〈위서〉 순욱순유가후전(荀彧荀攸賈詡傳) '今將討不義 而力不敵 何如? 彧曰 古之成敗者 誠有其才 苟非其人 雖彊易弱'
44. 《삼국지》〈위서〉 순욱순유가후전(荀彧荀攸賈詡傳) '不先取呂布 河北亦未易圖也. 太祖曰 然. 吾所惑者 又恐紹侵擾關中 亂羌胡 南誘蜀漢 是我獨以兗豫 抗天下六分之五也. 爲將奈何? 彧曰 關中將帥以十數 莫能相一 唯韓遂馬超最彊. 彼見山東方爭 必各擁衆自保. 今若撫以恩德 遣使連和 相持雖不能久安 比公安定山東 足以不動. 鍾繇可屬以西事 則公無憂矣'
45. 황제의 지근거리에서 조정 및 외부와의 연락을 담당하는 관리. 본래 환관의 직책이었으나 후기로 오면서 일반 관리도 임명되었다.

류하였다. 이에 종요는 "지금 영웅들이 일어나 각자 책명을 사칭하고 멋대로 행동하지만, 오직 조연주(曹兗州: 조조)만이 왕실을 생각하는데, 그 충성된 뜻을 거부하는 것은 장래의 소망에 부응하는 일이 아닙니다."[46]라며 설득하여 조조의 사자가 무사히 돌아가게 하였다. 종요는 또한 헌제가 장안을 탈출하는 데에도 크게 공헌하였는데 이렇게 순욱의 천거로 조조에게 등용된 것이다. 이외에도 순욱은 양주(揚州)자사에는 엄상(嚴象)을, 양주(涼州)자사에 위강(韋康)을 각각 천거하였다.[47]

헌제가 허도에 입성할 당시 형주목 유표 또한 사자를 보내 공물을 헌상하였다. 그러면서 북쪽으로 원소와 동맹을 맺었는데 결과를 놓고 보면 조조-원소에 대한 판세를 잘못 읽은 것이다. 치중 등희(鄧羲)가 원소와 손을 잡는 것을 반대하며 간언하였다. 하지만 유표는 이를 듣지 않았고 이에 실망한 등희는 사직하였다. 똑똑한 주군을 만나는 것도 운이다.

••••

46. 《삼국지》〈위서〉 종요화흠왕랑전(鍾繇華歆王朗傳) '方今英雄並起 各矯命專制 唯曹兗州乃心王室 而逆其忠款 非所以副將來之望也'

47. 《삼국지》〈위서〉 순욱순유가후전(荀彧荀攸賈詡傳) '諸所進達皆稱職 唯嚴象爲揚州 韋康爲涼州'

4

여포와 장수(張繡)의 배신

190~191년

196년 원술이 서주목인 유비를 공격했다. 다짜고짜 웬 전투냐고 생각할
수도 있겠지만, 당시 원술은 그야말로 다짜고짜 주변 군현들을 침공하
고 있었다. 원술의 이러한 행동에 대해서는 자세한 기록이 없어 객관적
인 의도를 파악하기 어려우나 그의 이런 앞뒤 없는 행동은 많은 변수들
을 만들어냈다. 이 무렵 조조는 표문을 올려 유비를 진동장군(鎭東將軍)
에 임명하였다. 유비는 우이(盱眙)와 회음(淮陰) 등지에서 원술과 맞서려
고 했는데 당시 유비에게는 여포가 의탁하고 있었다. 195년 조조에게 패
퇴한 뒤 유비를 찾아왔고 여포를 불쌍히 여긴 유비가 받아준 것이었다.

원술과의 대결을 눈앞에 두었을 때 진군(陳群)이라는 인물이 유비에
게 조언하였다. "지금 동쪽으로 진출하면 원술과 다퉈야 합니다. 만약 여

포가 장군의 배후를 공격한다면 비록 서주를 얻는다 하여도 성공하지 못할 것입니다."[48] 설득력 있는 우려였다. 하지만 유비는 인륜을 바탕으로 한 특유의 낙관주의로 아무런 대비를 하지 않았다. 과연 유비가 동쪽으로 출병하여 원술과 한 달 이상 대치하는 사이 여포는 하비(下邳)현을 기습하는 짓을 하였다. 이때 과거 도겸의 부하였다가 유비의 휘하에 있었던 조표(曹豹)가 유비를 배신하고 성문을 열어주었다. 여포는 어렵지 않게 하비성에 입성하였고 유비는 성은 물론 자신의 처자들까지 포로로 잡혀버렸다. 진군의 우려가 현실이 된 것이다.

연의에서는 이 장면을 유비로부터 서주성 수비의 임무를 맡은 장비가 술을 마시다가 여포에게 성을 빼앗기는 것으로 그리고 있다. 작가는 재미를 더하기 위해 상황을 리얼하게 그렸다. 장비는 자신을 불안해하는 유비에게 술을 마시지 않겠다는 약속을 굳게 하였으나 유비가 출전하자 연일 술을 퍼마셨다. 게다가 이를 말리는 부하를 모질게 매질하였는데 그 부하가 분한 마음에 성문을 열어 여포를 받아들였고 술에 취한 장비는 성을 내주게 된다. 그 부하가 바로 조표이다. 잘 만든 구성이다.

연의에 숱하게 등장하는 서주성은 사실 실체가 불분명한 성이다. 서주는 후한 13주 중의 하나로 광역지방 행정구역이다. 그것을 도겸이 유비에게 주었고 또 유비와 여포가 치고받은 것이다. 조표가 문을 열어 여포를 받아들인 성은 하비성이다. 아마 서주에서 가장 큰 성을 의미하는 뜻으로 사용한 듯하다. 이와 같이 대충 주명(州名)으로 성을 칭하는 것은 연의에서 드물지 않게 볼 수 있다. 또한 연의는 유비가 성을 비우게 된 상

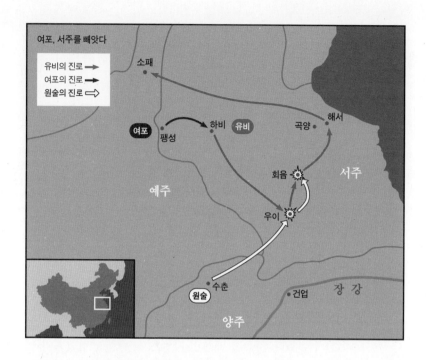

여포, 서주를 빼앗다

유비의 진로
여포의 진로
원술의 진로

소패

여포 팽성 하비 유비 곡양 해서

예주 회음 서주

우이

수춘 원술 건업 장강

양주

황을 조조가 만들어낸 것으로 묘사하고 있다. 힘들게 여포를 물리친 조조는 순욱의 계책을 받아들여 유비로 하여금 여포를 치게 한 것으로 흔히 이호경식(二虎競食)[49]이라고 부르는 계책이다.

조조는 과거 완전히 뿌리를 뽑지 못한 여포가 유비와 힘을 합쳐 자신을 칠 것을 불안했던 것이다. 천자의 이름을 빌려 유비로 하여금 여포를 공격하게 하였다. 그러나 인의의 캐릭터 유비는 자신에게 의탁한 여포를

••••

48. 《삼국지》〈위서〉환이진서위노전(桓二陳徐衛盧傳) '袁術尙彊 今東 必與之爭. 呂布若襲將軍之後 將
軍雖得徐州 事必無成'
49. 두 마리의 호랑이를 싸우게 한다는 의미이다.

칠 수 없었다. 이에 조조는 다시 계책을 냈는데 조서를 내려 원술로 하여금 유비를 치게 하고, 유비에게는 원술을 치게 한 것이다. 이 또한 순욱의 머리에서 나온 것으로 구호탄랑(驅虎呑狼), 즉 호랑이를 몰아 이리를 잡아먹게 한다는 계책이다. 유비 또한 조조의 계책임을 잘 알고 있었으나 천자의 명을 거역할 수 없었기 때문에 원술과 싸우러 나갔고 그 결과 여포는 유비가 자리를 비운 성을 빼앗을 수 있었다.

유비의 뒤통수를 친 여포는 서주자사를 자칭(自稱)하였다. 겨우 잡은 터전을 여포에게 허무하게 내준 유비는 회군하여 소패(小沛)에 주둔하게 된다. 주객이 뒤바뀌어버린 것이다. 원술은 대치하고 있던 유비가 갑자기 곤란해진 틈을 놓칠 리 없었다. 기령(紀靈)을 보내 3만의 군사로 소패를 공격하였고 이에 유비는 여포에게 구원을 요청하게 되었다. 유비로서는 억장이 무너질 일이었다. 자신을 배신한 자에게 구원을 요청할 수밖에 없었으니 말이다. 그러자 여포의 부하들은 "장군은 늘 유비를 없애려 했는데 이번에 원술의 손을 빌리면 되겠습니다."라고 입을 모은다. 이에 여포가 "그렇지 않다. 만약 원술이 유비를 격파하면 북으로 태산군의 여러 장수들과 연결될 것이며, 나는 원술에게 포위되는 형세이니 유비를 돕지 않을 수 없다."[50]며 출진하였다. 자신이 방금 칼을 꽂은 대상을 돕겠다는 여포. 난세의 우방과 적은 그 전환 주기가 평시보다 훨씬 짧다. 여포는 보병 1천과 기병 2백을 선발한 뒤 자신이 배신한 유비를 구원하러 갔다.

여포는 소패 서남쪽 1리 밖에 주둔한 뒤 전령을 보내 유비와 기령을 초청한다. 여포가 기령에게 말했다. "현덕(玄德)은 나의 아우요. 내 아우가 여러분 때문에 고생한다기에 구원하러 왔소. 내 성질은 싸우기를 좋아하지 않고 화해시키기를 좋아하오." 그러면서 군영의 문지기를 불러 극(戟)을 세우게 한 뒤 "내가 저 극의 작은 가지를 쏘아 맞추는 것을 보시오. 단 한 발에 맞추면 화해하여 떠나고 못 맞추면 결전을 벌여도 좋소." 라고 말한 후, 활을 쏴 작은 가지를 정확히 맞추었다. 이를 본 장수들이 "장군은 하늘이 내린 신위입니다."라며 놀라워하였다.[51] 여포의 엉뚱한 제안과 놀라운 활솜씨로 인해 멍해진 상태로 화해한 양군은 각각 본영으로 회군하였다.[52] 개전(開戰)과 혼전(混戰)과 휴전(休戰)이 모조리 얼떨결에 이루어진 전쟁이었다. 그 중에서도 유비가 가장 얼떨떨하지 않았을까.

화해는 이루어졌건만 야심과 배신 등으로 만들어진 상황에서 여포와 유비는 서주를 공유할 수는 없었다. 유비가 소패(小沛)로 돌아와 1만의 군사를 모으자 여포가 유비를 공격하였고 유비는 패주하여 다시 조조에 의탁하였다. 조조와 유비의 동거. 한쪽은 생존을 위해, 다른 한쪽은 더 큰 이익을 위해 직전의 감정을 배제한 공존이었다.

••••

50. 《삼국지》〈위서〉 여포장홍전(呂布臧洪傳) '將軍常欲殺備 今可假手於術. 布曰 不然. 術若破備 則北連太山諸將 吾爲在術圍中 不得不救也'

51. 《삼국지》〈위서〉 여포장홍전(呂布臧洪傳) '玄德 布弟也. 弟爲諸君所困 故來救之. 布性不喜合鬪 但喜解鬪耳. 布令門候於營門中擧一隻戟 布言 諸君觀布射戟小支 一發中者諸君當解去 不中可留決鬪. 布擧弓射戟 正中小支. 諸將皆驚言 將軍天威也'

52. 이 상황은 원문사극(轅門射戟)이라고 부른다. 여포의 신기와 같은 활솜씨는 천자문(千字文)에도 등장하는데 바로 포사요환 혜금완소(布射僚丸 嵇琴阮嘯)가 그것이다. 여포는 활을 잘 쏘고 의료는 공을 잘 다루며 혜강은 거문고를 잘 탔고, 완적은 피리를 잘 불었다는 의미로 여포가 그 첫 자리를 차지하고 있다.

조조는 표문을 올려 유비를 예주목(豫州牧)에 임명하였다. 일전에 도겸에 의해 예주자사를 얻었는데 이번에는 예주목이 된 것이다. 유비는 이래저래 예주와 관련이 있지만 실제로는 예주를 제대로 얻어 다스린 적은 없다. 이름만 유예주다. 모사 정욱이 조조에게 건의했다. "유비는 웅재가 있고 민심을 잘 얻기에 결코 남의 밑에 있을 사람이 아니오니 일찌감치 없애버리는 것이 좋습니다." 그러나 조조는 "지금은 인재를 모아야 할 때이다. 괜히 한 사람을 죽여 천하의 민심을 잃을 수도 있으니 그럴 수 없다."[53]며 물리쳤다.

이 무렵 형주에서는 동탁의 부하였던 장제(張濟)가 전투 중에 전사하였다. 무슨 일이 있었던 것일까? 동탁이 패망한 이후 이각, 곽사, 장제 등 동탁의 부하들은 힘을 모아 여포를 쫓아낸 바 있다. 당시 장제의 조카 장수(張繡)가 장제를 수행하고 있었고 장제군은 홍농(弘農)군에 주둔하고 있었다. 그러나 수년간 계속된 혼란과 흉년으로 군량 부족을 겪고 있었던 장제는 형주에 침입하여 양현(穰縣)을 노략질하였다. 그러던 중에 유표군의 화살에 맞아 전사하고 만 것이다.

형주의 관료들이 장제를 물리치게 된 것에 대해 형주목(荊州牧) 유표에게 하례를 하였다. 하지만 유표는 "장제가 쫓겨와 우리 땅에 들어왔는데, 주인으로서 무례하다 하여 싸우게 되었지만 이는 본래 나의 의도가 아니었다. 그러니 손님의 죽음에 조문을 받아야지 축하받을 일은 아니다."[54]라며 군자와 같은 말을 하였다. 이에 장제의 조카 장수가 무리를 거느리고 남양(南陽)군 완현(宛縣)에 주둔하였다가 유표에게 의지하게 되었다.

장수는 우수한 인물이라고 할 수는 없으나 그의 곁에는 가후(賈詡)가 있었다. 가후는 이각과 곽사를 도와 여포를 물리치는 데 결정적인 공헌을 했던 인물이다. 가후는 난리 중에 이각을 떠나 동탁의 또 다른 부하인 단외(段煨)에게 의탁하고 있었다. 헌제가 장안을 탈출할 무렵 단외는 홍농군 화음(華陰)현에 주둔 중이었는데 가후는 단외를 떠나 완현에 주둔 중이었던 장수에게 가려고 하였다. 이때 누군가가 "단외가 후하게 대하는데 어디를 가려 합니까?"라고 물었다. 가후는 "단외는 의심이 많아 내 생각을 꺼려하고 지금은 예를 갖춘다지만 끝까지 믿을 수 없으니 결국은 나를 없애려 할 것이오. 그는 내가 떠나면 오히려 좋아할 것인데, 왜냐면 나를 통해 외부의 구원을 기대할 수 있기 때문이오. 그래서 내 처자에게 더 잘 할 것이오. 반면 장수는 책모 할 사람이 없어 나를 원하니 우리 집과 내가 모두 안전할 것이오."라고 답하였다. 그렇게 가후가 장수를 찾아가자 예상대로 장수는 가후를 극진히 대접했다. 장수에게 유표와 협력할 것을 권유한 이도 바로 가후였다. 장수의 머리로는 삼촌의 원수에게 의탁하는 것까지 생각이 미치기 어려웠다.

197년 1월 조조가 남양군 완현으로 진군하여 육수(淯水)에 이르렀다. 육수는 완현과 신야(新野), 양양(襄陽) 인근을 남북으로 흐르는 한수(漢水)의 지류이다. 조조의 대군이 바로 코앞까지 이르자 장수는 조조에게

• • • •

53. 《삼국지》〈위서〉 무제기(武帝紀) '觀劉備有雄才而甚得衆心 終不爲人下 不如早圖之. 公曰 方今收英雄時也 殺一人而失天下之心 不可'
54. 《삼국지》〈위서〉 동이원유전(董二袁劉傳) '濟以窮來 主人無禮 至於交鋒 此非牧意. 牧受弔 不受賀也'

투항해버렸다. 그런데 며칠 후 문제가 발생하였는데 조조가 장제의 미망인 즉 장수의 숙모인 추(鄒)씨를 첩으로 들인 것이다. 이에 장수는 조조에게 원한을 품게 되었다.[55] 조조는 장수의 이러한 마음을 눈치 채고 그를 제거하려고 계획하였는데 장수가 먼저 조조의 영채를 습격했다. 이 모든 것이 투항한 지 겨우 10여 일 만에 일어난 일이다.

기습을 당한 조조는 경기병과 함께 혈로를 뚫으려고 애를 썼고 호위를 맡았던 전위(典韋)는 군영 안에서 싸움을 이어갔다. 장수의 병사들이 점점 많아지고 전위가 긴 창으로 좌우를 공격하니, 창이 한 번씩 엇갈릴 때마다 창 10여 자루가 부러졌다. 하지만 좌우의 아군들이 거의 다 전사하거나 부상당하고, 전위 또한 수십 군데 부상을 입었으나 단병접전으로 끝까지 맞서며 조조가 탈출할 시간을 벌었다.

조조는 겨우 무음(舞陰)현까지 물러났을 때 전위가 결국 전사했다는 소식을 전해 듣고 눈물을 흘리며 슬퍼했다. 후에 전위의 시신을 찾아오게 하여 그 앞에서 통곡하였다.[56] 이 전투에서 조조의 장남인 조앙(曹昂)과 조카인 조안민(曹安民)도 전사하였다. 하지만 조조의 슬픔은 오로지 전위였다. 조조가 순간의 욕구를 이기지 못하여 큰 대가를 치른 이 사건은 조조에게 큰 영향을 미친 것으로 보인다. 이는 연의의 내용과도 별반 다르지 않다.

한편 군영이 혼란에 빠졌을 때 우금(于禁)은 휘하 수백 명을 거느리고 장수의 군사들과 싸우면서 퇴각하였다. 그 와중에도 사상자를 버리지 않았다. 그런데 우금이 조조의 군영에 도착하기 전 10여 명의 군사가 몸에 상처를 입은 채 옷도 없이 도주하는 것을 보게 되었다. 우금이 이들을 붙잡아 연유를 물으니 "청주병에게 당했습니다."라고 대답한다. 당시 조조는 투항한 황건적을 재편하여 청주병(靑州兵)이라 하였는데 이들은 이때까지도 수시로 노략질을 일삼고 있었던 것이다. 분노한 우금은 "청주병은 우리와 함께 조공(曹公)의 소속이면서 도적질을 하다니!"[57]라며 청주병들을 잡아 죄를 하나씩 따져 처벌했다. 이에 청주병들이 조조의 군영에 찾아가 우금을 참소하였다.

우금은 군영으로 돌아와 조조부터 알현하지 않고 보루부터 만들었다. 이에 누군가가 우금에게 "청주병들이 장군을 고소하였으니 빨리 찾아가 변명하십시오."라고 권하였다. 그러자 우금은 "지금 적이 후방에서 언제든 기습할 것인데 미리 대비하지 않으면 어찌 상대하겠는가? 그리고 조공께서는 총명하시니 그런 참소에 어찌 연연하시겠소!"[58]라며 할 일을 계속했다. 우금은 이렇게 군영을 안정시킨 뒤에야 조조를 만나 상황을 설명하였다. 역시 조조는 우금을 크게 칭찬하였다. 우금의 생각대로 조조는 현명한 지휘관이었던 것이다.

••••

55. 《삼국지》〈위서〉 이공손도사장전(二公孫陶四張傳) '太祖納濟妻 繡恨之'

56. 《삼국지》〈위서〉 이이장문여허전이방염전(二李臧文呂許典二龐閻傳) '賊前後至稍多 韋以長戟左右擊之 一叉入 輒十餘矛摧. 左右死傷者略盡 韋被數十創 短兵接戰 賊前搏之' (중략) '太祖退住舞陰 聞韋死. 爲流涕 募間取其喪 親自臨哭之'

57. 《삼국지》〈위서〉 장악우장서전(張樂于張徐傳) '靑州兵同屬曹公 而還爲賊乎'

58. 《삼국지》〈위서〉 장악우장서전(張樂于張徐傳) '今賊在後 追至無時 不先爲備 何以待敵? 且公聰明 譖訴何緣'

조조에게 투항했다가 조조를 공격한 장수는 이후 남양군 양현(穰縣)으로 도주하여 형주목 유표와 합세하였다. 다시 유표에게 간 것이다. 유표와 맺고 끊음이 이렇게 쉽게 반복되는 것은 이전의 관계가 주군과 부하의 관계가 아니었기 때문으로 보인다. 조조는 "이번에 내가 장수의 투항을 받으면서 인질을 잡아두지 않았기에 이런 상황에 이르렀다. 실패의 원인을 알았으니, 이후로는 다시 이런 실패를 반복하지 않겠다."[59]라고 다짐한 이후 허도로 돌아갔다. 큰 손실과 교훈을 얻은 출병이었다.

한 발 더 나가볼까

극(戟)이라는 무기에 대해

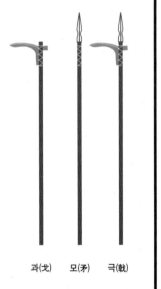

극(戟)은 모(矛)와 과(戈)가 결합된 무기이다. 자전에서 모두 '창'이라 풀이하니 같은 무기 같지만 차이가 있다. 일단 모와 과는 그 모양을 본뜬 상형자이다. 갑골문에서도 등장하니 상당히 오래 전부터 사용되었던 무기이자 글자임을 알 수 있다. 모는 찌르기 전용 무기이다. 모순(矛盾)이라는 고사에도 등장하는데 모(矛)로 찌르고 방패(盾)로 막는 것이다. 과 역시 매우 오래전부터 사용된 무기이다. 걸어서 당길(句) 수 있다. 그래서 글자 戈 또한 이렇게 굽은 형태로 표현하고 있다.

과(戈)　모(矛)　극(戟)

이에 비해 극(戟)은 모와 과보다 나중에 만들어진 형태임을 알 수 있다. 형

200

태상으로는 幹(줄기 간)과 戈(창 과)가 합쳐진 것인데 무기로서의 극은 모와 과를 합친 하이브리드형이다. 직선의 날 옆에 고리가 달려 찌를(刺) 수도 있고 걸어 당길(句) 수도 있다. 여기서 간(幹)은 그 자체로 극(戟)의 형태를 보여준다고 볼 수 있다. 즉 극(戟)의 모양이 마치 나무줄기에서 가지가 뻗어 나온 모양처럼 보이기에 幹이라는 글자를 몸체로 한 것이다.

삼국지연의에서 극을 사용하는 대표적인 장수가 바로 천하맹장 여포이다. 그가 사용하는 극을 방천화극(方天畵戟)이라 부른다. 하지만 정사에는 방천화극이라는 명칭도 등장하지 않고 여포가 평소 극을 사용한다는 말이나 그것으로 전투를 수행했다는 언급은 없다. 오히려 여포와 연관되어 자주 언급되는 무기는 활이다. 다만 여포가 등장하는 매우 흥미로운 장면에서 극이 사용된다. 바로 원술의 장수 기령이 유비를 치러 왔을 때 여포가 화해시키는 장면이다. 여기서 여포는 매우 먼 거리에서 활을 쏘는데 이때 목표물로 등장한 것이 극이다. 이것으로 여포가 극을 사용했던 것으로 추정할 뿐이다. 물론 이 외에 그와 관련된 타격무기가 등장하지 않기에 이 추정이 틀렸다고 할 수도 없다. 그러면 여포는 왜 하필 극을 과녁으로 활용했을까? 이것은 극의 형태를 이용한 퍼포먼스라고 볼 수 있다. 앞서 말한 대로 극은 나무줄기에서 가지가 뻗쳐 나온 형태이다. 사실 먼 거리에서 극의 큰 자루를 맞추기도 어려운 일일 것이다. 그런데 극의 작은 가지를 맞추는 것은 10점 가운데서도 과녁 한 가운데를 적중한 것이랄까. 아무튼 여포는 극(戟)을 사용하여 극(劇)적인 효과를 만들어냈다.

• • • •

59. 《삼국지》〈위서〉 무제기(武帝紀) '吾降張繡等 失不便取其質 以至於此. 吾知所以敗 諸卿觀之 自今已後不復敗矣'

5

원술의 참칭
197~198년

195년 겨울. 헌제가 홍농군 조양(曹陽) 인근에서 이각과 곽사에게 한창 쫓기고 있을 때의 일이다. 이때 원술은 부하들에게 "지금 유(劉)씨의 힘은 미약하고 천하는 끓는 물과 같다. 나의 가문은 사세(四世)에 걸쳐 삼공(三公)의 지위에 있어 백성에 알려져 있으니, 이제 천의와 민의에 따르려 하는데 제군들의 뜻은 어떠한가?"[60]라며 의견을 물었다. 원술의 허무맹랑(虛無孟浪)한 공상(空想)의 시작이었다. 하지만 아무도 대답하는 이가 없었다. 원술을 제외하고는 모두 제정신이었기 때문이다. 누구도 말을 꺼내지 못한 가운데 주부(主簿) 염상(閻象)이 나섰다. "옛날 주(周)는 천하의 3분의 2를 차지하고서도 은(殷)을 섬겼습니다. 명공께서 비록 여러 대에 걸쳐 흥성(興盛)하였지만 아직 주만큼 번성하지 못하였으며, 지금 한실(漢室)이 미약하다지만 은의 주왕(紂王) 같은 폭정(暴政)은 없었습니다."
대놓고 반대 의견을 내놓은 것이었다. 원술은 말이 없었지만 기분이 좋
을 리 없었다.[61]

굳이 역사를 들춰보지 않더라도 특정한 생각에 한번 빠진 후 어떤 조
언도 듣지 못하는 인간은 흔하다. 자신이 황제의 운을 갖고 있다고 생각
한 원술은 주위의 어떤 충고에도 그것을 떨치지 못하였다. 오랜 생각은
확신으로 바뀌어 마침내 원술은 장보(張蒲)가 바친 부명(符命)에 의거해
황제를 참칭하게 되었다. 197년의 일이다. 먼저 구강(九江)군 태수를 회
남윤(淮南尹)으로 높여 개칭하고 공경(公卿)을 임명하고 교외에서 하늘에
제사를 지냈다. 이후 원술의 황음과 사치가 극심하여 후궁 수백 명은 비
단 옷에 쌀밥과 고기를 먹었지만, 사졸들과 백성들은 극심한 굶주림에
시달리고 있었다. 이에 장강(長江)과 회수(淮水) 일대가 텅 비기에 이르렀
다.[62] 모든 면에서 모자라는 상황이었으나 사치만은 황제 급이었다.

원술은 여포와 결탁하기 위해 자신의 아들과 여포의 딸이 혼인하기를
원했다. 이 제안을 여포가 수락하여 원술은 한윤(韓胤)을 보내 칭제한 일
을 공식적으로 알리면서 신부를 데려오게 하였다. 이에 패국(沛國)의 상

••••
60. 《삼국지》〈위서〉 동이원유전(董二袁劉傳) '今劉氏微弱 海內鼎沸. 吾家四世公輔 百姓所歸 欲應天順
民 於諸君意如何?'
61. 《삼국지》〈위서〉 동이원유전(董二袁劉傳) '術嘿然不悅'
62. 《삼국지》〈위서〉 동이원유전(董二袁劉傳) '以九江太守爲淮南尹. 置公卿 祠南北郊. 荒侈滋甚 後宮數
百皆服綺縠 餘粱肉 而士卒凍餒. 江淮間空盡 人民相食'

(相)인 진규(陳珪)는 이 혼사가 이뤄지면 '여포의 서주와 원술의 양주가 합종하여 나라의 재난이 될 것'이라고 생각하였다. 그래서 얼른 여포를 찾아가 말했다. "지금 조공(曹公)은 천자를 받들고 위엄을 떨치며 천하를 정복하려 하니, 장군께서는 조공과 협조하며 방책을 강구해야만 태산처럼 안정될 것입니다. 지금 원술과 혼사를 맺으면 의롭지 못하다는 천하의 평판을 들어 틀림없이 계란을 쌓아놓은 듯한 위기에 처할 것입니다."[63]

여포 또한 과거 원술이 자신을 거부했던 원한이 있던 터라 이 말을 옳다고 여겼다. 사실 진규는 여포를 걱정한 것이 아니라 여포와 원술이 합동으로 나라를 조지는 것을 걱정했는데 여포에게도 득이 된 것뿐이었다. 여포는 딸을 쫓아가 파혼하면서 한윤을 체포해 조조에게 보내버렸다. 조조는 한윤의 목을 효수해 원술의 칭제에 대해 본을 보였다. 한윤만 불쌍한 꼴이 되었다.

조정에서는 여포에게 좌장군(左將軍)을 제수하였다. 조조에 우호적인 태도를 취한 것에 대한 형식적인 답으로 볼 수 있는데 이에 여포는 진등을 보내 사은하게 하였다. 사실 진규는 이보다 앞서 아들 진등을 조조에게 사자로 보내려 했으나 여포가 불허한 적이 있었다. 원술 등의 일로 여포와 조조가 교류가 생긴 것을 기회로 조조에게 접근하려고 했던 것이다. 허도에 당도한 진등은 조조에게 '여포는 용맹하나 무모하며 거취를 경솔하게 결정하니 빨리 없애는 것이 좋다'고 말했다. 그 동안 아버지 진규와 더불어 갖고 있던 생각이었다. 이에 조조는 "여포는 늑대 같은 야심이 있어 오래 두고 볼 수 없으니, 그대가 아니라면 그 속셈을 알 수 없도 다."[64]라며 진규의 질록(秩祿)을 높이고 진등을 광릉(廣陵)태수에 제수하 였다. 덧붙여 "동쪽의 일은 모두 그대에게 맡긴다."면서 진등에게 비밀리 에 무리를 모아 내응케 하였다.

여포는 조조에게 사은하면서 정식으로 서주목에 임명되길 바라고 있 었다. 진등이 돌아왔을 때 여포는 "자네 부친이 나에게 조공(曹公)과 협 력해야 한다며 원술과의 혼인을 파했는데, 나는 얻은 게 없고 자네 부자 만 높이 올랐으니 난 이용만 당했다. 자네가 나를 위해 무슨 말을 했는 가?"라며 따졌다. 그러자 진등은 표정도 바꾸지 않고 천천히 대답했다. "제가 조공(曹公)에게 '장군을 대하기는 호랑이를 기르는 것과 같으니 고 기를 배불리 먹여야지 안 그러면 사람을 해칠 것입니다'라고 했습니다. 그런데 조공은 '그렇지 않다. 마치 사냥매를 기르는 것 같아서 배가 고파 야 부릴 수 있지만 배가 부르면 날아가버린다'해서 이리 된 것입니다."[65] 이에 여포는 화가 풀렸다. 진등은 '자신은 여포에게 상을 내릴 것을 요구' 하였지만 조조가 응하지 않았다는 것과 나아가 조조의 진심을 알게 되 었다는 식으로 말한 것이다. 조조와의 속 깊은 대화를 나눈 것까지 실토

••••

63. 《삼국지》〈위서〉 여포장홍전(呂布臧洪傳) '曹公奉迎天子 輔讚國政 威靈命世 將徵四海 將軍宜與協 同策謀 圖太山之安. 今與術結婚 受天下不義之名 必有累卵之危'

64. 《삼국지》〈위서〉 여포장홍전(呂布臧洪傳) '布狼子野心 誠難久養 非卿莫能究其情也'

65. 《삼국지》〈위서〉 여포장홍전(呂布臧洪傳) '登見曹公言 待將軍譬如養虎 當飽其肉 不飽則將噬人. 公 曰 不如卿言也. 譬如養鷹 饑則爲用 飽則揚去 其言如此'

하는 척하여 여포의 화도 식히면서 여포로 하여금 자신을 더 믿게 만든 것이다. 진등을 전혀 의심하지 않았던 여포가 더블(Double)로 속은 것이다.

한편 파혼(破婚)을 통보받은 원술은 대노하였다. 조금도 지체하지 않고 대장 장훈(張勳)에게 한섬(韓暹), 양봉(楊奉)과 연합하여 여포를 치게 하였는데 여포는 진규에게 따졌다. "지금 당신 때문에 원술의 군대가 쳐들어오니 어찌 하겠는가?" 그러자 진규는 대답하였다. "한섬과 양봉 그리고 원술의 군대는 그냥 군사들만 모아 놓았지 평소에 정해진 방책이 없어 오래 갈 수 없습니다. 내 아들의 방책에 따라 대처하면 저들은 그냥 한 줄에 묶어 놓은 닭과 같아 함께 지낼 수도 없으며 곧 흩어질 것입니다."[66] 여포는 진규의 방책대로 사람을 보내 한섬과 양봉을 회유하였다. 한섬과 양봉은 이에 넘어가 원술을 배반하게 된다. 여포와 힘을 합쳐 원술의 군사를 공격하고 전리품을 전부 한섬과 양봉이 갖기로 하는 밀약을 맺은 것이다. 당연하게도 장훈은 대패하고 패퇴했다.

197년 9월 이번에는 원술이 진군(陳郡)을 공격하자 조조는 동쪽으로 원술을 직접 공격하기 위해 출병하였다. 원술은 부장인 교유(橋蕤)와 이풍(李豐) 등을 잔류시킨 채 자신은 몸을 피하였다. 조조는 이들을 격파한 뒤 모두 처형해버렸다. 원술은 다시 회수(淮水)를 건너 도주하였는데 조조는 이를 쫓지 않고 허도로 귀환하였다.

한편 조조에게 투항했다가 배신했던 장수는 남양(南陽)군의 여러 현을 차지하고 있었다. 이에 조조는 조홍을 보내 공격하였지만 성과를 올리지 못하였다. 이후 조홍은 남양군 섭현(葉縣)에 주둔하며 장수·유표와 수시로 교전을 하였다. 11월에는 조조가 남양군 완현에 이르러 유표의 부장 등제(鄧濟)를 생포하고 주변 호양(湖陽)현, 무음현 등을 점령하는 전과를 올렸다.

다시 한 해가 지나 198년 1월에 허도로 귀환한 조조는 3월이 되자 순유를 군사로 하여 대대적으로 장수를 공격하였다. 순유는 조조에게 "장수와 유표는 서로 의지하며 강하다 하지만 장수는 떠돌이에 불과하며 유표에게 군량을 기대고 있습니다. 하지만 조만간 유표가 군량을 제대로 공급하지 않을 것이니 틀림없이 쪼개질 것입니다. 공격을 늦추고 기다리거나 유인하여야 합니다. 만약 급하게 공격하면 둘은 서로 구원할 것입니다."[67]라고 말했다.

하지만 조조는 이를 듣지 않고 진격하여 장수를 양현(穰縣)에서 포위하기에 이른다. 그러자 유표는 장수를 돕기 위해 군사를 보내 조조의 배후를 절단하였고 조조는 장수의 역습을 대비하며 서서히 퇴각하였다. 조조는 순욱에게 서신을 보내 "적들이 우리를 추격해서 하루에 몇 리밖에 이동하지 못하지만, 내가 방책을 헤아려 보건대 안중(安衆)현에 도착하면 틀림없이 장수를 격파할 것이다."[68]라고 말했다. 조조가 안중현에 도착하자 장수와 유표는 험지를 수비하며 나오지 않았다. 이에 조조

66. 《삼국지》〈위서〉 여포장홍전(呂布臧洪傳) '遷奉輿術 卒合之軍耳 策謀不素定 不能相維持 子登策之 比之連雞 勢不俱棲 可解離也'

67. 《삼국지》〈위서〉 순욱순유가후전(荀彧荀攸賈詡傳) '繡與劉表相恃爲彊 然繡以游軍仰食於表. 表不能供也 勢必離. 不如緩軍以待之 可誘而致也. 若急之 其勢必相救'

68. 《삼국지》〈위서〉 무제기(武帝紀) '賊來追吾 雖日行數里 吾策之 到安衆 破繡必矣'

는 밤에 참호와 도로를 파 군사 물자를 이동시키고 군사들을 매복시켜 보이지 않게 하였다. 다음날 날이 밝자 장수와 유표는 조조가 도망친 것으로 알고 전군을 동원하여 추격하였다. 조조의 작전에 걸려든 것이다. 밖으로 나온 장수와 유표군은 매복했던 조조의 보병과 기병에게 협공을 당해 대파되고 말았다. 7월 조조가 허도로 귀환하자 순욱이 "앞서 말씀에 적을 틀림없이 격파할 수 있다 하셨는데, 어떤 이유였는지요?"라고 물었다. 그러자 조조는 대답했다. "적이 나의 퇴군을 막아 우리는 사지에서 싸우게 되었으니, 우리가 이길 것이라 생각하였다."[69]

한편 북쪽에서는 공손찬이 자신의 성을 요새화하는 데 여념이 없었다. 이때 공손찬은 여러 차례 패한 이후 소심해져 방어에만 힘을 쏟았는데 역현(易縣)에 인공 언덕을 만들고 그를 에워싼 참호를 10겹이나 팠다. 그리고 그 위에 누각을 지어 역경(易京)이라 불렀다. 누각은 그 높이가 10길(丈)이고, 비축한 곡식은 3백만 곡(斛)이나 되었다. 그러면서 말했다. "옛말에 이르길 천하의 대사는 그 지휘 여부에 따라 결정된다고 하였다. 지금 보건대 내가 천하의 일을 결판낼 수는 없으니, 차라리 출병을 멈추고 농사를 지어 군량을 비축하는 편이 낫다. 병법에서도 1백 개의 누각

....

69. 《삼국지》〈위서〉 무제기(武帝紀) '虜遏吾歸師 而與吾死地戰 吾是以知勝矣'

70. 《삼국지》〈위서〉 이공손도사장전(二公孫陶四張傳) '爲樓其上 中塹爲京 特高十丈 自居焉 積穀三百萬斛. 嘗曰 昔謂天下事可指麾而定. 今日視之 非我所決 不如休兵 力田畜穀. 兵法 百樓不攻. 今吾樓櫓千重 食盡此穀 足知天下之事矣'

71. 《후한서(後漢書)》 원장한주열전(袁張韓周列傳)의 내용 참조.

208

은 공격할 수 없다고 하였다. 지금 나의 누각은 1천여 겹이고, 이 군량이 다할 때쯤이면 천하대사가 판가름 나 있을 것이다."[70] 공손찬은 원소가 망하기를 기다리며 버틸 심산이었던 것이다. 이후 원소의 잇단 공격에도 역경(易京)은 함락되지 않고 버텼다. 일단은.

한 발 더 나가볼까

사세삼공(四世三公)에 대하여

원소와 원술을 소개할 때 항상 등장하는 표현이 바로 사세삼공(四世三公)의 자손이란 것이다. 원소와 원술은 서로 사촌형제 간인데 삼국지에서 이들을 고귀하게 만들어준 금수저 스펙인 삼공을 살펴보자.[71]

후한의 삼공(三公)이란 태위(太尉), 사도(司徒), 사공(司空)으로 최고위직 관료를 가리키는 말이다. 원술의 아버지 원봉(袁逢)은 사공, 숙부 원외(袁隗)는 사도였다. 앞서 원외는 원소가 발해에서 거병하였을 때 동탁에게 처형되어 주위를 안타깝게 한 바 있다. 그리고 원봉의 아버지 원탕(袁湯)이 사공과 사도를 거쳐 태위의 자리에까지 올랐다. 여기에 원탕의 숙부인 원창(袁敞)이 사공이었고 할아버지인 원안(袁安)이 역시 사공과 사도를 지냈다. 정리하자면 원술의 부친과 숙부, 조부, 증조부의 동생 그리고 고조부. 이렇게 4대에 걸쳐 총 다섯 명이 삼공의 자리에 올랐던 것이다. 현재로 친다면 한 집안에서 총리급이 5명이 나온 것이다. 원술 입장에선 더욱 으쓱했을 것이 자신의 직계에서만 3명이 나왔다. 그의 도를 넘어선 자부심이 어느 정도 이해가 된다. 원술은 또한 사촌형인 원소보다 자신이 고귀하다고 생각했다. 이는 여러 기록에서 드러난다. 《후한서》에 따르면 원술이 공손찬과 연합하고 원소가 유표와 연합하였을 때 많은 호걸들은 원소에 가담하였다. 이때 원술은 노하여 '조무래기들이 내가 아니라 가노(家奴)를 따르는가'라며 원소를 노비라 지칭했다.[72] 또 공손찬에게 보내는 서신에는 '원소는 원씨의 자손이 아니다'[73]라고까지 말했는데 이는 《자치통감》에서도 그대로 인용되었다.[74]

원술이 원소를 업신여기는 것은 아마도 원소가 서자(庶子)인 것이 크게 작용했을 것이다.[75] 게다가 원소는 백부 원성(袁成)의 양자로 입적되나 그는 일찍 세상을 떠났다. 사료를 종합하면 원봉(袁逢)의 이복자식으로서 원소가 어려서 원성의 양자로 가게 되어 법적으로 원소와 원술은 사촌관계가 된 것이다. 많은 대중서에서 원소와 원술이 이복형제로 나오기도 하고 사촌으로 나오기도 하는 이유가 바로 이 때문이다. 간혹 원소를 서자도 아닌 얼자(孽子)라고 규정하는 경우가 있다. 얼자는 첩의 자식 중에서도 생모가 천출인 경우를 일컫는 말로 서자를 다시 세분하는 말이다. 하지만 이는 섣부른 판단이다. 원소를 얼자로 보는 근거는 앞서 언급된 '가노'라는 술술의 발언인데 서얼을 떠나서 원소의 출신 성분은 당대에도 논란거리였기 때문이다. 배송지 또한 이 논란을 언급하고 있다. 그는 '신(臣) 송지가 살핀 바 〈위서〉에 따르면 원소는 원봉의 서자로서 나중에는 원성에게 입양되었다고 하여 이같이 기록하였습니다. 그러나 원성에게서 태어난 것이 사실에 가깝습니다. 부인(夫人)이 소생을 추모해 상복을 입었다는 예가 문헌에 없는데 하물며 그 후손이 이를 행할 수 있었겠습니까. 두 서적 중에서 어느 것이 옳은지 확실하지 않습니다'[76]라고 말했다. 배송지의 견해는 '원소는 원성의 아들'이다.[77] 물론 이 또한 명확하지 않음을 조심스럽게 말한다. 따라서 당대에도 규정하지 못한 원소의 출신을 1800년이나 지난 지금 함부로 못 박는 것은 옳지 않다.

참고로 이 집안에는 3공 아래 9경(九卿)의 벼슬에 오른 이들도 수두룩했다.

사실 9경도 장관급이니 다른 집안에서는 한 명만 배출되어도 대단하다 할 것이다. 하지만 원씨 집안에서는 그저 고개나 들고 다닐 정도랄까.

● ● ● ●

72. 《후한서》유언원술여포열전(劉焉袁術呂布列傳) '紹議欲立劉虞為帝. 術好放縱 憚立長君 託以公義 不肯同. 積此釁隙遂成. 乃各外交黨援 以相圖謀. 術結公孫瓚 而紹連劉表. 豪桀多附於紹. 術怒曰 群 豎不吾從 而從吾家奴乎'

73. 《후한서》유언원술여포열전(劉焉袁術呂布列傳) '又與公孫瓚書云紹非袁氏子. 紹聞大怒'

74. 《자치통감》60권 '術怒曰 群豎不吾從 而從吾家奴乎 又與公孫瓚書曰 紹非袁氏子 紹聞大怒'

75. 《삼국지》〈위서〉동이원유전(董二袁劉傳) 배송지주 위서(魏書) 인용 '紹卽逢之庶子 術異母兄也. 出 後成爲子'

76. 《삼국지》〈위서〉동이원유전(董二袁劉傳) 배송지주 '臣松之案 魏書云 紹 逢之庶子 出後伯父成. 如 此記所言 則似實成所生. 夫人追服所生 禮無其文 況於所後而可以行之 二書未詳孰是.'

77. 배송지는 동진(東晉)과 위진남북조 유송(劉宋)에서 벼슬을 한 인물이다. 삼국지를 쓴 진수보다 150 여 년 뒤에 태어났고 《후한서》를 쓴 범엽보다 태생이 앞선다. 진수를 제외하고 후한 대에 가장 근접 한 시대를 살았고, 황제의 명으로 지금은 전하지 않는 많은 사료들을 수집할 수도 있었기에 삼국지 연구에 관한 한 첫손에 꼽히는 전문가라고 할 수 있다. 그가 인용한 수많은 사료는 후한과 위진남북 조시대 연구에 큰 영향을 미쳤다.

6

여포와 공손찬의 패망
198~199년

조조가 형주에서 장수와 유표를 격파하고 귀환할 무렵, 여포에 의해 쫓겨났던 유비는 소패에서 흩어진 병사들을 모으고 있었다. 이때 조조는 군량과 병력을 주어 유비를 지원하였다. 미축(糜竺)은 여동생을 유비에게 시집보내며 노비 2천 명과 엄청난 재물을 군자금으로 내놓아 유비가 세력을 펼 수 있게 도와주었다. 동생 미방(糜芳) 또한 관직을 버리고 유비군에 합류하였다. 유비의 상황이 그다지 좋지 않았음에도 불구하고 주위에 사람이 몰려든 것인데 정사에서도 유비의 사람됨이 높이 평가받았음을 알 수 있는 대목은 많다. 고위험 스타트업에 전 재산을 투자한 셈이다.

198년 여포와 원술이 손을 잡고 고순(高順)을 소패로 보내 유비를 공격하였다. 조조는 하후돈을 구원군으로 보냈지만 유비의 패배를 막지 못했고 유비의 처자는 다시 여포에게 잡히는 처지가 되었다. 이에 같은 해 9월 조조는 여포 토벌에 직접 나섰다. 10월에 팽성국(彭城國)을 쳐서 팽성국 상(相) 후해(侯諧)를 생포하였고 여세를 몰아 하비로 진격하였다. 여포가 역습해보았지만 조조의 군세를 당해낼 수 없었고 장수 성렴(成廉)마저 생포되었다. 하비성까지 다다른 조조는 여포에게 서신을 보내 화복(禍福)을 따지며 투항을 설득하였다. 여포는 마음이 흔들려 투항하려 했지만 진궁 등은 그동안 지은 죄가 크기에 투항을 말렸다.[78] 아울러 진궁은 원술에 원군을 요청할 것과 여포가 직접 출진할 것을 권유했다. 여포는 진궁의 말에 따라 원술에게 전령을 보내 구원을 요청하게 된다. 원술은 여포를 구하기 위해 직접 1천여 기병을 거느리고 출전했지만 조조군에 격파당하여 패주하고 말았다.

여포는 근근이 조조에 맞서 버텼지만 이미 부하 장수들이 제각기 다른 뜻과 의심을 품고 있었기에 싸울 때마다 패하였다.[79] 누가 봐도 패색이 짙었기 때문이다. 결국 여포는 성으로 들어가 지키기만 할 뿐 움직이지 않았다. 하지만 조조도 하비성을 쉽게 함락하지는 못하였다. 막판에 몰린 여포의 저력 또한 완전히 무시할 수준은 아니었다. 마지막 결정타를 때리지 못한 채 승부가 늘어지자 조조는 회군을 생각하기도 하였다.

그때 순유와 곽가가 말했다. "여포는 용감하나 무모하여 이번에 세 번

••••

78. 《삼국지》〈위서〉 여포장홍전(呂布臧洪傳) '布欲降 陳宮等自以負罪深 沮其計'
79. 《삼국지》〈위서〉 여포장홍전(呂布臧洪傳) '諸將各異意自疑 故每戰多敗'

싸워 모두 패퇴했기에 그 예기가 꺾였습니다. 군대는 장수가 주인인데 주인이 쇠약하면 군사들도 용기를 잃습니다. 또 진궁은 지모가 있다지만 결단이 늦습니다. 그러니 이번에 여포의 기세가 회복되기 전에, 더불어 진궁의 책모가 결정되기 전에 서둘러 여포를 잡아야만 합니다."[80]라고 건의한다. 아울러 계책을 냈는데, 하비를 감싸듯 흐르고 있는 사수(泗水)와 기수(沂水)의 물길을 성 안으로 흘려보내는 것이다.[81] 조조는 이를 실행하였다.

하비성 안은 물바다가 되었다. 여포군은 더욱 궁지에 몰렸으나 그로부터 한 달이나 더 버텼다. 하지만 여포의 부장 후성(侯成), 송헌(宋憲), 위속(魏續) 등이 진궁을 생포한 뒤 성을 들어 조조에게 투항하였다. 드디어 무너진 것이다. 이때 여포는 백문루(白門樓)에 올라 홀로 싸웠지만 결국 붙잡히고 말았다.

생포되어 포승줄에 묶인 여포가 조조 앞에 끌려왔다. 여포는 "밧줄이 너무 조이니 조금만 느슨하게 풀어주시오"라고 요청했다. 조조는 "호랑이를 묶는데 단단히 묶지 않을 수 없다."며 일축하였다. 그러자 여포가 "명공의 골칫거리는 바로 저였지만 이제 제가 굴복하오니 천하에 걱정이 없을 것입니다. 명공께서 보병을 거느리시고 저 여포가 기병을 지휘한다면 쉽게 천하를 평정할 것입니다."라며 자신을 살려 써줄 것을 청했다. 여포의 간청을 들은 조조가 짐짓 고민하는 기색을 보였다.

그러자 유비가 얼른 나서서 말하길 "공께서는 여포가 정건양과 동태사에게 한 짓을 보지 못하셨습니까!"[82]라고 일깨우며 반대했다.[83] 건양(建陽)은 정원(丁原)의 자(字)이고, 동태사(董太師)는 동탁을 말한다. 두 사람 모두 여포와 부자의 연을 맺었지만 여포의 배신으로 목이 베인 자들이다.[84] 조조가 고개를 끄덕이니 여포가 유비에게 고래고래 소리를 질렀다. "이 놈이 진짜 못 믿을 놈이로구나!"[85] 진정 못 믿을 자들이 곧잘 이런 소릴 하는 것은 예나 지금이나 별반 차이가 없는 모양이다. 여포는 목이 졸려 처형되었다. 198년, 삼국지 최강의 장수로 알려진 여포의 최후였다. 거물들이 세상을 떠날 때면 자주 허무하다고 말하지만 사실 허무하지 않은 최후는 없다.

이어 진궁이 끌려오자 조조가 '노모와 딸을 어찌할 것인가'라고 가족의 안부를 물었다. 진궁은 "제가 듣기로 효로 천하를 다스리는 자는 남의 부모를 해치지 않고 천하에 인을 베푸는 자는 남의 제사를 끊지 않는

••••

80. 《삼국지》〈위서〉순욱순유가후전(荀彧荀攸賈詡傳) '呂布勇而無謀 今三戰皆北 其銳氣衰矣. 三軍以將爲主 主衰則軍無奮意. 夫陳宮有智而遲. 今及布氣之未復 宮謀之未定 進急攻之 布可拔也'

81. 태산(泰山) 인근에서 발원하여 회수(淮水)로 합류하는 물줄기는 여럿인데, 그 중에서 대표적으로 기수(沂水)와 사수(泗水)를 꼽을 수 있다. 기수는 동남쪽으로 흘러 일대 산간 지역을 시계방향으로 감싸 돈다. 반면에 사수는 반시계 방향으로 일대를 감싸며 흐른다. 이렇게 각각 흐르던 두 개의 물줄기가 만나는 곳이 바로 하비(下邳)이다.

82. 《삼국지》〈위서〉여포장홍전(呂布臧洪傳) '縛太急 小緩之. 太祖曰 縛虎不得不急也. 布請曰 明公所患不過於布. 今已服矣 天下不足憂. 明公將步 令布將騎 則天下不足定也. 太祖有疑色. 劉備進曰 明公不見布之事 丁建陽及董太師乎!'

83. 여포의 처분을 놓고 고민하는 장면은 정사와 연의와 다소 차이가 있다. 연의에서는 조조가 유비에게 "어찌하면 좋겠소?"라고 묻는다. 유비가 먼저 나서 여포를 죽여야 한다고 주장하는 것과는 사뭇 분위기가 다르다.

84. 연의에서는 정원, 동탁 모두 여포와 부자의 연을 맺었지만 정사에는 정원과 부자의 연을 맺었다는 기록은 없다.

85. 《삼국지》〈위서〉여포장홍전(呂布臧洪傳) '是兒最叵信者'

다고 들었소. 이제 노모는 공의 손에 달려 있지 저에게 달려 있지 않습니다."[86]라고 처연하게 대답하였다. 연의에서 조조는 분명히 진궁을 죽이고 싶어 하지 않음이 표현되어 있으나 정사에서는 명확한 표현은 보이지 않는다. 다만 앞의 대화와 뒤의 행동으로 보았을 때 조조는 진궁을 아까워했음을 추정할 수 있다. 조조는 진궁을 처형한 후 모친을 봉양하고 딸을 혼인시켜주라고 영을 내렸다.

여포의 부하들 중 고순(高順)은 참수되었고 장료는 조조에 투항하여 중랑장에 임명된다. 아울러 한때 유비의 부하였던 진군(陳群)과 원환(袁渙) 등도 이때 조조에 등용되었다. 장막을 따랐던 필심(畢諶)도 용서하여 노국(魯國) 상(相)에 임명하였다. 장패(臧霸)는 황건적의 난 직후 도겸을 따라 황건적을 격파했던 인물인데 조조가 여포와 다툴 때는 여포를 도운 바 있었다. 그는 여포가 패망하자 도주해 숨었다. 그러나 조조는 장패를 찾아내어 낭야국(琅邪國) 상에 임명했다. 조조의 이 같은 처분은 그 의도를 정확히 알 수는 없으나 천하의 많은 인재들에게 영향을 미쳤을 것이다.

198년 여포가 죽기 전, 하내태수 장양(張楊)이 자신의 부장 양추(楊醜)에게 살해되었다. 장양은 평소 여포와 가까웠지만 여포가 포위됐을 때 구원하지 못하고 비명횡사한 것이다. 장양을 없앤 양추는 조조에 호응하려 하였다. 그런데 장양의 또 다른 부장인 흑산적 출신 휴고(眭固)가 양추를 살해하고 이번에는 무리를 거느리고 원소에 합세하려 하였다. 이에 199년 4월 조조는 황하까지 진군하였고 조인, 서황, 사환(史渙)에게 황하를 건너 사견(射犬)성의 휴고를 공격하게 하였다. 휴고는 전사하였으나 장양의 장사(長史) 설홍(薛洪)과 하내(河內)태수 목상(繆尙)이 성을 지키며 원소의 구원을 기다렸다.

한때 장양의 휘하에 있었으나 조조와 손을 잡은 동소(董昭)가 단신으로 성 안에 들어가 설홍과 목상을 설득하였다. 동소의 설득에 이들은 당일로 무리를 거느리고 조조에 투항하였다. 이때 위종(魏種)이란 인물도 생포하게 되는데 위종은 여포의 공격으로 연주 일대가 조조를 배반할 때 덩달아 성을 버리고 도망가 조조를 실망시킨 적이 있었던 인물이다. 그러나 조조는 그 재능이 아깝다며 지난 허물을 용서하고 하내태수에 임명하여 황하 이북을 다스리게 하였다. 이 시기 조조는 관용이 넘치는 인물이었다.

유비는 허도로 회군하는 조조를 따랐다. 조조는 표문을 올려 유비를 좌장군(左將軍)에 임명하였으며 유비와 수레를 함께 타고 외출하고 동석에서 담화를 나누기도 하였다. 그러던 어느 날 조조가 유비에게 말했다. "지금 천하의 영웅은 그대(使君)와 이 조조뿐이오. 본초[87]와 같은 무리들은 손에 꼽을 것도 없소이다." 이를 들은 유비가 숟가락을 떨어뜨리며 놀랐다.[88] 연의에서는 이 같은 유비의 소심한 행동을 조조의 의심을 사지

....

86. 《삼국지》〈위서〉 여포장홍전(呂布臧洪傳) '宮聞孝治天下者不絶人之親 仁施四海者不乏人之祀. 老母在公 不在宮也'
87. 본초(本初)는 원소의 자이다.
88. 《삼국지》〈촉서〉 선주전(先主傳) '今天下英雄 唯使君與操耳. 本初之徒 不足數也. 先主方食 失匕箸'

않기 위한 연기로 표현하고 있다. 사실 유비는 눈물이 많고 유약한 이미지를 갖고 있어도 군사를 거느리고 전장을 누빈 장수다. 그런 인물이 말 한마디에 숟가락을 떨어뜨렸으니 분명 이유가 있었을 것이다. 연의의 설정에 왠지 공감이 가는 이유이다.

한편 원술은 매우 곤궁해진 상태였다. 여포와는 다투기도 하고 또 손을 잡기도 하였으나 여포는 끝내 패망하였고 자신 또한 조조에게 패해 쫓겨났다. 뇌박(雷薄)과 진란(陳蘭)이 있는 첨산(灊山)으로 도망쳐 저항해 보지만 불안과 두려움에 어찌할 바를 몰랐다.[89] 원술은 고민 끝에 제호(帝號)를 원소에게 바치고 자신은 청주의 원담(袁譚)에 의지하려 하고 있었다. 스스로 참칭한 제호가 값어치나 있을지 모르겠으나 원술은 미련을 놓지 못했던 것이다. 이에 조조는 유비와 주령을 보내 원술이 북쪽으로 가는 길목을 차단하고 요격할 것을 명하였다. 원술을 완전히 없애고자 한 것이다.

유비는 서둘러 준비한 후 출진했다. 그러나 유비의 출전 소식을 들은 동소가 달려와 조조에게 말했다. "유비는 용략(勇略)이 있고 큰 뜻을 품었으며, 관우와 장비가 양 날개로 돕고 있어 그 심사를 헤아릴 수 없습니다." 유비의 변심을 우려한 것이다. 하지만 조조는 대수롭지 않게 말했다. "내가 이미 허락하였소."[90] 하지만 진작부터 유비를 제거해야 한다고 말해왔던 정욱과 곽가가 입을 모아 "공께서 이전에 유비를 제거하지 않은 것을 저희는 이해하지 못하겠습니다. 이번에 유비에게 군사를 빌려주셨으니 유비는 틀림없이 딴마음을 가질 것입니다."[91]라고 말한다. 이들까지

나서자 그제야 조조는 후회하면서 유비를 추격하게 하지만 따라잡지 못하였다.

한편 원술은 유비와 만나기도 전에 병사하고 말았다. 〈배송지주〉에 묘사된 원술의 최후는 이러하다. 이때가 한여름이었는데 원술이 꿀물을 마시고 싶었으나 꿀이 없었다. 이에 원술이 평상 난간에 앉아 "원술이 어쩌다 이 지경에 이르렀구나!" 하며 크게 탄식한다. 그러고는 평상 아래로 고개를 숙이며 피를 몇 되나 토한 후 죽는다.[92] 원술이 죽은 뒤 하비에 도착한 유비는 서주자사 차주(車冑)를 없애고 하비와 소패를 차지하였다. 조조에 반기를 든 것이다. 동소나 정욱, 곽가 등의 예측이 정확했던 것이다.

여포와 원술이 차례차례 패망할 무렵 북쪽에서는 원소와 공손찬이 그다지 치열하지 않은 공방을 이어가고 있었다. 공손찬은 여전히 역경(易京)에 웅거한 채 수비에 치중하였기 때문이다. 이들의 지루한 대결은 199년에 결판이 난다. 마침내 원소가 전군을 몰아 역경을 공격한 것이다. 이에 공손찬은 흑산적을 이용해 원소의 후방을 끊을 계획을 세웠다. 이때 장사(長史) 관정(關靖)이 공손찬에게 "장군이 거느리던 군사들은 이미 무

••••

89. 《삼국지》〈위서〉 동이원유전(董二袁劉傳) '奔其部曲雷薄陳蘭於灊山 復爲所拒 憂懼不知所出'

90. 《삼국지》〈위서〉 정곽동유장유전(程郭董劉蔣劉傳) '備勇而志大 關羽張飛 爲之羽翼 恐備之心未可得論也! 太祖曰 吾已許之矣.'

91. 《삼국지》〈위서〉 정곽동유장유전(程郭董劉蔣劉傳) '公前日不圖備 昱等誠不及也. 今借之以兵 必有異心'

92. 《삼국지》〈위서〉 동이원유전(董二袁劉傳) 배송지주 위서(魏書) 인용 '時盛暑 欲得蜜漿 又無蜜. 坐櫺床上 歎息良久 乃大吒曰 袁術至於此乎! 因頓伏床下 嘔血斗餘而死'

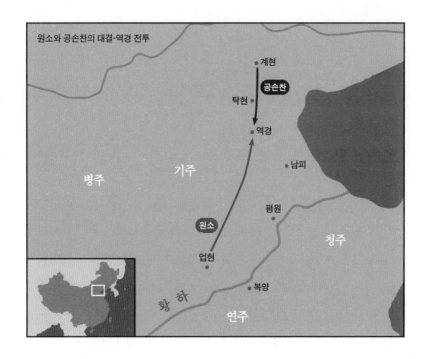

원소와 공손찬의 대결-역경 전투

계현

공손찬

탁현

역경

남피

기주

병주

평원

원소

청주

업현

복양

황하

연주

너졌고 지금 여기를 방어하며 지키는 자들도 고향과 처자를 그리워하고 있습니다. 장군은 방어만 하면 원소가 저절로 물러날 것이라 하지만 원소가 물러난 뒤라도 사방의 세력은 다시 합쳐질 것입니다. 만약 장군이 여기를 버리고 떠난다면 역경은 바로 몰락할 것입니다. 장군께서 본거지를 잃고 지방에 고립된다면 무엇을 성취할 수 있겠습니까?"라고 간한다.

이에 공손찬은 역경에 머물며 흑산적이 도착하면 앞뒤로 원소를 공격하는 것으로 계획을 수정하였다. 아울러 공손찬은 아들에게 서신을 보내고 정해진 날짜에 구원 병력이 도착하면 횃불로 신호하기로 약속하였다. 그러나 그 서신은 전달되지 못했다. 원소의 척후병이 가로채버린 것이다. 원소는 이를 역이용하기로 한다. 서신에 정해진 날짜가 되어 원소군이 횃불로 신호를 보내자 공손찬은 구원병이 온 것으로 알고 역경에서 나왔다. 그러자 원소의 복병이 일제히 공손찬을 공격하여 대파하였다. 공손찬은 급히 퇴각해 방어해보지만 상황은 여의치 않았다. 공손찬은 결사적으로 저항했으나 원소는 땅굴을 파서 누대를 무너트리며 중앙으로 접근해갔고 결국 공손찬은 가족들을 벤 후 자결하였다. 원소와 공손찬의 대결은 후한 북동부의 주인을 가린 큰 예선전이었다.

199년 원소는 공손찬의 군사들을 병합하며 기주를 차지한 이래 천하 제패를 향한 두 번째 도약을 하였다. 원소가 공손찬을 누른 것은 조조가 여포를 누른 것과 유사했다. 원소와 조조 둘 다 거의 같은 시기에 만만치 않은 강자를 제압하면서 둘은 서로를 주시하게 되었다. 천하에 아직 많은 세력들이 있는데 가장 강한 두 세력이 초반에 만나버린 것이다.

이 무렵 원소는 장자인 원담(袁譚)을 청주목(青州牧)에 임명하였는데 모사 저수가 이를 반대하고 나섰다. 저수는 "이는 틀림없이 재앙이 될 것입니다." 하지만 원소는 "나는 아들들에게 한 주(州)씩 다스리게 할 것이다."라며 간언을 물리치고 강행하였다.[93] 아울러 둘째아들 원희는 유주목(幽州牧)에 임명하였고 생질인 고간(高幹)에게는 병주(并州)를 맡겼다. 심배(審配)와 봉기(逢紀)에게는 군사 업무를 총괄하게 하고 전풍(田豐), 순심(荀諶), 허유(許攸)를 모사로 삼았으며, 안량(顏良)과 문추(文醜) 등을 장

••••

93. 《삼국지》〈위서〉 동이원유전(董二袁劉傳) '必爲禍始. 紹不聽曰 孤欲令諸兒各據一州也'

수로 삼아 정병 10만과 군마 1만 필로 조조가 있는 허도(許都)를 공격할 계획을 세운다.

원소와 조조의 피할 수 없는 대결이 서서히 가시화될 무렵, 하루는 공융이 순욱에게 "원소는 넓은 땅에 강한 군대를 보유하고 있는데, 전풍과 허유는 모사로 방책을 수립합니다. 심배와 봉기는 충성을 다하는 신하로 정사를 담당합니다. 또 안량과 문추는 용기 있는 장수들로 군사를 지휘하니 아마도 이기기 어려울 것입니다."라는 예상을 내놓는다. 그러자 순욱이 "원소의 군사가 많다지만 군법이 엄정하지 못합니다. 전풍은 강건하나 윗사람의 뜻을 거스르고, 허유는 탐욕이 많고 제 욕심을 제어하지 못합니다. 심배는 자기 주장이 많고 무모하며, 봉기는 과감하지만 저만 옳다고 생각합니다. 아마도 이 두 사람을 남겨 후방의 정사를 맡길 것이지만 만약 허유의 가속이 법을 어긴다면 틀림없이 용서하지 않을 것이고, 그리 되면 허유는 바로 변심할 것입니다. 그리고 안량과 문추는 필부의 용기일 뿐이니 단 한번 싸움으로 잡을 것입니다."[94]라고 자신만만하게 반대 의견을 내놓았다. 원소와 조조의 대결은 삼국지연의 전반부의 최대 전투이자 천하의 운명이 걸린 대결이었다. 과연 누구의 예측이 맞게 될까?

• • • •

94. 《삼국지》〈위서〉 순욱순유가후전(荀彧荀攸賈詡傳) '紹地廣兵彊 田豊許攸 智計之士也 爲之謀. 審配 逢紀 盡忠之臣也 任其事. 顔良文醜 勇冠三軍 統其兵 殆難克乎! 或曰 紹兵雖多而法不整. 田豊剛而犯 上 許攸貪而不治. 審配專而無謀 逢紀果而自用 此二人留知後事 若攸家犯其法 必不能縱也. 不縱 攸 必爲變. 顔良文醜 一夫之勇耳 可一戰而禽也'

부흥하는 손가(孫家), 몰락하는 원가(袁家)

1

손가(孫家)의 재건
197~200년

장강을 건너 자리를 잡은 이후 손책의 군세는 점점 커졌는데 유요가 도주한 후에는 그 수가 수만 명에 이르렀다. 손책은 주유에게 "나는 군사를 거느리고 오군(吳郡)과 회계(會稽)군을 차지하고 산월(山越)을 평정할 것이니, 경은 돌아가 단양군을 진무해주오."라고 부탁한다. 명을 받은 주유는 단양군으로 돌아갔다. 유요가 패주했다는 소식이 알려지면서 성을 포기하고 도주하는 수령들이 많았다. 이렇게 손책이 싸우는데 가는 곳마다 승리하여 그 예봉을 막을 자가 없었고 군사들은 군령을 엄격하게 지키니 백성들도 환영하였다.[1]

이 무렵 예장(豫章)군으로 도주했던 유요가 책융을 물리치고 얼마 지나지 않아 병사하였다. 그러자 유요가 이끌던 병력 1만 가량이 소속이 없는 상태가 되어버렸다. 이 정보를 접한 태사자가 손책에게 '군사들을 위무하여 데려오겠다'고 건의하였다. 손책은 이를 허락하였는데 손책의 측근들이 "지금 태사자를 보내면 북쪽으로 가거나 돌아오지 않을 것입니다"라고 의심하며 말린다. 하지만 손책은 개의치 않았다. "자의(子義)가 나를 버린다면 누구와 함께 하겠는가?"[2] 그러고는 태사자에게 "언제쯤 돌아올 수 있겠나?"라고 물으니 태사자가 "60일을 넘기지 않을 것입니다"라며 출발하였다. 약속한 기일이 되자 과연 태사자는 손책의 말대로 임무를 완수하고 돌아왔다.

한편 주치는 오군 전당(錢唐)현 인근에서 이동 중이었다. 이때 오군태수 허공(許貢)이 이를 가로막았다. 주치가 교전을 벌여 허공을 대파하니 허공은 도망쳐 엄백호(嚴白虎)에 의지하게 되었다. 이후 주치가 오군태수의 업무를 맡았다. 당시 오군에서는 엄백호가 1만여 명의 무리를 거느리고 웅거(雄據)하고 있었는데 오경이 엄백호를 공격하려 회계군에 군사를 집결시키자 손책이 말했다. "엄백호 등은 그냥 도적 무리라서 아무런 큰 뜻이 없으니 조만간 사로잡힐 것이오."[3] 손책은 엄백호가 어렵지 않게 평정될 것이라고 여겼다. 이 무렵 손책은 삼촌인 손정(孫靜)을 불러서 모셨다. 손정은 가속을 거느리고 전당(錢唐)현에서 손책과 합세하였는데 이

••••

1. 《삼국지》〈오서〉손파로토역전(孫破虜討逆傳) '渡江轉鬪 所向皆破 莫敢當其鋒 而軍令整肅 百姓懷之'
2. 《삼국지》〈오서〉유요태사자사섭전(劉繇太史慈士燮傳) '子義捨我 當復興誰'. 자의(子義)는 태사자의 자이다.
3. 《삼국지》〈오서〉손파로토역전(孫破虜討逆傳) '虎等群盜 非有大志 此成禽耳'

때 손책은 회계태수 왕랑(王郞)과 대치중이었다. 왕랑은 동탁에 맞서 군
웅들이 거병할 당시 도겸의 휘하에 있었던 인물로 그 후 회계태수에 임
명되어 일대를 다스리고 있었다. 왕랑의 공조(功曹) 우번(虞翻)은 손책에
맞서지 말고 피할 것을 권유하였다. 삼국지의 단역이라고 할 수 있는 왕
랑 밑에도 괜찮은 머리를 쓰는 부하가 있었던 것이다. 하지만 왕랑은 듣
지 않고 손책과 맞섰다.

　왕랑은 어느 정도 버텼다. 손책이 병사들을 이끌고 절강(浙江)을 건너
맹공을 퍼부어도 좀처럼 함락시키지 못한 것이다. 시일만 흐르고 있을
때 이에 손정이 건의하였다. "왕랑이 험한 지형을 이용해 방어하니 쉽게
함락시킬 수 없을 것이다. 사독(査瀆) 남쪽에서 몇 리를 가면 지름길이 있
는데 그 길로 성에 이를 수 있으니, 이는 방비가 없고 생각하지 못한 곳
을 공격하는 것이다. 내가 선봉에 서면 반드시 격파할 수 있다."[4] 손책이
그 계책을 따랐다. 물론 손정을 선봉에 세우지는 않았다. 손책은 야간에
횃불을 들고 왕랑의 군사들을 유인한 후 군사를 나눠 사독(査瀆)을 따라
왕랑의 군영을 공격하였다. 왕랑은 전임 단양태수 주흔을 보내어 맞섰
으나 손책에게 격파되고 주흔은 전사하였다. 패한 왕랑은 우번과 함께
도주해 회계군 후관(候官)현에 다다르지만 후관 현령 상승(商升)이 성문
을 열어주지 않았다. 그러자 우번이 들어가 상승을 설득하여 왕랑에게

----

4. 《삼국지》〈오서〉 종실전(宗室傳) '朗負阻城守 難可卒拔. 査瀆南去此數十里 而道之要徑也 宜從彼據
　其內 所謂攻其無備 出其不意者也. 吾當自帥衆爲軍前隊 破之必矣'
5. 《삼국지》〈오서〉 우육장낙육오주전(虞陸張駱陸吾朱傳) '卿有老母 可以還矣'

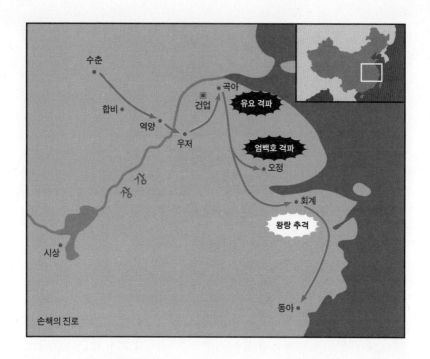

손책의 진로

호응하게 만들었다. 그런데 난데없이 왕랑이 우번에게 "경은 노모가 계시니 돌아가는 것이 옳소."[5]라고 권한다. 목숨이 오가는 전장에서 무슨 경우인지 알 수 없으나 우번은 회계군으로 돌아갔다. 회계를 차지했던 손책은 예기치 않게 얻은 우번을 다시 공조에 임명하고 예우하였다.

손책은 왕랑이 도주한 후관(候官)현을 치기 위해 영녕(永寧) 현령 한안(韓晏)을 도위에 임명하여 출진시켰다. 그리고 후임 영녕 현령에는 회계군에서 얻은 인재 하제(賀齊)를 임명하였다. 그러나 한안이 상승에게 패배하자 하제가 한안을 대신하게 되었다. 하제는 무력을 사용하지 않고 상승을 상대하였다. 그는 상승을 만나 상황에 따른 화복을 설명해주었는데 이에 설득된 상승은 자신의 인수를 바치고 막사를 나와 투항하려고 하였다.[6] 그러나 상승의 투항을 반대하던 무리들이 상승을 살해하고 반기를 들었다. 하제는 이간계 등을 활용해 이들을 토벌하고 일대를 평정하였다. 한편 도주한 왕랑은 이후 조조에 등용되어 그 휘하에서 활약하게 된다.

예상대로 어렵지 않게 엄백호를 격파한 손책은 오경과 손분을 수춘으로 보내 원술에게 전황을 보고하였다. 형식적으로는 손책이 아직 원술의 수하였기 때문이다. 이때가 197년인데 수춘에서는 엉뚱한 사건이 벌어지고 있었다. 다름 아닌 원술 황제 참칭(僭稱) 사건. 이에 대해 손책은 서신을 보내 원술을 책망하며 관계를 단절하였다.[7] 자립의 기회를 엿보던 손책으로서는 원술의 방종이 좋은 구실이 되었다. 손책은 즉시 장강의 모든 나루를 봉쇄하고 오경과 손분에게 이를 알렸다. 원술은 오경을 광릉태수에, 손분을 구강태수에 각각 임명하지만 이들은 모두 원술의 명을 거부하고 강동으로 돌아가 손책에 귀부하였다. 손책은 오경을 다시 단양태수에 임명하였다. 조조는 표문을 올려 원술에 대항한 손책을 토역장군(討逆將軍)에 임명하였다.

손책은 회계태수를 겸직하고, 주치를 오군태수, 손분을 예장태수에 임명하였다. 그리고 예장군을 분할하여 여릉(廬陵)군을 설치하며 손분의 동생 손보(孫輔)를 여릉태수에 임명하였다. 또한 손책에게는 장소(張昭), 장굉(張紘), 진송(秦松), 진단(陳端) 등의 좋은 인재들이 있었다. 장소는 서주 팽성군 출신으로 일대 주민들이 대거 양주(揚州)로 피난할 때 장강을 건너 남쪽으로 왔던 인물이다. 손책이 일대를 점령하였을 때 장소를 장사(長史) 겸 무군중랑장에 임명하여 문무에 관한 모든 정사를 일임하였다.

이 무렵 전임 오군태수 허공(許貢)이 조정에 '손책을 중앙에 불러 통제해야 한다'고 상서하였다. 앞서 허공은 주치에게 패배한 뒤 태수 직에서 밀려난 적이 있었다. 이 소식을 전해들은 손책은 허공을 찾아내 주살해 버렸다.[8] 그러나 손책은 이 행동이 어떤 결과로 되돌아올지 짐작하지 못했다.

한편 주유가 손책의 명을 받고 단양군으로 돌아온 후, 원술은 사촌동생 원윤(袁胤)을 주상(周尙) 대신 단양태수로 임명하였다.[9] 이에 주유와 주상은 함께 수춘으로 갔다. 이때까지 손책이 원술의 부하였으므로 원술의 명령을 들었던 것으로 보인다. 당시 주유는 이미 여강군 일대에서 이름을 날리고 있었다. 때문에 원술도 주유를 등용하려고 한 것이다. 하

....

6. 《삼국지》〈오서〉 하전여주종리전(賀全呂周鍾離傳) '齊因告喩 爲陳禍福 升遂送上印綬 出舍求降'

7. 《삼국지》〈오서〉 손파로토역전(孫破虜討逆傳) '時袁術僭號 策以書責而絶之'

8. 《삼국지》〈오서〉 손파로토역전(孫破虜討逆傳) 배송지주 강표전(江表傳)인용 '吳郡太守許貢上表於漢帝曰 '孫策驍雄 與項籍相似 宜加貴寵 召還京邑. 若被詔不得不還 若放於外必作世患.' 策候吏得貢表 以示策. 策請貢相見 以責讓貢. 貢辭無表 策卽令武士絞殺之'

9. 단양태수에 대한 기록은 혼선이 있다. 줄곧 오경이 단양태수라 하다가 주상이 단양태수라 하니 주유의 삼촌 주상의 단양 태수 임기가 의문이다. 《자치통감》 또한 194년 원술이 단양태수 주흔(周昕)을 대신해 오경을 태수로 임명하는데, 195년에 주상(周尙)이 단양태수로 갑자기 등장한다. 혼선이 있는 기록을 그대로 옮긴 것이다. 이는 기록자의 오류 또는 여러 세력이 단양태수를 각각 임명한 상황 등으로 추정된다.

지만 주유가 볼 때 원술은 도저히 대업을 성취할 수 있는 인물로 보이지 않았다.[10] 삼국지를 통틀어 도무지 원술을 좋게 본 경우는 거의 찾을 수가 없는데 주유 또한 원술을 다르게 보지 않았다. 황제까지 자칭했던 원술인데 측은지심마저 생길 지경이다. 주유는 원술로부터 몸을 빼 여강(廬江)군 거소(居巢)현의 현령을 자청하였다. 여기서 그는 노숙(魯肅)이라는 인물과 친교를 맺게 되었고 이후 오군으로 돌아갔다. 아직 원술이 패망하기 전인 198년이었다.

손책은 주유를 다시 맞이하며 건위중랑장에 제수하였다. 당시 주유의 나이 24세. 그리고 주랑(周郎)은 주유의 애칭이다. 이 무렵 손책과 주유는 장가를 간다. 당시 손책과 주유는 환현(皖縣)을 함락시키고 교공(橋公)을 포로로 잡았는데 그에게는 딸이 둘 있었다.[11] 둘 다 국색(國色)으로 명성이 자자했다. 사람들이 부르길 큰 딸을 대교(大橋), 작은 딸을 소교(小橋)라 하였는데 손책은 대교와, 주유는 소교와 혼인을 한다. 삼국지 최고의 미남으로 손꼽히는 손책과 주유가 최고의 미녀를 아내로 맞아들인 것이다. 연의에서 교공은 그저 미모로 이름난 딸 둘을 가진 인물일 뿐이다. 하지만 정사에 의하면 교공은 손책과 주유가 환현을 함락시키고 잡은 포로이다. 생사여탈을 함부로 할 수 있는 대상에서 갑자기 '장인어른'이 된 것이다. 딸 잘 둔 덕에 목숨 건진 것을 넘어서 나라의 No.1과 No.2를 한꺼번에 사위로 맞아들였다. 팔자가 바뀐 것이다. 친구이며 군신인 손책과 주유는 이제 동서(同壻)가 된 것이다.

199년 원술이 병사한 이후 장사(長史) 양홍(楊弘)과 대장 장훈(張勳) 등이 군사를 거느리고 손책에 합세하기로 하였다. 그런데 이동 중 여강(廬江)태수 유훈(劉勳)이 이들을 공격하여 생포하고 재물을 탈취해버린 사건이 발생했다. 이에 손책은 분노하였으나 이성을 잃지 않고 유훈과 우호를 체결한다. 물론 거짓이다. 당시 유훈의 군사는 장강과 회수 일대에서 꽤 막강하다고 알려져 있었다. 그런데다가 이때는 원술의 군사들까지 거둔 뒤라 기세가 등등하였다. 손책은 유훈에게 많은 예물과 함께 서신을 보내며 "상료(上繚)[12]현의 우두머리와 백성들이 자주 우리 땅을 침범했기에 여러 해 동안 원한을 품어왔습니다. 그들을 정벌하려 해도 길이 멀어 곤란하니 이번 기회에 대국에서 정벌해주시기 바랍니다. 상료현은 물자가 풍족하기에 차지하면 나라가 부유해질 것입니다. 출병하여 도와주시기를 청하옵니다."[13]라며 요청한다.

유훈의 휘하에는 유엽(劉曄)이라는 인물이 있었다. 유엽은 양주(揚州) 일대에서 패거리를 만들어 백성들을 괴롭히던 정보(鄭寶)를 처단한 후 그 무리를 유훈에게 인계했었던 인물이다. 손책의 이러한 요청을 유훈이 받아들이려 하자 유엽은 "상료현은 비록 작은 땅이나 성이 견고하고 물이 깊어 공격은 힘들고 지키기엔 용이하여 열흘이 걸려도 점거할 수

••••

10. 《삼국지》〈오서〉 주유노숙여몽전(周瑜魯肅呂蒙傳) '術欲以瑜爲將 瑜觀術終無所成'

11. 《삼국지》〈오서〉 주유노숙여몽전(周瑜魯肅呂蒙傳) '從攻皖 拔之. 時得橋公兩女'.

12. 당시 상료현의 위치는 정확히 알 수 없다.

13. 《삼국지》〈위서〉 정곽동유장유전(程郭董劉蔣劉傳) '上繚宗民 數欺下國 忿之有年矣. 擊之 路不便 願因大國伐之. 上繚甚實 得之可以富國 請出兵爲外援'

없을 것이며 원정하는 군사들은 지치고 우리 내부를 지킬 군사는 없습니다. 그럴 때 손책이 빈틈을 노려 우리를 공격하면 지킬 방법이 없습니다. 장군께서 진격한다면 적에게 욕을 당하고 물러나도 돌아올 곳이 없습니다."[14]라며 만류하였다. 그러나 유훈은 유엽의 말을 듣지 않고 상료현을 공격하기 위해 출병하였다. 유훈이 출병하기만을 기다렸던 손책은 밤사이에 여강군을 점거해버렸다. 유엽이 말한 그대로였다. 유훈의 군사들은 모두 투항하였고 유훈은 휘하의 수백 군사들만을 거느리고 조조에게 귀부하였다.

손책이 강동 지역을 병합하며 세력이 커지자 조조는 손책을 회유하려고 하였다. 손책 또한 괜한 갈등을 만들 필요가 없었기에 조조와 손을 잡았다. 이에 따라 조조 동생의 딸과 손책의 막내 동생 손광(孫匡)이, 또 조조의 아들 조창(曹彰)과 손분(孫賁)의 딸이 혼인하게 되었고 아울러 조조는 손책의 동생 손권(孫權)과 손익(孫翊)에게도 관직을 내렸다.

여담으로 손책에 대한 인물평을 소개한다. 손책은 용모가 뛰어나고 우스갯소리를 좋아하고, 활달한 성격에 남의 부탁을 잘 들어주며 용인(用人)을 잘했다. 이에 손책을 만나본 이들은 충성을 다하고 기꺼이 목숨을 바치려는 자들이 많았다고 한다.[15]

••••

14. 《삼국지》〈위서〉 정곽동유장유전(程郭董劉蔣劉傳) '上繚雖小 城堅池深 攻難守易 不可旬日而擧 則兵疲於外 而國內虛. 策乘虛而襲我 則後不能獨守. 是將軍進屈於敵 退無所歸. 若軍必出 禍今至矣'

15. 《삼국지》〈위서〉 손파로토역전(孫破虜討逆傳) '策爲人 美姿顔 好笑語 性闊達聽受 善於用人. 是以士民見者 莫不盡心 樂爲致死'

2

관도대전(上)[16]

199년~201년

조조가 연주(兗州) 일대를 평정할 무렵, 원소는 공손찬의 세력을 병합하여 병주(幷州), 유주(幽州), 기주(冀州), 청주(靑州)의 영역을 차지하였고 군사가 10만이 넘었다. 조조는 여포를, 원소는 공손찬이라는 힘든 예선을 거쳐 각각 만만치 않은 세력을 구축한 상태로 한 마당에 묶어놓은 두 마리 황소마냥 씩씩거리고 있는 모양새였다. 게다가 원소는 조만간 군사를 일으켜 허도를 공격할 계획을 세우고 있었다. 조조 휘하의 여러 장수들

••••

16. AD 200년은 삼국지에서 중요한 해이다. 조조와 원소 간의 대전투 '관도대전'이 있었기 때문이다. 조조와 원소, 이어서 조조와 원소의 아들들과의 싸움은 그 후로도 수년간 지속되지만 사실상 결판은 200년에 났다고 봐도 무방하다. 원소와 조조의 싸움은 현대 스포츠 대회라면 시드 규정을 적용했어야 할 대결이었다. 결승전이나 준결승전 정도에서 만나야 강자들이 16강전에서 만난 셈이다.

의 의견은 원소와는 맞서기 어렵다는 것이 중론(衆論)이었다. 하지만 조조는 달랐다. "내가 알기로 원소는 뜻은 원대하나 지략이 없고, 표정은 엄격하나 담력이 없으며, 꺼리는 것이 많고 위엄이 없으며, 거느린 병력이 많아도 책략에 밝지 못하고 장수들도 교만하여 명령도 한결 같지 않다. 그러니 그 넓은 땅과 풍족한 군량을 내게 준다면 딱 좋을 것이다."[17] 라며 큰소리친다. 앞서 순욱이 공융에게 말한 원소에 대한 의견과 크게 다르지 않았다.

199년 가을, 조조는 위군(魏郡) 여양(黎陽)현에 주둔하였고 장패(臧霸) 등을 보내 동쪽 청주 일대를 공략하게 하고 우금을 황하 유역에 주둔하게 하였다. 그리고 9월, 조조는 허도로 귀환하면서 병력을 남겨 관도를 지키게 하였다. 이 해 11월에 장수가 투항해온다. 장수가 누구던가. 2년 전 조조에게 투항했다가 조조가 장제의 부인을 취함에 분노하여 반란을 일으켜 맏아들 조앙과 맹장 전위를 전사하게 만든 장본인이다. 범인(凡人)의 감정으로는 다시 인연을 맺기 어려울 원수인데 어떤 일이 있었던 것일까.

장수가 조조에게 다시 의탁하기 얼마 전 원소는 장수에게 사자를 보냈다. 자신과 한 편이 되기를 요청한 것이다. 조조와의 본격적인 대결에 앞서 주변 세력을 포섭하려 했던 것이다. 원소의 요청에 장수는 응하려고 하였다. 그런데 가후가 나서서 막았다. 가후는 원소의 사자를 꾸짖었다. "가서 원본초(本初)[18]에게 전하라. '형제가 서로 뭉치지도 못하면서 어찌 천하의 인재를 포용하겠는가!'라고"[19] 이를 들은 장수가 깜짝 놀라며

"어떻게 그런 말을 할 수가 있소?"라고 나무랐다. 그리고 사자를 돌려보낸 후 가후에게 물었다. "그렇다면 나는 어느 편에 서야 하는 것이오?"

이에 가후는 대답했다. "조조를 따르는 편이 낫습니다." 장수가 "원소는 강하고 조조는 약하며, 또 나는 그간 조조와 원수가 되었는데 어떻게 그와 편이 될 수 있겠소?"라고 물었다. 장수로서는 당연히 드는 생각이라 할 수 있다. 가후가 설명했다. "그러니 조공을 따라야 하는 겁니다. 지금 조공은 천자를 받들며 천하를 호령하니 이것이 첫째 이유입니다. 또한 원소는 한참 강성하여 우리가 그의 편이 되어도 중히 여기지 않겠지만 조공은 우리가 지원한다면 기뻐할 것이니 이것이 두 번째 이유입니다. 그리고 정말로 패왕의 뜻을 가진 자라면 개인적 원한을 잊고 천하에 덕을 베풀 것이니 이것이 세 번째 이유입니다. 원컨대 장군께서는 의심하지 마십시오."[20]

이에 장수는 가후의 말대로 조조에게 투항 의사를 밝히게 되었다. 가후가 매우 뛰어난 모사임은 거듭 언급하였다. 그러나 장수 또한 보통이 아닌 인물이다. 자신의 상식과 거리가 먼 제안에도 가후의 설명을 듣고

••••

17. 《삼국지》〈위서〉 무제기(武帝紀) '吾知紹之爲人 志大而智小 色厲而膽薄 忌克而少威 兵多而分畫不明 將驕而政令不一 土地雖廣 糧食雖豊 適足以爲吾奉也'

18. 본초(本初)는 원소의 자이다.

19. 《삼국지》〈위서〉 순욱순유가후전(荀彧荀攸賈詡傳) '歸謝袁本初 兄弟不能相容 而能容天下國士乎'

20. 《삼국지》〈위서〉 순욱순유가후전(荀彧荀攸賈詡傳) '詡曰 不如從曹公. 繡曰 袁彊曹弱 又與曹爲讎 從之如何? 詡曰 此乃所以宜從也. 夫曹公奉天子以令天下 其宜從一也. 紹彊盛 我以少衆從之 必不以我爲重. 曹公衆弱 其得我必喜 其宜從二也. 夫有霸王之志者 固將釋私怨 以明德於四海 其宜從三也. 願將軍無疑'

나면 항상 수용했던 것이다. 여포나 원술, 그리고 이후 보여줄 원소와 비교하였을 때 장수는 더 나은 판단력의 소유자라고 할 수 있다. 가후의 예측대로 조조는 장수를 흔쾌히 받아들였다. 또한 조조는 가후의 손을 잡고 기뻐하며 크게 칭찬했다. "천하가 나를 신뢰하고 존중하게 만든 사람이 바로 그대요."[21] 이어 조조는 잔치를 벌이며 축하하였고 아들 조균(曹均)을 장수의 딸과 혼인시키며 장수와의 구원(舊怨)을 불식(拂拭)시켰다. 장수를 받아들임으로써 조조가 얻은 가장 귀한 것은 천하에 자신의 관대함을 알리는 것도, 장수의 군세를 더하게 된 것도 아닌, 가후라는 천하의 인재였다.

조조는 천하의 인심을 얻고 또 자신의 군세를 키우면서도 조정과 황실에 대해서는 점점 오만해져 갔다. 조조의 위세에 불안해하던 헌제는 이전에 장인이었던 거기장군(車騎將軍) 동승(董承)에게 의대를 하사한 적이 있었다. 그 의대 속에는 '조조를 주살하라'는 밀조가 들어 있었다. 이에 동승은 유비와 종집(種輯), 오자란(吳子蘭), 왕자복(王子服) 등과 함께 조조를 제거하기로 모의하였다. 이때는 아직 원술이 살아 있던 때이다. 세력이 곤궁해진 원술이 원담과 연결되는 것을 막기 위해 조조는 유비와 주령을 함께 보내 공격하게 하였고 유비는 서둘러 준비를 마치고 곧장 출병하였다. 얼마 지나지 않아 원술은 병사하였고, 유비는 하비에 이

••••

21. 《삼국지》〈위서〉순욱순유가후전(荀彧荀攸賈詡傳) '使我信重於天下者 子也' 이는 조조가 자신의 그릇을 천하에 알릴 수 있는 기회를 가후가 만들어준 데 대해 기뻐한 것이다.

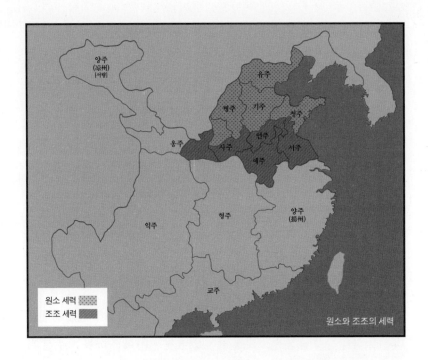

양주
(凉州)
[서량]

유주

병주 기주
청주

옹주
사주 연주
서주
예주

익주
형주
양주
(揚州)

교주

원소 세력
조조 세력
원소와 조조의 세력

르러 서주자사 차주를 제거하고 다시 서주를 차지하며 조조를 배신했다. 이어 관우를 남겨 하비성을 지키게 하고 자신은 소패에 주둔하며 세력을 다졌다. 이것이 앞서 서술한 바 있는 유비의 상황이다.

유비는 손건을 보내 원소와 강화를 맺었다. 조조는 자신을 배신한 것에 더해 원소에게 붙은 유비에게 거듭 분노해 유대(劉岱)와 왕충(王忠)로 하여금 유비를 공격케 하였다. 하지만 유비는 이를 잘 막아냈다. 이 무렵 손책의 꾐에 넘어가 여강을 빼앗긴 유훈이 조조에 투항해왔다. 아울러 유훈 휘하에 있던 유엽도 이때부터 조조의 모사가 된다. 조조는 유훈이 아니라 유엽을 얻게 되어 기뻤을 것이고, 유엽 또한 말 안 통하는 유훈보다 조조를 돕게 되어 기뻤을 것이다.

199년 12월, 조조가 관도(官渡)에 주둔하고 얼마 지나지 않은 200년 1월, 조조를 암살하려던 모의가 발각됐다. 바로 헌제의 밀조를 받고 동승이 주도했던 그 모의였다. 동모자인 동승을 비롯해 종집, 오자란, 왕자복 등이 처형되었으나 유비는 군사를 이끌고 외부에 있어 무사할 수 있었다. 이에 조조가 유비를 치기 위해 직접 출진하려 하니 장수들이 말렸다. "지금 천하를 다툴 자는 원소입니다. 원소를 두고 동쪽을 원정할 때 원소가 기습하면 어찌 합니까?" 그러자 조조의 대답이 이러했다. "유비는 인걸이니 이번에 치지 않으면 후환이 될 것이다. 원소는 결단이 느려 움직이지 않을 것이다."[22] 아울러 곽가 또한 조조의 생각에 동조하였다.

한편 원소의 모사 전풍(田豊)은 조조가 유비를 공격하기 위해 출진했다는 소식을 듣자 곧장 원소에게 달려갔다. 전풍은 이는 하늘이 주신 기회이니 조조의 후방을 습격해야 한다고 주장했다. 그런데 원소의 반응이 황당했다. 원소는 어린 아들이 병이 났다며 출병하려고 하지 않은 것이다. 어이가 없었던 전풍은 지팡이로 땅을 치며 탄식했다. "다시 얻을 수 없는 기회를 만났는데도 어린애가 아프다며 기회를 놓치다니 안타깝도다!"[23] 원소의 이런 대응을 예측한 조조와 곽가도 대단하고, 이런 기회를 아이가 아프다고 놓아버린 원소도 대단하다. 삼국지 전체를 관통하는 교훈이 몇 가지가 있는데 그중 하나가 주인을 잘 만나야 한다는 것이다. 원소가 우매한 주군이라는 실체가 들통 나기 시작한 것이 이때였다.

서주로 출진한 조조는 유비를 격파하고, 유비의 부장 하후박(夏候博)

을 생포하였다. 조조를 당해낼 수 없었던 유비는 그야말로 산산조각이 났다. 관우와 장비는 물론 가족을 챙기지도 못하고 홀로 청주로 도주했으니 말이다. 조조는 유비의 가족들을 생포하고 하비에 주둔 중이던 관우도 조조에 투항하게 된다. 다행히 청주자사 원담은 패주한 유비를 반갑게 맞아주었고 유비는 원담을 따라 평원(平原)으로 이동하였다. 원소 또한 유비를 환대하였다. 이후 한 달 가량 원소 진영에 머무르는 동안 흩어졌던 군사들도 모여들었다.

유비가 조조를 떠났을 때 도적 창희(昌豨)도 유비에 호응하여 조조에 반기를 들었다. 이에 우금이 출진하여 창희에게 맹공을 퍼부었다. 그런데 창희와 우금은 그전부터 아는 사이였기에 창희는 우금을 찾아가 투항하였다. 여러 장수들은 '창희가 투항하였으니 응당 조조에게 보내야 한다'고 입을 모았다. 그러나 우금은 고개를 가로저었다. "여러분들은 조공의 명령이 한결같다는 점을 모르고 있소. 포위한 다음에 투항하는 자는 사면 받지 못한다는 것이오. 법령을 준수하는 것은 윗분을 모시는 도리입니다. 창희가 비록 나의 오래된 벗이지만, 나는 원칙을 어길 수 없소이다."라며 창희의 투항을 받아들이지 않고 눈물을 흘리면서 목을 베었다.[24]

••••

22. 《삼국지》〈위서〉 무제기(武帝紀) '與公爭天下者 袁紹也. 今紹方來而棄之東 紹乘人後 若何? 公曰 夫劉備 人傑也 今不擊 必爲後患. 袁紹雖有大志 而見事遲 必不動也'

23. 《삼국지》〈위서〉 동이원유전(董二袁劉傳) '夫遭難遇之機 而以嬰兒之病失其會 惜哉'

24. 《삼국지》〈위서〉 장악우장서전(張樂于張徐傳) '諸君不知公常令乎. 圍而後降者不赦. 夫奉法行令 事上之節也. 豨雖舊友 禁可失節乎! 自臨與豨決 隕涕而斬之'

한편 조조는 생포한 관우를 편장군(偏將軍)에 임명하고 정성을 다하여 예우하였다. 아울러 조조는 장료를 보내 관우의 마음을 알아보게 하였다. 관우를 얻고 싶었던 것이다. 그러나 관우의 마음은 변하지 않았다. "조공이 나를 극진히 대우하는 것은 알지만 나는 유장군의 후은(厚恩)을 입었고 함께 죽겠다고 맹세했으니 약조를 어길 수 없습니다. 끝내 머무를 수 없으니 공을 세워 조공에게 보답한 뒤에 떠날 것입니다."[25] 이에 조조는 관우가 의로운 사람이라고 생각하였다. 연의에서는 조조가 관우의 마음을 얻기 위해 거듭 연회를 열고 미인과 선물을 준 것으로 나온다. 선물 중에는 적토마가 등장하는데 모든 선물을 물리쳤으나 적토마만은 받았다. '형님에게 빨리 달려갈 수 있다'는 이유였다. 여포가 갖고 있었다는 기록 이후, 있지도 않은 적토마가 소설 속에서 본격적으로 활개를 치기 시작한 것이 이때이다.

조조는 동쪽 지역을 평정하면서도 한편으로 함곡관 서쪽을 걱정하고 있었다.[26] 이 무렵 서쪽 관중(關中)의 군웅들 중에서는 특히 마등(馬騰)과 한수(韓遂)가 경쟁적으로 강력한 군대를 거느리고 있었다. 이에 조조는 종요(鍾繇)를 시중(侍中) 겸 사례교위(司隸校尉)로 임명하며 부절을 하사

• • • •
25. 《삼국지》〈촉서〉 관장마황조전(關張馬黃趙傳) '吾極知曹公待我厚 然吾受劉將軍厚恩 誓以共死 不可背之. 吾終不留 吾要當立效以報曹公乃去'
26. 《삼국지》〈위서〉 종요화흠왕랑전(鍾繇華歆王朗傳) '以關右爲憂' 농서 일대를 농우라고도 하듯 함곡관 서쪽 편을 관우라고 부른다. 천자는 남면하므로 우(右)는 곧 서(西)를 의미한다.
27. 《삼국지》〈위서〉 종요화흠왕랑전(鍾繇華歆王朗傳) '持節督關中諸軍 委之以後事 特使不拘科制'

하였다. 일찍이 순욱이 '서쪽은 종요에게 맡기면 된다'고 추천한 바 있었다. 조조는 종요를 파견하면서 관중의 모든 군사들을 총괄하게 하고 법제에 얽매이지 말고 일대의 통치를 위임하였다.[27] 말하자면 서쪽은 종요에게 일임하고 조조 자신은 동쪽에 집중하겠다는 포석인 셈이다.

한 발 더 나가볼까

199년 하반기를 결산하다

199년은 여러 지역에서 많은 호걸들이 동시에 중요한 사건을 일으키는 시기이다. 200년을 정리하는 관도대전이라는 빅 매치 직전, 지역 세력들의 대립이 절정에 이르렀던 것이다.

헌제와 조조가 머물고 있는 허창을 기준으로 동북쪽에서는 무엇보다 공손찬의 패망이 가장 큰 사건이다. 명실공히 원소가 천하세력 랭킹 1위로 등극하는 순간이었다. 이때 원소는 기주, 유주, 연주, 청주 이렇게 네 개 주를 아우르는 최대 세력이었다. 허창의 남쪽인 회수 일대에서는 원술이 꿀물 타령을 끝으로 세상을 떠났다. 사촌인 두 사람의 희비가 극명하게 엇갈린 때이기도 하다.

동남쪽 장강 일대에서는 손책의 활약이 눈부셨다. 여강의 환현을 점령하며 대교와 혼인하였고, 유훈과 왕랑을 연이어 물리치며 멀리 남쪽 회계까지 자신의 영역을 넓혔다. 남쪽 형주에서도 주목해야 할 사건이 있었다. 바로 유표와 장수(張繡)의 엇갈린 선택이다. 이 시기 조조와 원소는 외교전을 통해 주변의 세력들을 포섭하는 데 열을 올리고 있었다. 이때 유표는 한숭 등의 의견을 듣지 않고 어정쩡한 태도를 보인 반면, 장수는 가후의 적극적인 권유를 좇아 조조에게 투항하게 된다.

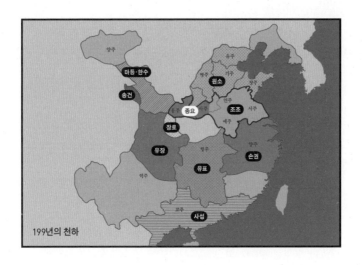

199년의 천하

허창의 북서쪽 지역은 어떠했을까? 199년까지 조조는 허창의 동쪽 지역 신경 쓰느라 여념이 없었다. 그래서 북서쪽, 즉 병주와 옹주 일대는 종요에게 일임한다. 종요는 일대를 돌아다니며 여러 세력들을 무마시킨다. 이후 군마 등 알토란같은 군수품들을 보내며 조조에게 많은 도움을 주었다.

북서쪽의 끝에 위치한 양주(涼州)에는 양주목 위단(韋端)이 있었다. 이 무렵 위단은 허창 주변의 상황을 자세히 알기 위해 자신의 종사(從事)인 양부(楊阜)를 파견한다. 양부가 돌아오자 일대의 장수들은 장차 원소와 조조의 승패가 어찌될 것인지 궁금해 한다. 이에 양부가 "원소는 관대하나 결단이 없고 모략을 좋아하나 결정을 내리지 못하니, 지금은 강하더라도 끝내 큰일을 성취하지 못할 것입니다."라며 원소가 패하고 조조가 승리할 것이란 예측을 내놓는다. 역시 제대로 보았다. 양부는 나중에 다시 등장하니 기억해 둘 만한 인물이다.

다음은 남서쪽 파촉(巴蜀) 지역이다. 이 당시 익주목(益州牧)은 유장(劉璋)으로, 194년부터 아버지 유언(劉焉)의 뒤를 이어 익주를 다스리고 있었다. 그리고 익주 북편 한중(漢中) 일대는 장로(張魯)가 웅거하고 있었다. 당시 한중은 지형적 폐쇄성으로 인해 중앙은 물론 익주목의 영향력도 거의 미치지 못하고 있었다. 그래서 장로는 다른 지역의 지배체제와는 다른 종교적인 조직을 이용해 백성들을 다스리고 있었다.

마지막으로 허창이다. 198년 말에서 199년 초에 걸쳐 여포의 세력을 물리친 이후, 조조와 유비는 허창으로 귀환해 내부 정비의 시간을 갖고 있었다. 유비가 헌제로부터 '황숙'이라 불리게 되었고 아울러 조조가 유비를 불러 "지금 천하의 영웅은 그대와 나 조조뿐이요"라며 큰소리치고 유비가 숟가락을 떨어뜨린 때도 바로 이 시기, 199년 말이다. 조조와 유비의 대화는 장수와 가후가 투항한 때와 비슷한 시기에 있었다. 조조는 가후가 자신의 승리를 점쳤다는 것으로도 자신의 승리를 확신했을지 모른다. 그리고 헌제는 자신의 장인인 동승에게 의대를 하사하며 '조조를 제거하라'는 밀조를 내린 상태였다. 199년은 조조를 둘러싸고 안팎으로 정말 많은 일들이 돌아가고 있었다. 참고로 '황숙'이란 용어는 정사에는 등장하지 않는다.

3

관도대전(下)
199~201년

드디어 원소가 조조를 향해 대대적으로 출병하려 하였다. 그러자 전풍은 '조조와는 지구전을 펼쳐야 한다.'고 간절히 건의하였다. 하지만 원소는 또 듣지 않았다. 앞서 출전을 간언할 때는 듣지 않다가 말릴 때는 출전하겠다고 한다. 전풍은 주군인 원소가 자신의 말을 듣지 않음에도 재차 간언하였다. 참다못한 원소는 화를 내며 전풍을 하옥시켜버렸다. 이미 아이 핑계를 댈 때 전풍은 주군의 그릇을 알아차렸을 텐데 변함없이 간언을 했다. 우직하기까지 한 인물이었다.

200년 2월 원소는 대장군 안량(顔良)을 보내 동군(東郡) 백마(白馬)현에서 동군태수 유연(劉延)을 공격하게 한다. 관도대전이 시작된 것이다. 이미 소규모 교전은 여러 차례 벌어진 뒤였다.[28] 안량의 진군과 동시에 원

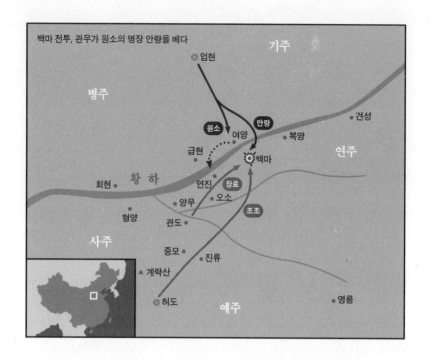

백마 전투, 관우가 원소의 명장 안량을 베다

소 자신은 여양(黎陽)현에서 황하를 건너려 하였다. 이때 원소의 모사 저수(沮授)는 "안량은 성질이 급하고 도량이 좁아, 비록 용감하나 홀로 일을 맡길 수 없습니다."라고 건의하였다. 하지만 원소는 듣지 않고 그대로 보냈다. 관도대전 내내 원소는 모사들을 왜 데리고 있는지 알 수 없는 행동을 거듭한다.

200년 4월 조조는 안량의 공격을 받은 유연을 구원하기 위해 출진하였다. 이때 순유가 "지금 적의 세력을 분산시켜야 합니다. 공께서 연진

••••

28. 관도대전(官渡大戰)은 관도라는 지명에서 온 것이지만 백마 전투, 연진 전투 등 200년 초부터 조조
    와 원소가 치른 모든 전투를 아우르는 말이다.

(延津)에서 도강하여 배후를 공격하는 척하면 원소는 군사를 나눠 서쪽으로 대응할 것입니다. 이후 경무장한 병력으로 백마현을 기습하면 안량을 사로잡을 수 있습니다."라고 건의하였다. 조조는 이 계책을 따랐다. 조조군이 도강하는 시늉을 하니 과연 원소는 그에 대응하려 서쪽으로 이동하였다. 그러자 조조는 장료와 관우를 선봉으로 세운 채 강행군하여 백마현을 기습한다. 안량은 군영 10여 리 앞에서 조조군과 맞붙었지만, 관우가 말을 달려가 안량을 찌른 후 목을 베어 돌아왔다.[29] 백마현의 포위는 풀렸고 원소군은 대장군을 초전에 허무하게 잃어버렸다.

원소가 이끄는 본대는 황하를 건너 조조를 추격해 연진(延津) 남쪽까지 내려왔다. 이에 조조는 백마현을 점령하여 얻은 군수물자를 황하의 물길 따라 서쪽으로 옮기고 남쪽 기슭에 군영을 설치하였다. 그리고 망루를 세워 원소군을 관찰하며 수시로 보고하게 하였다. 얼마 지나지 않아 5~6백의 기병이 있다는 척후병의 보고를 받았다. 그리고 잠시 후 "기병이 점점 많아지고 보병은 이루 다 셀 수 없습니다."라는 보고를 받았다. 그러자 조조는 더 이상 보고하지 말라고 지시한 뒤 기병을 쉬게 하고, 백마 군영에서 운반해온 치중을 잘 보이는 곳으로 이동시켰다. 이에 여러 장수들이 걱정하자 순유가 설명해 주었다. "이는 적을 유인하는 미끼인데 왜 치우겠는가!"[30]

이후 5~6천에 이르는 문추와 유비의 기병이 공격해 오자 장수들이 조조에게 말했다. "말에 올라야 합니다." 다급한 장수들에 반해 조조는 "아직 아니다."며 여유를 부렸다. 잠시 후 다가온 적의 기병들은 다투어

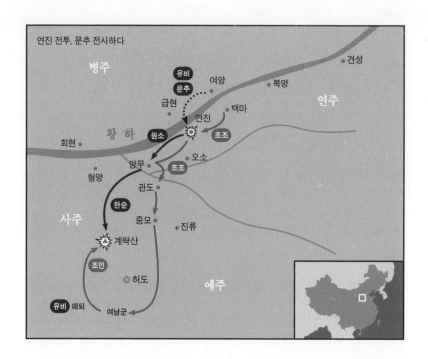

연진 전투, 문추 전사하다

달려들어 치중 물자를 탈취하기 시작하였다. 공격을 위한 군진은 무너져 엉망이 되었다. 그제야 조조는 "이제 됐다"며 말에 올라타 일제히 공격할 것을 명하였다. 원소군은 대패하여 문추가 전사했고 유비는 겨우 도망쳐 돌아왔다. 원소가 자랑하던 명장 안량과 문추가 모두 전사하자 원소의 군영은 크게 술렁이게 되었다.[31] 연의에서는 안량과 문추가 모두 관우에 의해 목이 베이는 것으로 나오지만 정사에서는 안량만 관우가 베

●●●●
29. 《삼국지》〈촉서〉 관장마황조전(關張馬黃趙傳) '羽望見良麾蓋 策馬刺良於萬衆之中 斬其首還'
30. 《삼국지》〈위서〉 무제기(武帝紀) '此所以餌敵 如何去之'
31. 《삼국지》〈위서〉 무제기(武帝紀) '良醜 皆紹名將也 再戰 悉禽 紹軍大震'

었다고 적고 있다.

이 무렵 유벽(劉辟)이라는 인물이 조조를 배반하여 허도 부근을 노략질하는 사건이 있었다. 유벽은 황건적 잔당으로서 여남(汝南)에서 조조에게 투항했던 자였다. 혼란을 틈타 원소가 유비를 보내 여남군의 여러 현을 공략하게 하자 많은 현들이 이에 호응하였다. 조조가 이를 불안해하자 조인이 의견을 냈다. "지금 대군을 목전에 두고 남쪽을 돕기가 어려운데, 유비가 강한 군사로 압박한다면 틀림없이 허도 남쪽 고을들은 우리를 배반할 것입니다. 하지만 유비는 원소의 병력을 지휘한 지 얼마 되지 않아 뜻대로 부릴 수 없을 것이니 우리가 공격한다면 충분히 격파할 수 있습니다." 조조는 의견을 받아들여 조인에게 유비를 공격하게 하였다. 역시 조인의 예상대로 유비는 조인의 공격을 견디지 못하고 패퇴하고 말았다. 이에 원소는 별장 한순(韓荀)을 보내 조인을 막아 서쪽을 차단하려 했으나 조인은 계락산(雞洛山)에서 한순의 부대도 대파해버렸다.

원소의 군영으로 회군한 유비는 원소를 떠나기로 마음을 먹었다. 유비가 보기에도 원소에게는 승산이 없었던 것이다. 그러면서 원소에게는 "형주목 유표와 연합해야 합니다."[32]라며 설득한다. 유비의 의견이 그럴듯하다고 여긴 원소는 이를 허락하였다. 조조에 이어 다시 원소의 뒤통수를 치고 나온 유비는 병력을 거느리고 여남으로 되돌아갔다. 여기서 황건의 잔당인 공도(共都) 등이 합세하여 군사 수천 명을 거느리게 되었다. 조조는 채양(蔡揚)을 보내 유비와 공도를 공격하게 하지만 성공하지 못했다. 채양은 전사하고 말았다.

관도대전은 계속 이어졌다. 조조가 관도로 회군하였을 때 원소는 양무(陽武)현에 주둔하였다. 그런데 관우가 안량을 베는 공을 세운 이후 조조는 관우가 떠날지도 모른다고 생각하여 거듭 상을 내렸다. 하지만 이미 유비의 소식을 접했던 관우는 떠나기로 마음을 먹은 상태였다. 관우는 그동안 조조에게 받은 것들을 모두 봉해두고 서신을 남긴 채 유비가 머문 원소의 군영을 찾아 떠났다. 이에 조조의 부하들이 관우를 추격하려 하였으나 조조가 말렸다. "그도 그의 주군을 섬기니 추격하지 말라."[33]

연의에서는 조조 부하들의 오지랖이 빛난다. 조조의 명에도 불구하고 관우를 제거하려다가 큰 피해를 입은 것이다. 유명한 오관참장(五關六斬) 또는 오관참육장(五關斬六將) 장면으로서 적토마를 탄 관우가 유비의 부인을 모시고 다섯 개의 관을 통과하면서 조조의 여섯 장수를 벤 에피소드이다. 삼국지연의가 잠시 무협으로 갔다 온 순간이었다.

200년 8월 원소의 대군이 참호 등을 파며 천천히 전진하기 시작하였다. 이때 조조의 군사는 1만 명 가량에 10명 중 2~3명이 부상자였다. 조조가 패배한 전투는 없는데 부상자가 많다. 아마 승리를 하였음에도 피해가 클 만큼 전투가 치열했음을 말하려는 것으로 보인다.[34] 원소군은 높은 망루와 토산을 쌓은 다음 조조 진영에 화살을 비 오듯 쏘아댔다.

••••

32. 《삼국지》〈촉서〉 선주전(先主傳) '陰欲離紹 乃說紹南連荊州牧劉表'
33. 《삼국지》〈촉서〉 관장마황조전(關張馬黃趙傳) '及羽殺顏良 曹公知其必去 重加賞賜. 羽盡封其所賜拜書告辭 而奔先主於袁軍. 左右欲追之 曹公曰 彼各爲其主 勿追也'

조조의 군사들은 화살을 막기 위해 방패를 머리에 이고 다닐 정도로 곤란해진다. 하지만 조조군이 발석거(發石車)를 만들어 원소의 누각을 격파하니 원소 진영에서는 이것이 '벼락'과 같다 하여 벽력거(霹靂車)라 불렀다. 원소군이 전술을 바꿔 땅굴을 파 급습하였으나 조조군은 참호를 파서 방어하였다.

조조와 원소의 대치가 길어지자 조조의 백성들은 점차 피폐해지고, 점차 군량마저 부족해졌다. 이에 조조는 순욱에게 군량을 논의하는 서신을 보냈다. 아울러 허도로 회군한 후 원소를 끌어들여 싸우고자 하는 의견을 타진하였다. 이때 순욱은 "원소는 전군을 관도에 집결해 공과 승패를 내려고 합니다. 공께서는 적은 군사로 강한 군사를 상대하고 있으므로, 만약 적을 제압할 수 없다면 틀림없이 적에게 제압당할 것이니 지금이야말로 천하 쟁탈의 중대한 기회입니다. 지금 공께서는 10분의 1 병력으로 땅을 갈라 지키면서 그 목을 졸라 진격을 막은 지 이미 반년입니다. 기세가 다하면 틀림없이 변화가 일어나니, 기습공격을 해야 한다면 이 기회를 놓치지 마십시오."[35]라며 전투를 이어갈 것을 권유하였다.

••••

34. 관도대전에 관한 기록은 전반적으로 승자 조조를 돋보이게 하려는 의도가 보이는 것이 사실이다. 병력과 물자의 규모, 전전(戰前) 양군이 처한 상황, 조조와 원소의 능력, 부하를 대하는 사람됨 등 전반적인 묘사가 그러하다.

35. 《삼국지》〈위서〉 무제기(武帝紀) '紹悉衆聚官渡 欲與公決勝敗. 公以至弱當至彊 若不能制 必爲所乘 是天下之大機也. 公以十分居一之衆 畫地而守之 扼其喉而不得進 已半年矣. 情見勢竭 必將有變 此用奇之時 不可失也'

36. 《삼국지》〈위서〉 순욱순유가후전(荀彧荀攸賈詡傳) '公明勝紹 勇勝紹 用人勝紹 決機勝紹 有此四勝 而半年不定者 但顧萬全故也. 必決其機 須臾可定也'

250

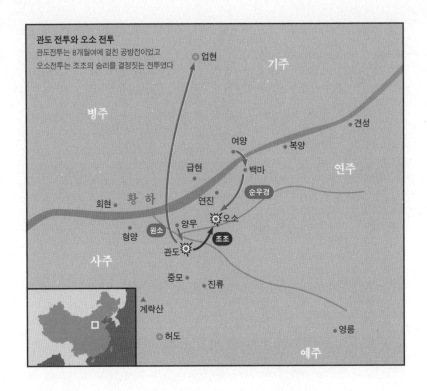

관도 전투와 오소 전투
관도전투는 8개월여에 걸친 공방전이었고
오소전투는 조조의 승리를 결정짓는 전투였다

업현

기주

병주

견성

여양

복양

급현

백마

연주

회현   황하

연진   순우경

양무   오소

형양   원소

관도   조조

사주

중모   진류

계락산

허도

영릉

예주

   이번에는 가후에게 방책을 물으니 "공께서는 총명으로 원소를 이기고, 용략으로도 원소를 이기며, 용인(用人)과 결기(決機)에서도 원소를 이기지만 반년간이나 결판이 나지 않는 것은 너무 완벽하게 하려 하기 때문입니다. 기회를 봐 확실하게 결단한다면 곧 결판이 날 것입니다."[36]라며 의견을 말한다.

   이 무렵 원소의 장수 한맹(韓猛)이 대규모 군량을 싣고 접근하고 있다는 소식이 전해졌다. 이때 순유가 "원소의 물자 운반 수레가 곧 도착하는데, 한맹은 용감하지만 상대를 경시하니 격파할 수 있습니다."라고 의견을 내며 서황을 보낼 것을 추천하였다. 말 잘 듣는 조조는 서황과 사환(史渙)을 보내 고시(故市)라는 곳에서 한맹을 공격해 원소의 군량을 불태워버렸다. 이때 다들 지친 상황에서 조조는 군량을 운반하는 사졸들에게 "내가 틀림없이 보름 안에 원소를 격파하여 다시는 너희들을 힘들게 하지 않겠다."[37]고 호언하였다.

원소의 모사 중에서 허유는 평소 재물을 탐하는 성격이었다. 이 무렵 허유의 집안에서 불법을 저지르자 원소의 신하인 심배가 그 처자를 잡아 가두는 사건이 발생하였다. 이 사건으로 평소에도 원소의 대우에 불만이 많았던 허유는 조조에게 투항해버렸다. 그러고는 군량 수송을 담당하는 순우경(淳于瓊)을 공격하라고 조조에게 권유하게 된다. 조조의 부하들이 허유의 진의를 의심했지만 순유와 가후는 앞뒤를 살펴 허유의 의견에 적극 찬성하였다. 이때가 200년 10월로 순우경은 군사 1만 명을 거느리고 군량을 운반하고 있는 중이었고 원소의 군영에서 보았을 때 40여리 가량 떨어진 오소(烏巢)에 숙영 중이었다. 이때 저수가 원소에게 건의하였다. "장군 장기(蔣奇)를 별도로 보내 밖에서 호위하여 조조의 급습을 대비해야 합니다."[38] 물론 원소는 받아들이지 않았다.

반면 허유의 계책을 받아들인 조조는 조홍과 순유에게 본진을 지키게 한 뒤 5천 병력을 거느리고 야간에 직접 출진하여 날 밝을 무렵 오소에 다다랐다. 순우경은 조조의 군사가 적은 것을 보고 군영 밖에 진을 치며 맞섰다. 하지만 조조가 맹공을 가하자 순우경은 군영으로 퇴각하게 되었고 그 안에서 반격하였다. 이때 원소가 뒤늦게 보낸 기병들이 순우경을 구원하기 위해 접근하고 있었다. 자칫하다가는 양쪽으로 적을 맞아야 하는 상황이 될 수 있었다. 이에 조조의 부하들이 "적의 기병이 가까이 왔으니 군사를 나눠 맞서야 합니다."라고 하자 조조는 화를 내며 "적이 내 등 뒤에 오거든 그때 보고하라."[39]며 필사적으로 맹공을 퍼부어 순우경의 부대를 대파해버렸다.

앞서 '순우경의 군량 부대가 공격 받고 있다'는 급보가 원소의 본영에 전해졌다. 장합은 원소에게 "순우경이 격파되면 장군의 원정이 실패하니 급히 구원병을 보내야 합니다."라고 건의하였다. 그러나 곽도가 반대하였다. "틀렸습니다. 조조의 본영을 공격하면 조조가 회군할 것이니, 구원병을 보내지 않더라도 저절로 해결될 것입니다." 장합은 "조조의 본영은 견고하여 점령하기 어려우며, 만약 순우경이 잡힌다면 우리도 포로가 될 것입니다."라며 생각을 굽히지 않았다. 이에 원소는 경기병을 보내 순우경을 구원하게 하고, 장합과 고람에게는 중기병을 거느리고 조조의 본영을 공격하게 하였다. 이도저도 아닌 대책이었다. 그동안 부하들의 계책을 전혀 받아들이지 않았던 원소가 이제야 겨우 받아들인 계책은 양쪽의 어중간한 혼합이었다.

이 작전은 양쪽 모두 실패하고 말았다. 그러자 곽도는 원소에게 장합을 참소하였다. "장합은 자신의 계책대로 하지 않아 우리 군이 패한 것을

••••

37. 《삼국지》〈위서〉 무제기(武帝紀) '卻十五日爲汝破紹 不復勞汝矣'
38. 《삼국지》〈위서〉 동이원유전(董二袁劉傳) '可遣將蔣奇別爲支軍於表 以斷曹公之鈔'
39. 《삼국지》〈위서〉 무제기(武帝紀) '賊騎稍近 請分兵拒之. 公怒曰 賊在背後 乃白'

기뻐할 것입니다. 그리고 그 언사 또한 불손합니다."[40] 곽도는 자신의 실패를 감추기 위해 조직에 있어 가장 좋지 않은 행위를 했고 원소는 또 곧 이들었다.

조조 본영의 조홍을 공격하던 장합과 고람은 순우경이 격파되었다는 소식과 더불어 '원소가 곽도의 참소에 이를 간다'는 소식도 듣게 되었다. 결국 장합과 고람은 원소에게 돌아가지 못하고 조홍에게 투항하고 말았다. 이때 조홍이 이들의 투항을 의심하자 순유가 "장합의 계책이 받아들여지지 않아 화가 나서 투항하는데, 장군께서는 무얼 의심하십니까?"[41] 라며 장합과 고람을 받아들일 것을 건의하였다. 조조에게 또 한 명의 맹장이 제 발로 온 것이다.

오소 전투의 승리로 관도대전은 실질적으로 끝이 났다. 승자는 조조였다. 그것도 조조의 완승. 원소는 병력과 물자, 인력에서 압도적으로 앞선 상황에서 시작하였으나 연이은 패착으로 지기 어려운 전쟁을 진 것이다. 완전히 무너진 원소와 원담은 군사들을 버리고 황하를 건너 도주하였다. 이에 조조는 다수의 군수물자와 보물들을 노획하게 되었다. 그런데 습득한 문서 중에는 허도의 관리들이 보낸 서신들도 상당히 있었다. 하지만 조조는 이를 조사하거나 따지지 않고 모두 소각해버렸다. 이에 기주의 많은 군(郡)과 성(城)들이 조조에 투항해왔다. 아울러 조조는 원소의 모사 저수를 생포한 후 벌하지 않고 후대하였다. 하지만 저수는 원소에 대한 의리를 저버리지 않았다. 원소는 자신의 그릇으로 감당할 수 없는 부하들을 거느리고 있었던 것이다. 조조는 우매한 주군에 대한 의리를 저버리지 않는 저수를 어쩔 수 없이 처형하게 된다.

다른 부하들의 운명도 크게 다르지 않았다. 원소가 패주했다는 소식이 전해지자 투옥 중인 전풍에게 누군가가 말했다. "당신은 이제부터 틀림없이 중용되실 것입니다." 그러자 전풍은 고개를 가로 저으며 말했다. "만약 승전했다면 살겠지만 이번에 패전했으니 나는 죽게 될 것이오."[42] 속 좁은 원소가 자신을 살려둘 리 만무했던 것이다. 예상대로 원소는 전풍을 처형하였다. 전풍 역시 원소 따위가 담을 수 있는 인재가 아니었던 것이다. 애초에 아이 핑계를 댈 때 전풍은 거취를 결정했어야 했다. 결코 그럴 인물은 아니지만.

201년 4월, 조조는 황하 부근에 군사를 집결한 뒤 창정(倉亭)에 잔류해 있던 원소군을 격파하였다. 최대한 잔불을 정리한 후 9월이 되어서야 허도로 귀환할 수 있었다. 물론 원씨 세력을 완전히 제거한 것은 아니었다. 그리고 이때를 전후해 조조는 자신이 직접 유비를 공격하게 된다. 조조의 대군이 공격해 오자 유비와 공도는 금방 무너져내렸다. 다시 위태해진 유비는 미축과 손건을 형주로 보내 유표에게 도움을 청하고 퇴각하여 유표에게 의탁하였다. 그러자 조조는 원소가 패하여 물러난 이 기회에 형주의 유표까지 공격하려 하였다. 짐작컨대 형주라는 땅이 필요한 것도 있겠지만 당시 상황을 보았을 때 세력 확장보다 유비를 놓치면 후

....

40. 《삼국지》〈위서〉 장악우장서전(張樂于張徐傳) '郃快軍敗 出言不遜'

41. 《삼국지》〈위서〉 순욱순유가후전(荀彧荀攸賈詡傳) '郃計不用 怒而來 君何疑'

42. 《삼국지》〈위서〉 동이원유전(董二袁劉傳) '君必見重. 豐曰 若軍有利 吾必全 今軍敗 吾其死矣'

환이 될 거라는 염려가 컸던 것으로 보인다. 하지만 순욱이 "지금 원소가 패하면서 부하들이 흩어졌기에 그 곤경을 틈타 승리했지만, 지금 연주와 예주를 버려두고 멀리 장강과 한수(漢水) 지역에 군사를 보낼 때, 원소가 잔당을 모아 후방을 공격한다면 그간의 계획은 수포로 돌아갑니다."라 며 만류하였다. 그리하여 조조는 말머리를 다시 북쪽으로 돌렸다. 이듬 해인 202년 1월 조조는 초현(譙縣)에 주둔하고 이후 관도로 다시 진군하 기 시작한다.

시간을 돌려 조조와 원소가 한창 관도에서 대치중일 때, 원소는 유표 에게 강화를 요청한 적이 있었다. 유표는 겉으로 허락하면서 군사를 보 내지는 않았다. 그렇다고 조조를 돕는 것도 아니었다. 형세를 관망한 것 이다. 당시 유표의 신하들인 한숭(韓嵩), 유선(劉先), 괴월(蒯越) 등은 "조 조는 명철하기에 유능한 인재들이 많이 모여 있으니 그 세력은 틀림없이 원소를 물리칠 것입니다. 그 다음에는 군사를 이쪽으로 향할 것이니 장 군께서 막기 어려울 것입니다. 가장 좋은 방책은 형주를 들어 조공에 의 지하는 것입니다. 그러면 조공은 장군의 덕을 중히 여길 것입니다."[43]라

••••

43. 《삼국지》〈위서〉 동이원유전(董二袁劉傳) '夫以曹公之明哲 天下賢俊皆歸之 其勢必擧袁紹. 然後稱 兵以向江漢 恐將軍不能禦也. 故爲將軍計者 不若擧州以附曹公 曹公必重德將軍'
44. 《삼국지》〈촉서〉 관장마황조전(關張馬黃趙傳) '策馬刺良於萬衆之中'
45. 월도(月刀)라 하여 끝이 무디지 않기 때문에 찌르는 것이 불가능하지는 않으나 곡도(曲刀)의 특성상 찌르기가 불편한 것은 사실이다. 물론 기록자가 모든 전황을 직접 본 것이 아니므로 죽였다는 결과 외에 찌르거나 베는 것의 차이를 크게 중요시하지 않고 썼을 가능성도 있다. 하지만 그 차이가 중요 하지 않을 때에 주로 쓰는 표현도 찌르다(刺)보다는 베다(斬)이다.

고 의견을 냈다.

유표는 한숭을 보내 조조의 허실을 알아보게 하였다. 상황을 알아보고 돌아온 한숭은 유표에게 아들을 볼모로 보낼 것을 건의하였다. 조조를 찬양한 것이다. 아들을 보내자는 의견에 화가 난 유표가 한숭을 처형하려다가 참는다. 흥미로운 점은 유표와 장수의 서로 다른 선택이다. 한때 유표와 장수는 세력을 합하여 공동으로 조조에 맞선 적도 있었다. 하지만 관도대전을 전후하여 이렇게 다른 선택을 하게 된 것이다. 이 결정은 어떤 결과를 불러오게 될까?

한 발 더 나가볼까

관우의 82근 청룡언월도(靑龍偃月刀)에 대해

앞서 전위가 80근 쌍극(雙戟)을 휘두른다는 얘기를 한 바 있다. 그러나 《정사삼국지》에는 각각의 장수들이 애용하는 무기에 대한 언급이 거의 없다. 사용하는 무기의 무게와 종류가 상세히 설명된 장수는 사실상 전위가 유일하다.

조조와 원소가 맞붙은 관도대전 중, 원소의 맹장 안량이 전사하는 장면이 있다. 그런데 이때 '관우가 안량을 찔렀다(刺)'라고 표현되어 있다.[44] 자(刺)는 모(矛)나 극(戟)과 같이 직선으로 찌를 수 있는 무기에서 쓰는 표현이다. 언월도(偃月刀)처럼 한쪽만 날이 있는 칼(刀)이라면 응당 '베다(斬)'라고 표현했을 것이다.[45]

82근이라는 언월도의 무게도 한번 짚어보자. 이는 연의에 나오는 관우의 언월도의 무게이다. 정사에서 구체적으로 무기가 언급된 장수가 전위뿐인데 그 전위가 사용하는 무기의 무게가 80근이다. 냄새가 나지 않는가? 이왕 작가가 관우에게 우호적으로 글을 쓴다면, 조조의 부하인 전위보다는 좀 더 무거운 걸 들어야 폼 나지 않겠는가? 81근이라 하여 한 끗 차이면 너무 속보이는 것 같으니 82근으로 표현했다는 의견이 설득력 있어 보인다.

그렇다면 장비의 장팔사모(丈八蛇矛)는 어떨까? 사모(蛇矛)란 모(矛) 중에서 끝이 뱀 모양인 모(矛)를 말한다. 뱀이 똬리 튼 것처럼 꼬인 형태이다. 일반적인 모(矛)가 그냥 '못'이라면 사모(蛇矛)는 '나사못'이라고 할 수 있다. 관우의 청룡언월도와 마찬가지로 장비의 장팔사모도 작가가 상상 속에서 만든 산물로 보인다. 그나마 유추해볼 수 있는 장면이 장판파에서 대군 앞에 홀로 서서 맞서는 장면일 것이다. 이때 장비는 눈을 부릅뜨고 창을 비껴들고서(瞋目橫矛曰), 이 몸이 장익덕이다.[46]라고 외친다. 보다시피 모(矛)인 건 확실하지만 뱀처럼 똬리 튼 사모(蛇矛)라는 표현은 정사에서 보이지 않는다.

••••

46. 《삼국지》〈촉서〉 장비전(張飛傳) '瞋目橫矛曰 身是張益德也'

4

손권의 등장
200~203년

200년 조조와 원소가 관도 인근에서 한창 대치 중일 때, 강동에서 손책은 허도를 기습할 준비를 하고 있었다. 얼마 전 조조와 맺은 사돈의 관계는 곱게 접어 하늘 위로 보낸 상황. 그런데 그 무렵 허공(許貢)의 막내아들과 빈객이 장강 주변에 숨어 살고 있었다. 허공은 전임 오군태수로 수년 전 손책에 대한 상서를 올렸다가 손책에게 주살된 인물이다. 그러던 어느 날 손책이 혼자 말을 타고 외출하였다가 허공의 빈객과 마주치게 되었는데 손책은 그에게 큰 상처를 입고 말았다.

조조의 모사 중에서 곽가는 예전에 이런 말을 한 적이 있다. "내가 볼 때 손책은 틀림없이 필부의 손에 죽을 것이다."[47] 결과적으로 곽가의 예견이 맞아 떨어졌다. 손책의 상처가 심해져 위독해지자 손책은 장소 등신하들을 불러 부탁했다. "지금 세상이 한창 혼란하지만, 우리는 오(吳)와 월(越) 지역의 군사와 삼강(三江)의 견고한 지형을 바탕으로 성패를 노려볼만 합니다. 여러분은 내 동생을 잘 도와주시오!" 그러고는 동생 손권을 불러 인수를 차게 한 뒤 "강동의 군사를 동원하고 양쪽 진영 사이에서 천하의 패권을 놓고 다투는 것은 네가 나만 못할 것이다. 하지만 유능한 인재를 발탁 임용하여 그들로 하여금 충성을 다 바치게 하여 강동을 보전하는 일은 내가 너만 못할 것이다."[48]라 유언하고 그날 밤에 숨을 거두었다. 이때 손권은 19세였고 손책도 겨우 26세였다. 아까운 죽음이었다. 원술과 공식적으로 관계를 끊고 자립한 지 겨우 3년이 되던 때였고 천하절색을 아내로 맞은 지 2년이 되지 않았을 때였다.

갑작스레 중책을 맡은 손권은 한동안 울음을 그치지 않고 정사를 돌보려 하지 않았다. 이를 보다 못한 장소가 간했다. "대위를 계승한 자는 선군의 임무를 이어받아 더욱 발전시켜 공적을 쌓아야 합니다. 지금 천하가 물 끓듯 하고 도적떼가 온 산에 가득한데, 군께서는 어찌 필부처럼 엎드려 울고 슬퍼만 하시겠습니까? (중략) 지금 조정 내외에 간악한 자들이 경쟁하고 길에는 승냥이나 이리와 같은 악인들이 가득합니다. 이럴 때 친형의 죽음에 예법을 다 지키는 것은 마치 문을 열어 도적을 불러들이는 것과 같으니 그것은 인덕이 아닙니다."[49] 그러고는 손권의 옷을 갈아입히고 말에 올라 함께 부대를 순시하였고 이에 군영은 점차 안정을 찾아갔다.

손권은 장소에게 스승의 예를 갖추어 대하였다. 아울러 주유는 중호

군의 직책으로써 장사(長史)인 장소와 함께 모든 일을 처리하였다. 연의에서는 손책이 손권에게 주유와 장소를 크게 쓰라는 유언을 남긴 것으로 그리고 있다. 실제 결과를 소설에 넣은 것으로 보인다. 손권은 정보, 여범 등에게 군대를 통솔하게 하고 남방의 군사들은 태사자에게 일임한다. 조조는 표문을 올려 손권을 토로장군(討虜將軍) 겸 회계태수에 임명하였다. 손권은 인재를 모으는 데에도 노력을 게을리 하지 않았다. 이 시기 등용된 주요 인재로 제갈근, 노숙, 여몽, 육손, 주연, 여대, 보즐, 고옹, 감택 등을 꼽을 수 있다. 오(吳)의 차세대 핵심 전력이 될 인재들이 이때 대거 합류했던 것이다.

제갈근(諸葛瑾)은 낭야군 출신으로 난리를 피해 강동으로 이주한 인물로서 손권의 자서(姊婿)[50]인 홍자(弘咨)의 천거로 등용되었다. 노숙(魯肅)은 임회(臨淮)군 출신으로 어려서 부친을 여의고 조모와 함께 살았다. 이 당시 노숙의 집은 부유하였는데 노숙은 남에게 베풀기를 좋아하여 주변의 환심을 얻고 있었다. 주유가 여강군 거소(居巢)현 현령으로 있을

••••

47. 《삼국지》〈위서〉정곽동유장유전(程郭董劉蔣劉傳) '以吾觀之 必死於匹夫之手'

48. 《삼국지》〈오서〉손파로토역전(孫破虜討逆傳) '中國方亂 夫以吳越之衆 三江之固 足以觀成敗. 公等善相吾弟! 呼權佩以印綬 謂曰 擧江東之衆 決機於兩陳之間 與天下爭衡 卿不如我. 擧賢任能 各盡其心 以保江東 我不知卿'

49. 《삼국지》〈오서〉장고제갈보전(張顧諸葛步傳) '夫爲人後者 貴能負荷先軌 克昌堂構 以成勳業也. 方今天下鼎沸 群盜滿山 孝廉何得寢伏哀戚 肆匹夫之情哉'
《삼국지》〈오서〉오주전(吳主傳) '今姦宄競逐 豺狼滿道. 乃欲哀親戚 顧禮制 是猶開門而揖盜 未可以爲仁也'

50. 손위 누이의 남편을 말한다.

때 노숙을 찾아가 물자와 군량을 요구한 적이 있었다. 노숙의 집에는 3천 곡(斛)을 보관하는 창고 두 채가 있었다. 노숙은 그 중 한 채의 곡식을 주유에게 내주었다. 이에 주유는 노숙이 평범한 사람이 아니라고 생각하였다.[51] 이후 두 사람은 친교를 맺게 되었는데 원술도 노숙의 명성을 듣고 현령에 임명했다. 하지만 노숙은 원술의 군사들이 기강이 없는 것을 보고 뜻을 같이할 수 없다고 생각하고 자신의 무리를 거느리고 주유가 있는 거소현으로 왔다. 그리고 주유가 강동으로 돌아갈 때 함께 하여 곡아현으로 이주하였다. 주유는 이런 노숙을 손권에게 강력히 천거하였고 손권은 제갈근과 함께 노숙을 빈객으로 대우하였다.

여몽(呂蒙)은 어렸을 때 매형인 등당(鄧當)에 의지하여 지냈다. 등당은 손책의 부장으로서 자주 산월인들을 토벌하러 출진하곤 했다. 그런데 어느 날 등당은 여몽이 자신 몰래 자신의 군사들을 이끌고 적을 무찌르는 것을 보게 되었다. 여몽의 나이 15~16세에 불과했던 때였다. 이에 등당이 여몽을 질책하였지만 말릴 수가 없었다. 할 수 없이 등당은 여몽의 모친에게 이를 알리니 모친은 화를 내며 여몽을 혼냈다. 하지만 여몽은 뜻이 굳건했다. "빈천한 그대로 살기는 어렵고, 공을 세워야 부귀를 누릴 수 있습니다. 호랑이 굴에 들어가지 않고 어찌 호랑이 새끼를 잡겠습니까?" 그러자 여몽의 모친이 슬퍼하면서도 여몽을 그냥 둘 수밖에 없었다.[52] 범상치 않은 어린 시절을 보낸 여몽은 장소의 추천으로 별부사마(別部司馬)가 되었고 얼마 지나지 않아 손권의 눈에 띄게 된다.

육손(陸遜)은 젊었을 때 부친을 여의었다. 그래서 식구가 육손의 종조부의 신세를 지고 있었다. 육손의 종조부는 여강태수 육강(陸康). 손책이 원술 휘하에 있을 때 원술의 명으로 여강을 공격하게 한 적이 있었다. 그때 육강은 가족과 친척들을 오군으로 피신시켰는데 이때 오군으로 이주하였다. 육강은 손책에게 격파되어 여강을 내주었고 육강 또한 얼마 후에 세상을 떠나게 된다. 원술을 만난 자리에서 귤을 숨겼다가 들켰다는 육적회귤(陸績懷橘)의 고사를 남긴 신동 육적(陸績)이 바로 육강의 아들이다. 원술이 육강을 공격한 것은 육적이 육강과 함께 원술을 만나 귤을 가져오고 얼마 지나지 않았을 때였다. 육강 사후 육가 집안을 육손이 이끌게 되었다. 항렬로는 육적이 육손의 당숙이지만 육손이 몇 살 위라서 집안의 일을 도맡아 처리하게 된 것이다. 이후 육손은 손권에 등용되며 손책의 딸과 혼인한다. 가문 간의 관계로 보았을 때 이 혼인은 원수 사이에서 사돈관계가 된 화해이다.

주연(朱然)은 주치(朱治)의 누나의 아들로 본래 성은 시(施)씨이다. 아들이 없었던 주치는 주연이 13살이 되자 자신의 후사로 삼았다. 주연은 어려서 손권과 함께 공부하였고 19세에 회계군 여요(餘姚)현의 현령이 되었다. 여대(呂岱)는 본래 서주 광릉(廣陵)군의 관리였다가 장강을 건너 피난하였다가 손권이 정권을 장악한 이후 손권을 찾아와 합류했다. 보즐

••••

51. 《삼국지》〈오서〉 주유노숙여몽전(周瑜魯肅呂蒙傳) '肅家有兩囷米 各三千斛 肅乃指一囷與周瑜. 瑜益知其奇也'

52. 《삼국지》〈오서〉 주유노숙여몽전(周瑜魯肅呂蒙傳) '貧賤難可居 脫誤有功 富貴可致. 且不探虎穴 安得虎子! 毋哀而捨之'

(步騭) 역시 난리 중에 강동으로 피난 온 인물로서 손권이 토로장군이 된 이후에 등용되었고 고옹(顧雍)은 오군 출신으로 손권이 회계태수를 겸하게 되었을 때 고옹에게 회계태수의 직무를 대행하게 하였다. 고옹은 술을 마시지 않았고 말수가 적었으며 그 행실은 언제나 합당하였다. 손권이 말하길 "고옹은 말을 잘 하지 않으나 말하면 옳은 말이다."[53]라고 평한 바 있다. 감택(闞澤) 또한 이 시기에 등용된 인재 중 한 명이다.

••••

53. 《삼국지》 〈오서〉 장고제갈보전(張顧諸葛步傳) '顧君不言 言必有中'

5

반목하는 원가(袁家) 형제들
202~204년

원소는 평소 셋째아들 원상(袁尚)을 아꼈다. 용모도 뛰어나 후계자로까지 생각했으나 겉으로 드러내지는 않았다.[54] 그런데 아들들이 반목하자 신하들까지 편이 갈라져 권력을 다투게 되었다. 신평과 곽도는 장남 원담(袁譚)에게 붙었고, 심배와 봉기는 원상에게 가담했다. 조조에게 대패한 뒤 후사가 혼란해진 상태에서 원소는 병이 나 피를 토하고 세상을 떠나고 말았다. 202년 5월이었다.[55]

원소 사후 원상이 대를 이었다. 심배와 봉기가 기회를 놓치지 않고 원

••••

54. 《삼국지》〈위서〉 동이원유전(董二袁劉傳) '紹愛少子尙 貌美 欲以爲後而未顯'
55. 《삼국지》〈위서〉 무제기(武帝紀) '紹自軍破後 發病歐血 夏五月死'

상을 옹립했을 것이다. 밀려난 원담은 거기장군(車騎將軍)을 자칭하며 여양(黎陽)현에 주둔하였다. 202년 9월 조조는 원씨 세력의 뿌리를 뽑기 위해 황하를 건넜다. 첫 번째 공격 목표는 원담이 있는 여양으로 관도대전에서 원소군이 황하를 도하하기 직전 집결했던 곳이다. 이에 원담은 원상에게 지원을 요청하였는데 원상은 심배에게 업(鄴)현을 지키게 하고 직접 출진하였다. 큰형을 돕기 위해 몸소 나서는 것이었으면 좋았으련만 사실 이유는 따로 있었다. 원상도 처음에는 군사를 보내어 지원하려 했으나 원담이 자신이 보낸 지원군을 병합해버릴까 우려했던 것이다.

원상은 봉기를 보내 원담을 돕게 하였다. 그런데 원담이 더 많은 지원병을 요청하자 심배 등이 논의 끝에 받아들이지 않았다. 화가 난 원담은 봉기를 베어버렸다. 아버지가 죽자마자 형제는 칼부림으로 피를 보는 사이가 되어버렸다. 그 와중에 봉기는 무슨 죄인지. 봉기는 원소를 초기부터 보좌했던 인물로서 상당히 뛰어난 참모였다. 정사에 더 이상의 기록이 없어 자세한 사정을 알 수는 없으나 인재의 어이없는 말로였다. 그러나 원담과 원상 형제는 조조라는 공동의 적을 두고 있었기에 더 큰 피를 보지는 않았다. 둘은 여양 주변에서 조조와 크게 교전을 벌였으나 패주하고 성 안으로 물러나 지키는 전략을 택했다. 원씨 형제의 농성으로 양측의 대치는 이듬해인 203년 2월까지 지속되었다.

이 무렵 서쪽에서도 전투가 일어났다. 원상이 임명한 하동태수 곽원(郭援)과 병주자사 고간(高幹) 그리고 흉노의 선우가 하동군 평양(平陽)현을 점령한 것이다. 그러자 사례교위 종요가 이에 맞섰다. 종요는 일찍이 관중 지역을 평정하기 위해 조조가 파견했던 인물이다. 종요는 우선 마등에게 장기(張旣)를 보내 도움을 요청하였다. 장기의 설득으로 마등은 마초와 방덕에게 1만 군사를 주어 종요와 합세하게 하였다. 이후 종요, 마초, 방덕은 고간과 곽원을 대파하였는데 곽원이 전사하고, 고간과 흉노의 선우가 투항하며 전투는 끝이 났다. 또 하내(河內)군에서는 장성(張晟)이라는 인물이 1만여 군사를 거느리고 조조나 원씨 형제 어느 쪽에도 소속되지 않고 일대를 노략질하고 있었다. 덩달아 하동군에서 위고(衛固), 홍농군에서 장염(張琰)이 장성에게 호응하며 거병하였다. 일종의 독

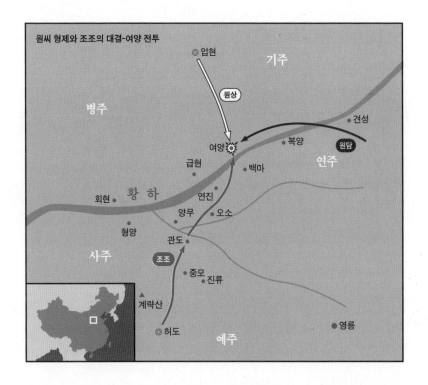

원씨 형제와 조조의 대결-여양 전투

자세력이었다. 그러나 곽원과 고간을 물리친 종요 등은 내친 김에 위고와 장염마저 격파하며 일대를 평정하였다.

203년 3월, 조조는 끈질긴 포위 공격 끝에 여양을 함락한다. 원담과 원상은 야간에 성을 빠져나가 도주하였다. 이후 조조는 이전과 정욱에게 황하의 물길을 이용해 선박으로 군량을 운반하게 하였다. 그러나 위군(魏郡) 태수 고번(高蕃)이 황하 유역에 주둔하면서 군량 운반을 막는 일이 발생했다. 사실 조조는 '선박이 통행할 수 없으면 육로로 운반하라'는 지시를 내린 상황으로 이런 변수들을 예측했었다. 하지만 이전은 장수들과 논의하며 "고번은 군사도 약하고 무기도 적으면서 강을 믿고 태만하니 우리가 공격한다면 이길 수 있다."고 판단하였고 정욱도 찬성하였다. 수로를 이용한 수송이 여러모로 유리했기에 가급적 수로를 뚫고자 했던 것이다. 이전과 정욱은 북으로 황하를 건너 예상대로 고번을 격파하여 물길을 열 수 있었다.

5월이 되자 조조는 업현 인근까지 진격하여 보리를 수확한 뒤 허도로 회군하였다. 이때 여러 장수들이 승세를 타고 계속 공격할 것을 주장하였다. 그런데 곽가만은 "원소는 두 아들을 아꼈지만 후사를 제대로 세우지 못했습니다. 또 곽도(郭圖)나 봉기(逢紀) 같은 모사들이 있지만 틀림없이 그들 내에서 싸우거나 분열될 것입니다. 우리가 급하게 공격하면 서로 돕지만 느긋하게 놔주면 싸울 것입니다. 그러니 남쪽 형주의 유표를 공격하여 저들 사이에 변란이 일어나길 기다렸다가 일거에 공격해야 하는 편이 나을 것입니다."[56]라며 형주의 유표를 공격할 것을 건의하였다. 조조는 곽가의 의견을 받아들였다. 다만 봉기는 이미 세상을 떠난 뒤였으니 곽가가 헷갈렸거나 기록자가 잘못 기록한 것으로 보인다.

석 달 후인 203년 8월, 조조는 여남군 서평(西平)현에 주둔한다. 서평현은 허창의 남서쪽에 위치한 고을이다. 조조가 물러나자 과연 곽가의 말대로 원담과 원상은 서로 다투기 시작하였다. 원상이 원담을 공격하여 원담이 패했을 때, 원담의 별가(別駕)였던 왕수가 관리와 백성들을 동원하여 원담을 구원하였다. 원담의 상황은 더욱 나빠졌는데 청주의 여러 군현들이 원담에 반기를 든 것이다. 원담은 탄식하였다. "이제 청주 모두가 나를 배반하니, 그동안 내가 이리 부덕했단 말인가!"[57] 원담이 유일하게 자신을 제대로 파악했던 순간이었다. 그러나 원담에게도 사람이 있었던지 동래태수 관통(管統)이 원담을 도우러 왔다. 유일했다. 원담은 고마운 마음에 관통을 낙안(樂安)태수에 임명했다. 물론 실질적으로는 어떤 권위도 없는 행위였을 것이다.

원담은 다시 평원(平原)으로 패주하였고 이후에도 원상과 원담은 서로에 대한 공격을 멈추지 않았다. 이에 왕수가 원담에게 호소했다. "형제란 좌우측의 손입니다. 사람에 비유하면 장차 남과 싸울 때 오른손을 자르고서 '나는 기어코 이기겠다'라고 말할 수 있겠습니까?"[58] 하지만 원담은 따르지 않았다. 원담은 원상과의 다툼을 이어가다 종국에는 조조에게

••••

57. 《삼국지》〈위서〉 원장양국전왕병관전(袁張涼國田王邴管傳) '今舉州背叛 豈孤之不德邪'

58. 《삼국지》〈위서〉 원장양국전왕병관전(袁張涼國田王邴管傳) '夫兄弟者 左右手也. 譬人將鬪而斷其 右手 而曰我必勝 若是者可乎'

구원의 손을 뻗고 말았다. 동생과 화해하기가 적과 손을 잡는 것보다 어려웠던 것일까. 원담은 신평의 동생 신비(辛毗)를 조조에게 보내 화친을 요청했던 것이다.

신비가 원담의 뜻을 전하니 조조가 크게 기뻐하였다. 그런데 며칠 후 잔치가 열렸는데 신비는 조조의 속내가 바뀐 것을 눈치 챘다. 신비가 곽가에게 물어보니 곽가는 조조에게 그 의중을 물었다. 그러자 조조는 신비에게 "원담을 믿을 수 있겠는가, 원상을 이길 수 있겠는가?"라고 질문을 던진다. 이에 신비는 "공께서는 믿느냐 마느냐를 묻지 마시고 지금의 형세를 논하셔야 합니다. (중략) 지금의 요청을 받아들여 구원하고 위무한다면 그 이득이 매우 클 것입니다. 또 주변 세력 중에서 하북보다 더 강한 곳은 없으니, 하북이 평정된다면 명공의 세력이 천하를 뒤흔들 것입니다."[59]라고 설명하자, 조조는 "좋다."고 대답하였다.

사실 이때 많은 이들은 '유표의 세력이 강하니 먼저 평정해야 하고, 원담과 원상은 걱정하지 않아도 된다'고 하였다. 하지만 순유는 의견을 달리 했다. "천하가 혼란한 지금 유표는 가만히 앉아서 장강과 한수 일대만을 지키고 있으니, 천하를 놓고 다툴 뜻이 없음을 알 수 있습니다. (중략) 지금 원씨 형제들은 서로 원수가 되어 다투고 있으니 이 또한 더 이상 양립할 수 없는 형세입니다. 만약 하나가 되어 힘을 모으면 우리가 없애기 어려울 것입니다. 지금 그 분열을 틈타 우리가 차지해야 천하가 안정될 것이니 이 기회를 놓치면 안 될 것입니다."[60] 조조가 이를 옳다 하며 원담과의 화친을 수락하였고 군사를 다시 북으로 돌리게 된 것이다.

203년 10월, 여양에 도착한 조조는 아들 조정(曹整)과 원담의 딸을 혼인시키기로 약속하였다. 한편 원상은 조조가 북진한다는 소식을 듣고, 평원에 대한 공격을 중단하고 업현으로 회군하였다. 이때 동평국(東平國)의 여광(呂曠)과 여상(呂翔)이 원상을 배반해 무리를 거느리고 조조에 투항해왔다.

204년 2월, 원상은 다시 원담을 공격하려고 출진하였다. 조조가 몽땅 잡아먹기 위해 눈을 부릅뜨고 있음에도 다툼을 멈추지 않는 원씨 형제였다. 이때 원상은 소유(蘇由)와 심배를 남겨 업성을 지키게 하였다. 하지만 조조가 진군하여 업성 남쪽 근방에 이르자 소유는 조조에 투항해버렸다. 조조는 업성에 당도하여 토산을 만들고 참호를 파며 공성전을 준비했다. 이 무렵 업현 북서쪽에 위치한 무안(武安)현 현령 윤해(尹楷)는 무안현 서쪽 모성(毛城)에 주둔하면서 군량 수송로를 지키고 있었다. 참고로 모성, 섭현(涉縣), 서산(西山) 그리고 업현 일대를 휘감듯이 흐르는 물길이 바로 장수(漳水)[61]이다.

••••

59. 《삼국지》〈위서〉 신비양부고당륭전(辛毗楊阜高堂隆傳) '譚可信 尙必可克不? 毗對曰 明公無問信與詐也 直當論其勢耳' (중략) '今因其請救而撫之 利莫大焉. 且四方之寇 莫大於河北 河北平 則六軍盛而天下震'

60. 《삼국지》〈위서〉 순욱순유가후전(荀彧荀攸賈詡傳) '天下方有事 而劉表坐保江漢之間 其無四方志可知矣' 중략 '今兄遺惡 此勢不兩全. 若有所幷則力專 力專則難圖也. 及其亂而取之 天下定矣 此時不可失也'

61. 장수(漳水)는 황하 북편에 위치한 물줄기로 업현(鄴縣) 부근에서 북동쪽으로 흘러 발해만으로 유입된다. 하류에 있는 대표적인 고을로 발해군 남피현을 꼽을 수 있다. 태산(泰山)에서 북쪽으로 가면서 제수(濟水), 황하(黃河), 장수(漳水), 역수(易水) 순으로 위치한다. 방향은 대부분 북동향에 가깝다.

204년 4월, 조조는 조홍을 본영에 남겨두고 직접 출진하여 윤해를 공격해 격파하였다. 이어 업현 북쪽에 위치한 한단(邯鄲)현도 공격하여 점령해버렸다. 당시 한단현은 원상의 부장이자 저수의 아들 저곡(沮鵠)이 지키고 있었지만 역부족이었다. 그러자 한단현이 넘어가자 인접한 역양(易陽)현 현령 한범(韓範)과 섭현 현령 양기(梁岐)도 현을 들어 투항하였다.

그런데 한범(韓範)은 거짓으로 투항한 것이었기에 조조가 입성하는 것을 막고 있었다.[62] 사실 거짓 투항이었다면 조조가 입성한 후 기습하는 것이 이치에 맞다. 투항하기를 거부하였다고 하는 것이 맞겠지만 기록은 거짓 투항으로 되어 있다. 이에 조조는 서황을 보내 한범을 공격하게 하였다. 그러자 서황은 설득하는 글을 써 성 안으로 쏘아 보냈는데 한범은 그제야 후회하며 서황에게 항복하였다. 서황은 조조에게 건의하였다. "원담과 원상을 아직 토벌하지 못한 상황에서, 여러 현(縣)들이 촉각을 곤두세우고 있습니다. 그런데 오늘 역양(易陽)현을 멸해버린다면 내일 다른 성들이 모두 죽기로 지킬 터이니, 하북을 평정하기 어려워질까 두렵습니다. 청컨대 역양현의 투항을 다른 성들에 널리 알린다면 모두 바람처럼 따를 것입니다."[63] 조조는 서황의 의견을 받아들여 한범을 용서하

••••

62. 《삼국지》〈위서〉 장악우장서전(張樂于張徐傳) '易陽令韓範僞以城降而拒守'
63. 《삼국지》〈위서〉 장악우장서전(張樂于張徐傳) '二袁未破 諸城未下者傾耳而聽 今日滅易陽 明日皆以死守 恐河北無定時也. 願公降易陽以示諸城 則莫不望風'
64. 《삼국지》〈위서〉 무제기(武帝紀) '易陽令韓範 涉長梁岐舉縣降 賜爵關內侯'
65. 《삼국지》〈위서〉 무제기(武帝紀) '毀土山地道 作圍塹 決漳水灌城'

고 작위를 하사하였다.[64]

이렇게 업현의 북쪽에 위치한 곳부터 차곡차곡 점령하여 업성을 고립시킨 후 조조는 204년 5월 드디어 작전을 개시하였다. 그동안 쌓아두었던 토산을 허물고 성을 둘러싼 참호를 판 다음, 장수(漳水)의 물을 성 안으로 흘린 것이다.[65] 성 안에서는 물자들이 물에 잠겨 아사자들이 속출하였다. 이에 원상이 업성을 구원하기 위해 달려왔다. 조조의 장수들

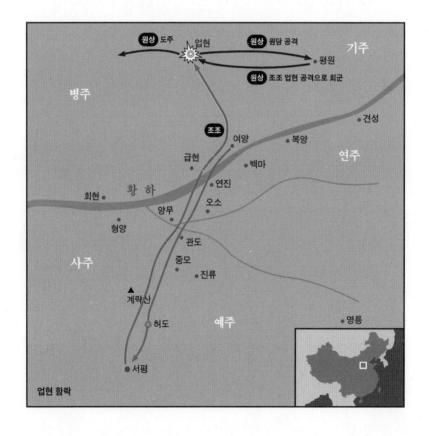

업현 함락

이 '일단 피하는 것이 상책'이라고 건의하자 조조는 "원상이 큰길로 진격해 온다면 응당 피해야 한다. 하지만 서산(西山)을 따라 진격한다면 우리에게 생포될 것이다."라며 자신만만하게 말했다.

과연 원상은 서산을 따라 진격한 후 부수(滏水) 연안에 군영을 설치하였다. 부수는 업현 바로 북쪽을 지나는 장수의 지류이다. 그리고 원상은 야간에 조조의 군영을 급습하였다. 그러나 모든 상황은 조조의 손바닥에 있었던 터라 미리 대비하고 있던 조조군이 역습하여 오히려 원상의 군영을 포위해버렸다. 그러자 포위망이 채 완성되기도 전에 원상은 두려움에 빠졌다. 전의를 상실한 원상이 예주자사 음기(陰夔)와 진림(陳琳)을 보내 항복의 뜻을 전하지만 조조는 받아주지 않았다. 오히려 더욱 맹렬하게 공격을 가했다. 득실을 따졌을 때 힘으로 얻는 것이 낫다고 판단한 것이다. 결국 원상은 패주하고 부장인 마연(馬延)과 장의(張顗) 등이 투항하면서 원상의 군영은 완전히 붕괴되어 버렸다.[66] 원상이 멀리 북쪽에 위치한 중산국(中山國)으로 도주하자 이제 업성이 떨어지는 것은 시간문제였다.

심배가 외롭게 지켜오던 업성은 204년 8월 심배의 조카 심영(審榮)의 배신으로 무너졌다. 심영이 밤에 성의 동문을 열어 조조의 군사를 불러들인 것이다. 하지만 심배는 투항하지 않고 끝까지 싸우다가 생포되었고 이후 참수되었다. 이때 진림도 생포되었다. 앞서 진림은 대장군 하진에게 외부의 병사를 끌어들이지 말 것을 간언한 바 있었던 인물이다. 하지만 진림을 유명하게 만든 것은 문장이었다. 특히 글로써 조조의 간담을 서늘하게 한 것으로 이름을 떨쳤는데 진림은 하진 사후 기주의 원소에게 의탁하고 있었다. 관도대전이 일어나기 전 원소는 조조를 토벌하는 격문(檄文)을 발표했는데 그것이 천하의 조조를 불편하게 한 것이다. 그 격문을 지은 자가 바로 진림이었다. 후에 당 왕조에 반기를 든 황소(黃巢)의 간담을 서늘하게 할 최치원의 토황소격문(討黃巢檄文)의 670년 앞 버전이다. 끌려온 진림에게 조조는 질책하며 말했다. "경이 예전에 원소를 위해 격문을 지을 때 나의 죄를 따져 나만 욕하면 되거늘 어찌 나의 부친과 조부까지 욕을 했는가?" 진림이 이를 사죄하였고 조조는 그 재주를 아껴 더 이상 문책하지 않았다.[67] 관용(寬容)이었다.

연의에서는 이 장면에서 진림이 "화살이 활 위에 놓여 있으니 쏘는 대로 날아갈 수밖에 없었습니다."[68]라며 자신에 대한 변호를 한다. 쓰라는 대로 쓸 수밖에 없는 자신의 처지를 활에 놓인 화살에 빗댄 절묘한 비유이다. 이름난 문장가다운 멋진 자기변명이라고 할 수 있을 텐데 아쉽게도 정사에는 보이지 않는 표현이다. 사실 진림의 말이 아닌 작가의 말이었던 것이다.

원소에 대해 승리를 거의 확정지은 조조는 관대한 모습을 보인다. 원

••••

66. 《삼국지》〈위서〉 무제기(武帝紀) '公曰 尙從大道來 當避之 若循西山來者 此成禽耳. 尙果循西山來 臨滏水爲營. 夜遣兵犯圍 公逆擊破走之 遂圍其營. 未合 尙懼. 遣故豫州刺史陰夔及陳琳乞降 公不許 爲圍益急. 尙夜遁 保祁山 追擊之. 其將馬延張顗等 臨陳降 衆大潰'

67. 《삼국지》〈위서〉 왕위이유부전(王衛二劉傅傳) '卿昔爲本初移書 但可罪狀孤而已 惡惡止其身 何乃上及父祖邪? 琳謝罪 太祖愛其才而不咎'
68. 《삼국연의(三國演義)》 32회 '箭在弦上 不得不發耳'

소의 묘 앞에서 통곡하며 눈물을 흘렸고 원소의 부인을 위로하며 가인들과 보물을 돌려보냈다. 아울러 비단과 솜을 하사하고 식량도 공급해 주었다.[69] 점령한 이후의 통치를 생각한 조조의 치밀한 정치적 행위였다. 업성이 함락되었을 때 대중적으로 가장 널리 알려진 일화는 조조의 수습이나 치밀한 플랜(Plan)이 아니었다. 그저 한 명의 여인이었다. 조조군이 업성 내로 밀고 들어갔을 때 내당(內堂)으로 먼저 진입한 사람은 조조의 큰 아들 조비(曹丕)였다. 당시 둘째 아들 원희(袁熙)의 부인 견(甄)씨가 원소의 부인 유(劉)씨를 모시고 있었는데, 조비(曹丕)가 그녀를 보고 한눈에 반해버린다. 공을 세우기 위해 무지막지하게 쳐들어가서 급(急)젠틀하게 변했을 모습이 절로 그려진다. 조비는 후에 그녀를 아내로 맞이하게 된다. 견씨는 삼국지 최고 미인 중 한 명으로 손꼽힌다.

또한 조조는 일대에 이름이 알려진 최염(崔琰)이란 인물을 등용하게 된다. 최염은 본래 원소 휘하에서 활동하였지만 원소가 사망한 이후로 관직에서 물러나 지내고 있었다. 조조가 최염을 불러 이렇게 말하였다. "내가 어제 기주의 호적을 한번 살펴보았소. 그랬더니 대략 30만의 군사를 얻을 수 있을 것 같았소. 이러니 사람들이 기주를 큰 주라고 부르나보오." 그러자 최염이 정색을 하며 "지금 천하가 갈라지고 원씨 두 형제는 서로 다투어 기주 들판에 백골이 널려 있는 판입니다. 의당 조정의 군사라면 무엇보다 먼저 인덕(仁德)을 말하며 백성들의 풍속을 묻고, 도탄에 빠진 이들부터 구해야 할 것입니다. 먼저 병력의 수부터 헤아리면서 전쟁을 우선시한다는 말은 들어본 적이 없습니다. 장차 기주의 백성들이

공에게 무엇을 기대하겠습니까?"라고 하였다. 이를 들은 조조가 곧바로 자세를 바꾸며 최염에게 사과하였다. 이에 주위에 있던 자들 모두가 그 자리에 바짝 엎드리며 얼굴색이 새하얗게 변했다.[70] 조조의 유연한 사고가 빛났던 장면이다.

다음 달인 9월, 조조는 하북 지역의 조세와 부역을 면제할 것을 명하였다. 아울러 힘 있는 자들이 백성의 재물을 함부로 건드리는 것을 엄단하는 조치를 취하는 등 하북의 민심을 얻기 위해 노력하였다.

••••

69. 《삼국지》〈위서〉 무제기(武帝紀) '公臨祀紹墓 哭之流涕. 慰勞紹妻 還其家人寶物 賜雜繒絮 廩食之'

70. 《삼국지》〈위서〉 최모서하형포사마전(崔毛徐何邢鮑司馬傳) '昨案戶籍 可得三十萬衆. 故爲大州也. 琰對曰 今天下分崩 九州幅裂 二袁兄弟親尋幹戈 冀方蒸庶暴骨原野. 未聞王師仁聲先路 存問風俗 救其塗炭. 而校計甲兵 唯此爲先 斯豈鄙州士女所望於明公哉! 太祖改容謝之. 於時賓客皆伏失色'

6

손권의 강동(江東) 장악

203~208년

　멀리 황하 유역에서 원(袁)씨 형제들이 반목하며 자멸의 길을 걷던 시기, 장강 동남 편에서는 손책의 뒤를 이은 손권이 자신의 입지를 탄탄하게 다져가고 있었다. 20대 초반이라는 나이가 무색할 정도였다.

　손권이 22세가 되던 203년, 손권은 강하(江夏)의 황조(黃祖)를 공격하였다. 황조는 유표와 함께 선친인 손견을 죽인 원수였다. 손권은 황조의 수군을 격파하고 육지로 진격하여 성을 공격하였지만 끝내 함락하지 못하고 물러났다. 이때 휘하 장수 능조(凌操)가 난전 중에 화살(流矢)에 맞

••••

71. 《삼국지》〈오서〉 오주전(吳主傳) '權西伐黃祖 破其舟軍 惟城未克 而山寇復動. 還過豫章 使呂範平 鄱陽 程普討樂安 太史慈領海昏 韓當周泰呂蒙等爲劇縣令長'

아 전사하였다. 부친 손견의 원수를 갚는 것은 다음으로 미룰 수밖에 없었다. 이후 손권은 여범(呂範)에게 파양(鄱陽)현을, 정보(程普)에게 낙안(樂安)현을 공격하여 점령하도록 하였고 태사자는 예장군 해혼(海昏)현에 파견하였다. 이외에 다스리기 어려운 현(劇縣)에 한당, 주태, 여몽 등을 파견하여 복속시키며[71] 차근차근 세력을 넓혀갔다.

조조가 원소의 아들들을 상대하고 있었던 204년, 단양태수이자 손권의 동생인 손익(孫翊)이 부하인 변홍(邊鴻)에게 피살되는 사건이 발생하였다. 이후 사촌형 손유(孫瑜)가 단양태수에 임명되었다. 이제 손권의 형

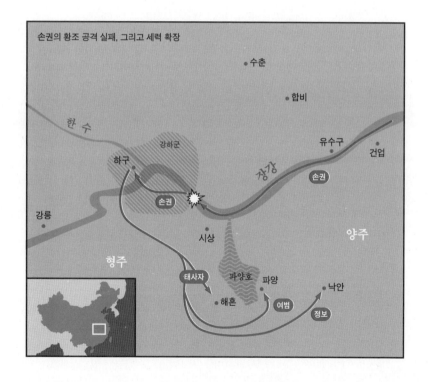

손권의 황조 공격 실패, 그리고 세력 확장

수춘

합비

한 수

강하군

유수구

건업

하구

장강

손권

손권

강릉

시상

양주

형주

태사자

파양호   파양

낙안

해혼   여범

정보

제는 남동생 하나와 여동생 하나만 남았다. 원소의 아들 중 원담이 죽은 205년에도 손권은 세력 확장을 멈추지 않았다. 하제(賀齊)를 시켜 파양(鄱陽)군 상요(上饒)현을 토벌하고 일대를 재편하여 건평(建平)현을 설치하였다. 이듬해 206년에는 황조가 공격해왔다. 이번엔 원수가 제 발로 온 것. 황조의 부장 등룡(鄧龍)이 수천 군사로 시상(柴桑)현을 공격해온 것인데 이에 주유가 방어하여 등룡을 생포하였다. 해를 넘겨 207년, 손권이 다시 황조를 공격하였다. 주거니 받거니를 반복했지만 이번에도 강하를 함락하지 못하고 백성들만 포로로 잡아왔다. 아버지 원수 갚기가 쉽지 않다.

참고로 206년에 태사자가 41세의 나이로 병사하였다. 연의에서는 적벽대전 이후에도 활약하는 것으로 묘사되었는데 이는 허구이다. 맹장의 조용한 퇴장에 연의의 작가도 섭섭했던 모양이다.

이 무렵 형주에는 젊어서 힘깨나 쓰던 한 남자가 있었으니, 자는 흥패(興覇), 이름은 감녕(甘寧)이다. 감녕은 출중한 무예에도 불구하고 유표에게 임용되지 못하고 있었다. 황조를 찾아가서 의탁해 보기도 했지만 황조 또한 그를 평범한 사람으로 대우하였다.[72] 이에 감녕은 황조를 버리고 오(吳)에 귀부한다. 감녕의 능력을 알아본 주유와 여몽은 그를 손권에게 천거하였는데 이제야 주인을 만난 감녕은 손권에게 황조를 토벌할 것을 적극적으로 권유하였다. 사람을 알아보지 못하면 가끔 비수가 되어 돌아올 때가 있는데 황조가 그 꼴이었다.

손권이 이를 수락하려 하자 장사(長史) 장소가 감녕의 말을 반박하며 반대하였다. "지금 오에도 할 일이 많은데 만약 대군이 출동한다면 틀림없이 혼란에 빠질 것입니다." 이에 손권이 술잔을 들어 감녕에게 권하며 말했다. "흥패! 금년의 황조 토벌은 이 술과 같으니 경이 결정하시오. 경은 방략을 세워야 할 것이며 황조를 이긴다면 그것은 경의 공이니 장장사(張長史)의 말에 괘념치 마시오."[73] 황조 토벌은 손권의 숙원사업이었으니 감녕으로서는 손권의 눈에 들 기회였고 반면 장소는 몇 차례나 실패한 경험이 있었으니 그 위험을 경계한 것이다.

이리하여 208년 봄, 손권은 대대적인 강하 공략에 나선다. 이전 두 차례의 공략과 다른 점은 감녕이라는 호걸이 있다는 것인데 막상 전투에서의 그의 활약은 자세히 나와 있지 않다. 오히려 능통(淩統)의 공이 돋보인다. 능통은 선발대가 되어 배를 타고 본대에서 수십 리 떨어진 곳까지 먼저 순시하였다. 이때 능통이 황조의 부장 장석(張碩)을 붙잡아 목을 베고 배를 모두 노획한다. 그러고는 이를 손권에게 보고한 후 속도를 높여 진군하여 본대와 합류하였다.

황조는 진취(陳就)를 내세워 수군으로 손권의 공격에 맞섰는데 도위 여몽이 앞장서 돌격하여 진취의 수군을 격파해버렸다. 황조는 다시 충

••••

72. 《삼국지》〈오서〉 정황한장주진동감능서반정전(程黃韓蔣周陳董甘淩徐潘丁傳) 감녕편 '轉托黃祖 祖又以凡人畜之'

73. 《삼국지》〈오서〉 정황한장주진동감능서반정전(程黃韓蔣周陳董甘淩徐潘丁傳) 감녕편 '吳下業業 若軍果行 恐必致亂' (중략) '興霸! 今年行討 如此酒矣 決以付卿. 卿但當勉建方略 令必克祖 則卿之功 何嫌張長史之言乎'

돌용 선박인 몽충(蒙衝)으로 하구(夏口)를 가로 막고 굵은 밧줄로 고정시킨 후 배 위에서 1천 명의 궁수들로 화살을 퍼붓게 하였다. 이로 인해 손권의 부대가 전진하지 못했다. 이때 선봉 동습(董襲)과 능통이 갑옷을 두 벌씩 입은 100명의 결사대를 각각 거느리고 큰 배를 타고 몽충 사이로 돌격하여 동습이 직접 칼로 밧줄을 잘라내니 묶여 있던 몽충들이 떠내려갔다.[74] 활로가 뚫리자 본대가 전진하여 공격하니 황조의 진영이 무너졌다. 이후 능통과 동습 등이 성을 공격하였고 견디다 못한 황조는 결국 도주하였다. 하지만 기병 풍칙(馮則) 등이 추격해 황조를 잡아 그 목을 베었다. 손권의 숙원사업이 해결된 것이다. 이 과정에서 감녕은 없다. 다만 감녕전에서 손권이 감녕의 의견을 받아들인 후 황조를 정벌하여 군사를 흡수하였다는 문장이 나오는 것으로 보아 감녕의 전략으로 황조 토벌작전이 완수된 것으로 추정할 수 있다.[75]

손권은 다음날 큰 잔치를 열어 동습에게 술잔을 권하면서 "오늘 이 잔치는 밧줄을 절단한 공로이다."[76]라며 치하하였다. 손권은 또 "이번 싸움은 진취를 먼저 잡았기에 이길 수 있었다."[77]며 여몽의 공도 치하하였다. 손권은 능통에 대한 논공도 잊지 않았다. 5년 전 부친 능조가 강하 공격 중 화살에 맞아 전사할 무렵 능통은 15세 소년이었다. 그 소년이 어느새 장성하여 선봉 부대로 참전해 이렇게 공을 세우게 되니 손권 입장에서는 매우 흐뭇하였을 터이다. 그것도 자신의 아버지 손견의 원수를 갚은 전투에서 말이다.

연의에서는 능통이 감녕을 원수로 여기는 장면이 수시로 등장한다.

능통의 부친인 능조가 황조 토벌전에서 감녕에게 죽은 것으로 되어 있기 때문이다. 그러나 정사에서 능통과 감녕이 원수지간이라는 사료는 그리 많지 않다. 배송지주에 '능통이 감녕을 부친을 죽인 원수로 여겼다(凌統怨寧殺其父操)'는 언급이 있을 뿐이다. 더구나 그 구체적인 이유는 거의 천 년 후의 사서인《자치통감》에 등장하는 이야기이다.《자치통감》은 황조가 손권에게 패해 달아날 때 능조의 부대가 급히 추격하였는데, 이때 감녕이 활을 쏴 황조가 위기를 벗어난 것으로 기록하고 있다. 이로 인해 감녕이 손권의 휘하에 든 이후에도 능통은 감녕을 부친의 원수로 여겼다는 것이다.[78] 연의의 저자는 이를 기반으로 여러 가지 상상을 덧붙인 것인데 이 일화에 대하여《자치통감》은 어떤 사료를 근거하였는지는 알 수 없다.

황조 토벌에 성공한 208년, 손권은 다시 세력 확장에 나섰다. 이때는 조조가 원상과 원희를 제거하고 오환을 평정하여 북쪽을 완전히 손에

••••

74. 《삼국지》〈오서〉 정황한장주진동감능서반정전(程黃韓蔣周陳董甘淩徐潘丁傳) 동습편 '上有千人 以弩交射 飛矢雨下 軍不得前. 襲與淩統俱爲前部 各將敢死百人 人被兩鎧 乘大舸船 突入蒙衝裏. 襲身以刀斷兩紲 蒙衝乃橫流'

75. 《삼국지》〈오서〉 정황한장주진동감능서반정전(程黃韓蔣周陳董甘淩徐潘丁傳) 감녕편 '權逐西 果禽祖 盡獲其士衆'

76. 《삼국지》〈오서〉 정황한장주진동감능서반정전(程黃韓蔣周陳董甘淩徐潘丁傳) 동습편 '今日之會 斷紲之功也'

77. 《삼국지》〈오서〉 주유노숙여몽전(周瑜魯肅呂蒙傳) '事之克 由陳就先獲也'

78. 《자치통감(資治通鑑)》65권 '孫權擊祖 祖軍敗走 權校尉凌操將兵急追之. 寧善射 將兵在後 射殺操祖由是得免' (중략) '淩統怨寧殺其父操 常欲殺寧'

넣은 이후였다. 하제를 시켜 단양군의 흡현(歙縣)과 이현(黟縣)을 평정하게 하였다. 이 무렵 흡현의 반적 우두머리 김기(金奇)는 1만호를 거느리고 안륵산(安勒山)을 점거하고 있었고, 모감(毛甘)이란 도적이 역시 1만호를 거느리고 오료산(烏聊山)을 점거하고 있었다. 이현의 반적 우두머리 진복(陳僕)과 조산(祖山) 또한 2만호를 거느리고 임력산(林歷山)을 차지하고 있었다. 이중 임력산은 사방이 벽처럼 서있고 암벽의 높이가 수십 길(丈)이나 되며, 길도 좁고 험하여 군사의 진입이 어려웠다. 게다가 적들은 큰 바위 아래를 내려다보고 있어 아래에서 위로 공격할 수도 없었다.

하제의 군사들은 여러 날 대기하였고 뾰족한 수가 없었던 장수들은 점차 초조해지기 시작했다. 이때 하제는 주변을 돌며 지형을 살핀 뒤 민첩한 군사들을 모았다. 그러고는 쇠갈고리를 이용해 경비가 없는 험한 곳을 올라가 통로를 확보한 뒤 한밤중에 올라갔다. 먼저 올라간 병사들이 긴 천을 내려주어 아래의 군사들을 잡아당겨 백여 명을 위로 끌어올린 후 사방으로 흩어 보냈다. 그날 밤 하제는 산 아래에서 군사를 정비하고 대기하면서 산 위에서는 북을 치고 피리를 불어 적을 놀라게 하였다. 적도들은 대군이 이미 다 올라와 점거한 줄 알고 허둥대며 어찌할 줄 몰랐고 험로를 수비하던 자들도 무리에 섞여 도망쳐 버렸다.[79] 이틈을 타하제의 대군이 올라가서 진복 등의 무리를 대파하여 가장 힘든 임력산을 차지했다.

••••

79. 《삼국지》〈오서〉하전여주종리전(賀全呂周鍾離傳) '賊夜聞鼓聲四合 謂大軍悉已得上 驚懼惑亂 不知所爲 守路備險者 皆走還依家'

오의 장수 중에는 하제와 같이 능력 있는 자들이 많았다. 그러나 이들은 잘 소개되지 않아 대중적으로 알려져 있지 않은 것이 현실이다. 평가절하된 것이다. 애석한 마음에 소개를 하였다. 이후 손권은 단양군 일대 행정구역을 개편하여 신도(新都)군을 신설하고 하제를 태수로 임명하였다.

손권은 수차례 원정 끝에 황조를 죽이고 강하를 점령하였다. 그런데 손권은 이 성을 지키지 않고 철군한다. 천신만고 끝에 빼앗은 땅을 왜 버리고 철수했는지 정사에는 명확한 이유가 나와 있지 않다. 전후 상황으로 미루어 추정만 할 뿐이다. 황조는 채모와 함께 손견이 전사했던 전투의 책임자로 손권 입장에서는 부친의 원수였다. 손권은 애초부터 강하를 점령해 다스릴 의도가 없었다고 볼 수 있다. 황조를 처단하여 선친의 원수를 갚으면서 아울러 장강 유역의 민심을 장악하려는 것이 주된 목적이지 않았을까. 무주공산(無主空山)이 된 강하에는 이후 유표의 장자 유기가 강하태수로서 머물게 된다. 강하 출병에 앞서 장소가 "지금 오 지역에도 할 일이 많은데 만약 대군이 출동한다면 틀림없이 혼란에 빠질 것입니다."라며 반대했던 것에서 역시 당시의 손권은 강하까지 관리할 여력이 없었다고 추정된다.

7

원가(袁家)의 패망
205~207년

204년 가을, 업성이 함락될 무렵 원담은 장수(漳水)의 하류 유역에 위치한 감릉국(甘陵國), 안평국(安平國), 하간국(河間國), 발해군(勃海郡) 등을 차지하고 있었다. 그런데 원상이 중산국으로 물러나자 이번에는 원담이 원상을 공격하였다. 이에 원상은 북쪽에 위치한 탁군의 고안(故安)현으로 옮겨 군사들을 모았다. 이를 들은 조조는 원담에게 서신을 보내 '약속 위배'를 비난하며 혼사를 파기하였고 원담의 딸을 돌려보낸 뒤 원담을 공격하기 시작했다. 조조를 당해낼 수 없었던 원담은 평원을 버리고 남피(南皮)로 도주하였다. 204년 12월, 조조는 어렵지 않게 평원군을 차지하게 되었다.

이 무렵 유성(柳城)의 오환족 초왕(峭王)이 원담을 지원하기 위해 기병

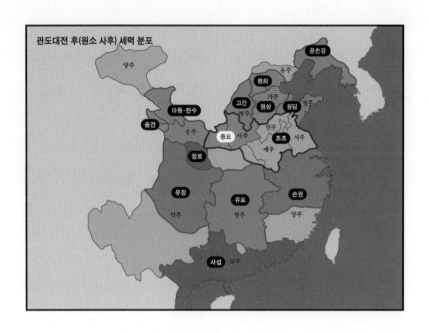

관도대전 후(원소 사후) 세력 분포

을 보내려 하고 있었다. 이 정보를 접한 조조는 과거 오환족을 상대해본 경험이 있는 견초(牽招)를 유성에 파견했다. 견초는 원소가 기주목일 때 등용한 인물로서 원소가 병사한 이후 원상을 섬겼으나 고간과의 갈등 끝에 조조에 귀부한 인물이다.

견초가 유성에 이르렀을 때 요동태수 공손강(公孫康)이 보낸 사자 한 충(韓忠)이 와 있었다. 초왕은 모두가 합석한 자리에서 견초에게 "예전 에 원공(원소)은 천자의 명을 받았다면서 나를 선우(單于)로 인정하였습 니다. 지금 조공(조조)도 내가 선우라 하였는데, 요동군에서도 인수를 가 지고 왔습니다. 그렇다면 누가 옳은 것입니까?"라고 묻는다. 그러자 견 초가 답하기를 "옛날 원공(袁公)이 천자의 명을 대행했지만 그것은 임시 선우의 인수였고, 이후 천자가 조공(曹公)에게 원공을 대신하게 하였습니다. 이번에 조공이 천자에 아뢰어 정식 선우의 인수를 가져온 것입니다. 요동군은 지방의 속군인데, 어찌 멋대로 직위를 수여할 수 있겠습니까?"[80]

이를 듣고 있던 한충이 반박했다. "우리 요동은 큰 바다의 동쪽에서 백만 대군을 보유하고 부여와 예맥을 복속시켰으며, 지금 강한 세력이 우위인데 조조가 어찌 우리와 같겠습니까?"라고 말하였다. 이를 들은 견초가 한충을 꾸짖은 후 그의 머리를 잡아 벽에 처박으며 칼을 빼어 목을 베려 하였다. 회담 자리에서 무력을 휘두른 것이다. 이에 놀란 초왕이 견초를 말리며 한충을 참석시킨 것을 용서해 달라고 하였다. 그제야 견초는 자리에 돌아와 앉은 뒤 정세의 성패와 화복이 어떻게 달라지는지를 설명하였다.[81] 이에 초왕은 요동의 사자를 돌려보내고 원담을 도우려던 기병을 해산시켰다. 기록이 의심될 정도로 견초의 패기가 놀라울 따름이다. 원소가 썩힌 인재들을 조조는 참 잘 써먹었다.

다시 해가 바뀌어 205년 1월, 조조는 남피를 공격하여 원담을 주살하였다. 이때 낙안(樂安)군에 있던 왕수가 원담을 구원하러 출병하였지만

••••

80. 《삼국지》〈위서〉 만전견곽전(滿田牽郭傳) '昔袁公言受天子之命 假我爲單于. 今曹公復言當更白天子 假我眞單于 遼東復持印綬來. 如此 誰當爲正? 招答曰 昔袁公承制 得有所拜假 中間違錯 天子命曹公 代之. 言當白天子 更假眞單于 是也. 遼東下郡 何得擅稱拜假也'
81. 《삼국지》〈위서〉 만전견곽전(滿田牽郭傳) '便捉忠頭頓築 拔刀欲斬之. 峭王驚怖 徒跣抱招 以救請忠 左右失色. 招乃還坐 爲峭王等說成敗之效 禍福所歸'

이미 원담이 사망했다는 소식을 전해 듣고 조조에게 장례를 치를 수 있게 해달라며 애원하였다. 이를 가상하게 여긴 조조가 왕수의 청을 받아들여 허락했는데 이후 일대 군현들이 조조에 굴복하게 되었다. 하지만 원담이 낙안태수에 임명했던 관통(管統)만은 계속 저항하였다. 조조는 왕수에게 관통을 처결할 것을 명하게 된다. 하지만 왕수는 관통이 망국의 충신이라 생각하여 공격하지 않고 설득하여 조조에게 데려갔다. 조조는 기뻐하며 이들을 사면하였다.

같은 달 원소의 둘째 아들 원희의 부장 초촉(焦觸)과 장남(張南)이 반역하였다. 조직이 흔들리면 이탈자들이 생기기 마련이다. 갑작스러운 초촉과 장남의 공격을 받은 원희와 원상 형제는 북방 3군으로 도주하고 만다. 북방 3군이란 어양(漁陽), 우북평(右北平), 요서(遼西)군을 가리킨다. 이곳은 오환족의 영역이었다. 옛 주군들을 쫓아버린 초촉과 장남은 그 군현을 들어 조조에 투항하였다. 205년 4월에는 흑산적의 잔당 장연(張燕)이 그 무리 10만을 거느리고 조조에게 투항했다. 한편 탁군 고안(故安)현에서는 조독(趙犢), 곽노(霍奴) 등이 유주자사와 탁군태수를 살해하는 일이 일어났다. 또 북방 3군의 오환족이 어양군 광평(獷平)현을 공격하며 혼란을 더했다. 이에 조조가 출병하여 조독 등을 처형하고 이어 광평현도 구원하니 오환족은 국경을 넘어 도주하였다. 이때가 205년 8월이다.

이 무렵 종요에게 투항했던 고간(高幹)이 병주에서 반역하였다. 이때까지도 과거 원소의 근거지가 완전히 평정되지 않았던 것이다. 원소의 생질인 고간은 투항 이후에도 병주자사 직을 유지하고 있었다. 반기를 든 고간은 상당(上黨)군[82] 태수를 사로잡고 호관구(壺關口)를 장악하였다. 조조는 악진과 이전을 보내지만 이기지 못하고 퇴각하였다. 이듬해인 206년 1월, 조조가 직접 고간을 토벌하러 출진하였다. 조조의 대군이 오자 고간은 흉노를 찾아가 선우에게 구원을 요청했다. 하지만 선우는 응하지 않았다. 조조는 호관을 포위하여 공격을 퍼부었다. 조조는 이때 "성을 함락하면 모두 묻어 죽여라."라며 독려하였으나 한 달이 지나도록 함락시키지 못했다. 고간의 목숨 건 항전이 예상 외로 거셌던 것이다.

이에 조인이 건의하였다. "성을 포위하더라도 활문(活門)을 보여주며 살 길을 열어줘야 합니다. 지금 공께서 모두 죽인다 하니 적장과 백성들이 필사적으로 싸우고 있습니다. 우리가 견고한 성 밑에서 결사적인 적을 공격하는 것은 좋은 계책이 아닙니다." 조조는 조인의 계책에 따랐고 결국 3개월간의 포위 끝에 함락시키는 데 성공하였다. 고간은 형주로 도주하려다 상락(上洛)현 도위 왕염(王琰)에게 잡혀 처형되었다.

연의에서 고간은 비중 있게 묘사되는 인물이 아니다. 하지만 그의 능력은 보는 바와 같이 악진과 이전을 가볍게 물리치고 조조의 대군과도 불리한 상황에서 맞서 쉽게 무너지지 않았다. 《후한서》에 의하면 고간은 원소의 생질로 본시 이름이 높아 사방의 선비들을 불렀고 이에 많은 선비들이 귀부하였다고[83] 한다. 원상을 배신하여 조조에게 투항하고, 다시 조조에게 반기를 들었던 이유는 정확히 알 수 없다. 다만 배신을 거듭하는 과정에서도 그가 유지하고 있었던 군세의 규모와 지휘력으로 보아 그의 야망이 단순하지 않았던 모양이다.

한편 북방 3군 일대로 도주한 원희와 원상 형제는 요서군 선우인 답돈(蹋頓)을 찾아가 의탁하였다. 예전 원소는 이 일대 오환족 족장들을 선우로 인정하며 관계를 다졌었다. 그 중에서 가장 강성했던 답돈을 특히 후대했었다. 원희와 원상 형제를 받아들인 답돈은 수시로 한의 국경을 넘나들며 노략질을 하였는데 조조는 동북방을 공략하는 데 있어 군량 수송이 큰 걸림돌임을 절감하고 있었다. 그리하여 간의대부 동소의 주도로 평로거(平虜渠)와 천주거(泉州渠)를 만들어 개통하였다. 거(渠)는 운하를 말한다.

다시 해를 넘겨 207년 2월, 조조는 업현으로 귀환하여 대대적인 논공행상을 하였다. 원소라는 최대의 적을 물리침과 동시에 당시 생산력과 인구밀도가 매우 높은 요지를 병합하여 명실공히 천하제일의 세력이 되었으니 그 행상(行賞)은 거창했다. 생존자와 더불어 전사자에게도 공을 치하하는 조치로 후손들의 요역을 면제하게 하였다.

조조는 다시 북방 3군의 오환족과 원희 원상 형제를 치기 위해 출병하려 하였다. 그러자 여러 장수들이 우려했다. "이번에 적진 깊이 원정하면 유비는 틀림없이 유표를 설득하여 허도를 습격할 것입니다. 만일 변고가 있으면 후회할 수도 없을 것입니다."[84] 이때 곽가가 표문을 올려 "유

••••

82. 장수(漳水) 서쪽 유역에 위치한 군
83. 《후한서》 왕충왕부중장통열전(王充王符仲長統列傳) '幷州刺史 高幹 袁紹甥也. 素貴有名 招致四方 遊士 士多歸附'
84. 《삼국지》〈위서〉 무제기(武帝紀) '今深入征之 劉備必說劉表以襲許. 萬一爲變 事不可悔'

표는 앉아서 이야기나 즐길 인물이며 자신이 유비를 거느릴 능력이 없다는 것을 알고 있습니다. 또한 유비를 중용하면 제어할 수 없고 홀대하면 유비를 이용할 수 없으니 우리가 나라를 비우고 원정 중이라 해도 걱정할 것이 없습니다."[85]라며 북방 원정을 주장하였고 이를 옳다고 여긴 조조는 출병을 결정하였다.

207년 5월, 조조 우북평(右北平)군 무종(無終)현에 도착하였는데 7월 즈음 장마로 인해 진군에 어려움을 겪게 되었다. 이때 무종현 출신 전주(田疇)라는 인물이 향도를 자원해 조조를 인도하였다. 전주는 예전에 헌제가 장안으로 옮겨갈 때 유주목 유우가 파견했던 인물로 이후 원소와 원상이 장군으로 초빙하였음에도 거절한 바 있었다. 전주는 오래전부터 오환족에게 원한을 품고 있었다. 과거 오환족들이 침입하여 우북평군의 관리들을 살해한 적이 있었는데 당시 힘이 약했던 전주는 이를 응징하지 못했던 것이다. 그리고 때를 기다려 지금에 이르렀고 이를 전해들은 조조가 출병에 즈음하여 전주에게 사자를 보내 함께하게 되었다.

장맛비로 바닷가와 낮은 지대가 진흙탕으로 변해 진군할 수 없게 되자 조조가 전주에게 대책을 물었다. 이에 전주가 답했다. "지금 적장들

....

85. 《삼국지》〈위서〉정곽동유장유전(程郭董劉蔣劉傳) '表坐談客耳 自知才不足以御備. 重任之則恐不能制 輕任之則備不爲用 雖虛國遠征 公無憂矣'

86. 《삼국지》〈위서〉원장양국전왕병관전(袁張涼國田王邴管傳) '今虜將以大軍當由無終 不得進而退 懈弛無備. 若嘿回軍 從盧龍口越白檀之險 出空虛之地 路近而便 掩其不備 蹋頓之首可不戰而禽也. 太祖曰 善. 乃引軍還 而署大木表於水側路傍曰 方今暑夏 道路不通 且俟秋冬 乃復進軍'

은 대군이 무종현에서 오도 가도 못하리라 생각하여 해이한 채로 방비가 없을 것입니다. 만약 조용히 회군하여 노룡구(盧龍口)에서 백단(白檀)의 험로를 지나서 간다면 길도 가깝고 행군도 편합니다. 적이 방심해 방비가 없을 때 기습하면 오환의 선우 답돈을 싸우지도 않고 생포할 수 있습니다." 그러자 이를 옳게 여긴 조조가 군사를 이끌고 돌아가면서 큰 나무를 깎아서 길가에 세워 '지금 한여름이고 길이 막혔으니 일단 가을이

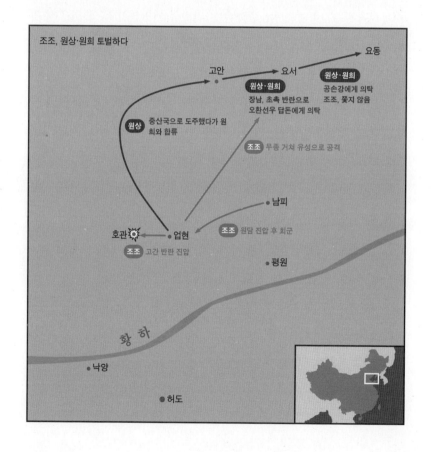

조조, 원상·원희 토벌하다

요동

고안   요서   **원상·원희**
        원상·원희   공손강에게 의탁
        장남, 초촉 반란으로   조조, 쫓지 않음
        오환선우 답돈에게 의탁

원상 중산국으로 도주했다가 원
희와 합류

조조 무종 거쳐 유성으로 공격

       남피

호관   업현   **조조** 원담 진압 후 회군
조조 고간 반란 진압

평원

황하

낙양

허도

3장. 부흥하는 손가(孫家), 몰락하는 원가(袁家)   293

나 겨울을 기다렸다가 다시 진군하겠다.'라고 써놓게 했다.[86] 이를 확인한 오환의 척후병이 그대로 보고하자 선우는 조조의 대군이 정말 철군했다고 생각하였다. 그러나 다음 달인 207년 8월, 조조와 전주가 이끄는 대군이 서무산(徐無山)을 넘어 노룡으로 나와 유성(柳城)에서 2백리 떨어진 곳에 갑자기 나타났다. 오환족 선우 답돈을 비롯한 오환의 모두가 깜짝 놀랐다. 원희와 원상, 답돈, 요서 지역 선우인 누반(樓班), 우북평 지역 선우 능신저지(能臣抵之) 등이 급히 수만 기병을 거느리고 나와 조조에 맞섰다. 하지만 조조는 장료를 선봉으로 삼아 이들의 불완전한 진영을 공격하였고 원씨·오환 연합군 진영은 완전히 붕괴되어버렸다. 답돈은 전사하였고 원희와 원상은 다시 요동군으로 도주하였다. 요동은 공손강이라는 인물이 차지하고 있던 곳으로 원희와 원상에게는 기병 수천 정도가 남아 있었다.

당시 요동태수 공손강(公孫康)은 거리가 먼 것을 믿고 조정에 불복하고 있었다. 조조의 장수들은 지금 당장 공격하여 원희, 원상 형제를 사로잡아야 한다고 목소리를 높였다. 하지만 조조는 "나는 공손강에게 원희와 원상을 죽이게 할 것이지 번거롭게 군사를 동원하지 않겠다."[87]고 자신만만해 하며 유성으로 회군하였다. 연의에서는 원희와 원상은 가만히 두면 공손강과 반목해 자멸할 것이라는 의견을 낸 사람이 곽가로 묘사되어 있다. 그런데 이 무렵 곽가는 병이 위독해졌는데 그 길로 일어나지 못하고 세상을 떠나고 만다. 조조는 "여러분들은 나와 연배가 비슷하지만 그 중 봉효(奉孝)[88]가 가장 어렸다. 천하 대사가 안정되면 뒷일을 부탁하려 했는데 요절하고 말았으니 운명이로다."[89]라며 안타까워하였다. 당시 곽가의 나이 38세로 연의는 그가 죽기 전에 원씨 형제의 내분에 대한 의견을 곽가의 생각으로 돌려 큰 공(功)을 하나 세우게 해준 것이다.

얼마 지나지 않아 과연 조조의 장담대로 공손강이 원희와 원상의 수급을 보내왔다. 부하들이 궁금해 했다. "공께서 회군하셨는데, 공손강은 왜 원희와 원상을 잡아 죽였을까요?" 그러자 조조는 "저들은 평소 원상 등을 두려워하였다. 그러니 내가 압박하면 힘을 모아 대항하겠지만 느슨하게 하면 서로 다투는 것이 당연한 형세이다."[90]라고 설명해주었다. 같은 해 11월 조조가 역수(易水) 유역에 도착하니 여러 지역의 오환족 선우들이 찾아와 조조에게 하례하였다.

207년 말. 조조는 드디어 원소의 잔재를 완전히 없애고 북쪽을 차지했다. 장장 7년에 걸친 장정이었고 조조에게 있어 가장 어려운 장애물이자 조조를 최강자로 만들어준 지난한 싸움이었다. 원씨 세력을 상대로 한 관도대전의 진정한 마감은 이때 이루어졌다고 할 수 있다.

••••

87. 《삼국지》〈위서〉 무제기(武帝紀) '吾方使康斬送尙熙首 不煩兵矣'

88. 봉효(奉孝)는 곽가의 자이다.

89. 《삼국지》〈위서〉 정곽동유장유전(程郭董劉蔣劉傳) '諸君年皆孤輩也 唯奉孝最少. 天下事竟 欲以後事屬之 而中年夭折 命也夫'

90. 《삼국지》〈위서〉 무제기(武帝紀) '彼素畏尙等. 吾急之則幷力 緩之則自相圖 其勢然也'

4장

장강(長江)과 한수(漢水)의 만남

1

유표에 의탁한 유비
201~207년

조조가 원소의 남은 세력까지 일소하며 동북 지역을 평정하고 손권이 강동에서 완전히 세력을 굳히는 동안 유비는 어디서 무얼 하고 있었을 까. 아직 원소가 살아 있던 201년으로 잠시 돌아가 보자.

관도에서 조조가 원소를 격파한 후인 201년 9월 무렵 조조는 여남(汝南) 부근에서 유비를 공격했다. 유비는 패퇴하며 형주목(荊州牧) 유표에게 미축과 손건을 보내 소식을 전하고 도움을 청했다. 이때 유표는 직접 교외까지 나와 유비 일행을 영접하며 상빈의 예를 갖춰 대우하였고 이후 유비는 양양(襄陽)에서 한수 이북에 위치한 신야(新野)현에 주둔하게 되었다. 유비가 신야에 머무는 동안 형주의 많은 호걸들이 유비에게 귀부하자 유표는 은근히 유비를 견제하기 시작하였다.[1] 그렇게 몇 년이 흘러간 것이다. 유비로서는 이룬 건 없고 나이만 먹는 이 세월이 누구보다 안타까웠을 터이다. 〈배송지주〉에 따르면 유비가 형주에 몇 년간 머물면서 허벅지에 군살이 붙었다고 우는데 그 때가 바로 이 무렵이다.[2]

하지만 유비가 마냥 허송세월만 한 것은 아니었다. 정확히 시기를 확정할 순 없지만 202년에서 206년 사이 조조군과의 전투도 있었다. 유표는 유비에 명하여 남양군 섭현(葉縣)까지 진군하게 하였다. 섭현은 완현(宛縣)과 허창(許昌) 사이에 위치한 곳이다. 조조의 명을 받은 하후돈과 우금, 이전이 유비를 공격하였다. 이에 유비가 군영을 불태우고 급히 퇴각하였는데 하후돈과 우금이 이를 추격하려 하였다. 이때 이전이 "적군이 아무 까닭도 없이 후퇴하니 아마 매복이 있을 것입니다. 남쪽은 길이 좁고 초목 또한 무성하니 추격해서는 안 됩니다."[3]라며 말린다.

삼국지에서는 합리적인 이유를 제시하고 말리는 사람의 의견을 듣지 않으면 꼭 탈이 난다. 역시나 이전의 말을 듣지 않은 하후돈과 우금은 추격하다가 박망(博望)현에 매복하고 있던 유비의 복병들에게 격파되었다. 뒤따라온 이전의 병력이 이들을 구원하여 전멸은 모면하고 퇴각하였다. 그런데 이 전투는 연의에서 펼쳐지는 박망파 전투와 매우 유사한 양상

••••

1. 《삼국지》〈촉서〉 선주전(先主傳) '荊州豪傑歸先主者日益多 表疑其心 陰禦之'

2. 《삼국지》〈촉서〉 선주전(先主傳) 배송지주 구주춘추(九州春秋) 인용 '備住荊州數年 嘗於表坐起至廁 見髀裏肉生 慨然流涕'

3. 《삼국지》〈위서〉 이이장문여허전이방염전(二李臧文呂許典二龐閻傳) '賊無故退 疑必有伏. 南道狹窄草木深 不可追也'

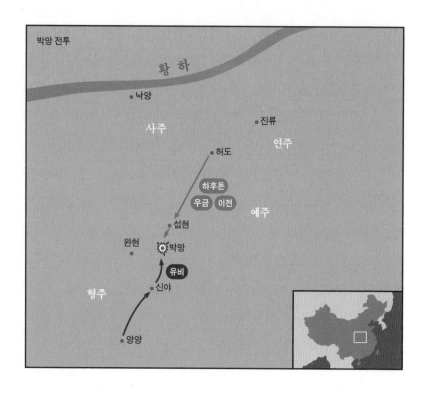

박망 전투

황하

낙양

사주

진류

연주

허도

하후돈

우금 이전

예주

섭현

완현

박망

유비

형주

신야

양양

으로 펼쳐지지만 시기에서 차이가 있다. 당연히 다른 사건과의 선후 관계나 참전한 인물 등이 달라질 수밖에 없다.

《삼국지》〈촉서〉 선주전(先主傳)에 따르면 박망현 전투는 '207년 2월 조조가 동북쪽으로 출병하기 전'에 펼쳐진다. 건안 12년(207년)이 되기 전 유표는 유비를 신야에 주둔하도록 했다.[4] 유표는 유비로 하여금 하후돈과 우금을 박망에서 막도록 하였고, 시일이 지나 유비는 복병을 두고 거짓 도주하니 하후돈 등이 추격했지만 복병으로 격파하였다고[5] 기록되어 있다.

간혹 박망 전투를 202년이나 203년으로 보는 견해도 있으나 그것은 가능성이 낮다. 유비는 201년 9월 무렵 유표에게 투항하여 형주에서 수 년을 지냈다[6]고 하였으므로 203년은 다소 이르다고 할 수 있는데 〈촉서〉 선주전의 기록에도 207년 직전에 박망의 전투가 그려지고 있다. 선주전의 사건들이 시기가 매우 듬성듬성 기록된 관계로 정확한 시기를 확정하지는 않았으나 201년보다는 207년에 가까운 시기로 볼 수 있다. 따라서 박망 전투는 유비가 신야에 주둔하던 206년경부터 207년 초 조조의 동북 출병 전의 특정 시점으로 보는 것이 합리적이다.[7] 제갈량을 얻은 것도 이 시기로 추정된다. 《삼국지》 〈위서〉 무제기에는 박망 전투에 대한 언급이 없다.

이 기간에 유비는 또 구봉(寇封)이라는 청년을 양자로 맞아 구봉은 유봉(劉封)으로 성을 갈게 되었다. 유비에게 친자식이 없던 시절이다. 참고로 유비의 첫 번째 피붙이인 유선(劉禪)은 207년에 감(甘)부인이 낳는다. 그때 유비 나이 47세. 감부인은 유비가 소패에 머물던 시절 맞아들인 첩이었지

••••

4. 제갈량전에 따르면 유비는 유표의 휘하에서 신야에 머무를 때 삼고초려를 했다고 한다. 또한 207년에 올린 출사표에 '그로부터 21년이 흘렀다'고 하였으니 제갈량이 등용된 것은 206년 경이므로 유비의 신야 주둔 시기와 맞아 떨어진다.

5. 《삼국지》 〈촉서〉 선주전(先主傳) '使拒夏侯惇 于禁等於博望. 久之 先主設伏兵 一旦自燒屯僞遁 惇等追之 爲伏兵所破'

6. 유비는 이때 허벅지살이 통통하게 올랐다며 슬퍼했다. 여기서 유래한 고사가 바로 비육지탄(髀肉之嘆)이다. 《자치통감》에는 이 장면이 201년으로 기록되어 있다. 하지만 《자치통감》에서 시기가 불명확한 에피소드가 별다른 의미 없이 배치되는 경우가 드물지 않다.

7. 연의와 달리 제갈량이 박망 전투에 참전했다는 기록은 없다.

만 이 무렵에는 집안일을 주관하며 정실부인의 역할을 하고 있었다.

그런데 형주에서 유비에 귀부한 인재들 중에 서서(徐庶)라는 인물이 있었다. 서서는 등용된 이후 유비에게서 상당한 신뢰를 얻고 있었는데 어느 날 서서는 한 사람을 천거한다. 그 사람은 양양성 서쪽 20리 부근에 등현(鄧縣)이라는 고을에서 농사를 짓고 있는 자라고 서서는 소개하였다. 그의 자(字)는 공명(孔明), 이름은 량(亮). 바로 제갈량(諸葛亮)이다. 서서는 "제갈공명은 와룡(臥龍)과 같은 자인데 장군께서 한번 만나보지 않으시겠습니까?"라며 유비의 의향을 물었다. 이에 유비가 "그를 데리고 와주시오."라고 부탁하였다. 그러자 서서가 말하길 "그 사람을 찾아가서 만나볼 수는 있겠지만 그가 자신을 굽혀 찾아오지는 않을 것이니 장군께서 친히 찾아가셔야 할 것입니다."라고 권했다. 그러자 유비는 몸소 등현으로 제갈량을 찾아갔다. 하지만 두 번이나 헛걸음을 하고 세 번째에야 제갈량을 만날 수 있었다.[8] 시기는 206년 겨울부터 207년 봄 사이이며 '삼고초려'의 표현은 제갈량전의 출사표(出師表)에 등장한다.[9]

제갈량을 만난 유비는 도움을 구했다. "지금 한실이 쇠퇴하고 간신들이 권력을 쥐고 있어 주상께서 고난을 겪고 있습니다. 저는 덕행이나 능력이 모자란 것을 헤아리지 못하고 천하에 대의를 실행하고 싶지만, 지혜와 방책도 모자라 오늘에 이르도록 이룬 것이 없습니다. 그렇지만 의지만은 여전하니 선생께서 방책을 말씀해주시기 바랍니다." 이에 제갈량이 "이미 조조는 백만 대군을 거느리고 천자를 끼고 제후를 호령하고 있으니, 지금 장군으로서는 조조와 세력을 다툴 수가 없습니다. 손권은 강동에 웅거하여 이미 삼대를 거쳤고 국토는 험고하고 백성들이 이에 따르며 현자와 능력자들을 등용하고 있으니 이를 이용할 수는 있지만 꺾을 수는 없습니다. 아울러 형주는 북쪽으로 한수가 막아주고 남쪽으로 남해의 이득을 얻을 수 있고, 동쪽으로는 오나 회계와 연결되며, 서쪽으로는 파촉과 통하니 이를 감당할 적임자가 아니면 지킬 수 없는 곳입니다. 이는 하늘이 장군께 바탕을 삼도록 내려준 곳인데, 장군께서는 어찌 형주를 염두에 아니 두십니까?"라며 유비를 일깨운다.

여기서 제갈량은 한 걸음 더 나아가 "익주는 험한 요새로 막혀 있지만 비옥한 들판이 천리에 달하는 풍요로운 땅이라서 한 고조께서 여기를 바탕으로 제업을 성취하셨습니다. 지금 익주의 유장은 어리석고 나약하고 그 북쪽에 장로(張魯)가 있다지만 굳이 구휼하지 않아도 될 땅이라 지혜와 능력을 갖춘 인재들은 명군의 출현을 기다리고 있습니다. 장군께서는 황실의 후예이며, 온 천하에 신의로 알려져 있으며, 영웅을 거느리고 현자를 목 타게 기다리고 계십니다. 장군께서 만약 형주와 익주를 차지하고 그 험한 지형으로 방어하며 서쪽과 남쪽으로는 이민족들을 위무하고, 밖으로는 손권과 화친하면서 안으로 내정을 다져야 합니다. 그런 다음 천하의 변화를 보아 상장군에게 형주의 군사를 주어 완현(宛縣)과 낙양으로 진격하게 하고, 장군께서는 몸소 익주의 병력을 거느리고 관

••••

8. 《삼국지》〈촉서〉 제갈량전(諸葛亮傳) '諸葛孔明者 臥龍也 將軍豈願見之乎? 先主曰 君與俱來. 庶曰 此人可就見 不可屈致也. 將軍宜枉駕顧之. 由是先主遂詣亮 凡三往乃見'
9. 《삼국지》〈촉서〉 제갈량전(諸葛亮傳) 출사표(出師表) '先帝不以臣卑鄙 猥自枉屈 三顧臣於草廬之中'

중으로 진격하신다면 백성들은 광주리에 음식을 담고 술과 간장을 담은 병을 들고 장군을 환영할 것입니다. 이렇게 할 수 있다면 패업을 성취하고 한실을 중흥할 수 있을 것입니다."라고 말한다.[10]

유비가 이를 옳은 말이라 여기고 이후 제갈량과 매우 가깝게 지냈다. 그러자 관우와 장비가 제갈량을 못마땅하게 생각하였다. 이에 유비가 말하길 "내가 공명을 얻은 것은 마치 물고기가 물을 만난 것과 같다"[11]며 동생들을 달랬다.

조조가 북방 3군의 오환(烏丸)을 정벌하러 출병했을 때가 이 무렵으로 207년 2월이다. 당시 조조의 신하 중에서는 유표와 유비의 공격을 우려하는 의견도 있었다. 하지만 곽가의 자신만만한 권유로 조조는 출병을 강행하였고 결과는 과연 곽가의 예상대로였다. 앞장에서 언급하였듯이 유비는 유표에게 허도 공격을 건의하지만 받아들여지지 않았던 것이다.[12] 유표는 조조가 유성(柳城)에서 귀환했을 때에야 유비에게 "자네의 말을 듣지 않아 큰 기회를 놓쳤구먼."[13]이라며 아쉬워하였다.

당시 유표는 집안 문제를 안고 있었다. 바로 큰아들 유기(劉琦)와 이복동생 유종(劉琮) 사이의 문제였다. 유표의 후처 채(蔡)씨는 자신의 친아들 유종으로 유표의 뒤를 잇게 하려 애쓰고 있었다. 게다가 유종의 외삼촌이자 유표의 장수인 채모(蔡瑁) 또한 이를 돕고 있었다. 그래서 유기는 장자임에도 입지가 불안정했다. 불안했던 유기는 고민 끝에 제갈량에게 방책을 물었다. 제갈량을 안 지 얼마 되지 않았지만 제갈량이라면 뭔가 길을 열어줄 것 같았기 때문이다. 하지만 제갈량은 거절하며 이에 대해 협

의하려 하지 않았다.

그러던 어느 날 유기는 제갈량과 함께 후원을 거닐다가 누각에 올라가서 함께 술을 마시자고 제안해 두 사람은 같이 누각에 올랐다. 그런데 유기는 미리 사람을 시켜 사다리를 치우게 한 후 엎드려 애원했다. "이제 하늘로 올라갈 수도 없고 땅으로 내려갈 수도 없으니 선생의 말씀은 나만이 들을 수 있습니다. 그래도 말씀을 아니 하시겠습니까?" 이에 제갈량은 조용히 유기에게 "신생(申生)은 안에 있어 위태로웠고 중이(重耳)는 밖에 있어 무사할 수 있었던 고사를 보지 못했습니까?"라고 답하였다.[14] 이에 유기는 제갈량의 조언을 좇아 강하로 자리를 옮겼다. 당시 강하는 손권이 황조(黃祖)를 물리친 후 다스리지 않고 철수해버려 지키는 자가 없던 상태였다.

••••

10. 《삼국지》〈촉서〉 제갈량전(諸葛亮傳) '漢室傾頹 姦臣竊命 主上蒙塵. 孤不度德量力 欲信大義於天下 而智術淺短 遂用猖蹶 至於今日. 然志猶未已 君謂計將安出' (중략) '今操已擁百萬之衆 挾天子而令諸侯 此誠不可與爭鋒. 孫權據有江東 已歷三世 國險而民附 賢能爲之用 此可以爲援而不可圖也. 荊州 北據漢沔 利盡南海 東連吳會 西通巴蜀 此用武之國 而其主不能守 此殆天所以資將軍 將軍豈有意乎? 益州險塞 沃野千里 天府之土 高祖因之以成帝業. 劉璋闇弱 張魯在北 民殷國富而不知存恤 智能之士 思得明君. 將軍旣帝室之冑 信義著於四海 總攬英雄 思賢如渴. 若跨有荊益 保其巖阻 西和諸戎 南撫 夷越 外結好孫權 內脩政理. 天下有變 則命一上將將荊州之軍 以向宛洛 將軍身率益州之衆出於秦川 百姓孰敢不簞食壺漿以迎將軍者乎. 誠如是 則霸業可成 漢室可興矣'
11. 《삼국지》〈촉서〉 제갈량전(諸葛亮傳) '孤之有孔明 猶魚之有水也'
12. 《삼국지》〈촉서〉 선주전(先主傳) '先主說表襲許 表不能用'
13. 《삼국지》〈촉서〉 선주전(先主傳) 배송지주 한진춘추(漢晉春秋)인용 '不用君言 故爲失此大會'
14. 《삼국지》〈촉서〉 제갈량전(諸葛亮傳) '今日上不至天 下不至地 言出子口 入於吾耳 可以言未? 亮答曰 君不見申生在內而危, 重耳在外而安乎?' 이에 대한 자세한 설명은 뒤에 등장한다.

신생(申生)과 중이(重耳)의 고사

삼국지에는 수많은 고사가 인용된다. 시기적으로 전한의 직전 시기인 춘추전국 시대의 고사가 많을 수밖에 없는데, 신생과 중이의 얘기도 그 중 하나이다. 이는 지금까지도 많이 회자되는 이야기이다.

중이는 춘추오패 중 한 명으로 유명한 진문공(晉文公)이다. 재위에 오른 시기가 BC 636년이니 제갈량보다 800년 이상 앞선 시대의 인물이다. 신생(申生)과 중이(重耳)는 이복형제간이고 아버지는 진헌공(晉獻公)이다. 당시 신생이 맏아들로서 태자였다. 비록 이복형제였지만 이들의 사이는 좋았던 것으로 보인다. 그런데 진헌공이 새로 얻은 여희(麗姬)라는 여인에게서 해제(奚齊)라는 늦둥이가 태어나며 문제가 생긴다. 여희가 자신의 아들을 후계자로 세우기 위해 형들을 모조리 제거하기로 마음먹었던 것이다.

한번은 신생이 생모의 제사를 지낸 후 제사고기를 진헌공에게 보냈다. 그런데 여희는 이 고기에 독을 섞은 후 진헌공이 보는 앞에서 개에게 먹인다. 개가 즉사하는 것을 본 진헌공이 대노하자 여희는 태자뿐 아니라 다른 형제들까지 공범으로 몰아버린다. 이에 신생은 자진하게 되고, 중이는 변방의 성을 지키며 살아남았다. 엄밀히 말하면 당시 신생도 변방에 있었지만 어쨌든 결과는 그러했다. 이 고사는 안이 위태로울 때는 우선 밖으로 나가 멀리서 안을 보라는 의미로 자주 인용된다. 마찬가지로 제갈량은 유기에게 일단 계모를 피해 지내야 함과 더불어 군사를 이끌고 있어야 안전함을 일깨워준 것이다.

2

유종의 투항

208년

208년 1월, 조조는 업현(鄴縣)으로 돌아왔다. 200년 원소와의 대결을 시작한 이래 겨우 동북방을 안정시킨 것이다. 조조는 회군 직후 큰 연못을 만들어 현무지(玄武池)라 이름 짓고 수군의 훈련을 지시하였다. 아울러 전통의 삼공(三公) 관직을 없애고 승상(丞相)과 어사대부를 설치하는 관제개혁을 실시했다. 그리고 6월 자신이 승상 자리에 올랐다.

7월이 되자 조조는 순욱에게 형주의 유표를 정벌할 방책을 물었다. 순욱은 "남양군의 완현과 섭현의 지름길로 빨리 진군해 그들이 예상 못할 때 공격하십시오."[15]라며 방책을 냈다. 이에 조조는 즉각 대군의 출병을 명했다. 그런데 조조가 변경(邊境)에 발을 들이기도 전인 8월 형주목 유표가 병사하고 말았다. 그러자 부인 채씨와 채모, 장윤(張允) 등이 유종을 후사(後事)로 세워 유표를 이었다. 장자 유기는 강하태수로 강하에 머물고 있었고 유비는 번성(樊城)에 주둔하고 있었다.

9월에 조조의 대군이 신야현에 이르렀다. 괴월(蒯越), 한숭(韓嵩), 부손(傅巽) 등 형주의 신하들이 유종에게 조조에 귀부할 것을 권유하였다. 이에 유종이 물었다. "지금 여러분과 함께 옛날 초나라 땅에서 선군(先君)의 유업을 지켜야 하거늘 어찌 불가하단 말인가?" 그러자 부손이 "지금 옛날 초나라 땅을 차지하고 나라를 지키지만 전체적인 형세를 감당할 수가 없습니다. 유비로 하여금 조공(曹公)을 막게 하여도 이길 수 없습니다. 지금 불리한 상태에서 조정의 군사에 대항한다면 이는 틀림없이 망하는 길입니다. 장군께서는 스스로 유비와 비교하여 어떻다고 생각하십니까?"라며 되물었다. 유종은 "나는 그보다 못하오."라며 유비보다 못함을 인정했다. 이에 부손은 "정말로 유비가 조공을 막기에 부족하다면 비록 초나라의 영역을 지키고 있더라도 유지할 수가 없습니다. 설령 유비가 조공을 막아낼 수 있다 하더라도, 그리 된다면 유비는 장군의 아래에 있지 않을 것입니다. 바라건대 장군께서는 이를 의심하지 마십시오."[16]라며 다시 투항을 종용했다. 망설이던 유종은 조조가 양양성까지 이르자 결

••••

15. 《삼국지》〈위서〉순욱순유가후전(荀彧荀攸賈詡傳) '今華夏已平 南土知困矣. 可顯出宛葉 而間行輕進 以掩其不意'

16. 《삼국지》〈위서〉동이원유전(董二袁劉傳) '今與諸君據全楚之地 守先君之業 以觀天下 何爲不可乎?' (중략) '以新造之楚而禦國家 其勢弗當也. 以劉備而敵曹公 又弗當也. 三者皆短 欲以抗王兵之鋒 必亡之道也. 將軍自料何與劉備? 琮曰 吾不若也. 異日 誠以劉備不足禦曹公乎 則雖保楚之地 不足以自存也. 誠以劉備足禦曹公乎 則備不爲將軍下也. 願將軍勿疑'

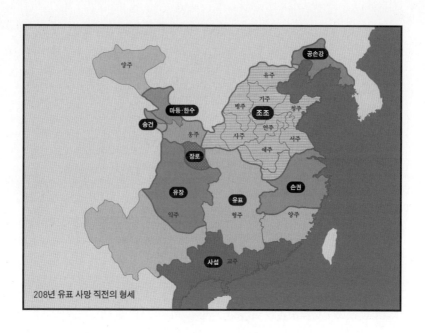

208년 유표 사망 직전의 형세

국 형주를 들어 조조에게 투항했다.

유종에게는 문빙(文聘)이라는 장수가 있었다. 문빙은 유종이 조조에게 투항할 때 함께 갈 것을 부탁받았다. 그러나 문빙은 "형주를 지키지 못하였으니 응당 벌을 받아야 합니다."라며 이를 거절했다. 그러나 문빙은 조조가 한수를 건너자 뒤늦게 조조를 찾아왔다. 이에 조조가 냉랭하게 "어찌하여 늦게 왔는가?"라 물었다. 그러자 문빙은 "지난 날 형주목을 보필하며 나라를 보전하지 못했고, 형주를 제대로 지키지도 못했지만 그래도 늘 한수와 사천 땅을 지키고 싶었습니다. 그리하여 살아서 어린 주인을 등지지 않고, 죽어서 지하에서도 부끄럽지 않을 것이나 어찌할 방도가 없어 이제야 찾아뵙습니다. 비통하고 참담한 마음에 일찍 뵐 면

목이 없었습니다."[17]며 눈물을 흘렸다. 그러자 조조는 "경이야말로 진정한 충신이요(卿眞忠臣也)."라며 예우하였다. 선택을 늦게 하여 자칫 핍박을 받을 수도 있었으나 말 한마디로 만회를 한 것이다. 이어 조조는 문빙에게 군사를 주며 조순(曹純)과 함께 유비를 추격하게 하였다.

한편 번성에 주둔하고 있던 유비는, 조조가 남양군 완현에 왔을 때에야 무리를 거느리고 피난하기 시작하였다. 유비가 양양을 지날 때 제갈량은 유종을 공격하여 형주를 차지해야 한다고 유비를 설득하였다. 하지만 유비는 "차마 그렇게는 못하겠소."라며 고개를 흔들었다. 그러고는 잠시 행군을 멈추고 유종을 불러 보지만 유종은 두려워서 얼굴을 내밀지 못했다. 이때 유종의 측근이나 형주 선비들 중에서 유비에 귀부한 이들이 많이 있었다. 이리하여 유비가 남군 당양(當陽)현에 이르렀을 때쯤에는 유비를 따르는 무리가 10만, 치중(輜重)이 수천에 달했다. 때문에 하루에 고작 10리 정도 밖에 행군하지 못하고 있었다. 이에 유비는 관우를 먼저 보내 배를 모아 강릉(江陵)에서 만나기로 하였다. 이때 누군가가 우려하며 말했다. "어서 빨리 진격해 강릉을 확보해야 하는데, 지금 많은 백성들과 함께 있지만 정작 군사가 될 사람은 많지 않습니다. 만약 조조의 군사들이 추격해 온다면 어찌 막을 수 있겠습니까?" 이를 모를 리 없는 유비였지만 고개를 저었다. "무릇 큰일을 이루려면 반드시 백성을 근본으로 해야 하니, 지금 백성들이 따라오는데 어찌 버리겠는가!"[18] 이 무모한 행동은 유비의 이미지를 선인(善人) 그 자체로 만든 사건이었다. 전략적인 이득은 고사하고 목숨마저 위태로웠지만 장기적으로는 큰 이익을 얻은 도박이었다.

한편 조조는 유비가 군수물자가 충분한 강릉을 차지할까 우려하고 있었다.[19] 유비가 이미 양양을 통과했다는 말을 들은 조조는 5천의 정병을 거느리고 급박하게 추격하였다. 하루 낮과 밤 동안 3백여 리를 강행군하여 당양현 장판파(長阪坡)에 이른다.[20] 연의에서는 이 대목에서 조조가 유명한 말을 한다. "지금 유비는 솥 안에 든 물고기요 구덩이에 빠진 호랑이이다. 만약 이번 기회에 붙잡지 못한다면 물고기는 바다로 들어가게 될 것이고 호랑이는 산으로 돌아가고 말 것이다."[21] 전속력으로 달린 조조군은 겨우 유비군의 꼬리를 잡을 수 있었다. 유비는 장판파에서 조조군의 공격을 받자 그제야 황급히 제갈량 등 기병 수십기와 함께 도주하였다. 이때는 백성들은 물론이고 자신의 처자식까지 버렸다. 덕분에

••••

17. 《삼국지》〈위서〉 이이장문여허전이방염전(二李臧文呂許典二龐閻傳) '聘不能全州 當待罪而已. 太祖濟漢 聘乃詣太祖. 太祖問曰 來何遲邪? 聘曰 先日不能輔弼劉荊州以奉國家 荊州雖沒 常願據守漢川保全土境. 生不負於孤弱 死無愧於地下 而計不得已 以至於此. 實懷悲慚 無顏早見耳'

18. 《삼국지》〈촉서〉 선주전(先主傳) '過襄陽 諸葛亮說先主攻琮 荊州可有. 先主曰 吾不忍也. 乃駐馬呼琮 琮懼不能起. 琮左右及荊州人多歸先主. 比到當陽 衆十餘萬 輜重數千兩 日行十餘里. 別遣關羽乘船數百艘 使會江陵. 或謂先主曰 宜速行保江陵 今雖擁大衆 被甲者少 若曹公兵至 何以拒之? 先主曰夫濟大事必以人爲本 今人歸吾 吾何忍棄去'

19. 《삼국지》〈촉서〉 선주전(先主傳) '曹公以江陵有軍實 恐先主據之'

20. 《삼국지》〈촉서〉 관장마황조전(關張馬黃趙傳) '聞先主已過 曹公將精騎五千急追之 一日一夜行三百餘里 及於當陽之長阪'

21. 《삼국연의(三國演義)》42회 '今劉備釜中之魚 阱中之虎. 若不就此時擒捉 如放魚入海 縱虎歸山矣'
앞서 유비는 자신과 제갈량을 물고기와 물에 빗댄 바가 있다(猶魚得水). 그런데 조조는 유비를 솥 안에 든 물고기에 빗대고 있으니, 물고기가 물을 만나긴 만났는데 솥 안이었던 셈이다.

조조는 유비의 많은 군사와 치중을 모조리 노획할 수 있었다.

유비는 달아나면서 장비에게 20여 기병을 거느리고 뒤를 차단하게 하였다. 이에 장비가 냇물을 사이에 두고 교량을 절단한 뒤 조조군을 향해 당당하게 섰다. 그러고는 눈을 부릅뜨고 창을 비껴든 채 말하기를 "이 몸이 장익덕이니 누구든 와서 함께 죽도록 싸워보자."고 호통 쳤다. 그러자 누구도 가까이 오는 자가 없어 유비는 달아날 수 있었다.[22] 이는 소설이 아니다. 일찍이 관우가 조조 휘하에 머물던 시절 모사 정욱 등은 '관우와 장비는 만 명의 적을 상대할 수 있다'고 말한 바가 있었다.[23] 장비의 허세가 통한 것은 장비에 대한 이런 정보의 영향이 있었을 것이다. 이때 조운은 어린 유선과 감부인을 호위하고 있었다. 이들은 장비가 시간을 버는 사이 무사히 장판파를 벗어날 수 있었다. 연의에서 조자룡은 어린 유선을 안고 조조의 백만 대군 사이를 종횡무진 휘저으며 대활약을 펼치는 것으로 나온다. 하지만 정사는 이를 단출하게 기록하고 있다. '조운이 유비의 어린 아들을 품에 안고 감부인을 보호하여 모두가 난을 모

••••

22. 《삼국지》〈촉서〉 관장마황조전(關張馬黃趙傳) '飛據水斷橋 瞋目橫矛曰 身是張益德也 可來共決死. 敵皆無敢近者 故遂得免'

23. 《삼국지》〈촉서〉 관장마황조전(關張馬黃趙傳) '飛雄壯威猛 亞於關羽 魏謀臣程昱等咸稱 羽飛萬人 之敵也'

24. 《삼국지》〈촉서〉 관장마황조전(關張馬黃趙傳) '雲身抱弱子 即後主也 保護甘夫人 即後主母也 皆得 免難'

25. 《삼국지》〈촉서〉 제갈량전(諸葛亮傳) '庶辭先主而指其心曰 本欲與將軍共圖王霸之業者 以此方寸之 地也. 今已失老母 方寸亂矣 無益於事 請從此別'

면하게 하였다'²⁴라고. 어쨌든 가까스로 탈출한 유비는 가까운 길로 한수의 나루터로 이동해 배를 준비해 돌아온 관우와 합류하였고 강하태수 유기의 1만여 군사와 함께 하구(夏口)에 주둔하게 된다.

그런데 제갈량과 함께 그동안 유비를 수행하던 서서가 갑자기 유비에게 하직을 고했다. 서서의 모친이 조조군에 포로로 잡혔던 것이다. 서서는 유비와 헤어지며 가슴에 손을 얹고 "본래 장군과 함께 천하를 제패하고 왕업을 이루고자 했지만 가진 땅이 너무 적었습니다. 저는 지금 노모를 잃었고 좁은 땅도 혼란에 빠져 장군의 대업을 어떻게 도울 수가 없으니 이제 떠나려 합니다."²⁵라며 조조에 투항하게 되었다.

순식간에 형주를 점령한 조조는 남군의 강릉에 주둔하였다. 짧게나마 형주목이었던 유종은 저 멀리 청주자사로 임명해버렸다. 형주에서 나고 자랐을 유종에게 갑자기 청주자사라니. 조조에게 항복할 때 무엇을 바랐는지는 알 수 없으나 임지로 떠나는 유종 모자의 심정을 헤아리기는 어렵지 않을 듯하다. 조조는 문빙을 강하태수에 임명하여 형주의 병력을 통솔하게 하였다. 또한 여세를 몰아 장강을 따라 동쪽으로 진격하려고 하였다. 그러나 가후가 진언하였다. "공께서는 이미 원소의 세력을 격파하였고, 이제 한수 남쪽을 차지하여 위명을 멀리까지 떨치며 군세도 강대합니다. 이제 옛날 초 땅의 풍요를 이용해 백성을 위무하며 안정시키기만 하면, 군사를 움직이지 않고도 강동을 굴복시킬 수 있습니다."²⁶

하지만 이때 조조는 가후의 말이 귀에 들어오지 않았다. 모사의 의견을 잘 듣는 조조였으나 이때는 달랐다. 이 무렵 영릉 출신의 유파(劉巴)

라는 인물이 조조를 찾아왔다. 조조는 기뻐하며 유파를 등용한 후 장강 이남의 장사, 영릉, 계양 3군을 위무하는 임무를 주었다. 유파는 예전부터 유비가 함께 하고자 했던 인재로서 조조의 속관이 되었다는 소식을 듣고 유비가 무척 아쉬워했다. 한편 익주목 유장(劉璋)은 조조의 남하에 맞추어 조조에게 각종 군수물자를 수차례 제공하며 지원하고 있었다.

당시 형주의 정세에 누구 못지않게 촉각을 곤두세운 이가 있었으니, 바로 장강 건너편에 있던 손권이었다. 유표가 병사한 직후인 8월 무렵 노

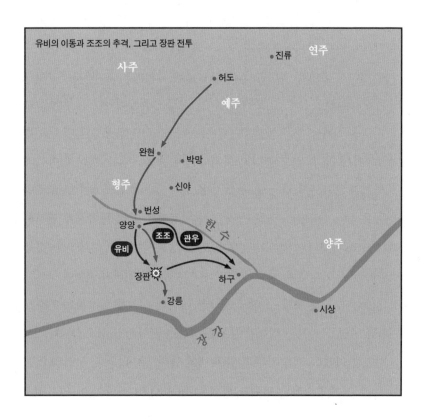

숙은 손권에게 말했다. "형주는 우리와 연접하여 장강을 따라 올라갈 수 있습니다. 밖으로는 장강과 한수가 감싸며 안으로는 산과 구릉지로 막혀 있어, 가히 금성(金城)과 같이 견고합니다. 또 일만 리 비옥한 땅에 백성들도 부유하니, 만약 우리가 차지한다면 제왕의 바탕이 될 수 있습니다."[27] 그리고 강력히 건의했다. "지금 유표가 병사한 지 얼마 안 되었지만, 그 두 아들이 평소 화목하지 못하였고 장수들도 따로 갈라져 있습니다. 거기다가 유비는 천하의 효웅이나 조조와 사이가 나빠 유표에 의지하고 있었는데, 유표는 유비의 능력을 질시하여 등용하지 않았습니다. 만약 유비가 저들과 협심하여 하나가 된다면 응당 그들을 위무하여 우리와 우호를 맺어야 합니다. 만약 서로 갈라진다면 각각 처리하여 장차 큰일을 이룰 수 있습니다. 제가 유표의 두 아들을 조문하면서 유력자들을 위로하며, 아울러 유비에게 유표의 군사들을 끌어들이라고 설득하겠습니다. 그리하여 우리와 함께 조조의 남하에 대응하자고 한다면 유비는 틀림없이 기뻐하며 장군의 명을 따를 것입니다. 그렇게 되면 천하를 평정할 수

26. 《삼국지》〈위서〉 순욱순유가후전(荀彧荀攸賈詡傳) '明公昔破袁氏 今收漢南 威名遠著 軍勢旣大. 若乘舊楚之饒 以饗吏士 撫安百姓 使安土樂業 則可不勞衆而江東稽服矣'
27. 《삼국지》〈오서〉 주유노숙여몽전(周瑜魯肅呂蒙傳) '夫荊楚與國鄰接 水流順北. 外帶江漢 內阻山陵 有金城之固. 沃野萬里 士民殷富 若據而有之 此帝王之資也'
28. 《삼국지》〈오서〉 주유노숙여몽전(周瑜魯肅呂蒙傳) '今表新亡 二子素不輯睦 軍中諸將 各有彼此. 加劉備天下梟雄 與操有隙 寄寓於表 表惡其能而不能用也. 若備與彼協心 上下齊同 則宜撫安 與結盟好 如有離違 宜別圖之 以濟大事. 肅請得奉命弔表二子 幷慰勞其軍中用事者 及說備使撫表衆. 同心一意 共治曹操 備必喜而從命 如其克諧 天下可定也. 今不速往 恐爲操所先'

있습니다. 지금 빨리 가지 않으면 조조가 먼저 손을 쓸 것입니다."[28]

이에 손권은 즉시 노숙을 파견하여 두 아들을 조문하며 형세를 살피게 하였다. 노숙은 서둘러 양양을 향해 출발하지만 이미 한 발 늦은 듯하였다.

3

적벽대전
208년

손권의 명을 받고 출발한 노숙이 하구에 다다랐을 무렵, 조조가 형주로
진군하고 있다는 소식이 전해졌다. 노숙이 서둘렀음에도 강릉에 이르렀
을 때는 '유종은 이미 조조에 투항하였고 유비는 남쪽으로 달아나 장강
을 건너려 한다'는 소식을 듣게 되었다. 노숙은 곧바로 장판으로 가 유비
를 만났다. 유비를 찾아온 노숙이 "유예주께서는 이제 어떻게 하시려 합
니까?"라고 물으니 유비가 대답했다. "창오(蒼梧)태수 오거(吳巨)와 오래
전부터 친분이 있으니 거기로 가 의탁할 생각입니다."[29]

••••

29. 《삼국지》〈촉서〉 선주전(先主傳) 배송지주 강표전(江表傳) 인용 '與蒼梧太守吳巨有舊 欲往投之'
30. 현재 후베이(湖北)성 우한(Wuhan)시이다.

창오군은 형주 남쪽에 위치한 교주(交州)에 있는 군으로 굉장히 먼 곳이다. 태수 오거는 과거 유표의 부하였기에 유비가 이를 언급한 것이다. 이에 노숙은 손권의 뜻을 전하면서 아울러 강동의 군사력이 만만치 않음을 설파하였다. 그러면서 유비에게 손권과 협력할 것을 권유하니 유비가 크게 기뻐하였다. 아울러 노숙은 유비를 수행하고 있는 제갈량에게

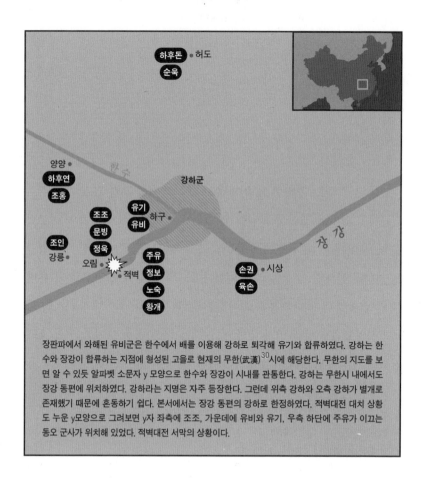

장판파에서 와해된 유비군은 한수에서 배를 이용해 강하로 퇴각해 유기와 합류하였다. 강하는 한수와 장강이 합류하는 지점에 형성된 고을로 현재의 무한(武漢)[30]시에 해당한다. 무한의 지도를 보면 알 수 있듯 알파벳 소문자 y 모양으로 한수와 장강이 시내를 관통한다. 강하는 무한시 내에서도 장강 동편에 위치하였다. 강하라는 지명은 자주 등장한다. 그런데 위측 강하와 오측 강하가 별개로 존재했기 때문에 혼동하기 쉽다. 본서에서는 장강 동편의 강하로 한정하였다. 적벽대전 대치 상황도 누운 y모양으로 그려보면 y자 좌측에 조조, 가운데에 유비와 유기, 우측 하단에 주유가 이끄는 동오 군사가 위치해 있었다. 적벽대전 서막의 상황이다.

자신을 소개하기를 "나는 자유(子瑜)의 벗이요."라 하였다. 자유는 제갈량의 친형 제갈근(諸葛瑾)의 자이다. 유비는 유표의 장자 유기가 주둔하고 있는 하구로 이동하면서 제갈량을 손권에게 파견하였다.

손권은 시상(柴桑)현에 머물며 형주의 상황을 관망하고 있는 중이었다. 시상에 다다른 제갈량은 손권을 만나 말했다. "장군(손권)께서는 전력을 살피면서 목전의 상황에 대처하고 계시지만 오나 월(越) 지역의 군사만을 가지고 중원의 군사들과 맞서려 한다면 분명 일찌감치 끝나고 말 것입니다. 감당할 수 없다면 왜 군사를 묶고 갑옷을 벗은 뒤에 북쪽을 섬기지 않으십니까! 지금 장군께서는 겉으로는 조조에게 복종하겠다고 하면서 안으로는 이리저리 미루고 계시니, 사태가 급박한데도 결단을 내리지 않으면 재앙이 닥칠 것입니다."

제갈량의 도발에 둘의 대화가 흥미로워진다. 손권은 물음으로 답했다. "그렇다면 어찌하여 유예주는 신하를 자처하지 않는가?"라고 묻는다. 그러자 제갈량이 말했다. "유예주는 한실의 후예이며 영걸이라 마치 강물이 바다로 흘러가듯 사람들이 우러러 보고 있습니다. 만약 뜻대로 성공하지 못한다면 이는 하늘의 뜻이겠지만 지금 어찌 다시 조조의 밑에 들어가겠습니까!"[31] 제갈량이 유비와 당신은 레벨이 다르다는 것을

••••

31. 《삼국지》〈촉서〉 제갈량전(諸葛亮傳) '將軍量力而處之 若能以吳越之衆 與中國抗衡 不如早與之絶. 若不能當 何不案兵束甲 北面而事之! 今將軍外託服從之名 而內懷猶豫之計 事急而不斷 禍至無日矣. 權曰 苟如君言 劉豫州何不遂事之乎?' (중략) '劉豫州王室之冑 英才蓋世 衆士慕仰 若水之歸海. 若事之不濟 此乃天也 安能復爲之下乎?'

직설적으로 말했다. 강도 높은 도발이었다.

손권이 발끈하며 따졌다. "내가 오의 영토와 10만 군사를 거느리고 있지 않더라도 어찌 남에게 굴복하겠는가! 나의 계획은 이미 결정되었다. 유예주가 아니면 조조에 맞설 자가 없다고 하였는데 유예주야말로 얼마 전에 대패하였으니 어찌 이 난관을 이겨내겠는가?" 그러자 제갈량이 다시 답했다. "유예주께서 비록 장판에서 패하였지만 지금 되돌아온 군사들과 관우 휘하 정예 1만여 명이 있고, 유기가 거느린 강하의 군사 역시 1만이 넘습니다. 조조의 군사는 먼 길을 행군해 왔기에 지칠 대로 지쳤는데, 유예주를 추격하느라 경기병이 하루 밤낮에 3백여 리를 달려왔습니다. 이를 두고 '강한 쇠뇌의 화살이라도 날아가 떨어질 때에는 비단도 뚫지 못한다.'고 하였습니다. 그래서 병서는 무리한 추격을 금하면서 '틀림없이 상장군을 잃을 것이다'라고 하였습니다."

제갈량은 유비의 상황을 변호하면서 "북방의 군사들은 수전에 익숙하지 않습니다. 그리고 형주의 백성들이 조조에 귀부한 것은 힘에 의한 핍박이지 심복한 것이 아닙니다. 지금 장군께서 진정으로 맹장에게 수만 군사를 거느리고 공격하게 한다면, 유예주 또한 한마음으로 협력할 것이니 틀림없이 조조의 군사를 격파할 것입니다. 조조의 군사가 격파되면 북으로 돌아갈 것이고, 그러면 형주와 동오의 세력은 강대해져서 솥발(鼎足)과 같은 형세가 갖춰질 것입니다. 이번 싸움의 성패는 바로 오늘 결정에 달려 있습니다."[32]라며 유비와 손을 잡을 것을 설득하였다.

조조의 군세를 목전에 맞닥뜨린 손권은 신하들을 모아놓고 계책을 물었다. 이 무렵 조조는 유표의 군사들까지 합병하여 그 형세가 막강하다는 소문이 자자했다. 많은 신료들은 "조조는 승냥이나 호랑이 같은 인물입니다. 게다가 한의 승상이라는 명분으로 천자를 끼고 사방을 정벌하여 모든 것을 조정의 일이라 말하고 있으니, 오늘 우리가 이에 저항한다면 사정은 더 불리해질 것입니다. 더구나 장군께서 조조를 막을 수 있는 유리한 점은 장강이었습니다. 그런데 이제 조조가 형주를 차지하였습니다. 그간 유표가 수군을 훈련시켰고 전투함이 수천 척이나 되는데 조조가 그 수군을 출동시켜 강을 따라 내려오면서 보병과 함께 수륙으로 공격할 것입니다. 이렇게 되면 장강의 험한 지형을 적과 우리가 공유하는 것입니다. 아울러 적의 세력이 우리보다 큰 것은 말할 필요도 없습니다. 가장 좋은 계책은 투항하는 것이라 사료됩니다."[33]라며 항복을 주장하였다.

그런데 이 자리에서 노숙만은 아무 말도 하지 않았다. 그러자 손권은

••••

32. 《삼국지》〈촉서〉 제갈량전(諸葛亮傳) '權勃然日 吾不能擧全吳之地 十萬之衆 受制於人! 吾計決矣! 非劉豫州 莫可以當曹操者 然豫州新敗之後 安能抗此難乎? 亮日 豫州軍雖敗於長阪 今戰士還者 及 關羽水軍精甲萬人 劉琦合江夏戰士 亦不下萬人. 曹操之衆 遠來疲弊 聞追豫州 輕騎一日一夜行三百 餘里 此所謂 彊弩之末 勢不能穿魯縞者也. 故兵法忌之日必蹶上將軍. 且北方之人 不習水戰. 又荊州 之民附操者 偪兵勢耳 非心服也. 今將軍誠能命猛將統兵數萬 與豫州協規同力 破操軍必矣. 操軍破 必北還 如此則荊吳之勢彊 鼎足之形成矣. 成敗之機 在於今日'

33. 《삼국지》〈오서〉 주유노숙여몽전(周瑜魯肅呂蒙傳) '曹公豺虎也. 然託名漢相 挾天子以征四方 動以 朝廷爲辭 今日拒之 事更不順. 且將軍大勢 可以拒操者 長江也. 今操得荊州 奄有其地 劉表治水軍 蒙 衝鬪艦 乃以千數 操悉浮以沿江 兼有步兵 水陸俱下 此爲長江之險 已與我共之矣. 而勢力衆寡 又不可 論 愚謂大計不如迎之'

자리에서 일어나 물러난 후 노숙에게 물었다. "경은 무슨 말을 하려는 가?" 그러자 노숙은 조용히 손권에게 "그간 여러 사람들의 논의를 지켜 보았지만, 모두가 장군을 그르치려고 하니 나라의 큰일을 함께 할 수 없 습니다. 이번에 조조에게 투항하자고 주장하더라도 장군께서는 그럴 수 가 없습니다. 그러니 어찌 말을 할 수 있겠습니까? 이제 제가 조조에 투 항한다면 조조는 저를 고향으로 돌려보낼 것입니다. 저에게 맞는 지위라 면 하급 서리 쯤 되어 이런저런 관직을 맡게 되겠지요. 그런데 장군은 투 항하고 나서 어디로 가시겠습니까? 큰 계략을 빨리 결정하시되 여러 사 람의 말을 따르지 마시기 바랍니다." 노숙의 대답을 들은 손권이 탄식하 며 말하였다. "이번 신료들의 논의에 나도 크게 실망했소. 지금 경이 큰 뜻을 천명하였는데 바로 내 뜻과 같으니 경은 하늘이 내게 보내준 사람 이오."[34]

동오의 침울했던 분위기는 파양(鄱陽)군에 나가 있던 주유가 귀환하 면서 사뭇 달라졌다. 주유가 말하길 "조조가 한의 승상이라 하지만 실제 는 한실의 도적입니다. (중략) 지금도 조조의 북쪽은 안정되지 않은데다 가, 관서(關西)에는 마초와 한수 등이 여전히 버티고 있어 조조의 후환이 됩니다. 또 말을 버리고 배에 의지하여 싸우는 것은 본래 중원 군사들의

••••

34. 《삼국지》〈오서〉 주유노숙여몽전(周瑜魯肅呂蒙傳) '向察衆人之議 專欲誤將軍 不足與圖大事. 今肅 可迎操耳 如將軍 不可也 何以言之? 今肅迎操 操當以肅還付鄕黨 品其名位 猶不失下曹從事 乘犢車 從吏卒 交遊士林 累官故不失州郡也. 將軍迎操 欲安所歸? 願早定大計 莫用衆人之議也. 權歎息曰 此 諸人持議 甚失孤望. 今卿廓開大計 正與孤同 此天以卿賜我也'

장점이 아닙니다. 더구나 지금 한겨울이라 말을 먹일 사료도 없습니다. 그리고 중원의 군사를 몰아 장강과 호수 지역에 왔으니 물과 기후가 맞지 않아 질병에 시달릴 것입니다. 이 네 가지는 용병에서 꺼리는 것인데 조조는 이를 강행하려 합니다. 장군께서 조조를 생포할 수 있는 날이 바로 오늘일 것입니다. 저 주유가 정병 3만을 거느리고 하구에서 기다리다가 장군을 위해 적을 격파하겠습니다."

이에 손권이 "지금 다른 강자들은 없어지고 나는 아직 남았으니 나와 조조는 결코 양립할 수 없다. 응당 맞아 싸워야 한다는 그대의 뜻이 나

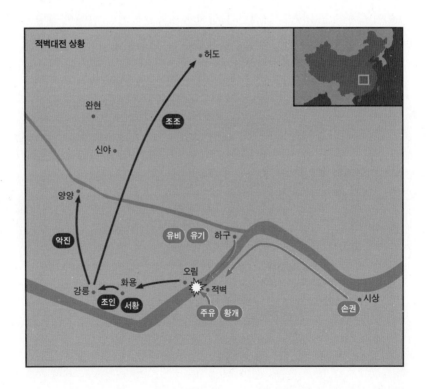

적벽대전 상황

와 맞으니 이는 하늘이 그대를 나에게 보낸 것이다."[35]라며 결사 항전을 다짐했다. 이어 손권은 주유, 정보, 노숙 등에 명해 3만 수군을 거느리게 하였고, 주유와 정보를 좌우 도독으로 임명하여 유비군과 적벽에서 합세하게 하였다. 또한 노숙으로 하여금 제갈량을 따라가 유비와 힘을 합쳐 조조에 맞서 싸우게 하였다.[36]

참고로 한수 중에서 양양(襄陽)을 지난 구간을 별도로 하수(夏水)라고 부르기도 한다. 그러므로 강하(江夏)라는 지명은 말 그대로 장강(江)과 하수(夏)가 만나는 곳이란 의미가 된다. 또한 하구(夏口)는 장강과 하수(夏)가 합류하는 어귀를 가리킨다. 당시 유비와 유기는 강하에서 출병해 하구에 진을 쳤고 조조는 하구에서 제법 남서쪽에 위치한 오림(烏林)에 주둔하였다. 추정컨대 조조 입장에서는 전투가 수전(水戰) 위주로 펼쳐지는 것을 원치 않았을 것이다. 주력이 물에 익숙하지 않기 때문인데 이는 본인 또한 예외가 아닐 것이며 만약 수군이 우위에 있었다면 아예 순류를 타고 장강 하류까지 진격했을 것이다. 사실 이 같은 상황은 이때로부터 70년 뒤에 벌어지는 일이다. 당시 조조는 형주에서 편입된 장수들과 병사들을 위주로 수군을 편성한 후, 손실을 최소화하면서 장강을 단시간에 건너는 전략을 세웠던 것이다. 반면 손권-유비-유기 연합군은 어떻게든 조조의 장강 도하를 저지하는 것이 관건이었다.

그러나 변수가 생겼다. 조조의 부대에서 전염병이 돌기 시작한 것이다. 이는 어느 정도 예측하였던 일일 테지만 실제 피해는 만만치 않았다. 여기에 조조군은 주유 등이 이끄는 수군과의 첫 교전에서 패퇴하여 장강 북쪽으로 물러났다. 주유 등은 이에 맞서 장강 남쪽 편에 주둔하였다.[37] 조조가 한수와 장강의 순류를 타고 오로 진입하기는 생각만큼 쉽지 않았던 것이다. 조조군이 장강을 통해 요충지에 직격하지 못한다면, 그 다음은 하구 이남의 어디서든 장강을 건너는 전략을 쓸 수밖에 없다. 그렇게 하여 조조군이 진을 친 곳이 바로 장강 북쪽 기슭에 있는 오림(烏林)이었다. 강폭, 물살, 지형 등 여러 요인들을 감안한 선택이었을 것이다. 그 오림에서 장강을 사이에 두고 마주한 곳이 바로 적벽(赤壁)이다. 주유의 부대가 적벽에서 진을 치고 조조군과 대치하게 된 이유가 바로 여기에 있었다.[38]

조조와 대치하고 있던 어느 날 주유의 부장 황개(黃蓋)가 주유를 찾아왔다. 황개는 "지금 적은 많고 우리 군사는 적어서 오래 상대할 수 없습니다. 그러나 지금 조조군의 배들은 모두 머리와 꼬리를 연결하고 있

••••

35. 《삼국지》〈오서〉 주유노숙여몽전(周瑜魯肅呂蒙傳) '操雖託名漢相 其實漢賊也' (중략) '今北土旣未平安 加馬超韓遂尙在關西 爲操後患. 且舍鞍馬 仗舟楫 與吳越爭衡 本非中國所長. 又今盛寒 馬無稿草. 驅中國士衆遠涉江湖之閒 不習水土 必生疾病. 此數四者 用兵之患也 而操皆冒行之. 將軍禽操 宜在今日. 瑜請得精兵三萬人 進住夏口 保爲將軍破之' (중략) '今數雄已滅 惟孤尙存 孤與老賊 勢不兩立. 君言當擊 甚與孤合 此天以君授孤也'

36. 《삼국지》〈촉서〉 제갈량전(諸葛亮傳) '隨亮詣先主 幷力拒曹公'

37. 《삼국지》〈오서〉 주유노숙여몽전(周瑜魯肅呂蒙傳) '時曹公軍衆已有疾病 初一交戰 公軍敗退 引次江北 瑜等在南岸.'

38. 사실 적벽대전이 벌어졌던 전장이 정확히 어디인지는 명확하게 밝혀지지 않았다. 추정을 할 뿐이며 현재도 관광객 유치를 목적으로 여러 곳에서 적벽을 주장하고 있다. 북송(北宋) 때 시인 소동파(蘇東坡)가 지은 적벽부(赤壁賦) 또한 엉뚱한 강기슭을 보고 읊었을 것이라는 주장 또한 틀렸다고 할 수 없다.

기 때문에 화공(火攻)을 이용해 불태운 다음 도망 나올 수 있습니다."[39]라고 계책을 냈다. 당시 조조군은 배와 배 사이를 연결한 상태였는데 수전에 익숙하지 않은 병사들이 멀미에 시달렸기 때문으로 추정된다. 수개월 전부터 현무지(玄武池)에서 훈련했다고는 하지만 금세 장강의 거센 물결에 적응하기는 쉽지 않았을 것이다.

주유는 황개의 계책을 받아들였다. 그러고는 황개가 돌격대장이 되어 몽충(蒙衝) 수십 척에 건초를 싣고, 기름을 부어두고 천으로 싸서 숨긴 후 위에는 아기(牙旗)를 세웠다.[40] 아기(牙旗)란 대장군이나 천자의 기를 말한다. 지금 조조가 한의 승상으로 명목상 천자를 대신해 출병하였으므로 조조 측 깃발로 항복을 표시한 것이다. 조조에게는 미리 서신을 보내 거짓으로 투항하려 한다고 알려두었다. 그리고 도망칠 수 있는 배도 큰 배 뒤에 묶어둔 채 출항하였다. 〈배송지주〉에 의하면 이때 이미 동남풍이 거세게 불고 있었다.[41]

조조 진영의 군사들은 멀리서 황개의 배가 다가오는 것을 바라보며 '황개가 투항해온다'라고 말하였다. 그런데 묶여 있는 조조의 전선들 근처에 다다른 황개는 모든 배를 풀어 놓고 일제히 불을 질렀다. 그때 마침 바람도 사납게 불어 닥쳐(時風盛猛) 연안의 군영까지 불이 번졌다. 연기와 화염이 하늘까지 치솟으며 수많은 군사와 말들이 불에 타거나 물에 빠져 죽고 조조군은 남군으로 후퇴하였다.[42]

조조가 후퇴한 후의 장면은 〈배송지주〉에 길지 않게 묘사되어 있다. 황개는 화공을 가한 뒤 전투 중에 화살에 맞고 차가운 강물에 떨어졌는

데 다행히 구조된다. 그러나 병사들이 황개인줄 모른 채 구석에 눕혀 놓
는다. 마침 한당(韓當)이 병사들을 살펴보는데 황개가 추위에 떨며 한당
의 이름을 애타게 부른다. 한당이 이를 듣고 "이는 공복(公覆)[43]의 목소리
이다."라며 달려온다. 한당은 눈물을 흘리며 자신의 옷을 벗어 황개의 몸
을 덮어 황개의 목숨을 구한다.[44] 연의는 이를 인용한 것이다.

　이후 유비와 주유가 이끄는 군사들은 수륙으로 병진하며 남군까지
조조군을 추격하였고 조조 진영에는 역병마저 크게 돌아 사망자가 속출
하였다.[45] 결과적으로 주유가 손권과 신료들 앞에서 예상했던 것들이 그
대로 들어맞은 셈이다.

----

39. 《삼국지》〈오서〉 주유노숙여몽전(周瑜魯肅呂蒙傳) '瑜部將黃蓋曰 今寇衆我寡 難與持久. 然觀操軍
　　船艦首尾相接 可燒而走也'

40. 《삼국지》〈오서〉 주유노숙여몽전(周瑜魯肅呂蒙傳) '乃取蒙衝鬪艦數十艘 實以薪草 膏油灌其中 裹
　　以帷幕 上建牙旗'

41. 《삼국지》〈오서〉 주유노숙여몽전(周瑜魯肅呂蒙傳) 배송지주 강표전(江表傳) 인용 '時東南風急'

42. 《삼국지》〈오서〉 주유노숙여몽전(周瑜魯肅呂蒙傳) '先書報曹公 欺以欲降. 又豫備走舸 各繫大船後
　　因引次俱前. 曹公軍吏士皆延頸觀望 指言蓋降. 蓋放諸船 同時發火. 時風盛猛 悉延燒岸上營落. 頃之
　　煙炎張天 人馬燒溺死者甚衆 軍遂敗退 還保南郡'

43. 공복(公覆)은 황개의 자이다.

44. 《삼국지》〈오서〉 정황한장주진동감능서반정전(程黃韓蔣周陳董甘淩徐潘丁傳) 배송지주 오서(吳書)
　　인용 '赤壁之役 蓋爲流矢所中 時寒墮水 爲吳軍人所得 不知其蓋也 置廁床中. 蓋自彊以一聲呼韓當
　　當聞之曰 此公覆聲也. 向之垂涕 解易其衣 遂以得生'

45. 《삼국지》〈촉서〉 선주전(先主傳) '先主與吳軍水陸並進 追到南郡 時又疾疫 北軍多死'

4

강릉과 합비 공방전
208~209년

적벽에서의 전투 이후 유비는 주유, 정보(程普)와 함께 남군까지 조조군을 추격하였다. 조조가 도주하면서 화용도(華容道)에서 관우에게 싹싹 빌며 목숨을 구걸하는 장면은 연의의 대표적 허구 중 하나이다.[46] 조조는 본대를 북으로 물리면서 조인과 서황을 강릉에, 악진을 양양에 남겨 지키게 하였다. 주유와 정보는 강릉성을 함락시키기 위해 전력을 집중하지만 장강을 사이에 두고 대치하며 장기전 양상으로 전개되었다.

208년 12월 손권은 직접 군사를 이끌고 합비성을 포위하였다. 아울러 장소에게 구강(九江)군 당도(當塗)현을 공격하게 하였다. 하지만 장소는 함락에 실패하고 손권 또한 한 달 이상 공격하였지만 함락시키지 못하였다. 당시 장사(長史) 장굉(張紘)이 손권을 수행하고 있었는데, 전투 중 손권이 경기병을 거느리고 돌격하자 이를 간곡히 만류하였다. "병기는 흉기이고 전투는 위험한 일입니다. 지금 한창 왕성한 기운을 믿고 강폭한 적진에 돌격하시니 모두가 걱정하지 않을 수 없습니다. 비록 적장을 죽이고 깃발을 뺏어 위세를 떨치더라도 이는 장수의 임무이지 주장이 할 일이 아닙니다."[47]

장굉의 간언을 들은 손권은 돌격을 멈추었다. 아드레날린이 넘치는 전장에서, 그것도 혈기왕성한 군주가 신하의 조언에 귀를 열었다는 것은 분명히 높이 평가 받을 일이다. 역시 손권은 꽤 괜찮은 군주였던 것이다. 하지만 손권은 군주로서 준수한 평가를 받았음에도 군사적 능력을 보여준 적은 없었다. 이는 스스로도 느끼는 부족함이었을 것이고 당도현을 공격할 때에도 스스로 군공을 세워 보이고 싶었을지 모른다. 그러나 손권이 일생동안 보여주는 전장에서의 능력을 고려하였을 때 이때 장굉이 아니었으면 이곳에서 세상을 하직하였을지도 모른다. 가히 장굉이 손권을 모셨던 기간 중에 세웠던 최고의 군공이라 할만하다.

이때 조조는 장군 장희(張喜)에게 1천 기병을 주어 여남(汝南)군의 병력을 함께 거느리고 합비를 구원하게 한다. 이때 합비를 지키던 장수인 장제(蔣濟)가 '보병 4만이 도착했다'는 거짓 서신을 세 명의 사자에게 주

••••
46. 《삼국지》〈위서〉 무제기(武帝紀) 배송지주 산양공재기(山陽公載記) 인용 '公船艦爲備所燒 引軍從華容道步歸'. 조조는 유비에 의해 함선이 불타 남은 병력을 이끌고 화용도를 따라 걸어서 귀환하였다.
47. 《삼국지》〈오서〉 장엄정감설전(張嚴程闞薛傳) '夫兵者凶器 戰者危事也. 今麾下恃盛壯之氣 忽彊暴之虜 三軍之衆 莫不寒心. 雖斬將搴旗 威震敵場 此乃偏將之任 非主將之宜也'

어 각각 출발하게 한다. 그리고 이 중 두 명이 조인의 의도대로 오군에 잡혔다. 서신을 입수한 손권은 이 거짓 정보에 속아 장희의 원군이 도착하기도 전에 퇴각해버린다. 역시 실망시키지 않는 손권의 능력이다.

한편 강릉에서는 감녕이 지름길로 진군하여 이릉(夷陵)을 탈취할 것을 건의하였다. 이를 받아들인 주유는 감녕에게 별동대를 주어 이릉을 점령하게 하였는데 이때 감녕의 휘하에는 군사가 수백에 불과했고, 새로이 편입된 병사들을 합해도 1천 가량에 불과했다. 감녕의 군세를 본 조인은 5~6천의 군사로 감녕을 포위하였다. 조인은 수일 간 공격하며 높은 누각을 설치하고 화살을 비처럼 퍼부었다.[48]

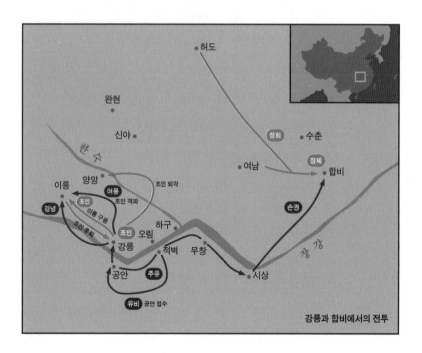

강릉과 합비에서의 전투

그러자 감녕이 주유에게 구원을 요청해온다. 이때 여러 장수들이 병력이 적어 나눠보낼 수 없다고 하자 여몽이 주유와 정보에게 건의하였다. "공적(公績)[49]을 남겨두고 제가 장수들과 출진하여 위급한 포위를 풀겠습니다. 오래는 힘들겠지만 공적이라면 능히 열흘은 버틸 수 있을 것이라 확신합니다. 아울러 군사 3백 명으로 험한 산길을 차단하면 적들이 도망가면서 버리는 말도 뺏을 수 있을 것입니다." 주유가 여몽의 의견을 받아들여 여몽은 군사를 이끌고 이릉에 도착하여 당일 교전을 벌여 포위군을 격파해버렸다. 조인군은 한밤에 철수하였는데 도중에 차단한 길을 만나 기병들이 말을 버리고 도주하니 오군이 바짝 추격하여 말 3백 필을 배에 싣고 돌아올 수 있었다.[50] 여몽이 예상한 그대로였다.

기세가 오른 오군은 장강을 건너 북쪽 기슭에 보루를 만들고 조인과 크게 교전을 벌였다. 그러나 주유가 직접 말에 올라 싸움을 독려하던 중 오른팔에 화살을 맞고 쓰러지는 사건이 생겼다. 최고 지휘관의 부상이었다. 주유가 병석에 있다는 첩보를 입수한 조인은 적극적으로 싸울 채비를 하였다. 하지만 주유가 군영을 순시하며 장졸들을 격려하는 모습을 보고는 결국 퇴군하게 된다.[51] 한편 유비는 별도로 관우를 보내 북으로

••••

48. 《삼국지》〈오서〉 정황한장주진동감능서반정전(程黃韓蔣周陳董甘淩徐潘丁傳) 감녕편 '時手下有數百兵 幷所新得 僅滿千人. 曹仁乃令五六千人圍寧. 寧受攻累日 敵設高樓 雨射城中'

49. 공적(公績)은 능통의 자이다.

50. 《삼국지》〈오서〉 주유노숙여몽전(周瑜魯肅呂蒙傳) '留淩公績 蒙與君行 解圍釋急. 勢亦不久 蒙保公績能十日守也. 分遣三百人柴斷險道 賊走可得其馬. 瑜從之. 軍到夷陵 即日交戰 所殺過半. 敵夜遁去 行遇柴道 騎皆舍馬步走. 兵追蹙擊 獲馬三百匹 方船載還'

통하는 길을 막게 하였다. 하지만 이통이 군사를 거느리고 관우를 공격하며 방책을 제거하고 포위망을 뚫어 조인과 합세하며 피해를 막았다.[52]

유비는 손권을 거기장군(車騎將軍) 겸 서주목(徐州牧)에 임명해달라는 표문을 조정에 올렸다. 그리고 손권은 주유를 편장군(偏將軍) 겸 남군태수에 임명하였다. 치소(治所)는 강릉현. 유비는 좌장군 겸 형주목(荊州牧)을 겸하며 남군 공안(公安)현에 주둔하게 되었다. 이때의 형주목은 정식이 아니라 그 역할만을 수행한 것으로 보인다. 하지만 유비가 형주와 본격적인 인연을 맺은 때였다.

〈배송지주〉에 의하면 이때 손권은 장강 남쪽 기슭을 유비에게 할양하였는데 유비는 유강구(油江口)에 군영을 설치하며 공안(公安)으로 지명을 바꾸었다. 과거 유표의 부하였다가 조조군에 편입된 자들이 도망쳐 유비에 투항하는 자들이 많았고, 유비는 공안만으로는 너무 협소하다 하여 손권에게 형주의 땅을 빌려달라고 부탁하게 된다.[53] 여범은 이 같은 요구를 하는 유비를 유폐할 것을 주장했다. 하지만 노숙은 여범의 의견에 반대했다. "아니 됩니다. 지금 장군의 이름을 세상에 떨쳤다고는 하나 여전히 조조의 위력은 강합니다. 이제 막 우리가 형주를 점령한다 한들 민심을 얻기엔 부족합니다. 의당 유비에게 빌려주어 백성들을 위무하게 해야 합니다. 그 다음에 함께 조조에 맞서는 것이 상책입니다."[54] 형주가 유비에게 속하게 된 큰 요인 중 하나가 노숙의 찬성이었다.

주유는 상소를 올려 다른 의견을 냈다. "유비는 효웅(梟雄)인데다 관우, 장비와 같은 장수들이 있기에 결코 오랫동안 남에게 굽히고 있을 사람이 아닙니다. 가장 좋은 방책은 유비를 오에 오래 머물게 하는 것이니, 좋은 집을 지어주고 미녀와 사치품을 준비하여 그의 이목을 즐겁게 하며 관우, 장비와 떼어 각각 머물게 한 뒤에 제가 그들과 싸운다면 큰일을 마무리할 수 있을 것입니다. 지금 땅을 나눠주어 그들의 바탕을 마련하고 그들 세 사람이 모일 수 있게 하여 그 영역을 지키게 한다면 이는 교룡이 비구름을 만난 것과 같아 결코 연못에 가둬둘 수 없을 것입니다."⁵⁵ 주유는 노숙의 의견에 반대하며 유비를 구금하고 관우와 장비를 물리치자는 것이었다. 의도대로 된다면 더없이 좋은 계책이었지만 실현이 쉽지 않았다. 연의에서는 주유의 모든 계획은 제갈량의 손바닥 안에 있었던 것으로 그려진다.

••••

51. 《삼국지》〈오서〉 주유노숙여몽전(周瑜魯肅呂蒙傳) '瑜親跨馬擽陳 會流矢中右脅 瘡甚 便還. 後仁聞瑜臥未起 勒兵就陳. 瑜乃自興 案行軍營 激揚吏士 仁由是遂退'

52. 연의에 등장하는 '화용도에서 관우가 조조를 놓아준 장면'은 허구이다. 하지만 그 장면의 모티브를 얻었을 것으로 추정되는 것 중 하나가 바로 이것이다. 물론 조조가 아닌 조인으로 등장인물은 다르다. 관우는 후퇴하는 조인을 화용도에서 막는 임무를 띠고 있었으나 막지 못했다. 놓아준 것이 아니라 못 막은 것이다.

53. 《삼국지》〈촉서〉 선주전(先主傳) 배송지주 강표전(江表傳) 인용 '分南岸地以給備. 備別立營於油江口 改名爲公安. 劉表吏士見從北軍 多叛來投備. 備以瑜所給地少 不足以安民 復從權借荊州數郡'

54. 《삼국지》〈오서〉 주유노숙여몽전(周瑜魯肅呂蒙傳) 배송지주 한진춘추(漢晉春秋) 인용 '呂範勸留備. 肅日 不可. 將軍雖神武命世 然曹公威力實重. 初臨荊州 恩信未洽 宜以借備 使撫安之. 多操之敵而自爲樹黨 計之上也. 權卽從之'

55. 《삼국지》〈오서〉 주유노숙여몽전(周瑜魯肅呂蒙傳) '愚謂大計宜徙備置吳. 盛爲築宮室 多其美女玩好 以娛其耳目 分此二人 各置一方 使如瑜者得挾與攻戰 大事可定也. 今猥割土地以資業之 聚此三人俱在疆場 恐蛟龍得雲雨 終非池中物也'

5

유비의 형주 임차
210년

형주에서 조조가 손권, 유비와 다투고 있을 무렵 익주목 유장(劉璋)은 밖으로 장로(張魯)에게 노략질을 당하고 있었다. 이를 전해들은 주유가 손권에게 건의하였다. "지금 조조는 우리에게 패하였고 내부에도 근심거리가 많아 우리와 대결할 수 없는 상황입니다. 분위장군과 함께 진격하여 촉과 장로의 땅을 병합한 후 그 땅을 지키면 마초와 연결할 수 있습니다. 그런 다음 저와 장군이 양양에 주둔하면서 조조를 압박하면 북방의 땅도 도모할 수 있습니다."[56] 분위장군(奮威將軍)은 손권의 사촌형 손유

••••

56. 《삼국지》〈오서〉 주유노숙여몽전(周瑜魯肅呂蒙傳) '今曹操新折衄 方憂在腹心 未能與將軍連兵相事也. 乞與奮威俱進取蜀 得蜀而幷張魯 因留奮威固守其地 好與馬超結援. 瑜還與將軍據襄陽以蹙操 北方可圖也'

(孫瑜)를 가리킨다.

　손권은 주유의 건의를 수락하여 주유는 강릉으로 돌아와 출진 준비
를 하였다. 그러나 주유는 강릉 전투에서 입은 상처가 악화되어 쓰러지
고 만다. 자신의 죽음을 직감한 주유는 상소를 올려 노숙을 후임으로 천
거하고 세상을 떠나게 되는데 이제 그의 나이 36세였다. 이때가 210년으
로 노숙은 강릉에 주둔하다가 육구(陸口)로 옮겨 주둔하게 된다.

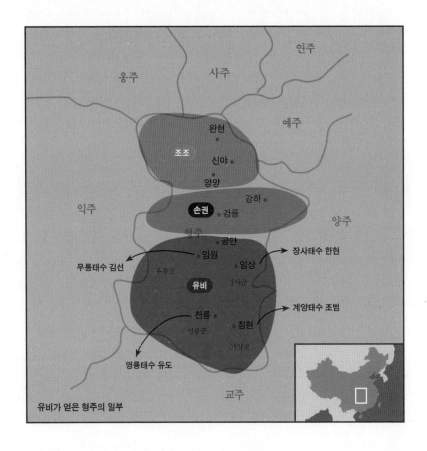

유비가 얻은 형주의 일부

남군태수였던 주유가 병사하니 '유비에게 형주의 땅을 빌려주어 조조에 맞서게 하자'[57]는 노숙의 의견이 받아들여졌다. 손권도 고민이 많았던 것이 사실이다. 그는 고심 끝에 "조조가 북방을 차지하고 있어 모든 영웅들을 끌어 모아야 하고 또한 유비를 갑자기 제어할 수도 없다."[58]고 토로했다. 이러한 이유로 연의에서 그토록 손권을 골치 아프게 했던 형주의 임차가 이루어진다.

손권이 유비에게 남군을 빌려주었다는 소식을 들은 조조는 크게 당황하였다. 이 보고를 받았을 때 조조는 글을 쓰고 있었는데 땅바닥에 붓을 떨어뜨렸다고 한다.[59] 무수히 많은 전장에서 죽을 고비를 넘겨 왔던 조조인데 무엇이 그렇게 당황스러웠을까. 그동안 조조는 전략을 짤 때 완급조절을 잘 활용해왔다. 유표와 장수의 연합, 원담과 원상 형제 등의 경험에서 체득한 것은 '몰아치면 뭉치고, 풀어주면 서로 싸운다.'는 법칙이었다. 조조는 내심 손권과 유비가 형주라는 땅을 두고 크게 다툴 것이라고 기대하였을 터였다. 그렇게만 된다면 단 한 번의 출병으로 형주와 양주(揚州)를 모두 차지할 수도 있다는 계산이었다. 하지만 실제는 조조가 가장 바라지 않던 흐름으로 진행된 것이었다. 손권이 받은 스트레스만큼 조조도 받은 것이다.

형주를 얻은 유비는 유표의 아들 유기(劉琦)를 형주자사로 임명해달라는 표문을 올렸다. 이어 남쪽 4군을 원정하여 무릉(武陵)태수 김선(金旋), 장사(長沙)태수 한현(韓玄), 계양(桂陽)태수 조범(趙範), 영릉(零陵)태수 유도(劉度) 등이 유비에 투항하였다. 여기에 여강(廬江)군의 뇌서(雷緒)가 사병 수만을 인솔하여 투항해왔다. 얼마 안 있어 유기가 병사하자 부하들은 유비를 형주목으로 추대하여 공안현에 관부를 설치하고 본격적으로 형주를 다스리기 시작한다. 이후 손권은 점차 유비를 두려워하게 되고 자신의 여동생을 유비에 시집보내 우호를 다지려 하였다.[60]

유비는 드디어 자신이 기반으로 삼을 수 있는 지역을 확보한 것이다. 여기서 잠시 지난 얘기를 살펴보자. 손권의 아버지 손견이 전사한 전투를 기억하는가. 손견은 유표와 교전 중에 양양 남쪽에 위치한 현산(峴山)에서 화살에 맞아 전사했다. 당시에 손견은 장사태수였다. 장강 이남에 위치한 장사, 무릉, 영릉, 계양군은 모두 형주에 속한 군들이지만 이렇듯 유표가 살아 있을 때도 완전하게 복속하지 않는 지역들이었다. 조조가 형주를 차지한 이후에도 각각의 군들이 사실상 독립적으로 지내고 있었던 것으로 보인다. 유비는 남군을 확실하게 임차한 후 이 군들을 자신의 세력권으로 편입시킨 것이다.

유비의 형주 임차는 단순히 이 지역이 유비의 세력에 속하였다는 것에 그치지 않는다. 연의에서 애매모호한 성(城) 가운데 하나가 형주성이다. 형주성은 사실 어디를 가리키는지 명확하지 않다. 정사를 토대로 정리하면 이러하다. 이전까지 형주의 중심이 양양성이었다면, 유비가 차지

••••

57. 《삼국지》〈오서〉 주유노숙여몽전(周瑜魯肅呂蒙傳) '肅勸權借之 共拒曹公'

58. 《삼국지》〈오서〉 주유노숙여몽전(周瑜魯肅呂蒙傳) '權以曹公在北方 當廣攬英雄 又恐備難卒制'

59. 《삼국지》〈오서〉 주유노숙여몽전(周瑜魯肅呂蒙傳) '曹公聞權以土地業備 方作書 落筆於地'

60. 《삼국지》〈촉서〉 선주전(先主傳) '權稍畏之 進妹固好'

한 후부터는 강릉성이 형주의 중심으로 자리매김한다.

연의에서 '형주' 혹은 '형주성'은 빈번하게 등장한다. 사실 양양이나 강릉보다 '형주'라는 지명을 더 자주 보게 된다. 그런데 형주라는 말이 혼선을 빚게 하는 이유는 상황에 따라 각기 다른 곳을 지칭하기 때문이다. 형주는 광역 행정구역인가 아니면 특정 성(城) 하나를 가리키는가를 구별해야 한다. 만약 성이라면 주인이 누구인가를 살펴야 할 것이다. 왜냐면 형주성은 유표가 살아 있을 때에는 그가 머물던 양양성을 말하는 것이었고, 유비가 강릉성을 차지하고 일대 지역을 세력권에 넣은 이후부터는 강릉성을 가리키는 말이기 때문이다. 형주(荊州)의 컨트롤 타워가 바뀌면서 '형주성(荊州城)'도 바뀌었기에 형주성은 언제, 누가 사용하는지에 따라 위치가 달라진다. 적벽대전 이후 '유비가 형주를 차지했다'는 말은 '양양을 제외한 나머지 형주 일대를 유비의 세력권 아래에 두었다'는 말이다. 이때부터 강릉성이 곧 형주성이다. 이는 지금까지도 영향을 미치고 있다. 현대 중국 행정구역에서 '형주(荊州)'라는 지명은 징저우(荊州: Jīngzhōu)를 가리킨다. 후베이성(湖北省) 남부에 위치한 시(市)로서 강릉이 자리하던 바로 그곳이다.

유비는 제갈량을 군사중랑장(軍師中郎將)에 임명하여 장사, 영릉, 계양 3개 군을 감독하고 군수물자를 확보하게 하였다. 또한 유비는 장사군에서 환갑이 넘은 노장 한 명을 얻게 되니 바로 황충(黃忠)이다. 이때 유비의 나이가 50세였는데 황충은 유비보다도 대략 12~13살가량이 많았다.[61] 당시로서는 호호할아버지라고 할 수 있을 연배였으나 그는 여전히 맹장이었다. 황충은 오래 전에 유표에 등용되었는데 조조가 형주를 정벌할 무렵에는 장사태수 한현에 소속되어 있었고 이후 유비의 휘하에 들어왔다. 유비는 또한 과거 유표의 부하였다가 귀부한 상랑(向朗)에게 강릉 서쪽에 위치한 자귀(秭歸), 이도(夷道), 이릉(夷陵), 무현(巫縣) 등을 맡겼다. 아울러 마량(馬良)이란 인물도 등용하는데 마량은 양양 출신으로 그 형제 다섯 명이 모두 뛰어난 재주로 소문이 자자했다. 그 중에서도 눈썹에 흰털이 있는 마량이 가장 뛰어났다. 백미(白眉)라는 고사를 낳은 인물이다.

유비는 또 한 명의 양양 출신 인재를 얻게 되니 바로 방통(龐統)이다. 자(字)는 사원(士元). 방통은 어릴 적엔 알아주는 이가 없었으나 수경(水鏡)선생 사마휘(司馬徽)가 방통을 특별한 인재로 인정하며 칭찬한 뒤로 이름이 알려지기 시작한다. 일찍이 유비가 사마휘를 찾아가 인재에 관해 조언을 구한 적이 있다. 이때 사마휘는 "세속의 유생이 이 시대에 해야 할 바에 대해 뭘 알겠습니까? 하지만 이 시대에 해야 할 일을 아는 자가 준걸들 중에 있겠지요. 이 근처에 엎드린 용(伏龍)과 새끼 봉황(鳳雛)이 있습니다."라고 유비에게 말한다. 이에 유비가 그들이 누구냐고 물으니 "제갈공명(諸葛孔明)과 방사원(龐士元)입니다."라고 알려준다.[62]

이를 연의에서 신비로운 분위기로 채색했다. 복룡과 봉추라는 별명만 알려줄 뿐 더 이상의 정보는 주지 않은 채 '허허' 웃기만 한다. 그런데

••••

61. 황충의 나이에 대해서는 논란이 있다.
62. 《삼국지》〈촉서〉제갈량전(諸葛亮傳) 배송지주 양양기(襄陽記) 인용 '劉備訪世事於司馬德操. 德操日 儒生俗士 豈識時務? 識時務者在乎俊傑. 此間自有伏龍鳳雛. 備問爲誰曰 諸葛孔明 龐士元也'

사실은 이름과 자까지 그 자리에서 친절하게 다 알려주었던 것이다. 하지만 이후 유비가 이들을 찾아보려 노력했다는 기록은 없다.

유비가 형주를 차지한 이후 방통이 유비를 찾아온다. 유비는 방통을 계양군의 뇌양(耒陽)현이라는 조그만 고을 현령으로 임명할 뿐이있다. 그런데 이곳에서 방통은 현령으로서의 업무를 소홀히 해 면직된다. 이때 노숙이 유비에게 서신을 보냈다. "방사원(龐士元)은 백리지재가 아닙니다."[63]라며 중책을 맡겨 능력을 발휘하게 해야 한다고 권유한 것이다. 아울러 제갈량도 노숙의 의견에 호응하였다. 그제야 유비는 방통을 제갈량 다음으로 우대하며 제갈량과 같은 직책인 군사중랑장에 임명하였다. 유비는 방통을 좋게 보지 않았으나 사마휘와 노숙, 그리고 제갈량까지 입을 모아 대단한 인재라 하니 중책을 맡겼다. 심혈을 기울이지 않고 좋은 인재를 얻은 셈이다.

반면 노력을 하였으나 아쉽게 놓친 인재도 있다. 유파(劉巴)는 조조가 형주를 차지한 직후 찾아가 속관으로 임명되었다. 이에 조조는 유파로 하여금 장사, 영릉, 계양군을 위무하게 하였다. 하지만 유파는 임무를 제대로 수행하기도 전에 조조가 물러나고 유비가 형주를 다스리게 되었다. 유파의 적(籍)이 유비로 바뀔 수도 있었던 순간이었다. 하지만 유파는 멀리 남쪽의 교지(交阯)[64]로 도피해버렸는데 유비는 이를 매우 아쉬워하였다.

한편 주유와 조인이 강릉에서 대치 중이던 209년 3월, 조조는 초현(譙縣)에 주둔하며 수군 훈련을 하고 있었다. 그리고 7월에는 회수(淮水)

와 비수(淝水)로 이동하여 합비에 주둔하며 양주(揚州) 각 군현의 태수와 현령을 임명하였다. 그리고 수춘 남쪽이자 합비 북서쪽에 위치한 호수인 작피(芍陂) 인근에서 둔전을 시작하였다. 이후 12월에 초현으로 회군한다. 조조가 동오에 대한 미련을 버리지 않고, 손권의 세력을 견제하려고 했음을 알 수 있는 대목이다. 그러던 차에 손권이 유비에게 형주를 임차하며 동맹을 공고히 하였다는 소식을 들으니 충격이 적지 않았던 것이다. 붓까지 떨어뜨릴 정도로.

••••
63. 《삼국지》〈촉서〉 방통법정전(龐統法正傳) '龐士元非百里才也'.
64. 현재의 베트남 하노이에 인접한 지역이다.

5장

이제 불길은 서(西)와 동(東)으로

1

유비의 익주 공략
211년

조조가 형주를 점령하려고 남하할 무렵 익주목 유장(劉璋)은 별가종사(別駕從事) 장숙(張肅)을 시켜 조조에게 병력과 여러 가지 군수물자를 제공하였다. 이에 조조는 장숙을 광한(廣漢)태수에 임명하였다. 이후 유장은 장숙의 동생인 별가 장송(張松)을 조조에게 보냈는데, 조조는 이미 유비를 물리치고 형주를 차지한 상황이었기에 장송을 푸대접하였다. 조조의 이 같은 행위는 적벽 전투를 낙관하고 있었거니와 유장은 다음 목표가 될 수도 있었기 때문이다. 이로 인해 장송은 조조에게 원한을 품게 되었다. 더구나 조조가 적벽에서 대패함으로써 장송은 돌아와 유장에게 조조와 단절할 것을 건의한다. 아울러 유비와 서로 도우며 가까이 지낼 것을 강하게 주장하였다.

유장은 이를 옳다 여겨 "유비에게 누구를 보내야 하겠는가?" 하고 물으니 장송은 법정(法正)을 천거하였다. 법정은 꽤 오래전에 동향 출신 맹달(孟達)과 함께 유장을 찾아와 등용된 인물이었다. 그러나 유장은 법정을 그리 중용하지 않았다. 평소 법정은 장송과 가깝게 지냈는데 유장이 큰일을 할 인재가 못된다고 늘 탄식하곤 했다.[1] 그런 법정이 유비를 만나고 돌아왔다. 장송과 같이 유비에 감화되어 둘은 함께 유비를 받들기로 모의하게 된 것이다. 유장에 대한 반역이었다.

211년 봄, 조조가 종요(鍾繇) 등을 보내 한중에 웅거하고 있는 장로를 원정할 것이라는 소문이 전해졌다. 이를 들은 유장은 두려운 마음이 생기게 되었다. 그러자 장송이 유장에게 "조조의 군사는 막강하여 천하에 무적인데, 만약 장로 원정을 바탕 삼아 촉 땅을 취하려 한다면 누가 막을 수 있겠습니까?"라며 유장의 불안감을 한껏 부추겼다. 유장이 근심스레 말하였다. "나도 그것이 고민이나 마땅한 대책이 없도다." 이에 장송이 설득하였다. "유예주는 주군과 종실이면서 조조에게 원한이 깊고 용병에도 능하니 유예주로 하여금 장로를 원정하게 한다면 성공할 것입니다. 장로를 격파하고 나면 익주는 강대해질 것이니 조조가 공격해 와도 어찌하지 못할 것입니다."[2] 여기에 덧붙여 "유예주의 도움이 없다면 적이

····

1. 《삼국지》〈촉서〉 방통법정전(龐統法正傳) '忖璋不足與有爲 常竊歎息'

2. 《삼국지》〈촉서〉 선주전(先主傳) '向漢中討張魯 內懷恐懼. 別駕從事蜀郡張松說璋曰 曹公兵彊無敵 於天下 若因張魯之資以取蜀土 誰能禦之者乎? 璋曰 吾固憂之而未有計. 松曰 劉豫州 使君之宗室而 曹公之深讎也 善用兵 若使之討魯 魯必破. 魯破 則益州彊 曹公雖來 無能爲也.'

외부에서 공격하고 백성들이 안에서 봉기하여 틀림없이 패하게 될 것입니다."[3]라고 말하니 유장의 마음이 흔들렸다.

그러자 주부(主簿) 황권(黃權)이 반대하고 나섰다. "좌장군(左將軍)[4]은 용맹하기로 소문이 났는데 이번에 초청하여 들인 다음 그를 우리 군사처럼 부린다면 그가 불만일 것이고, 빈객으로 예우한다면 한 나라에 군주가 둘이 되는 셈입니다. 만약 빈객이 태산처럼 안정된다면 곧 우리 주군이 계란을 쌓은 듯한 위기에 처할 것입니다. 그러니 국경을 폐쇄하고 천하가 태평해질 때까지 기다려야 합니다."[5]

상식적인 견해였다. 사실 조금만 생각해보면 알 수 있는 것이나 급박해지면 정상적인 사고를 하지 못하는 경우가 흔함을 삼국지는 보여주고 있다. 종사(從事) 왕루(王累)는 황권보다 더 완강하게 반대했다. 그는 자신의 몸을 관아 정문에 거꾸로 매단 채 반대하는 간언을 올렸다.[6] 말 그대로 결사적이었다. 하지만 유장은 이미 장송의 의견에 흔들린 상태였다. 이미 반대 의견이 귀에 들어오지 않았기에 법정을 다시 유비에게 사신으로 보냈다.

유비를 만난 법정은 공식적인 화친을 맺는 것 외에 은밀히 "장군께서 움직이신다면 장송이 안에서 호응할 것입니다. 그 뒤 익주의 자원과 험한 지형을 이용하면 대업을 이루기가 손바닥 뒤집기와 같을 것입니다."[7]라고 말했다. 유장에 대한 반역이었다. 얼마 후 유장은 맹달을 시켜 수천의 병력을 보내고 각종 군수물자도 공급하였다. 유비를 받아들이는 것을 반대한 황권은 광한(廣漢)군에 현령으로 내보내버렸다. 그러고는 유비의 병력이 들어오는 곳마다 잘 살펴 대우하라고 명하니 유비는 마치 자기 집에 돌아오듯 익주로 들어왔다.[8] 호박이 넝쿨째 굴러들어 오고 있었다.

유비는 장강을 거슬러 파군의 강주(江州)[9]까지 도착한 다음 부수(涪水)를 이용하여 점강(墊江)현을 거쳐 광한(廣漢)군 부현(涪縣)에 도착하였다. 부현은 성도(成都)에서 약 360리 떨어진 곳에 위치하고 있다.[10] 당시 형주는 관우와 제갈량이 남아 지켰고 유비는 방통이 수행하고 있었다. 그런데 부현에 이르러 유장과 유비가 만나려 할 때 방통은 "여기서 유장을 잡으면 군사를 동원하지 않고 익주를 평정할 수 있습니다."라고 권하였다. 그러나 유비는 "이제 막 남의 나라에 들어와서 아직 은덕과 신의를 베풀지도 않았으니 그럴 수 없소.[11] 더구나 이는 대사이니 급작스레 할 수도 없소"[12]라며 방통의 계책을 받아들이지 않았다.

••••

3. 《삼국지》〈촉서〉 유이목전(劉二牧傳) '不得豫州 則敵攻其外 民攻其內 必敗之道也'

4. 유비를 가리킨다. 198년 여포가 패망하고 유비가 조조와 함께 허도로 갔을 때 조조가 표문을 올려 유비를 좌장군에 임명한 바가 있다. 유비를 지칭하는 수많은 직함 중에서 상대적으로 활용빈도가 낮은 편에 속한다.

5. 《삼국지》〈촉서〉 황이여마왕장전(黃李呂馬王張傳) 황권편 '左將軍有驍名 今請到 欲以部曲遇之 則不滿其心 欲以賓客禮待 則一國不容二君. 若客有泰山之安 則主有累卵之危. 可但閉境 以待河淸'

6. 《삼국지》〈촉서〉 유이목전(劉二牧傳) '從事廣漢王累 自倒縣於州門以諫 璋一無所納'

7. 《삼국지》〈촉서〉 방통법정전(龐統法正傳) '然後資益州之殷富 馮天府之險阻 以此成業 猶反掌也'

8. 《삼국지》〈촉서〉 유이목전(劉二牧傳) '敕在所供奉先主 先主入境如歸'

9. 성도(成都) 동편에는 큰 물줄기가 여럿 있는데 대표적인 물줄기가 바로 부수(涪水)와 서한수(西漢水)이다. 부수와 서한수는 남동쪽으로 흐르다가 점강(墊江)현에서 만난 후 강주(江州)현 인근에서 장강의 본류와 합류한다. 강주가 군사적, 경제적으로 중요한 까닭이 바로 이것이다. 강주는 물길을 이용해 익주와 형주를 오갈 때 반드시 거쳐야 하는 요충지였다.

10. 《삼국지》〈촉서〉 유이목전(劉二牧傳) '先主至江州北 由墊江水詣涪 去成都三百六十里'

유비는 유장과 회동하며 100여 일을 마시며 즐겼다.[13] 아울러 유장은 유비에게 군사를 보태주면서 장로를 공격하게 하고, 백수관(白水關)에 주둔하는 군사를 지휘하도록 허용하였다. 이로 인해 유비는 총 3만여 군사와 무기를 갖추게 되었다. 유장은 호랑이 새끼에게 엄청난 영양을 공급한 것이다. 이후 유장은 성도로 돌아가지만 유비는 가맹현에 진출해 즉시 장로를 토벌하지 않았다. 그리고 널리 은덕을 베풀며 민심을 두루 얻는 데 애썼는데[14] 이는 이미 익주를 빼앗은 후를 생각한 행보였다.

이 시기 손권 또한 줄곧 익주에 관심을 갖고 있었다. 주유가 병사하기 전 실제로 출병을 준비했던 적도 있었고 감녕 등의 장수들도 서쪽으로 진출하여 익주를 차지할 것을 권하곤 했다. 이에 손권이 유비에게 의견을 물으니 유비는 "저와 유장은 같은 종실로서 선조의 영령에 의지하며 한조(漢朝)를 바로 세워야 합니다. 지금 유장이 주변에 여러 가지 잘못이 있으니, 저는 특별히 송구스럽기에 감히 뭐라고 말씀드리지 못하며 너그러운 선처를 바랄 뿐입니다. 만약 저의 청이 받아들여지지 않는다면 저는 당장 산림에 들어가 은거할 것입니다."[15]라며 속마음과 다르게 거짓으로 둘러댄 바 있었다. 자신이 차지할 땅에 손권을 들이고 싶지 않았기 때문이다.

여기서 잠시 여몽과 노숙에 관한 일화 하나를 소개해보겠다. 때는 노숙이 주유의 후임이 된 211년 무렵이다. 노숙이 여몽의 군영에 들러 하루를 머무르게 된다. 사실 이때까지도 노숙은 여몽을 경시하고 있었는데, 누군가가 노숙에게 말했다. "여장군의 공명(功名)이 날마다 높아져 전처럼 대할 수 없으니 군께서도 한번 살펴보십시오." 그 후 노숙은 여몽과 술자리를 함께 하게 되었는데 여몽이 노숙에게 물었다. "군께서는 중임을 담당하며 관우와 연접하고 있는데, 어떤 전략으로 만약의 사태를 대비하십니까?" 이에 노숙이 답하기를 "때에 따라 적절하게 대응합니다."[16]라 하였다.

그러자 여몽이 노숙에게 다섯 가지 방책을 제시하였다. 이를 듣고 난 노숙이 "장군의 재능과 전략이 이런 경지에 이른 줄은 미처 몰랐습니다."[17]라고 감탄하였다. 이어 노숙은 여몽의 모친에게 절하고 여몽과 벗이 된 후 여몽의 군영을 떠난다. 어려서 공부를 하지 않았던 여몽이 늦게나마 학문에 눈을 뜨면서 이렇게 달라진 것이다. 그리고 무식한 자보다는 똑똑한 자에게 존경심이 일어남을 보여주는 일화이다. 공부는 하고 볼 일이다.[18]

••••

11. 《삼국지》〈촉서〉 방통법정전(龐統法正傳) '今因此會 便可執之 則將軍無用兵之勞 而坐定一州也. 先主曰 初入他國 恩信未著 此不可也'

12. 《삼국지》〈촉서〉 선주전(先主傳) '此大事也 不可倉卒'

13. 《삼국지》〈촉서〉 유이목전(劉二牧傳) '歡飮百餘日'

14. 《삼국지》〈촉서〉 선주전(先主傳) '未卽討魯 厚樹恩德 以收衆心'

15. 《삼국지》〈오서〉 주유노숙여몽전(周瑜魯肅呂蒙傳) '備與璋託爲宗室 冀憑英靈 以匡漢朝. 今璋得罪左右 備獨竦懼 非所敢聞 願加寬貸. 若不獲請 備當放髮歸於山林'

16. 《삼국지》〈오서〉 주유노숙여몽전(周瑜魯肅呂蒙傳) '呂將軍功名日顯 不可以故意待也 君宜顧之. 遂往詣蒙 酒酣 蒙問肅曰 君受重任 與關羽爲鄰 將何計略 以備不虞? 肅造次應曰 臨時施宜'

17. 《삼국지》〈오서〉 주유노숙여몽전(周瑜魯肅呂蒙傳) '吾不知卿才略所至 乃至於此也'

18. 《삼국지》〈오서〉 주유노숙여몽전(周瑜魯肅呂蒙傳) 배송지주는 강표전(江表傳)을 인용하며 괄목상대(刮目相對)가 이때 여몽이 노숙에게 한 말임을 밝히고 있다. "선비를 못 본 지 사흘이 지났다면 눈을 비비고 다시 보아야 합니다(士別三日 卽更刮目相待)"

2

조조와 마초의 대결
211~212년

211년 3월, 조조는 서부 전선 사령관이라 할 수 있는 종요에게 한중군에 웅거하고 있는 장로를 토벌하게 하였다. 하동(河東)군에 있는 하후연(夏侯淵) 등에게도 명을 내려 종요와 합세하게 하였다. 그런데 조조의 이 조치는 생각보다 큰 파장을 불러온다. 앞서 유장이 유비를 끌어들이게 된 것도 사실은 종요가 불러온 나비효과였다고 할 수 있다.[19] 그리고 그와 또 다른 나비효과가 있었다.

이 무렵 관중(關中)에 있는 여러 군웅들은 종요가 자신을 공격할 것이라고 불안해했던 것이다. 이런 우려에서 마초(馬超), 한수(韓遂), 양추(楊秋), 이감(李堪), 성의(成宜) 등이 함곡관 서쪽에서 조조에 반기를 들며 일어나게 되었다. 조조는 조인을 동관(潼關)으로 보내 이들을 방어하게 하였다. 그러면서 주의를 주었다. "관서(關西)의 군사들은 정병이면서 사나우니 굳게 지키며 전투를 벌이지 말라."[20]

211년 7월에는 아예 조조가 직접 서쪽으로 출병하여 마초 등과 대치하게 되었다. 마초군을 상대하면서 조조는 적의 부대가 집결할 때마다 불안해하기는커녕 오히려 기뻐하였는데[21] 부하 장수들이 이를 의아하게 생각하였다. 이후 조조가 동관에 이르러 하수(河水)를 건널 수 없을 때[22] 서황이 건의하였다. "적이 포판(蒲阪)현을 지키지 않으니 무모하다는 것을 알 수 있습니다. 지금 제게 군사를 주시면 포판진을 건너 군영을 설치한 뒤 적의 안쪽을 가로질러 적을 잡아올 수 있습니다."

포판진(蒲阪津)은 동관의 북쪽, 즉 하수에 위치한 나루터이다. 이에 조

••••

19. 이 정보로 장송과 법정의 유장 속이기가 시작된 것이다.

20. 《삼국지》〈위서〉 무제기(武帝紀) '是時關中諸將疑繇欲自襲 馬超逐與韓逐楊秋李堪成宜等叛. 遣曹仁討之. 超等屯潼關 公敕諸將 關西兵精悍 堅壁勿與戰'

21. 《삼국지》〈위서〉 무제기(武帝紀) '賊每一部到 公輒有喜色'

22. 황하(黃河)는 중원의 북부를 가로지르는 큰 강이다. 대륙 전체를 놓고 보았을 때 황하의 방향은 내몽골 지방으로 크게 꺾여 올라갔다가 다시 남쪽으로 섬서(陝西)와 산서(山西)사이를 갈랐다가 동쪽으로 다시 꺾여 동진한다. 본래 하(河)라는 글자가 황하를 가리키는 고유명사였다. 그래서 황하를 하수(河水)라고도 한다. 아울러 장안 인근을 동서로 흐르는 지류를 위수(渭水)라 하는 것은 이미 잘 알고 있을 터이다. 그 위수와 북쪽에서 흘러온 황하의 본류가 합류하는 지점을 위구(渭口) 혹은 위수구(渭水口)라 한다. 그리고 그 인근에 동관(潼關)이 있는데 동관은 장안과 낙양 사이에 위치한 큰 관문이다. 정리하자면 장안과 낙양 사이에 위치한 동관의 서쪽은 위수, 북쪽과 동쪽은 황하인 것이다. 그리고 황하가 급격하게 굽이치는 구간에는 '백이와 숙제가 주려 죽은 수양산(首陽山)'이 있다. 본 장에서는 이 유역에서 중요한 전투가 여러 차례 펼쳐진다. 황하와 위수의 지형 특성 상 위수를 건넌다고 하면 남북으로, 황하를 건넌다고 하면 동관의 북쪽에서 동서로 건넌다는 의미이다.

조는 서황과 주령에게 4천을 주어 포판진을 건너 하수 서쪽에 진을 치게 하였다. 서황이 하수를 건너 참호와 방책을 짓자 이를 완성하기 전에 양흥(梁興)이 5천을 이끌고 야습해왔다. 하지만 서황은 이를 격퇴하였다. 서황의 작전이 일단 성공한 것이다.

조조는 북쪽으로 하수를 건너기로 하고 일단 군사들이 먼저 건너가고 나서 조조가 건너가려고 하였다. 허저는 호위무사 1백여 명과 함께 남쪽 강가에서 후방의 적을 차단하기 위해 남아 있었는데 갑자기 마초 군사 1만여 명이 화살로 맹공을 퍼붓기 시작하였다. 허저는 급히 조조를 부축하여 배에 올라탔다. 그러자 군사들도 앞 다투어 승선하면서 배가 무거워져 침몰하려 하였다. 이에 허저는 배에 오르는 부하들을 죽여가며 왼손으로는 말안장을 들어 조조를 보호하였다. 사태는 매우 급박했다. 사공마저 화살에 맞아 죽어 허저는 오른손으로 노를 저어 겨우 강을 건넜다.[23] 이때 교위(校尉) 정비(丁斐)가 급히 소와 말을 풀어놓자 마초의 군사들이 소와 말을 잡으려 하며 전열이 흐트러졌다.[24]

덕분에 조조는 무사히 하수를 건넜고, 하수를 따라 용도(甬道)를 만들어 남진했다. 조조를 아깝게 놓친 마초는 이후 위구(渭口)에서 저항하였다. 조조는 곳곳에 의병(疑兵)[25]을 설치한 후 은밀히 군사를 배에 태워

••••

23. 《삼국지》〈위서〉 이이장문여허전이방염전(二李臧文呂許典二龐閻傳) '左手擧馬鞍蔽太祖. 船工爲流 矢所中死 褚右手并泝船'

24. 《삼국지》〈위서〉 무제기(武帝紀) '因放牛馬以餌賊 賊亂取牛馬'

25. 적의 눈을 속이기 위하여 거짓으로 꾸민 군사나 시설을 말한다.

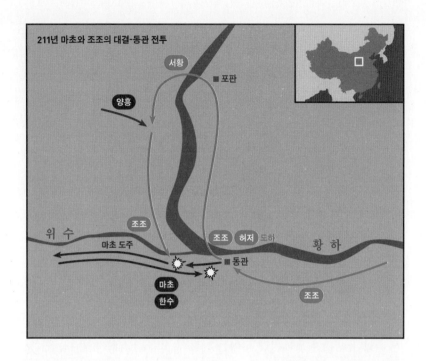

위수를 따라 올라가 부교를 설치하고 건너 위수 남쪽에는 군영을 설치하였다. 이에 마초가 야습을 감행했지만 기다리고 있던 조조의 복병이 이를 격파하였다. 마초 등은 위수 남쪽에 주둔하면서 점차 상황이 불리해지자 조조에게 강화를 요청했다. 물론 조조는 받아들이지 않았다.

양측이 대치하는 중에도 조조와 한수, 마초 등이 수시로 단마(單馬)로 대화를 나누곤 했다. 그때 조조는 허저만을 데리고 나갔다. 이때 마초는 상황을 보아 조조에게 돌격하려고 마음먹고 있었다. 그러나 조조를 호위하고 있는 허저를 의식하지 않을 수 없었다. 마초도 평소 허저의 용력을 들은 바가 있었기 때문이다. 그래서 마초가 조조에게 물었다. "공의 호후(虎侯)는 어디에 있습니까?" 조조가 뒤를 돌아보며 눈짓을 하자 허저가 화난 얼굴로 마초를 노려보았다. 경호원의 강렬한 눈빛이었을 것이다. 결국 마초는 조조에게 손을 쓰지 못하고 돌아갔다.[26] 허저는 힘은 호랑이만큼 세지만 우둔해 보여 호치(虎痴)라고 불렸었는데 이때부터는 호후(虎侯)라는 별칭으로 불리게 되었다.

211년 9월 조조는 위수를 건너가 주둔하였다. 이 무렵 마초가 인질 교환을 제의하니 조조는 거짓으로 수락하였다. 이후 한수가 조조에게 면담을 요청해왔다. 그런데 조조는 한수와 만나 군사 얘기는 하지 않고 옛이야기만 나누면서 손을 잡고 즐겁게 웃었다.[27] 이후 군영으로 돌아온 한수에게 마초가 "무슨 얘기를 나누셨습니까?"하고 물으니 한수는 "특별한 이야기는 없었소."라고 대답하였다. 그러자 마초 등은 한수를 의심하게 되었다. 반간계(反間計)였다. 이는 가후의 계략을 조조가 받아들인 것이었는데 그 뒤 조조가 한수에게 서신을 보내면서 여러 곳에 점으로 글자를 지워 마치 한수가 고친 것처럼 보이게 하였다. 단순하고 유치한 짓이었으나 이로 인해 마초는 한수를 더욱 의심하게 되었다.

조조와 마초 양측은 날짜를 정해 회전(會戰)을 벌였다. 여기서 조조가 마초군을 대파하여 성의, 이감이 전사하였다. 마초와 한수는 양주(涼州)로 도주하였고 양추는 안정(安定)군으로 도주하며 일대가 평정되었다. 이후 여러 장수들이 조조에게 대치 초반에 적군의 부대가 모일 때마다 조조가 기뻐했던 까닭을 물었다. 그러자 조조의 대답이 이러했다. "관중 땅은 멀고도 넓은데 적들이 험한 지형에 웅거하면 1~2년 안에 다 평정할 수 없다. 그런데 이번에 한 곳으로 모여드니 적의 수가 많다지만, 서로 누구에게 소속된 것도 아니며 주동자도 따로 없으니 일거에 쉽게 격멸할 수 있기에 기뻐했었다."[28] 적벽에서와는 다른, 경지 높은 전략가의 모습이었다.

한편 마초는 달아나 서융(西戎)의 여러 성을 근거로 방어 태세를 갖추었다. 조조가 이를 추격해 10월에 안정군까지 이르렀다. 그리고 그동안 일대 저족들을 평정한 하후연과 서황까지 합세하니 도주했던 양추는 투항할 수밖에 없었다.

이 무렵 하간(河間)군에서 소백(蘇伯)이 반란을 일으켰다. 조조는 잠시 추격을 멈추고 동쪽으로 방향을 돌리게 되었다. 이때 양주(凉州) 참군(參軍) 양부(楊阜)가 조조에게 말했다. "마초는 용맹한데다 강족(羌族)과 호인(胡人)들의 민심을 얻고 있어 서량 사람들이 모두 두려워합니다. 대군이 그냥 회군하면서 마초를 엄히 경계하지 않는다면 농산(隴山) 일대는 마초의 손에 들어갈 것입니다." 조조는 이 말을 옳게 여기긴 했지만 일단 12월에 업현으로 귀환하였다. 이후에는 하후연이 주령(朱靈)과 노초(路招) 등을 거느리고 장안에 주둔하며 일대를 지켰다.

••••

26. 《삼국지》〈위서〉 이이장문여허전이방염전(二李臧文呂許典二龐閻傳) '公有虎侯者安在? 太祖顧指褚 褚瞋目盼之. 超乃不敢動'

27. 《삼국지》〈위서〉 무제기(武帝紀) '韓遂請與公相見' (중략) '但說京都舊故 拊手歡笑'

28. 《삼국지》〈위서〉 무제기(武帝紀) '關中長遠 若賊各依險阻 征之 不一二年不可定也. 今皆來集 其衆雖 多 莫相歸服 軍無適主. 一擧可滅 爲功差易 吾是以喜'

212년 1월 무렵 종남산(終南山) 산적 유웅(劉雄)을 공격하여 그 무리들을 투항하게 하였다. 한수와 마초의 잔당들이 장안 남쪽에 위치한 남전(藍田)현에 다시 집결하였는데 하후연 등이 출진하여 이를 격파하였다. 여기에 잔당들을 이끌던 양흥(梁興)을 잡아 처형하자 무리 3천여 호가 하후연에게 투항해왔다. 마초가 점점 조조에게 힘에 부치는 듯 보이나 마초는 그리 만만한 세력이 아니었다. 다만 조조군에 있는 최고 수준의 책사가 없는 것이 아쉬웠다.

3

손권의 환성(皖城) 함락

212~214년

209년 무렵 조조가 장제(蔣濟)에게 이렇게 자문한 적이 있다. "예전에 내가 원소와 관도에서 대결할 때, 연(燕)과 백마현의 백성들을 이주시키려 했지만 백성들은 옮기려 하지 않았고 적들도 노략질을 못했었다. 지금 나는 회남(淮南) 백성들을 이주시키려고 하는데 어쩌면 좋겠는가?" 이에 장제가 답했다. "그때는 우리 군사가 적에 비해 약했기에 이주시키지 않았으면 틀림없이 빼앗겼을 것입니다. 하지만 지금은 장군께서 원소를 격파하며 북으로는 요서군 유성(柳城)까지 점거하고, 남으로는 장강과 한수에 이르렀고, 형주는 손을 모아 투항하여 장군의 위세가 온 세상을 흔들고 있으니 이주시키지 않아도 백성들은 딴마음을 품지 못합니다. 사실 백성들은 땅에 연연하기에 이주를 좋아하지 않을뿐더러 두렵고 불안한 것이 사실입니다."

그러나 조조는 장제의 의견을 따르지 않고 회수 이북으로 대규모 이주를 추진하였다. 그러자 이를 들은 장강과 회수 일대 백성 약 10여 만 호가 놀라 오(吳) 땅으로 이주해버리는 일이 일어났다. 이로 인해 장강 서쪽에 위치한 여강(廬江), 구강(九江), 기춘(蘄春), 광릉(廣陵)군 일대가 텅 비게 되었다. 합비 이남에는 겨우 환현(皖縣) 정도만 남게 되었는데 조조가 후회하며 장제에게 말했다. "나는 본래 적을 피해 백성들을 옮기려 했는데, 아예 몽땅 몰아내버렸구나."[29]

212년 여몽은 손권에게 유수(濡須)에 방어시설인 오(塢)를 축조할 것

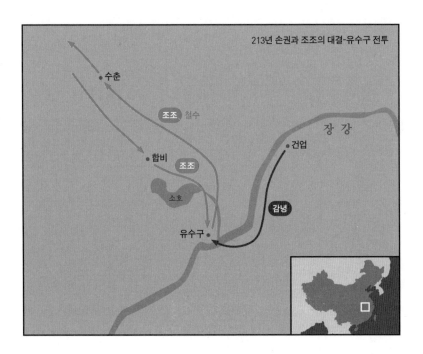

213년 손권과 조조의 대결-유수구 전투

을 건의하였다.[30] 조조를 방어하기 위한 전략이었다. 과연 그해 10월 조조는 유수를 향해 출병하였다. 여몽의 선견지명이 빛났다. 이듬해인 213년 1월 조조는 장강과 유수가 합류하는 지점인 유수구(濡須口)로 진군하여 손권의 서쪽 군영을 격파했다. 여몽의 빛났던 선견지명이 빛이 바래졌다. 이에 동습이 5층 누각의 배를 몰아 유수구로 진격하였다. 그런데 밤에 거센 폭풍으로 배가 기울어지는 바람에 부하들은 동습에게 배에서 내려야 한다고 말했다. 하지만 동습은 "장군의 임무를 맡아 여기서 적들을 막아야 하는데 어찌 배를 떠나겠는가! 감히 또 떠나자고 말하는 자가 있으면 참수하겠다!"며 버텼다. 그러자 누구도 말리지 못하였는데 그날 밤 배가 침몰하면서 동습은 사망하고 말았다.[31] 모든 것은 결과가 말해준다. 살아서 작전을 성공했더라면 동습의 행동은 용기(勇氣)가 되었겠지만 죽는 바람에 애석하게도 만용(蠻勇)이 되고 말았다.

조조군이 횡강(橫江)을 공격하자 서성(徐盛) 등이 맞섰다. 서성은 몽충

••••

29. 《삼국지》〈위서〉 정곽동유장유전(程郭董劉蔣劉傳) '是時兵弱賊彊 不能必失之. 自破袁紹 北拔柳城 南向江漢 荊州交臂 威震天下 民無他志. 然百姓懷土 實不樂徙 懼必不安. 太祖不從 而江淮間 十餘萬 衆 皆驚走吳. 後濟使詣鄴 太祖迎見大笑曰 本但欲使避賊 乃更驅盡之'

30. 합비(合肥)는 장강(長江)과 회수(淮水) 사이에 위치한 요충지로, 조조 세력의 동남쪽 최전방 기지이다. 합비 서쪽에 위치한 비수(淝水)는 회수로 유입되고, 동남쪽에 위치한 유수(濡須)는 소호(巢湖)에서 장강으로 유입된다. 이 유수와 장강 사이, 합비 이남의 넓은 지역이 여강(廬江)군이다. 그리고 그 여강군의 중심에 환현(皖縣), 즉 환성(皖城)이 있다.

31. 《삼국지》〈오서〉 정황한장주진동감능서반정전(程黃韓蔣周陳董甘淩潘丁傳) 동습편 '使襲督五樓 船住濡須口. 夜卒暴風 五樓船傾覆 左右散走舸 乞使襲出. 襲怒曰 受將軍任 在此備賊 何等委去也 敢 復言此者斬! 於是莫敢幹 其夜船敗 襲死'

(蒙衝)을 타고 출진하였으나 돌풍을 만나 배가 반대편 강기슭에 닿아버렸다. 이에 여러 장수들이 두려워 나가지 못하였는데 서성이 군사를 몰아 돌격하였다. 이에 놀란 조조군이 갈라지며 물러났고 덕분에 서성 등은 바람이 그치고 나서 무사히 귀환할 수 있었다. 자칫 서성의 결단도 만용이 될 뻔했다. 이후 양측의 대치는 한 달 이상 지속되었고 결국 조조의 대군은 철군하였다.

조조와 대치 당시 주태(周泰)는 유수(濡須)의 군사들을 감독하고 있었다. 그러나 주태의 부하인 주연과 서성 등은 상관인 주태에게 진심으로 복속하지 않고 있었다. 이에 손권이 친히 유수오에 들러 장수들을 모아 크게 술자리를 벌였다. 그러면서 손권은 주태 앞에 와서 그의 옷을 벗게 한 뒤 손으로 일일이 흉터를 지적하며 어디서 다쳤는가를 물었고 주태가 옛 전투를 회상하면서 하나하나 대답하였다. 이후 다시 옷을 입게 하고 밤늦게까지 잔치를 계속하였다. 그리고 다음 날은 손권이 주태에게 어용 수레 덮개도 하사하였다. 그러자 이후부터 주연, 서성 등이 주태의 명령에 잘 따르게 되었다.[32] 지휘관에게 권위를 실어주기 위한 손권의 처사였다. 계급이 높다하여 무조건 복종하지 않는 것은 예나 지금이나 다르지 않은 모양이다. 이런 부대가 강한 전투력을 지니기는 쉽지 않은데 이때 군주의 현명함이 필요하다. 손권은 괜찮은 리더였던 것이다. 연의에서는 이 장면을 위급한 전투 상황에서 주태가 온몸으로 손권을 호위한 후 포상하는 장면으로 각색하였다. 나쁘지 않은 각색이다.

214년 조조는 주광(朱光)을 여강태수에 임명하였다. 주광은 참군(參

軍) 동화(董和) 등을 거느리고 환현(皖縣)에 주둔하며 둔전을 실시하였다. 그러자 여몽이 건의하였다. "환현 일대 토지가 비옥하여 수확이 끝나면 군사가 증강될 것입니다. 이렇게 몇 년이 지나면 조조의 작태가 눈에 보일 것이니 응당 미리 제거해야 합니다."[33] 아울러 여몽은 환현과 강 건너편에 위치한 파양(鄱陽)에 첩자를 보내 도적 우두머리를 설득하여 내응하게 하였다.

여몽의 의견에 따라 준비를 마친 손권은 마침내 214년 5월 직접 환현으로 출진하였다. 전투에 들어가기에 앞서 모든 장수를 불러 방책을 묻는데 여몽은 감녕을 천거하여 승성독(升城督)으로 삼았다.[34] 승성독이란 가장 먼저 성벽을 오르는 선봉 공격조를 말한다. 손권과 여몽의 기대에 부응하듯 감녕은 손에 띠를 갖고 올라 성벽에 몸을 매달며 앞장섰다.[35] 오군은 감녕이 앞에서 공격을 독려하고 여몽이 정예 병력을 이끌고 뒤를 받쳐주며 진공해 갔다. 공격은 새벽녘에 시작되는데 여몽이 직접 북을 치며 독려하자 병사들이 용기백배하여 스스로 성을 타고 올라 아침

••••

32. 《삼국지》〈오서〉 정황한장주진동감능서반정전(程黃韓蔣周陳董甘凌徐潘丁傳) 주태편 '時朱然徐盛等 皆在所部 並不伏也. 權特爲案行至濡須塢 因會諸將 大爲酣樂. 權自行酒到泰前 命泰解衣 權手自指其創痕 問以所起. 泰輒記昔戰鬪處以對 畢 使復服 歡讌極夜. 其明日 遣使者授以御蓋. 於是盛等乃伏'

33. 《삼국지》〈오서〉 주유노숙여몽전(周瑜魯肅呂蒙傳) '皖田肥美 若一收孰 彼衆必增. 如是數歲 操態見矣 宜早除之'

34. 《삼국지》〈오서〉 주유노숙여몽전(周瑜魯肅呂蒙傳) '蒙乃薦甘寧爲升城督'

35. 《삼국지》〈오서〉 정황한장주진동감능서반정전(程黃韓蔣周陳董甘凌徐潘丁傳) 감녕편 '寧手持練 身緣城 爲吏士先'

밤 먹을 때 쯤 성을 함락하였다.[36] 조조군의 태수 주광과 참군 동화를 생
포했다. 장료가 주광을 구원하기 위해 협석(夾石)까지 진군하였지만 이미
환성이 함락되었다는 소식을 듣고 퇴각하였다. 손권은 논공행상에서 여
몽을 제일로, 감녕을 여몽 다음 가는 공로로 인정하였다.[37] 아울러 여강
태수로 여몽을 임명하여 지키게 하였다.

••••

36. 《삼국지》〈오서〉주유노숙여몽전(周瑜魯肅呂蒙傳) '督攻在前 蒙以精銳繼之. 侵晨進攻 蒙手執枹鼓
士卒皆騰踴自升 食時破之'

37. 《삼국지》〈오서〉정황한장주진동감능서반정전(程黃韓蔣周陳董甘淩徐潘丁傳) 감녕편 '計功 呂蒙爲
最 寧次之'

4

유장과 유비의 익주 공방

212~214년

212년 유비가 가맹(葭萌)현에 머물고 있을 무렵 조조가 합비 일대에서 손
권을 공격하였다. 이에 손권은 유비에게 구원을 요청하였고 유비는 유
장에게 병력 1만과 필요한 군수물자를 요청하여 동쪽으로 진군하려 하
였다. 그런데 유장은 내키지 않는 듯 군사는 4천, 요청한 군수물자는 절
반만을 내주었다. 이 소식을 들은 장송이 유비가 정말로 철군하는 줄 알
고 서신을 보냈다. 서신의 내용은 '어찌 기회를 놓치려 합니까!'[38]였다. 그
러나 장송의 모의를 알고 있던 친형 광한태수 장숙(張肅)은 자신에게 화
가 미칠 것을 우려해 이를 유장에게 알리고 말았다. 모든 것을 알게 된

••••

38. 《삼국지》〈촉서〉 선주전(先主傳) '今大事垂可立 如何釋此去乎'

유장이 장송을 처형하였고 이때부터 유비와 유장 사이에 틈이 벌어지게 되었다.[39]

여기서 정사는 혐극(嫌隙)이란 표현을 사용했다. 이 말은 '오해로 사람 사이에 생긴 틈'을 말한다. 그러나 유장과 유비의 사이는 틈 정도로 표현될 만한 상황이 아니었다. 유장이 비로소 자신의 모든 것을 앗아갈 호랑이를 집안에 들였음을 알게 된 것이고, 죽이지 않으면 죽을 수 있는 상황을 자초했다는 사실을 깨달은 것이다. 유장은 모든 관문에 공문을 내려 유비의 통행을 막게 하였다. 이때 익주 종사(從事) 정도(鄭度)가 유장에게 곡식을 모두 불태우는 청야작전을 권유하였다. 하지만 유장은 신하들에게 "나는 적과 맞서 백성들을 편안하게 한다는 말은 들어봤지만 백성들을 움직여 적을 피한다는 말은 듣지 못했다."[40]며 받아들이지 않았다. 자신의 무식함을 모르고 오히려 정도를 파면해버렸다. 결과론이지만 유장의 운명이 마지막 끈을 놓는 순간이었다.

이때 유비는 유장이 행여나 청야작전을 펼칠까 걱정하고 있었다.[41] 하지만 유장의 성격을 잘 알고 있는 법정이 "그 계책은 끝내 사용하지 못할 테니 염려하실 것 없습니다."[42]라며 유비를 안심시켰다. 이윽고 법정과 더불어 유비를 수행하던 방통이 세 가지 방책을 제시하였다. "첫째, 은밀하게 정병을 골라 주야로 두 배 빠른 속도로 행군하여 지름길로 성도를 습격한다면 유장은 군사에 서툴며 평소에 대비가 없기에 일거에 평정할 수 있으니 이것이 상계(上計)입니다. 둘째, 양회(楊懷)와 고패(高沛)는 유장에게 여러 번 글을 올려 형주를 공격해 차지해야 한다고 건의한 바 있습니다. 장군께서 한중에 도착하기 전에 그들에게 사자를 보내 형주에 위급한 일이 있어 돌아가야 한다면서 외견상 철수할 준비를 하십시오. 그러면 양회와 고패는 경무장으로 장군을 찾아와 뵐 것이니 그때 그들을 생포하고 군사를 탈취하여 성도로 진격한다면 이는 중계(中計)라 할 수 있습니다. 이도 아니면 아예 백제성(白帝城)으로 돌아가 형주의 군비를 강화한 뒤에 천천히 익주를 도모한다면[43] 이는 하계(下計)입니다. 만약 신중히 생각한다면서 행동하지 않으면 앞으로 큰 어려움이 닥칠 것이니 오래 지탱할 수 없을 것입니다."

유비는 방통이 제시한 것 중 중계를 택한다. 백수관(白水關)의 군사를 감독하는 양회와 고패를 유인하여 무례함을 꾸짖은 후 참수하였다. 곧이어 유비는 지름길로 백수관에 이르러 유장의 여러 장수들과 가족을 인질로 잡았고 황충(黃忠)과 탁응(卓膺)에게 남서쪽으로 속히 진격하여 부성(涪城)을 공격하게 하였다. 이에 유장은 유기(劉跂), 냉포(冷苞), 장임(張任), 등현(鄧賢)을 보내 부성에서 이들을 막게 한다. 하지만 노장 황충이 선두에서 군사들을 독려하며 맹렬히 공격을 퍼부어 부성을 함락시켰다. 아울러 부성을 지키던 장수 중 오의(吳懿)가 유비에 투항하였다.

● ● ● ●

39. 《삼국지》〈촉서〉 선주전(先主傳) '於是璋收斬松 嫌隙始構矣'
40. 《삼국지》〈촉서〉 방통법정전(龐統法正傳) '吾聞拒敵以安民 未聞動民以避敵也'
41. 유장이 더욱 애석하다.
42. 《삼국지》〈촉서〉 방통법정전(龐統法正傳) '終不能用 無可憂也'
43. 《삼국지》〈촉서〉 방통법정전(龐統法正傳) '陰選精兵 晝夜兼道 徑襲成都' (중략) '說荊州有急 欲還救之 並使裝束 外作歸形' (중략) '退還白帝 連引荊州 徐還圖之'

부성을 함락한 후 유비는 큰 잔치를 벌였다. 이때 유비가 방통에게 "오늘 이 잔치는 마음껏 즐겨도 된다."고 말하였다. 그런데 방통은 "남의 나라를 정벌하고 기뻐한다면 이는 인자(仁者)의 군사가 아닙니다."[44]라고 대답하였다. 이에 유비가 취한 상태에서 화를 내며 방통을 물리쳤다. 하지만 방통이 물러나고 얼마 지나지 않아 유비는 후회하였다. 이에 방통을 다시 불러 "조금 전의 논쟁은 누가 잘못했는가?"라 물으니 방통이 "주군과 신하 모두가 잘못했습니다."라고 대답하였다. 유비는 크게 웃고 다시 처음처럼 잔치를 계속 즐겼다.[45] 방통의 말에 분노했던 점에서 뭔가 느끼는 바가 있었다면 잔치를 파했을 법도 한데 유비는 그러지 않았다.

유비는 유장을 공격하기 위해 본진을 남쪽으로 물렸을 때, 곽준(霍峻)으로 하여금 가맹성을 지키게 하였다. 곽준은 본래 유표의 휘하에서 사병 부대를 관리하던 인물로서 유표가 사망한 이후 무리를 이끌고 유비에 귀부한 인물이다. 장로는 가맹성을 얻기 위해, 부장 양백(楊帛)을 시켜 곽준에게 함께 성을 지키자는 제안을 하였다. 얄팍한 유인책이었다. 이에 곽준은 "내 머리는 자를 수 있어도 성은 내줄 수 없다."[46]고 호통을 치며 물리쳤다. 가맹성은 장로와 유장 양쪽으로 공격을 당하는 처지가 되었다. 유장의 부장 부금(扶禁), 상존(向存) 등이 1만여 명을 거느리고 가맹성을 포위했지만 1년이 넘도록 함락시키지 못했다. 오히려 기습으로 상존이 전사하는 등 곽준이 공세를 취하기도 하며 성을 지켜냈다.

한편 형주에 머물고 있던 장수들에게도 출병 명령이 전해졌다. 이에 남군에 주둔 중이던 장비가 제갈량, 조운, 유봉 등과 함께 장강을 거슬러 진군하였다. 당시 유비의 양아들 유봉은 20세의 나이로 무예가 출중하고 기력도 뛰어났는데[47] 장비, 조운과 함께 곳곳에서 싸워 전공을 세웠다. 장비가 이끄는 유비군은 백제성(白帝城) 등을 점령하고 강주(江州)에까지 이르렀다. 장비 등은 파군(巴郡)태수 엄안(嚴顔)과 한바탕 교전을 펼쳐 엄안을 생포하였다. 엄안은 유장의 장수 중에서는 꽤 우수한 편이었다. 사로잡혀온 엄안에게 장비가 물었다. "대군이 공격하는데 어찌 투항하지 않고 맞서 싸우는가?" 이에 엄안은 꼿꼿하게 호통을 쳤다. "경들은 아무 경우도 없이 우리 영역을 침탈하거늘 우리 익주에서 장군의 목을 자를 장수는 있어도 장군에게 투항할 장수는 없다." 이를 들은 장비가 화를 내며 참수를 명했다. 하지만 엄안은 두려운 안색도 없이 "머리를 자르면 그뿐이거늘 왜 성질을 부리는가!"라며 맞받아쳤다. 장비는 엄안을 장하게 여겨 포박을 풀고 손님의 예를 갖춰 대우하게 되었다.[48]

　장비는 강주에서 물길을 이용해 북쪽 점강(墊江)현으로 이동한 후 부수(涪水)를 거슬러 진격하였다. 유장은 장예에게 군사를 주어 부수 유역

· · · ·

44. 《삼국지》〈촉서〉 방통법정전(龐統法正傳) '今日之會 可謂樂矣. 統曰 伐人之國而以爲歡 非仁者之兵也'

45. 《삼국지》〈촉서〉 방통법정전(龐統法正傳) '向者之論 阿誰爲失? 統對曰 君臣俱失. 先主大笑 宴樂如初'

46. 《삼국지》〈촉서〉 곽왕상장양비전(霍王向張楊費傳) '小人頭可得 城不可得'

47. 《삼국지》〈촉서〉 유팽요이유위양전(劉彭廖李劉魏楊傳) '時封年二十餘 有武藝 氣力過人'

48. 《삼국지》〈촉서〉 관장마황조전(關張馬黃趙傳) '大軍至 何以不降而敢拒戰? 顔答曰 卿等無狀 侵奪我州 我州但有斷頭將軍 無有降將軍也. 飛怒 令左右牽去斫頭 顔色不變曰 斫頭便斫頭 何爲怒邪! 飛壯而釋之 引爲賓客'

덕양(德陽)현 부근에서 장비를 막게 하였다. 하지만 덕양현 맥하(陌下)에서 장비와 맞붙은 장예는 패하여 성도로 퇴각하였다. 이때 장비의 진격로는 유비가 유장을 만나러 갔던 물길과 거의 일치했다. 이후 장비는 가는 곳마다 싸워 이기며 성도를 향해 계속 진격했다.

《자치통감》에서 이 부분은 조운이 강주를 지난 이후 장비와 부대를 나누어 진격하였다고 적혀 있다. 강주에서 장강 상류로 좀 더 이동한 후에 북진하였던 것이다. 즉 장비가 성도의 동쪽에 위치한 덕양 등을 점령하면서 진군하는 동안 조운은 성도의 남쪽에 위치한 건위(犍爲) 등을 점령하면서 진군하였다고 볼 수 있다.[49] 연의 판본 중에는 출발할 때부터 부대를 나눈 것으로 되어 있는 것도 있다. 장비는 육로로 이동하고 조운과 제갈량은 물길을 이용하여 각각 성도로 진격한다. 하지만 익주와 형주 사이의 이동 경로를 봤을 때 처음부터 부대를 나눠 이동할 이유가 전혀 없다. 강주까지는 장비를 주장(主將)으로 하여 장강을 거스르며 모두가 함께 진군하였다. 부대를 나눈 것은 강주를 점령한 이후인데, 연의는 이를 각색한 것이다.

한편 부성이 함락된 이후 유장은 이엄(李嚴)을 보내 면죽(綿竹)에서 방어태세를 갖추고 군사를 지휘하게 하였다. 그러나 이엄마저 유비에 투항해버렸다. 이미 유장은 심하게 흔들리는 배였다. 그런데 유비가 면죽에서 얻은 것은 비단 성(城)만이 아니었다. 이 무렵 익주군 출신 이회(李恢)가 군리(郡吏)를 자처하며 유비를 찾아왔던 것이다.[50] 본래 이회는 태수의 천거로 성도로 가고 있었다. 그는 도중에 유비가 유장을 공격한다는 소식을 들었는데 반드시 유장이 패하고 유비가 성공할 것이라 예상하였다.[51] 유비는 이회를 가상히 여기고 등용하였다. 이어서 유비가 낙성(雒城)을 포위하여 공격하자 이번에는 유장의 아들 유순(劉循)이 농성하며 맹렬히 저항하였다. 그러자 법정은 유장에게 항복을 권유하는 서신을 보내기도 하였다.

그러나 낙성을 공격하며 진격하는 도중 방통이 화살에 맞아 전사하고 말았다. 이때 방통의 나이 36세. 연의에서는 방통이 죽은 곳을 낙봉파(落鳳坡)라고 하고 있다. 방통의 별명인 봉추(鳳雛)가 떨어지는 곳이라며 의미를 맞추어 전사하는 장면을 각색한 것이다. 이는 연의에 있어 가장 유명한 허구 중 하나로서 낙봉파는 가상의 지명이다. 하지만 현재는 존재하여 사람들의 발길이 이어지고 있다. 아마도 소설에서 만들어진 지명을 관광지로 현실화시킨 것으로 보인다. 즉 낙봉파라서 봉추가 죽은 것이 아니고, 봉추가 죽어서 낙봉파가 된 셈이다.[52] 214년 낙성은 함락되고 유비는 곧장 성도로 진격해 포위할 수 있었다. 아울러 장비, 제갈량, 조운, 유봉 등과도 합세하였다.[53]

유장은 수도 성도만이 남은 처지가 되었다. 누구를 탓하겠는가. 안전

----

49. 《자치통감(資治通鑑)》 67권 '分遣趙雲從外水定江陽 犍為. 飛定巴西 德陽'

50. 《삼국지》 〈촉서〉 황이여마왕장전(黃李呂馬王張傳) 이회편 '乃託名郡使 北詣先主 遇於綿竹'

51. 《삼국지》 〈촉서〉 황이여마왕장전(黃李呂馬王張傳) 이회편 '恢知璋之必敗 先主必成'

52. 낙성(雒城)의 雒[luò]과 낙봉파(落鳳坡)의 落[luò]이 발음이 같은 이유에서 비롯된 언어유희로도 보인다.

53. 《삼국지》 〈촉서〉 관장마황조전(關張馬黃趙傳) '與先主會於成都'

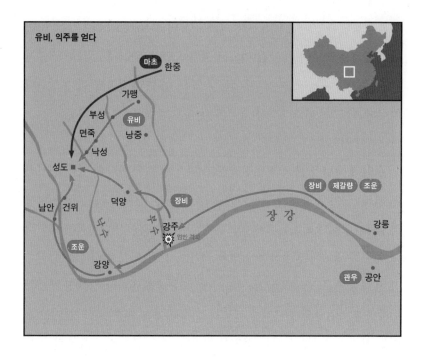

유비, 익주를 얻다

을 도모하기 위한 조치가 자신의 명을 재촉하게 만들었다. 당시 성도성 안에는 정예병 3만과 1년을 버틸 수 있는 곡식이 있고 관리와 백성들도 싸우려 하였다. 하지만 유장은 "우리 부자가 익주에 20여 년간 머물며 백성들에게 은덕을 베푼 것도 없다. 백성들이 3년간을 싸우며 초야에 죽어 묻혔으니 모두가 다 내 탓이다. 어찌 마음이 편하겠는가!"[54]라며 투항을 결심하고 장예를 유비에게 사자로 파견하였다. 유비는 유장을 예우하고 백성을 안정시키겠다고 약속하였다. 이윽고 장예가 돌아온 후 성도의 성문이 열렸다.[55] 유장이 성문을 열고 나가 항복하니 아랫사람들 모두가 눈물을 흘렸다.[56] 유비는 유장을 남군 공안(公安)현으로 이주해 살게 하였다. 공안은 유비가 형주를 얻으면서 처음 근거지로 삼았던 곳이다. 유장이 재기할 수 없는 곳으로 보낸 것이다. 이로써 유비의 익주 탈취는 마무리되었다.

유비가 익주를 얻는 과정에서 가맹현에서 군사를 돌려 남쪽으로 진격하며 가는 곳마다 승리를 거둘 무렵[57] 거의 모든 군현들이 유비에 귀부하였지만 저항하는 이도 있었다. 황권이 대표적이다. 황권은 애초에 유비를 끌어들이는 것부터 반대하여 광한군의 현령으로 좌천되었고, 이때에도 성문을 닫고 끝까지 저항하였다. 하지만 유장이 항복한 이후에는 결국 유비에 투항하니 유비는 황권을 높이 사 편장군에 임명하였다. 이에 반해 촉군태수 허정(許靖)은 유비가 성도성을 포위하였을 때 성을 넘어 투항하려다 실패하였다. 때문에 유비는 허정을 박대하고 등용하지 않으려 하였다. 그러자 법정이 "천하에 헛된 명성만 있고 실질이 없는 자가 바로 허정입니다. 하지만 지금 주공께서 대업을 처음 이루려 하시는데 이런 속사정을 일일이 설명할 수도 없습니다. 허정의 칭송은 이미 사방에 널리 퍼져 있으니 허정을 예우하지 않는다면 주공께서 현자를 천대한다고 말할 것입니다. 그냥 대우하여 주변의 이목에 부응하면 주변에서

• • • •

54. 《삼국지》〈촉서〉 유이목전(劉二牧傳) '城中尙有精兵三萬人 穀帛支一年 吏民咸欲死戰. 璋言 父子在州二十餘年 無恩德以加百姓. 百姓攻戰三年 肌膏草野者 以璋故也 何心能安'

55. 《삼국지》〈촉서〉 곽왕상장양비전(霍王向張楊費傳) '先主許以禮其君 而安其人也 畜還 城門乃開'

56. 《삼국지》〈촉서〉 유이목전(劉二牧傳) '遂開城出降 群下莫不流涕'

57. 《삼국지》〈촉서〉 유이목전(劉二牧傳) '先主至葭萌 還兵南向 所在皆克'

인재들이 모여들 것입니다."[58]라고 설득하자 유비가 허정을 후대하였다.

　어떤 집단에서든 자기 한 몸 살리는 데는 대의 따위는 없는 자들이 많다. 다만 그들의 말로가 반드시 나쁜 것도 아님은 수많은 역사가 보여주고 있다. 충신이라 하더라도 비참하게 생을 마무리할 수도 있고 매국노라 하더라도 대대손손 호의호식하는 경우도 있다. 이것도 능력이라 할 수 있지만 그것이 아니라면 운(運) 외에 이를 설명할 방법은 찾기 쉽지 않다.

　면죽성을 지키다 투항한 이엄은 건위(犍爲)태수에 임명되었고 당시 면죽(綿竹)현령이었던 비시(費詩)는 장가(牂牁)태수에 임명되었다. 유비는 광한(廣漢)군을 분할하며 재동(梓潼)현을 재동군으로 승격하였는데 재동군수에는 가맹성을 잘 지켜냈던 곽준을 임명하였다. 재동현령이었던 왕련(王連)은 이후 사염교위(司鹽校尉)로 임명되었다. 사염교위는 국가의 소금과 철의 교역을 관리하는 자리인데 왕련이 이를 맡으면서 그 이익이 매우 커져 국가 재정에 큰 도움이 되었다.[59] 때문에 왕련은 후에 촉군태수가 되어서도 소금 전매 업무는 예전과 같이 수행하였다.[60]

　이 무렵 유파(劉巴)가 유비를 찾아온다. 그는 형주에서 조조에 임용되었다가 유비가 형주를 차지한 이후 저 멀리 교지(交阯)군으로 도피했던 인물이다. 유비가 익주를 차지하고 난 후 멀리서 찾아와 사죄하니 유비는 문책하지 않고 맞아주었다. 그동안 엇갈리며 함께 하지 못했지만 늦게나마 한 배를 타게 된 것이다. 이외 동화(董和), 비관(費觀), 팽양(彭羕) 등도 등용되었다.

　한편 유비가 제갈량을 소환할 때에도 백미 마량은 형주에 잔류하고 있었다. 마량은 낙성이 함락되었다는 소식을 듣고 제갈량에게 축하 서신을 보냈다. 서신에서 마량은 제갈량을 존형(尊兄)이라 불렀는데 〈배송지 주〉에 의하면 제갈량과 마량이 의형제를 맺었거나 적어도 매우 친한 사이였을 것으로 보고 있다. 마량 또한 성도로 소환되었다. 그러나 유장의 부하였던 맹달은 소환되지 않고 강릉에 잔류하였다. 이전에 맹달은 법정과 함께 군사를 거느리고 유비를 맞아들인 바 있었는데 유비는 이후 맹달을 의도(宜都)태수에 임명하였다. 의도군은 형주와 익주를 잇는 요지라고 볼 수 있다.

유비가 유장을 공격하여 익주를 손에 넣었다는 소식을 들은 손권은 "교활한 놈이 감히 내게 거짓말을 하다니!"[61]라며 분노했다. 자신이 익주를 차지하려던 것을 유비가 반대했던 사실이 떠올랐을 것이다. 이 무렵 유비와 손권 사이가 좋지 않았는데 익주 외에 형주의 일로도 손권은 분노하고 있었기 때문이다. 형주는 손권의 집요한 요구에도 유비가 돌려주지 않고 있는 상황이었다. 형주 임대에 홀로 찬성했던 노숙이 손권과 관우 사이를 오가며 근근이 험악한 분위기를 무마하려고 애쓰고 있었다. 노숙의 마음이 편하지 않았을 것이다. 해놓은 짓이 있으니.

••••

58. 《삼국지》〈촉서〉 방통법정전(龐統法正傳) '天下有獲虛譽 而無其實者 許靖是也. 然今主公始創大業 天下之人不可戶說. 靖之浮稱 播流四海 若其不禮 天下之人以是謂主公爲賤賢也. 宜加敬重 以眩遠近 追昔燕王之待郭隗'

59. 《삼국지》〈촉서〉 곽왕상장양비전(霍王向張楊費傳) '較鹽鐵之利 利入甚多 有裨國用'

60. 《삼국지》〈촉서〉 곽왕상장양비전(霍王向張楊費傳) '領鹽府如故'

61. 《삼국지》〈오서〉 주유노숙여몽전(周瑜魯肅呂蒙傳) '猾虜乃敢挾詐'

법정은 촉군태수 겸 양무(揚武)장군에 임명되어 도성과 조정 안팎을 총괄하게 되었다. 법정은 캐릭터가 매우 분명한 인물이다. 진수의 기록에 따르면 한 끼 식사를 대접받은 작은 은덕이나 자신에게 눈 한번 흘긴 사소한 원망도 일일이 보답하거나 보복하여 죽거나 다친 자가 수십 명에 이르렀다.[62] 이에 누군가 제갈량에게 법정을 제어할 것을 권유하였다. 하지만 제갈량은 "지금 주공께서 공안(公安)에 계시고 북으로 조조가 강성하고 동쪽으로 손권이 위협하고 있습니다. 게다가 손부인(孫夫人)이 바로 곁에서 변란을 일으킬까 두려운 상황이라 앞뒤로 이리를 만난 것이나 마찬가지입니다. 효직(孝直)[63]은 정사를 보필하는 중신으로 주공이 큰 뜻을 펼칠 수 있게 돕고 있으니 어떻게 그런 행동까지 제어할 수 있겠습니까!"라고 대답하였다.[64] 즉 익주를 차지한 지 얼마 되지 않아 내외가 불안정한 상황에서 법정은 정사의 중신이라 제갈량도 어찌할 수 없었던 것으로 보인다. 물론 법정의 능력도 작용했을 것이다.

참고로 유비가 공안에 머물고 있다는 것은 이때가 215년임을 알 수 있다. 이에 대해선 차후 설명할 기회가 있을 것이다. 그런데 여기서 언급되는 손부인(孫夫人)은 누구일까. 유선(劉禪)의 생모인 감(甘)부인이 형주에서 사망한 이후 유비는 손권의 여동생과 혼인을 맺게 된다. 정사에 따르면 손부인은 행동이 민첩하고 성정이 강렬하여 그 오빠인 손책과 손권의 풍모가 있었다고 한다. 여기에 시중 드는 이들 백여 명도 모두 칼을 차고 있었기에 유비는 갈 때마다 속으로 늘 불안해하였다고 하니[65] 여기까지는 연의의 내용과 별반 다를 바가 없다. 그러나 뒤에 유비에게 고분

고분해졌다는 것은 사실과 다르다. 정사는 손부인이 유비와 혼인한 이후에도 전혀 변화가 없었음을 보여주고 있다. 손부인은 손권의 여동생인 것을 믿고 교만하고 함부로 행동하였고 오의 관리와 병사들을 여럿 거느리며 멋대로 법을 어기곤 했다. 그래서 유비는 성품이 엄중(嚴重)한 조운으로 하여금 이를 제어하게 하였다. 전장을 누벼야 할 맹장, 그것도 조운에게 내부의 일을 맡길 정도로 특별한 관장 대상이었던 것이다.

더구나 유비가 서촉을 정벌한다는 소식을 들은 손권이 다수의 선박을 보내 여동생을 데려오게 하였는데 이때 손부인은 어린 유선을 데리고 가려 하였다. 이에 조운이 장비와 함께 군사를 이끌고 강을 가로막으며 어렵게 유선을 구해 돌아왔다.[66] 이 부분은 연의의 내용과 다르지 않다. 그러나 여기서 크게 간과하는 것이 있는데 바로 이후 손부인의 거취이다. 문장 상 조운이 장비와 함께 손부인에게서 유선을 빼앗아 왔음을 알 수 있다. 즉 유선은 촉으로 돌아왔고 손부인은 동오로 간 것이다. 연

••••

62. 《삼국지》〈촉서〉 방통법정전(龐統法正傳) '一餐之德 睚眥之怨 無不報復 擅殺毁傷己者數人'

63. 효직(孝直)은 법정의 자이다.

64. 《삼국지》〈촉서〉 방통법정전(龐統法正傳) '主公之在公安也 北畏曹公之彊 東憚孫權之逼 近則懼孫夫人生變於肘腋之下 當斯之時 進退狼跋. 法孝直爲之輔翼 令翻然翱翔 不可復制 如何禁止法正使不得行其意邪'

65. 《삼국지》〈촉서〉 방통법정전(龐統法正傳) '初 孫權以妹妻先主 妹才捷剛猛 有諸兄之風 侍婢百餘人 皆親執刀侍立 先主每入 衷心常凜凜'

66. 《삼국지》〈촉서〉 관장마황조전(關張馬黃趙傳) 배송지주 운별전(雲別傳) 인용 '此時先主孫夫人以權妹驕豪 多將吳吏兵 縱橫不法. 先主以雲嚴重 必能整齊 特任掌內事. 權聞備西征 大遣舟船迎妹 而夫人內欲將後主還吳. 雲與張飛勒兵截江 乃得後主還'

의 또한 그렇게 기록하고 있다. 하지만 사료 상의 내용은 다르다. 손부인 탈출사건은 시기가 명확하지 않은데, 일단 장비와 조운이 있는 것으로 보아 유비의 부름을 받아 익주로 향하기 전의 일이다. 그리고 제갈량이 유비 가까이서 손부인이 변란을 일으킬까 걱정한 때가 215년 무렵이니 손부인은 줄곧 촉을 벗어나지 못하였음을 알 수 있다. 즉 유선을 안고 동오로 가려고 했던 손부인은 동오로 가지 못하고 조운과 장비에 의해 유선과 같이 돌아왔던 것이다. 조금 상상을 보태면 끌려왔다고 볼 수도 있겠다.

손부인은 연의에서의 이미지와 정사에서의 느낌이 다른 대표적인 인물이다. 제갈량이 손부인을 꼭 집어 '내부의 불안요소'라고 적시할 정도였으니 그 정도를 추정하기는 어렵지 않다. 연의에서 손부인은 친정어머니가 위독하다는 소식을 듣고 급히 돌아가는 것으로 되어 있다. 하지만 손부인의 친어머니 오씨는 한참 전인 202년에 이미 사망하였다.[67] 따라서 연의에 등장하는 오태부인 혹은 오국태라는 여성의 등장 장면은 가상이라고 생각하면 된다. 참고로 손부인은 정사에 입전하지도 못했으며 이름도 알려지지 않았다. 일부 대중서나 게임에 등장하는 손상향(孫尙香)이란 이름은 경극 또는 개인 창작물에 등장하며 그 근거를 찾기는 어렵다. 입전된 유비의 부인은 감(甘)부인과 장군 오의(吳懿)의 여동생인 오(吳)부인 두 명 뿐이다.

••••

67. 《삼국지》〈오서〉 비빈전(妃嬪傳) '建安七年 臨薨. 引見張昭等 屬以後事 合葬高陵'

방통과 관련된 의문들

방통이란 인물은 몇 가지 특이한 점이 있다. 삼국지에 대한 대중적인 토론에서 방통은 무엇인가 인지부조화를 겪게 하는 인물 중 하나이다. 가장 큰 이유는 등장은 제갈량 레벨인데 퇴장이 너무나 허무하기 때문이 아닐까.

연의에서 방통이 최초로 언급된 부분은 유비와 수경(水鏡)선생 사마휘(司馬徽)의 대화이다. 사마휘는 유비에게 방통을 이렇게 소개하였다. "복룡(伏龍)과 봉추(鳳雛) 둘 중에 하나만 얻어도 천하를 호령할 수 있다."[68] 한참이 지난 후에 유비는 서서를 통해 복룡이 제갈량, 봉추가 방통임을 알게 되었다. 그리고 제갈량을 등용하는 데는 무려 세 번이나 직접 찾아가는 성의를 보인다. 이후 제갈량의 활약은 가히 신(神)의 경지라 할만하다. 그러나 제갈량과 동급으로 천하를 호령할 수 있다는 방통은 그 등용 과정이 사뭇 다르다. 일단 방통은 유비를 직접 찾아온다. 그전에 유비가 방통을 찾는 노력은 눈곱만큼도 보이지 않는다.

등용부터 크게 양보했다고 할 수 있는 방통은 이후에도 푸대접을 받게 된다. 유비가 작은 고을의 현령 자리를 맡겼던 것이다. 그것도 탐탁지 않은 심기를 팍팍 풍기면서 말이다. 방통의 외모가 볼품없는 것으로 묘사되긴 하지만 이와 같은 유비의 행동은 쉽게 이해되지 않는다. 사마휘의 이야기를 잊은 것일까. 아니면 제갈량이란 거물이 있어 인재에 대한 갈증이 해소된 것일까.

다음은 방통의 허무한 죽음이다. 제갈량만큼 지략을 갖췄다는 인물이 협로를 지나면서 매복에 대비하지 않고서 화살에 맞아 전사했다. 방통에 대한 기대가 컸던 독자들은 다소 어이가 없을 것이다. 천하를 호령할 수 있다면서 이게 웬일인가. 작가는 기재(奇才)의 허무한 죽음에 하늘의 뜻이라는 개연성(蓋然性)을 부여하고자 낙봉파(落鳳坡)라는 지명을 만든 것이다. 사실

인명과 지명을 연결하는 일종의 라임(Rhyme)놀이는 중국사에서 드문 일은 아니다. 낙봉파 아이디어 또한 후한의 명장 잠팽(岑彭)의 죽음에서 가져온 것으로 잠팽은 유비보다 180년 앞서 익주를 공략하다 자객에게 암살 당한다. 화를 당한 곳이 팽망(彭亡), 즉 '잠팽이 죽는다'는 뜻이다.[69]

정사에 따르면, 방통의 고향은 양양으로 형주 토박이인 셈인데, 젊을 때 사마휘를 만난 적이 있다. 그때 사마휘가 방통을 높이 평가했고 그 소문이 일대에 퍼지면서 방통의 이름이 알려지게 된다. 이후 주유가 병사하자 방통은 조문 차 오(吳)로 간다.[70] 그리고 오에서 이름난 선비들과 깊이 사귄 후, 벼슬을 하지는 않고 형주로 돌아간다. 이후 유비의 막하에서 지내는 것으로 등장한다.

이 무렵 유비가 형주를 차지한 후 방통에게 뇌양현의 현령 직을 맡겼다고 되어 있다. 유비에게 귀의하게 된 세세한 과정은 알 수 없다. 그런데 방통은 그곳에서 치적을 쌓지 못해 면직된다. 연의에서 태업으로 면직된 것과 별반 다르지 않은 상황이다. 유비가 방통을 중용하지 않은 것은 유비가 방통에 대해 잘 몰랐기 때문일 것이다. 이전에 유비가 사마휘를 만나 제갈량과 방통에 대해 소개받은 것은 사실이지만 그다지 귀담아 듣지 않았을 거란 추정이 가능한 대목이다.

혹 사마휘에게 '제갈량과 방통'이란 이름을 듣고 그냥 지내던 중, 서서가 '제갈량'이라는 이름을 말하니 그제야 귀가 번쩍했던 게 아닐까. 복수의 믿을만한 사람으로부터 높은 평가를 받는 인물. 그렇다면 제갈량을 세 번이나 찾아가 적극적으로 구애한 것도 납득하기 쉬워진다. 반면 방통은 사마휘에게 흘려들은 소개가 전부이니 그다지 크게 보지 않았다고 할 수 있다. 게다가 외모도 눈에 띄는 스타일이 아니니 더욱 그랬을 것이다. 이후 유비가 방통을 승진시킨 것은 다름 아닌 노숙의 권유가 있었기 때문이다. 노숙이 유비에게 서신을 보내 '방통은 백리지재가 아니니 중요한 직책을 맡기시라'고 말했다. 연의에서는 '백리지재가 아니라'는 말을 제갈량이 하지만 실제는 노숙의 말이었고, 방통과 유비 모두를 생각하는 노숙의 배려였다. 노숙은 가끔 오의 신하인지 촉의 신하인지 헷갈릴 때가 있다. 아마도 유비의 성장이 자신들에게 이득이 될 것이란 확신이 있었기 때문일 것이다. 아무튼 노숙의 의견에 제갈량도 찬성하여 방통은 제갈량과 거의 어깨를 나란히 하는 지위에 오른다.

연의에서는 적벽대전 중 방통이 등장하는 것으로 그리고 있다. 노숙의 추천으로 주유에게 등용된다. 적벽대전에서 방통의 가장 유명한 활약은 연환계(連環計)이다. 어렵게 조조를 만나 조조로 하여금 전선들을 연결하게 한 것이다. 정사에서는 황개가 묶여 있는 배들을 보고 화공(火攻)을 제시할 뿐 조조가 왜 배를 묶었는지에 대한 직접적 언급은 없다. 다만 연의의 내용대로 배에 익숙지 않은 북쪽의 병사들이 멀미를 줄이고 편하게 활동할 수 있기 위함이라는 말은 일리가 있다. 여기에 방통을 끼워 넣은 것은 방통의 존재감을 조금이라도 높이려는 작가의 또 다른 배려로 보인다.

방통이 전투 중에 화살에 맞아 안타깝게 전사한 것과 조조가 전선들을 묶었던 것은 역사적 사실이다. 다만 사마휘가 말한 '이 시대에 해야 할 일을 아는 자'를 '천하를 호령할 수 있는 자'로 탈바꿈한 것은 방통에 대한 기대를 한껏 높인, 이 모든 논쟁을 촉발시킨 행위였다. 물론 소설의 재미를 위한 각색인 만큼 천하를 경영할 수 있는 인재의 안타까운 사고사인지, 깜도 안 되는 인물에게 붙여진 과대평가인지는 각자 판단할 일이다.

• • • •

68. 《삼국연의(三國演義)》35회 '伏龍鳳雛 兩人得一 可安天下'. 정사의 기록인 '識時務者在乎俊傑. 此間自有伏龍鳳雛'와 확연히 다른 분위기임을 알 수 있다.

69. 《후한서(後漢書)》풍잠가열전(馮岑賈列傳) '彭所營地名彭亡 聞而惡之 欲徙 會日暮 蜀刺客詐為亡奴降 夜刺殺彭'

70. 《삼국지》〈촉서〉 방통법정전(龐統法正傳) '瑜卒 統送喪至吳'

5

조조와 마초의 재대결

213~214년

213년 마초가 다시 움직이기 시작했다. 대략 1년 전 양주의 참군(參軍) 양부(楊阜)가 예상했던 대로였다. 마초는 서융의 여러 종족들을 거느리고 농산 일대를 공격하였고 여러 군현들이 이에 호응하였다. 이때 천수군에서 기현(冀縣)만이 이런 흐름에 따르지 않고 양주자사 위강(韋康) 그리고 천수군의 군사들과 함께 성을 내놓지 않고 있었다.[71] 이때 장로도 대장 양앙(楊昂)을 보내 마초에 협력하여 1만여 군사가 기현을 공격했다. 이에 양부는 일대의 병력을 모아 사촌동생 양악(楊岳)과 함께 저항하였다.

••••

71. 기현의 남쪽에 노성(鹵城)과 역성(歷城)이 있다. 그리고 기현의 북동쪽에는 현친(顯親)현이 위치한다. 현친현의 동쪽에 약양(略陽)이 있고 현친현의 북동쪽에 흥국(興國)이 있다. 본편은 천수(天水)군 기현(冀縣)을 중심으로 펼쳐진다.

그러나 1월부터 8월까지 필사적으로 농성했지만 구원병은 오지 않았다. 양주자사의 별가(別駕) 염온(閻溫)이 몰래 헤엄쳐 빠져나와 하후연에게 위급을 알리려 하였으나, 이마저도 마초에게 생포되고 말았다. 마초는 염온에게 '동쪽에서 구원병이 오지 않을 것이다'고 말하면 살려준다고 회유하였는데 염온이 이를 수락하였다. 마초는 염온을 수레에 태워 기현의 성문 앞으로 데려갔다. 그러나 염온은 도리어 "사흘만 기다리면 대군이 올 것이니 힘써 막아주시오!"라고 외쳤다. 분노한 마초는 염온을 처형해버렸다. 염온의 노력에도 절망한 양주자사 위강과 천수태수 등은 결국 성문을 열고 마초에 투항하였다. 양악은 하옥되고 양주자사와 천수태수는 처형되었다. 괜히 투항했다.

사실 구원군은 오고 있었다. 물론 때를 놓친 상황이었다. 하후연이 이끄는 병력은 죽을힘을 다해 달려왔으나 이미 성이 함락된 후였던 것이다. 게다가 기현까지 다다를 수도 없었다. 우부풍(右扶風)군 일대의 저족들이 반기를 들어 하후연은 전진할 수 없었기 때문이다. 양부는 마초에게 복수할 뜻을 품었지만 당장 상황이 여의치 않아 양관(梁寬), 조구(趙衢) 등과 함께 기회를 엿보기로 하였다. 당시 양부의 외사촌형 강서(姜敍)는 천수군 역성(歷城)에 주둔하고 있었다. 그런데 강서의 모친도 강서와 양부에게 마초를 토벌하라고 강하게 권유하였다. 그리하여 양부와 강서 등은 노성(鹵城)에서 마초에 저항하게 되었다. 조구는 마초를 설득하여 마초가 직접 출병하게 하였는데 마초가 성을 비운 후 양관(梁寬)과 함께 하옥된 양악을 구출하고 성문을 폐쇄하고 마초의 가족들을 참수했다. 조구는 처음부터 마초에 협조할 생각이 없었던 자로 거짓 항복을 했던 것이다. 이에 마초는 역성(歷城)을 공격하여 강서의 모친을 생포하였다. 하지만 강서의 모친이 마초를 꾸짖자 살해해버렸다. 이후 양부와 마초 간에 혈전이 벌어져 양부의 친척 형제 7명이 전사하고 양부도 부상을 당했다.

이 무렵 하후연은 장합에게 군사 5천을 주어 선발대로 출진시킨다. 장합은 진창(陳倉)현의 좁은 길로 진군하는 중 위수(渭水) 부근에 이르러 마초가 거느린 저족(氐族), 강족(羌族) 수천 명과 만났다. 하지만 불리한 측은 마초였다. 마초는 양관과 조구가 기현성을 차지해 퇴로가 막힌 상태였기 때문에 진퇴양난의 상황에 처한 것이다. 어쩔 수 없이 마초는 전투가 벌어지기도 전에 한중으로 가서 장로에게 의지하게 되었다. 장합은 마초 군사들의 장비를 수습하였고 하후연이 도착할 무렵에는 일대의 여러 현이 투항하였다. 이때가 214년 1월이다.

한편 천수군 현친(顯親)현에 주둔해 있던 한수 또한 하후연의 기습을 받고 패주하였다. 하후연은 한수의 군량을 거둬들인 후 추격을 계속하여 약양(略陽)성에 이르니, 한수와 20여 리의 거리였다. 여러 장수들이 한수를 공격하려 하였는데 한 장수는 흥국(興國)에 있는 저족(氐族)을 쳐야 한다고 주장하였다. 그러나 하후연은 '한수가 정병을 거느렸고 흥국의 성 또한 견고하여 쉽게 함락시킬 수 없다'고 생각해 장리(長離) 지역의 강족(羌族) 마을을 먼저 공격하기로 하였다. 이러한 결정을 한 또 다른 이유는 한수의 병졸 중에는 장리 지역의 강족이 많아 가족을 구하러 올 것

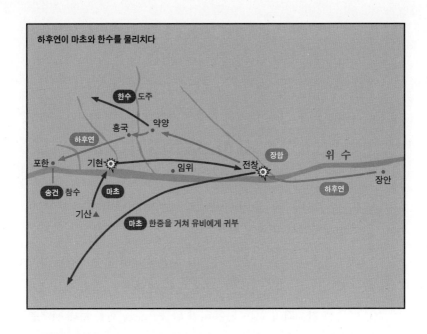

하후연이 마초와 한수를 물리치다

이라 생각했기 때문이다. 하후연은 경무장한 군사들로 장리에 진군하여 강족 백성들을 생포하였다. 그러자 하후연의 생각대로 한수에 소속된 강족들이 각자의 마을을 구하려 급히 돌아갔다. 한수 또한 장리를 구원하러 진격하여 하후연과 맞섰다.

이때 하후연의 부장들은 한수의 군사들이 많은 것을 보고 걱정하여 참호를 판 후 싸우려 하였다. 그러나 하후연이 이를 허락하지 않았다. "우리는 싸우러 1천 리를 달려 왔는데, 다시 참호를 판다면 사졸이 너무 지쳐서 오래 견딜 수 없다. 비록 적의 무리가 많다지만 오히려 바로 싸우는 편이 쉬울 것이다." 그러고는 북을 치며 진격하여 한수의 군사를 대파하였다.[72] 병사들 입장에서는 참호 파기, 삽질 작업도 피하고 승리도 쟁취한 일석이조의 쾌거라 하겠다. 이후 하후연은 약양(略陽)성으로 회군하였다가 다시 여세를 몰아 진격해 흥국(興國)성을 포위하였다. 이에 저족왕 천만(千萬)은 마초의 군영으로 도주하고 나머지 군졸들은 모두 투항하였다. 그해 10월에는 하후연이 장안에서 멀리 북서쪽에 위치한 농서군 포한(枹罕)현까지 공격하여 평정하는 전과를 올렸다. 아울러 포한 일대에서 30년간 왕 노릇을 해온 송건(宋建)을 참수하였다.

한편 한중으로 달아난 마초는 장로에 의지하고 있었는데 그 무렵 유비가 유장을 성도에서 포위해 공격한다는 소식을 듣게 되었다. 정사의 마초 관련 기록에 따르면, 마초는 유비에게 은밀히 편지를 보내 투항의 뜻을 밝힌 것으로 나온다.[73] 같은 상황에 대해 이회(李恢) 관련 기록에서는 조금 다르게 기술되어 있는데, 유비가 한중으로 이회를 보내 마초를 설득하니 결국 유비에 투항한 것으로 되어 있다.[74] 다만 마초의 충직한 부장이었던 방덕은 마초와 헤어져 계속 장로의 막하에 머문다. 방덕이 마초를 따라가지 못한 명확한 이유는 알 수 없으나 연의에서는 마초가 한중을 떠날 때 병석에 있었던 것으로 되어 있다.

마초가 유비에게 투항했다는 소식은 형주에 있던 관우의 귀에까지 들어갔다. 관우는 제갈량에게 서신을 보내 마초의 재능이 누구와 비슷한가를 물었다. 제갈량은 관우가 승부 겨루기를 좋아한다는 사실을 알고 "맹기(孟起)가 문무를 겸비하고 용맹이 뛰어난 웅걸이라 익덕(益德)과는 우열을 다툴 만하지만 미염공에 비길만한 인물은 아닙니다."라고 답을 보내 관우의 호승심을 잠재웠다. 관우의 수염이 멋지기에 제갈량은 관우를 미염공(美髯公)이라고 불렀던 것이다. 이에 관우는 크게 기뻐하며 주변 사람들에게 서신을 보여주며 자랑했다.[75] 위신을 중요하게 여기는 관우의 성격을 단적으로 보여주는 일화라고 할 수 있는데 고금을 통해 남자들의 유치한 힘 자랑은 나이와 상관이 없는 모양이다.

관우의 성격을 보여주는 일화는 또 있다. 이 또한 정사의 내용인데 예전에 관우가 화살에 왼쪽 어깨를 맞은 적이 있었다. 그런데 상처는 다 나았지만 비가 올 때마다 그 부위가 늘 아팠다. 이에 의원이 "살촉에 독약이 묻었고 그 독이 뼈에 들어갔으니 어깨를 갈라 뼈의 독을 긁어내야만 고칠 수 있습니다."라고 진단을 내린다. 그러자 관우는 바로 의원에게 어깨를 풀어 상처를 수술하게 하였다. 그때 관우는 여러 부장들을 불러 술을 마시며 이야기를 나눴는데, 어깨에서 피가 흘러내려 그릇에 가득했지만 관우는 고기를 구워 술을 마시며 태연히 담소를 나누었다.[76] 마취 없이 살을 가른다는 것은 상상을 초월하는, 그야말로 뼈를 깎는 고통일 텐데 대단하다 하지 않을 수 없다. 부끄러움이 아픔을 이긴 역사적 사례인 듯한데 치료 중인 환자가 술과 고기를 먹는 건 좀 아니지 않나 싶다.

••••

72. 《삼국지》〈위서〉 제하후조전(諸夏侯曹傳) '諸將見逢衆 惡之 欲結營作塹乃與戰. 淵曰 我轉鬪千里 今復作營塹 則士衆罷弊 不可久. 賊雖衆 易與耳. 乃鼓之 大破逢軍'

73. 《삼국지》〈촉서〉 관장마황조전(關張馬黃趙傳) '聞先主圍劉璋於成都 密書請降'

74. 《삼국지》〈촉서〉 황이여마왕장전(黃李呂馬王張傳) 이회편 '遣恢至漢中 交好馬超 超遂從命'

75. 《삼국지》〈촉서〉 관장마황조전(關張馬黃趙傳) '孟起兼資文武 雄烈過人 一世之傑 黥彭之徒. 當與益德並驅爭先 猶未及髯之絶倫逸群也. 羽美鬚髯 故亮謂之髯. 羽省書大悅 以示賓客'. 맹기(孟起)는 마초의 자이고, 익덕(益德)은 장비의 자이다.

76. 《삼국지》〈촉서〉 관장마황조전(關張馬黃趙傳) '而羽割炙引酒 言笑自若'

부록

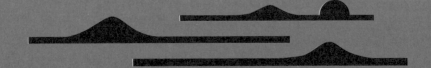

각국 연호 대조표

서기	한(漢)
184년	광화(光和) 7년 / 중평(中平) 원년
185년	2년
186년	3년
187년	4년
188년	5년
189년	6년(광희(光熹)/소녕(昭寧)/영한(永漢) 원년)
190년	초평(初平) 원년
191년	2년
192년	3년
193년	4년
194년	흥평(興平) 원년
195년	2년
196년	건안(建安) 원년
197년	2년
198년	3년
199년	4년
200년	5년
201년	6년
202년	7년
203년	8년
204년	9년
205년	10년
206년	11년
207년	12년
208년	13년
209년	14년
210년	15년
211년	16년
212년	17년
213년	18년
214년	19년
215년	20년
216년	21년

서기	한(漢)	위(魏)	촉(蜀)	오(吳)	진(晉)
217년	22년				
218년	23년				
219년	24년				
220년	25년	황초(黃初) 원년			
221년		2년	장무(章武) 원년		
222년		3년	2년	황무(黃武) 원년	
223년		4년	건흥(建興) 원년	2년	
224년		5년	2년	3년	
225년		6년	3년	4년	
226년		7년	4년	5년	
227년		태화(太和) 원년	5년	6년	
228년		2년	6년	7년	
229년		3년	7년	황룡(黃龍) 원년	
230년		4년	8년	2년	
231년		5년	9년	3년	
232년		6년	10년	가화(嘉禾) 원년	
233년		청룡(靑龍) 원년	11년	2년	
234년		2년	12년	3년	
235년		3년	13년	4년	
236년		4년	14년	5년	
237년		경초(景初) 원년	15년	6년	
238년		2년	연희(延熙) 원년	적오(赤烏) 원년	
239년		3년	2년	2년	
240년		정시(正始) 원년	3년	3년	
241년		2년	4년	4년	
242년		3년	5년	5년	
243년		4년	6년	6년	
244년		5년	7년	7년	
245년		6년	8년	8년	
246년		7년	9년	9년	
247년		8년	10년	10년	
248년		9년	11년	11년	
249년		가평(嘉平) 원년	12년	12년	

서기	한(漢)	위(魏)	촉(蜀)	오(吳)	진(晉)
250년		2년	13년	13년	
251년		3년	14년	태원(太元) 원년	
252년		4년	15년	신봉(神鳳)/ 건흥(建興) 원년	
253년		5년	16년	2년	
254년		정원(正元) 원년	17년	오봉(五鳳) 원년	
255년		2년	18년	2년	
256년		감로(甘露) 원년	19년	태평(太平) 원년	
257년		2년	20년	2년	
258년		3년	경요(景耀) 원년	영안(永安) 원년	
259년		4년	2년	2년	
260년		경원(景元) 원년	3년	3년	
261년		2년	4년	4년	
262년		3년	5년	5년	
263년		4년	염흥(炎興) 원년	6년	
264년		함희(咸熙) 원년		원흥(元興) 원년	
265년		2년		감로(甘露) 원년	태시(泰始) 원년
266년				보정(寶鼎) 원년	2년
267년				2년	3년
268년				3년	4년
269년				건형(建衡) 원년	5년
270년				2년	6년
271년				3년	7년
272년				봉황(鳳凰) 원년	8년
273년				2년	9년
274년				3년	10년
275년				천책(天册) 원년	함녕(咸寧) 원년
276년				천새(天璽) 원년	2년
277년				천기(天紀) 원년	3년
278년				2년	4년
279년				3년	5년
280년				4년	태강(太康) 원년

삼국시대 연표

기록에 따라 상이한 시기는 본기(本紀)와 당사자 관련 기록을 우선하였음
'―'표시 된 부분은 시기가 불명확한 사건임

연도	주요 사건
184	2월 장각(張角)을 우두머리로 한 황건적(黃巾賊)의 난이 일어나다. 3월 황보숭(皇甫嵩),주준(朱儁),노식(盧植)을 토벌군으로 파견하다. 10월 장각의 수급이 낙양(洛陽)으로 전해지고, 황보숭이 거기장군(車騎將軍)으로 승진하다. 11월 황보숭이 장각의 동생 장보(張寶)를 참수하며 황건적의 난이 일단락되다. 12월 광화(光和)에서 중평(中平)으로 개원하다.
185	1월 역병이 창궐하다. - 황건적의 잔당인 흑산적 등이 계속 활동하다.
186	12월 유주(幽州)와 병주(幷州)에 선비족이 침범하다.
187	3월 대장군 하진(何進)의 동생 하묘(何苗)가 형양(滎陽)의 도적 무리를 격파하다. - 장사(長沙)태수 손견(孫堅)이 일대의 소요를 평정하다.
188	10월 청주(青州), 서주(徐州) 등지에서 황건적이 재봉기하다.
189	4월 영제(靈帝)가 34세의 나이로 병사하다. 8월 대장군 하진이 피살되자 원소(袁紹),원술(袁術) 등이 환관들을 살육하다. 혼란을 틈 타 동탁(董卓)이 낙양에 진입하다. 9월 동탁이 소제(少帝)를 폐위하고 헌제(獻帝) 유협(劉協)을 옹립하다. 12월 조조(曹操)가 진류(陳留)군에서 거병하다. - 여포(呂布)가 집금오(執金吾) 정원(丁原)을 살해하고 동탁에 투항하다.
190	1월 발해(渤海)태수 원소를 맹주로 전국의 자사와 태수들이 동탁에 맞서 거병하다. 2월 동탁이 장안(長安)으로 천도를 결정하다.
191	봄 원소와 한복(韓馥)이 유주목 유우(劉虞)를 황제로 옹립하려 하였으나 유우가 거부하다. 손견이 낙양에서 황릉을 정비하던 중 견궁(甄宮)의 우물에서 전국옥새를 얻다. 4월 동탁이 장안에 입성하다. 7월 원소가 한복에게서 기주(冀州)를 빼앗다. - 유비(劉備)가 평원국(平原國) 상(相)이 되다.

192	1월 손견이 양양 인근에서 황조(黃祖)와 교전 중 전사하다. 4월 왕윤과 여포가 동탁을 주살하다. 동탁의 부하 이각(李傕)과 곽사(郭汜) 등이 장안을 도륙하다. - 연주(兗州)자사 유대(劉岱)가 황건적과 전투 중 전사하다.
193	봄 원술이 조조에 쫓겨 구강(九江)군으로 도주하다. 가을 조조가 부친의 원수를 갚는다는 명목으로 서주의 도겸(陶謙)을 공격하다.
194	여름 조조가 서주의 도겸을 다시 공격하며 일대를 살육하다. 이때 여포와 진궁(陳宮)이 견성(鄄城),복양(濮陽) 등을 급습하다. 9월 조조가 견성으로 회군하다. -도겸이 사망하고 유비가 서주목으로 추대되다.
195	여름 여포가 조조에 패퇴하여 유비에게로 달아나다. 7월 헌제가 장안을 탈출하여 동쪽으로 출발하다. - 손책(孫策)이 원술에서 자립하여 장강 일대에서 활약하다.
196	7월 양봉(楊奉)과 한섬(韓暹) 등이 헌제를 모시고 낙양으로 환도하다. 9월 조조가 대장군에 임명되며 허현(許縣)으로 천도하다. - 유비가 원술과 다투는 사이 여포가 하비(下邳)를 기습하다. 얼마 후 유비와 여포가 화해하다. - 여포가 다시 유비를 공격하다. 유비는 조조에 의탁하고 예주목(豫州牧)에 임명되다.
197	1월 조조가 남양(南陽)군 완현(宛縣)으로 진군하자 장수(張繡)가 투항하다. 며칠 후 장수가 배신하며 조조를 공격해 전위(典韋)가 전사하다. 봄 원술이 황제를 참칭하다. 9월 원술이 조조에 패하여 회수(淮水)를 건너 도주하다.
198	여름 조조가 남양군에서 유표(劉表)와 장수(張繡)를 상대로 승리를 거두다. 가을-겨울 조조가 여포를 공격하여 강물을 이용해 하비성을 함락하다. 여포와 진궁을 처형하다. - 유비는 조조를 따라 허도로 회군하여 좌장군(左將軍)에 임명되다.
199	여름 유비가 원술 공격을 명목으로 출병하다. 그 즈음 원술이 병사하다 11월 장수(張繡)가 가후(賈詡)의 의견에 따라 조조에게 투항하다. 12월 조조가 관도(官渡)에 주둔하다. - 원소가 공손찬(公孫瓚)을 격파하고 유주(幽州)를 차지하다. - 손책과 주유(周瑜)가 환현(皖縣)에서 대교(大橋),소교(小橋)와 혼인하다.

200	1월 동승(董承) 등이 조조를 암살하려던 계획이 누설되다. 2~3월 유비가 조조에 패하여 원소에 의탁하다. 관우(關羽)는 조조에 투항하다. 4월 백마(白馬)현에서 원소의 맹장 안량(顏良)이 전사하다. 8월 원소와 조조가 전투를 이어가다. 조조군의 군량이 부족하여 회군을 고민하다. 10월 조조가 오소(烏巢)에서 원소의 군량수송 부대를 격파하다. - 손책이 자객에서 입은 상처가 악화되어 26세의 나이로 사망하다. - 19세의 손권(孫權)이 손책의 뒤를 이어 강동(江東)을 다스리다.
201	4월 조조가 황하 부근에 군사를 집결하여 창정(倉亭)에 주둔한 원소군을 격파하다. 9월 조조가 허도로 귀환하다. - 유비가 형주(荊州)의 유표에게 의탁하다.
202	5월 원소가 병사하다. 9월 조조가 원소의 맏아들 원담(袁譚)을 공격하다. - 손권의 모친 오(吳)부인이 사망하다.
203	8월 조조가 잠시 물러나자 원담,원상(袁尙) 형제가 서로 다투다. 얼마 후 원담이 조조에 투항하다. 10월 조조와 원담이 사돈을 맺다. - 손권이 강하의 황조를 공격하여 수군을 격파하다.
204	5월 조조가 강물을 이용해 업성(鄴城)을 공격하다. 7월 조조가 원상의 구원군을 물리치다. 8월 업성이 함락되다. 조비가 원희(袁熙)의 부인 견(甄)씨를 취하다. 12월 조조가 원담과의 혼사를 파기하다. - 손권의 동생 손익(孫翊)이 부하들에게 피살되다.
205	1월 조조가 원담을 공격하여 주살하다. 4월 흑산적 장연(張燕)이 무리를 거느리고 조조에 투항하다. 10월 조조가 업현으로 귀환하다. 원소의 생질 고간(高幹)이 조조에 투항하고 병주(幷州)자사에 유임되다.
206	1월 고간이 배신하자 조조가 공격하다. 고간은 도주 중 피살되다.
207	2월 조조가 업현으로 귀환하다. 북방 3군으로 출병을 결정하다.

207	5월 조조가 우북평(右北平)군에 도착하다. 9월 조조가 요서군 유성(柳城)에 주둔하자 공손강(公孫康)이 원희와 원상의 수급을 보내오다. 11월 조조가 역수(易水)에 도착하자 오환족(烏丸族) 선우들이 찾아와 하례하다. - 유비가 유표에게 허도를 습격할 것을 건의하지만 유표가 불허하다. - 유비가 삼고초려 끝에 제갈량(諸葛亮)을 등용하다.
208	봄 손권이 황조를 공격하여 참살하다. 1월 조조가 업현으로 귀환한 후 현무지(玄武池)를 만들어 수군 훈련을 하다. 7월 조조가 형주로 출병하다. 8월에 유표가 사망하다. 채(蔡)씨 소생 유종(劉琮)이 뒤를 잇다. 9월 조조가 신야(新野)에 이르자 유종이 투항하다. 유비는 하구(夏口)로 도주하다. 12월 조조가 적벽(赤壁)에서 손권-유비 연합군에 패퇴하다. - 유표의 장자 유기(劉琦)가 강하(江夏)태수로 부임하다. - 손권이 유비에게 노숙(魯肅)을 파견하다.
209	3월 조조가 초현(譙縣)에 주둔하면서 수군 훈련을 하다. 주유와 조인(曹仁)이 1년간 남군(南郡)에서 대치하다. 결국 조인이 패주하고 주유가 남군태수가 되다.
210	겨울 조조가 동작대(銅爵臺)를 세우다. 이에 조조의 셋째아들 조식(曹植)이 시를 짓다. - 주유가 36세의 나이로 병사하다. - 손권이 유비에게 형주를 임차하다.
211	1월 조비가 오관중랑장(五官中郞將) 겸 부승상에 임명되다 3월 조조가 종요(鍾繇)를 파견해 한중군의 장로(張魯)를 토벌하게 하다. 7월 조조가 서쪽으로 출병해 마초(馬超) 등과 대치하다. 9월 조조가 이간계를 활용해 마초와 한수(韓遂)를 물리치다. - 익주목(益州牧) 유장(劉璋)이 유비와 부현(涪縣)에서 회동을 가지며 장로 토벌을 부탁하다. - 손권이 말릉(秣陵)으로 천도하다.
212	1월 조조가 칼을 차고 신을 신은 채 전각에 오를 수 있는 등의 특권을 허락받다. 10월 조조가 손권을 공격하기 위해 출병하다. 이에 손권이 유비에 구원을 요청하자 유비가 유장에게 각종 군수물자를 요구하다. - 말릉을 건업(建業)으로 개명하다.

213	1월 유수구(濡須口)에서 조조와 손권이 교전하다.
	5월 헌제가 조조를 위공(魏公)에 책봉하고 구석(九錫)을 하사하다.
	겨울 마초가 주변 이민족들을 규합하여 천수(天水)군 일대를 공격하다.
	- 유장의 아들 유순(劉循)이 유비에 맞서 1년 가까이 낙성(雒城)에서 농성하다.

214	1월 조구(趙衢),윤봉(尹奉) 등이 마초의 가족을 살해하다.
	5월 오(吳)의 여몽(呂蒙)과 감녕(甘寧)이 여강(廬江)군 환성(皖城)을 공격하여 함락하다.
	여름 유비가 낙성(雒城)을 함락하고 성도(成都)로 진격하다.
	7월 조조가 손권을 공격하다.
	10월 하후연(夏候淵)이 농서(隴西) 일대를 차지하고 있던 송건(宋建)을 참수하다.
	11월 헌제의 황후 복(伏)씨가 처형되다.
	- 방통(龐統)이 낙성 공격 중 화살에 맞아 전사하다.
	- 장비(張飛),조운(趙雲) 등의 증원병이 강주(江州)를 점령하여 엄안(嚴顔)을 생포하다.
	- 이회(李恢)가 마초를 설득하여 유비에게 투항하게 하다.

215	3월 조조가 장로(張魯)를 정벌하기 위해 출병하다.
	7월 조조가 양평관(陽平關)에 도착하다.
	8월 손권이 합비(合肥)를 포위하여 공격하였으나 장료(張遼) 등이 물리치다.
	11월 장로가 조조에 투항하다. 하후연을 남기고 조조는 귀환하다.
	- 손권과 유비가 상수(湘水)를 경계로 형주 남부를 분할하기로 합의하다.

216	5월 헌제가 조조의 작위를 위왕(魏王)으로 승격시키다.
	- 조조가 유수(濡須)를 공격하다.

217	1월 조조가 여강군 거소(居巢)현에 주둔하다.
	4월 헌제가 조조에게 천자의 정기(旌旗) 사용 등 여러 의전을 허락하다.
	10월 조비가 위(魏)의 태자로 책봉되다.
	- 오(吳)의 노숙이 사망하다.

218	1월 태의령(太醫令) 길본(吉本) 등이 허도에서 조조에 반역하다.
	7월 조조가 유비를 공격하기 위해 출병하다.

219	1월 황충(黃忠)이 정군산(定軍山)에서 하후연을 상대로 대승을 거두다. 하후연이 전사하다.
	3월 조조가 사곡(斜谷)을 통과해 양평관에 도착하다.
	5월 조조가 장안으로 회군하다.

7월 조인이 번성(樊城)에서 관우에 포위되자 우금(于禁)을 원군으로 파병하다.

8월 한수(漢水)가 범람하며 우금의 군영이 물에 잠기자 서황(徐晃)을 원군으로 파병하다.

12월 반장(潘璋)의 부하 마충(馬忠)이 관우와 관평(關平)을 생포하다.

- 조조가 양수(楊修)를 처형하다.

220

1월 관우의 수급이 낙양에 도착하다. 얼마 후 조조가 66세의 나이로 사망하다.

5월 양주(凉州) 여러 군에서 위(魏)에 반기를 들다.

7월 촉(蜀)의 장수 맹달(孟達)이 위(魏)에 투항하다.

10월 헌제가 조비에게 제위를 선양하다. 황초(黃初)로 개원하다.

12월 조비가 낙양에 궁궐을 짓고 행차하다.

- 노장 황충이 병사하다.

221

4월 유비가 제위에 등극하며, 연호를 장무(章武)로 정하다.

5월 오의(吳懿)의 여동생 오(吳)씨를 황후에, 유선(劉禪)을 황태자에 책봉하다.

7월 오(吳)에 대한 출병 준비 중 장비가 부하들에게 피살되다.

8월 조비가 손권에게 구석(九錫)을 하사하다. 손권이 우금을 송환하다.

- 손권이 악현(鄂縣)으로 도읍하며 무창(武昌)으로 개명하다.

222

6월 이릉(夷陵)에서 육손(陸遜)이 유비가 이끄는 촉군을 대파하다.

9월 위(魏)가 오(吳)를 향한 공격을 시작하다.

12월 한가(漢嘉)태수 황원(黃元)이 유비의 위중함을 듣고 반란을 일으키다.

- 손권이 독자 연호 황무(黃武)를 사용하다.

223

3월 조인이 사망하다.

4월 유비가 제갈량에게 태자 유선을 부탁하고 63세의 나이로 사망하다.

5월 성도에서 유선이 17세의 나이로 즉위하다. 건흥(建興)으로 개원하다.

224

봄 촉(蜀)의 관문을 폐쇄하고 백성들을 쉬게 하다.

- 손권이 장예(張裔)를 촉(蜀)으로 송환하다.

225

3월 제갈량이 익주 남쪽으로 출병하다.

12월 제갈량이 성도로 귀환하다.

- 익주 남부 행정구역을 개편하다.

226

5월 조비가 위독해지자 조예(曹叡)를 황태자에 책봉하다.

227	12월 신성군 태수 맹달이 반역하자 사마의(司馬懿)가 급히 출병해 진압하다.
228	봄 제갈량이 위(魏)를 공격하자 일대 여러 군들이 호응하다. 조예가 장안에 옮겨 머물다. 4월 조예가 낙양으로 환궁하다. 5월 오(吳)의 파양태수 주방(周魴)이 조휴(曹休)를 유인하다. 9월 환현(皖縣),석정(石亭) 인근에서 조휴가 육손에 대패하다. 12월 제갈량이 진창(陳倉)을 포위하였으나 군량 부족으로 철군하다. - 천수군 출신 강유(姜維)가 제갈량에게 투항하다. - 요동태수 공손공(公孫恭)이 조카인 공손연(公孫淵)에게 지위를 빼앗기다.
229	6월 촉(蜀)에서 축하사절을 보내자 천하 양분을 약속하다. 겨울 제갈량이 한성(漢城)과 낙성(樂城)을 축조하다. - 손권이 칭제하며 연호를 황룡(黃龍)으로 개정하다. 아울러 손등(孫登)을 황태자에 책봉하다.
230	7월 조진(曹眞)과 사마의가 촉(蜀)을 공격하다. 9월 조진과 사마의가 회군하다.
231	3월 조진이 사망하다. 제갈량이 천수군으로 출병하자 사마의가 방어하다 7월 제갈량이 철군하다. 8월 제갈량이 이엄(李嚴)을 파직하여 유배 보내다.
232	10월 요동태수 공손연이 손권에게 사자를 보내 번신을 자청하다. - 제갈량이 목우(木牛)와 유마(流馬)를 완성하다.
233	3월 손권이 바닷길로 공손연에게 예물과 사자를 보냈으나 공손연이 이들을 참수하다. 12월 공손연이 손권의 사자를 참수한 후 그 수급을 낙양으로 보내다. 겨울 제갈량이 사곡구로 군량을 운반하며 군량 창고를 짓다. - 위(魏)의 연호를 태화(太和)에서 청룡(靑龍)으로 개정하다.
234	3월 헌제가 사망하다. 4월 제갈량이 사곡을 따라 출병하다. 5월 손권이 신성(新城)으로 출병하다. 8월 제갈량이 오장원에서 병사하며 촉군이 철군하다.
235	봄 대장군 사마의가 태위(太尉)가 되다. 4월 촉(蜀)의 장완(蔣琬)이 대장군에 임명되다.

236	오(吳)의 중신 장소(張昭)가 사망하다.
237	가을 공손연이 연왕(燕王)으로 자립하며 독자 연호를 사용하다.
238	1월 사마의가 요동으로 출병하다. 8월 사마의가 공손연을 양평현에서 포위하여 대파, 공손연을 참수하다. - 오(吳)의 교사(校事) 여일(呂壹)이 처형되다.
239	1월 조예가 36세의 나이로 사망하다. 조방(曹芳)이 황태자에 책립되고 당일 즉위하다.
240	4월 위(魏)의 거기장군 황권(黃權)이 사망하다.
241	5월 오(吳)의 주연(朱然)이 번성을 포위하자 사마의가 방어하다. - 오의 태자 손등(孫登)과 중신 제갈근(諸葛瑾)이 사망하다.
242	1월 손화(孫和)가 태자에 책립되다.
243	11월 비의(費禕)가 대장군에 임명되다.
244	2월 조상(曹爽)이 촉(蜀)의 한중군을 공격하자 왕평(王平)이 흥세(興勢)에서 방어하다. 4월 조상이 회군하다.
245	- 촉의 황태후 오(吳)씨가 사망하다.
246	2월 유주자사 관구검(毌丘儉)이 고구려를 공격하다. 11월 장완이 사망하다. - 촉의 시중(侍中) 동윤(董允)이 사망하자 환관 황호(黃皓)가 정사에 간여하기 시작하다.
247	강유가 문산(汶山)군 일대 이민족들의 봉기를 진압하다.
248	사마의가 흡사 풍병에 걸린 것처럼 연기를 하며 조상(曹爽)을 방심하게 만들다.
249	1월 고평릉(高平陵)의 변이 일어나다. 조상 등이 숙청되고 사마의가 정권을 잡다. 위(魏)의 우장군 하후패(夏候覇)가 촉(蜀)에 투항하다.
250	8월 손권이 태자 손화를 폐하다. 11월 손권의 막내아들 손량(孫亮)이 태자에 책립되다. 12월 위(魏)의 장군 왕창(王昶)이 장강을 건너 오(吳)를 급습하다.

251	4월 위(魏)의 태위(太尉) 왕릉(王淩)이 반역하자 사마의가 진압하다. 8월 사마의가 73세의 나이로 사망하다.
252	1월 사마사(司馬師)가 대장군에 임명되다. 4월 손권이 71세의 나이로 사망하다. 12월 오(吳)의 대장군 제갈각(諸葛恪)이 동흥(東興)에서 위군을 격파하다.
253	1월 촉(蜀)의 대장군 비의가 피살되다. 4월 오(吳)의 제갈각이 신성(新城)을 포위하다. 전염병으로 사상자가 속출하다. 7월 제갈각이 철군을 결정하다. 10월 손준(孫峻)이 제갈각을 주살하다.
254	2월 위(魏)의 장집(張緝),이풍(李豊) 등이 하후현(夏侯玄)을 대장군에 임명하려 모의하다 주살되다. 3월 장집의 딸 황후 장(張)씨가 폐출되다. 9월 조방이 폐위되고 조모(曹髦)를 옹립하다.
255	1월 관구검과 문흠(文欽)이 반역을 일으키자 대장군 사마사(司馬師)가 토벌하다. 얼마 후 사마사가 허창에서 병사하다. 2월 사마사의 동생 사마소(司馬昭)가 대장군이 되다. 8월 강유가 조서(洮西)에서 옹주자사 왕경(王經)을 대파하다. 11월 위(魏)의 조정에서 농산 일대 여러 군에 대해 사면령을 내리다. - 오(吳)의 손준이 수춘성을 공격하자 제갈탄이 방어하다.
256	7월 위(魏)의 등애(鄧艾)가 상규(上邽)현에서 강유를 대파하다. 9월 오(吳)의 손준이 갑작스레 병사하다. 11월 손준의 사촌동생 손침(孫綝)이 대장군에 임명되다.
257	4월 위(魏)의 제갈탄(諸葛誕)이 수춘에서 반역을 일으키다. 6월 오(吳)에서 제갈탄에게 원군을 보내다. 9월 오의 손침이 장군 주이(朱異)를 처형하다.
258	2월 사마소가 수춘성을 함락하며 제갈탄이 전사하다. 10월 손휴(孫休)가 즉위하다. 12월 손휴가 손침을 주살하다.

259	6월 위(魏)의 왕창(王昶)이 사망하다.
260	5월 조모가 피살되다. 6월 조환(曹奐)이 즉위하다.
261	조환이 사마소에게 구석(九錫)을 여러 차례 하사하지만 매번 사양하다.
262	10월 강유가 조양(洮陽)을 공격하자 등애가 방어하여 후화(候和)에서 강유를 격파하다.
263	5월 위(魏)의 등애, 종회(鍾會) 등이 촉(蜀)으로 출병하다. 11월 유선이 등애에게 투항하다.
264	1월 등애가 낙양으로 압송 중 피살되다. 2월 유선이 안락공(安樂公)에 봉해지다. 5월 사마의를 선왕(宣王), 사마사를 경왕(景王)에 추존하다. 7월 오(吳)의 손휴가 30세의 나이로 사망하다. 8월 손화의 아들 손호(孫皓)가 즉위하다. 10월 사마염(司馬炎)이 진(晉)의 세자로 책립되다.
265	8월 사마소가 사망하자 사마염이 작위와 관직을 계승하다. 12월 조환이 사마염에게 제위를 선양하다.
266	1월 오(吳)에서 사마소에 대한 조문 사절을 파견하다. 12월 손호가 무창에서 건업으로 환도하다.
267	1월 사마충(司馬衷)이 태자로 책봉되다.
268	11월 오의 정봉(丁奉)과 제갈정(諸葛靚)이 합비를 공격했지만 패퇴하다.
269	2월 옹주(雍州)와 양주(涼州) 일대를 재편하여 진주(秦州)를 설치하고 호열(胡烈)을 자사로 임명하다.
270	6월 진주자사 호열이 선비족과의 전투에서 패하여 전사하다.
271	8월 익주 남부 4군을 분리하여 영주(寧州)를 설치하다. - 안락공 유선이 사망하다.

272	8월 서릉(西陵)도독 보천(步闡)이 진(晉)에 투항하다. 진의 양호(羊祜)가 구원 출병하지만 오의 육항(陸抗)이 보천을 생포하다.
273	3월 육항이 대사마에 임명되다.
274	여름 육항이 서릉의 중요성을 아뢰는 상소를 올리다. 가을 육항이 사망하다.
275	12월 낙양에 역병이 창궐하다.
276	10월 양호가 상소를 올려 오(吳)를 정벌할 것을 청하다. - 손호가 회계태수 차준(車浚) 등을 처형하다.
277	5월 오의 장수 소의(邵顗)와 하상(夏祥)이 무리 7천여명을 이끌고 진에 투항하다.
278	11월 양호가 병사하기 전 두예(杜預)를 천거하다. - 오의 중신 화핵(華覈)이 사망하다.
279	여름 교주에서 곽마(郭馬)가 반란을 일으키다. 8월 손호가 곽마를 토벌하기 위해 병력을 보내다. 11월 진의 사마주(司馬伷),두예(杜預),왕준(王濬) 등이 오에 대한 공격을 시작하다.
280	3월 오의 신하들이 간신 잠혼(岑昏)을 처형할 것을 청원하다. 왕준이 가장 먼저 건업에 입성하자 손호가 왕준에게 투항하다. 5월 손호가 낙양에 도착하다.

부록3.

참고 문헌

〈단행본〉

학민출판 영인본, 《원본주역(原本周易)》, 학민문화사, 대전, 1996.

심영환 역, 《시경(詩經)》, 홍익출판사, 서울, 2011.

권영호 역주, 《서경(書經)》, 학고방, 고양, 2019.

이기석,한백우 역석, 《논어(論語)》, 홍신문화사, 서울, 1993.

손무, 《손자병법(孫子兵法)》, 유동환 역, 홍익출판사, 서울, 2011.

좌구명, 《춘추좌전(春秋左傳)》, 신동준 역, 인간사랑, 서울, 2017.

좌구명, 《춘추좌전(春秋左傳)》, 신동준 역, 한길사, 파주, 2006.

좌구명, 《춘추좌씨전(春秋左氏傳)》, 권오돈 역해, 홍신문화사, 서울, 2014.

좌구명, 《국어(國語)》, 신동준 역, 인간사랑, 일산, 2017.

한비자, 《한비자(韓非子)》, 성동호 역해, 홍신문화사, 서울, 1998.

한비자, 《한비자(韓非子)》, 허문순 역, 일신서적, 서울, 1994.

사마천, 《완역사기》, 김병총 역, 집문당, 서울, 1994.

사마천, 《사기(史記)》, 신동준 역, 위즈덤하우스, 고양, 2015.

사마천, 《사기(史記)》, 김원중 역, 민음사, 서울, 2015.

허신, 《설문해자주(說文解字注)》, 단옥재 주, 대성문화사, 서울, 1992.

유향, 《설원(說苑)》, 임동석 역, 동문선, 서울, 1997.

유향, 《전국책(戰國策)》, 이상옥 역, 명문당, 서울, 2000.

유향, 《전국책(戰國策)》, 신동준 역, 인간사랑, 고양, 2004.

반고, 《한서(漢書)》, 이한우 역, 21세기북스, 파부, 2020.

班固, 《漢書》, 中華書局, 北京, 2009.

진수, 《정사삼국지(正史三國志)》, 진기환 역, 명문당, 서울, 2019.

진수, 《정사삼국지(正史三國志)》, 김원중 역, 휴머니스트, 서울, 2018.

범엽, 《후한서(後漢書)》, 진기환 역, 명문당, 서울, 2018.

유의경, 《세설신어(世說新語)》, 임동석 역, 동서문화사, 서울, 2011.

유의경, 《세설신어(世說新語)》, 안길환 역, 명문당, 서울, 2012.

증선지, 《십팔사략(신완역)》, 진기환 역, 명문당, 서울, 2013.

나엽, 《취옹담록》, 이시찬역, 지식을 만드는 지식, 서울, 2011.

종사성, 《녹귀부(錄鬼簿)》, 박성혜 역, 학고방, 고양, 2008.

房玄齡 外, 《晉書》, 中華書局, 北京, 1974.

사마광, 《자치통감(資治通鑑)》. 권중달 역, 삼화, 서울, 2018.

김부식, 《삼국사기》, 김종권 역, 명문당, 서울, 1984.

일연, 《삼국유사》, 김원중 역, 민음사, 서울, 2021.

나관중, 《삼국지(三國志)》. 박종화 역, 어문각, 서울, 1997.

나관중, 《삼국연의(三國演義)》, 삼민서국, 타이베이, 2017.

나관중, 《삼국연의(三國演義)》, 모종강 평론, 박기봉 역주, 비봉출판사, 서울, 2014.

나관중, 《삼국연의(三國演義)》, 박을수 역주, 보고사, 파주, 2016.

나관중, 《삼국지(三國志)》, 송도진 역, 글항아리, 파주, 2019.

나관중, 《삼국지》, 박종화 역, 어문각, 서울, 1997.

나관중, 《삼국지연의》, 김구용 역, 솔출판사, 서울, 2001.

나관중, 《삼국지》, 이문열 평역, 민음사, 서울, 2002.

나관중, 《삼국지》, 황석영 역, 창작과 비평사, 파주, 2003.

나관중, 《삼국연의》, 모종강 평론, 박기봉 역주, 비봉출판사, 서울, 2014.

나관중, 《삼국연의》, 박을수 역주, 보고사, 파주, 2016.

나관중, 《삼국지》, 송도진 역, 글항아리, 파주, 2019.

羅貫中 撰, 《三國演義》, 毛宗崗 批·饒彬 校注, 三民書局, 台北, 2007.

저우수런(周樹人), 《루쉰(魯迅)의 중국소설사략》, 조관희 역, 그린비, 서울, 2015.

범립본, 《명심보감》, 김원중 역, 휴머니스트, 서울, 2019.

김만중, 《서포만필(西浦漫筆)》, 홍인표 역, 일지사, 서울, 2004.

신승하, 《중국사(中國史)》, 대한교과서(주), 서울, 2008.

미야자키 이치사다, 《중국통사(中國通史)》, 서커스출판상회, 서울, 2016.

신승하, 《중국사학사》, 고려대학교출판부, 서울, 1996.

모리 미키사부로, 《중국사상사(中國思想史)》, 서커스출판상회, 서울, 2018.

맹원로, 《동경몽화록(東京夢華錄)》, 김민호역, 소명출판, 서울, 2012

孟元老, 《東京夢華錄箋注》, 伊永文箋注, 中華書局出版, 北京. 2006.

두유운, 《중국사학사》, 상무인서관, 상해, 2012.

디터 쿤, 《하버드중국사 송_유교원칙의 시대》, 육정임역, 너머북스, 서울, 2015.

김학주, 《중국의 북송시대》, 신아사, 서울, 2018.

허진모, 《전쟁사문명사세계사2-기원부터 천년까지》, 미래문화사, 경기, 2020.

김영문, 《삼국지평화(三國志平話): 삼국지 이전의 삼국지, 민간전래본》, 교유서가, 파주, 2020.

바운드, 《삼국지 100년 도감》, 전경아 역, 이다미디어, 서울, 2018.

짜오지엔민, 《속물들이 빚어낸 어둠의 역사-중국 오대십국의 역사》, 곽복선 역, 신아사, 서울, 2019.

조희웅, 《한국 고전소설사 큰사전20 사우열전-삼도전》, 커뮤니케이션북스, 서울, 2018.

김문경, 《삼국지의 영광》, 사계절출판사, 서울, 2002.

김옥란, 《삼국지연의 깊이 읽기》, 민속원, 서울, 2015.

정원기, 《최근 삼국지연의 연구동향》, 중문출판사, 대구, 1988.

강재인, 《삼국연의의 심미》, 좋은땅, 서울, 2019.

선뷔쥔·탄리양샤오, 《삼국지사전》, 정원기·박명진·이현서 역, 현암사, 서울, 2010.

최용철, 《사대기서와 중국문화》, 고려대학교출판문화원, 서울, 2018.

민중서림편집국, 《한한대자전》, 민중서림, 서울, 2003.

장삼식 편, 《한한대사전》, 교육도서, 서울, 1993.

정원제, 《구슬을 꿰는 한자(上)》, 이상, 서울, 2018.

정원제, 《구슬을 꿰는 한자(下)》, 이상, 서울, 2019.

〈연구논문〉

이영태, 2005 〈'삼국지(三國志)' 판본연구-역자의 동요관과 문맥의 변화를 중심으로〉, 인하대학교한국학연구소, 한국학연구 vol.14.

이영태, 2006, 〈'삼국지(三國志)' 한국어역본 서문 고찰〉, 한국어교육연구회, 어문연구 vol.34

이시찬, 2004, 〈'취옹담록(醉翁談錄)'의 중국소설사적 의미〉, 한국한문교육학회 한문교육연구 vol.23,0호.

김명구, 2016, 〈宋元話本小說 '篇尾'에 나타난 수사학적 표현예술의 의미 연구〉, 대한중국학회, 중국학 vol.54.

문수현, 2018, 〈독일 역사주의의 긴 그림자 경성제국대학 도서관의 독일어 장서 구성 분석〉, 서울대학교 아시아연구소, 아시아리뷰 vol.7, 제2호.

송강호, 2010, 〈'박태원 삼국지'의 판본과 번역 연구〉, 구보학회, 구보학보 vol.5.

홍상훈, 2007, 〈양건식의 '삼국연의' 번역에 대하여〉, 인하대학교 한국학연구소 기초학문연구단, 인하대학교출판부.

민관동, 2020, 〈소설 '삼국지'의 서명 연구〉, 중국학연구소, 중국학논총 vol.68.

김옥란, 2019, 〈21세기 중국에서의 '삼국연의' 연구동향과 전망〉, 인하대학교 한국학연구소, 한국학연구 vol.55.

티엔티다 탐즈른깃. 2005, 〈한국과 태국의 '三國志' 受容 比較試論〉, 한국어교육학회, 국어교육 vol.116.

민혜란, 1988, 〈모종강의 평점 '삼국지연의' 고〉, 중국인문학회, 중국인문과학 vol.7.

오향녕, 2012, 〈'史通'의 구조와 역사비평〉, 한림대학교 태동고전연구소, 태동고전연구 vol.29.

김명구, 2016, 〈宋元話本小說 篇尾에 나타난 수사학적 표현예술의 의미연구〉, 중국학 vol.54.

민경욱, 2015, 〈'亂中日記'와 '欽英'에 인용된 '三國志演義' 초기 판본 텍스트에 대하여〉, 한국중국소설학회, 중국소설논총 vol.56.

이은봉, 2010, 〈한국과 일본에서의 '삼국지연의' 전래와 수용〉, 동아시아고대학회, 동아시아고대학 vol.23.

이은봉, 2014, 〈일제 강점기 한국과 일본에서의 '삼국지연의'연재의 의미〉, 인천대학교인문학연구소, 인문학연구(2014-12 21).

이은봉, 2015, 〈한국에서 요시카와 에이지 '삼국지' 유행의 의미〉, 동아시아고대학회, 동아시아고대학 vol.40.

김수영, 〈효종(孝宗)의 '삼국지연의(三國志演義)' 독서와 번역〉, 국문학회, 국문학연구 vol.32.

김수영, 2016, 〈영조(英祖)의 소설 애호와 그 의의〉, 서울대학교 인문학연구원, 인문논총 vol.73, no.1.

이인경, 2018, 〈남조시기(南朝時期) 불교문화와 불교류 지괴소설(志怪小說)-'유명록(幽明錄)','선험기(宣驗記)'를 중심으로〉, 단국대학교 동양학연구원, 동양학 vol.72, 0호.

민경욱, 2015, 〈'亂中日記'와 '欽英'에 인용된 '三國志演義' 초기 판본 텍스트에 대하여〉, 한국중국소설학회, 중국소설논총 vol.56.

민경욱, 2019 〈'三國志演義' 初期 텍스트연구-3種 朝鮮唯一本 포함 諸版本 對校例에 대한 분석을 중심으로〉, 한국중국소설학회, 중국소설논총 vol.57.

이병민, 2020, 〈근대 매체를 통한 역사지식의 생산과 전파:한용운 '삼국지'의 조조를 중심으로〉, 지식인문학연구회, 지식인문학 vol.2.1호.

민경욱, 2021, 〈'란중일기(亂中日記)' 속의 '삼국지연의(三國志演義)' 원문(原文)과 관련 한시(漢詩)에 대하여─'금전(今典)' 규명을 통한 이순신(李舜臣)의 내면 탐색을 중심으로〉, 중국어문연구회, 중국어문논총 vol.104, 0호.

옥주, 2021, 〈'삼국지연의'와 관색고사의 영향 관계 고찰〉, 대한중국학회, 중국학 vol.75.

옥주·민관동, 2020, 〈소설 삼국지의 회목변화에 대한 고찰〉, 중국학보 vol.92.

서성, 2018, 〈'삼국지평화' 삽화의 편집 기획과 공간 운용 방식〉, 중국문화연구학회, 중국문화연구 0(41).

국사편찬위원회 〈조선왕조실록〉 (http://sillok.history.go.kr)